中国石油

CNPC-XS18

中国石油青海销售组织史资料

第二卷

（2016—2023）

中国石油青海销售公司｜编

石油工业出版社

图书在版编目（CIP）数据

中国石油青海销售组织史资料 . 第二卷，2016—2023 /
中国石油青海销售公司编 . -- 北京：石油工业出版社，
2025. 4. -- ISBN 978-7-5183-7409-0

Ⅰ. F426.22

中国国家版本馆 CIP 数据核字第 20256Z3P03 号

中国石油青海销售组织史资料　第二卷　（2016—2023）
中国石油青海销售公司　编

项目统筹：冀宇飞　李廷璐

图书统筹：李廷璐

责任编辑：孙卓凡

责任校对：郭京平

出版发行：石油工业出版社

　　　　　（北京市朝阳区安华里 2 区 1 号楼　100011）

　　　　网　　址：www.petropub.com

　　　　编辑部：（010）64523611　64523737

　　　　图书营销中心：（010）64523731　64523633

印　　　刷：北京中石油彩色印刷有限责任公司

2025 年 4 月第 1 版　2025 年 4 月第 1 次印刷
787×1092 毫米　开本：1/16　印张：27　插页：1
字数：430 千字

定价：400.00 元

ISBN 978-7-5183-7409-0

《中国石油青海销售组织史资料 第二卷（2016—2023）》编纂人员名单

● 编纂领导小组 ●

组　　长：宋健强

成　　员：胡　鹏　芦玉德　钟光金　佘伟军　李　勇　刘　澎

● 编纂办公室 ●

主　　任：程志荣

成　　员：李　春　李　栋　杜　娟　温　馨

● 参 编 人 员 ●

孙军红	张志国	贾国晨	马永红	张　玮	路　霞
李　帅	樊有霞	徐　峰	赵　弋	李　岚	赵令军
曹　红	贲长梅	贡莹莹	何　磊	李　艳	李建英
宋学娟	李晓娜	徐　非	刘雅娟	张媛媛	荣　惠
王　茜					

前　言

1953 年 8 月，西北石油管理局运销公司西宁供应站成立。1954 年 4 月改组为中国石油公司青海支公司。重组期间经历多次更名调整，并于 1998 年划归中国石油天然气集团公司，1999 年为中国石油天然气股份有限公司青海销售分公司（简称青海销售公司）。70 年来，青海销售公司积极践行国家和集团公司一系列重大战略决策，重组改制、改革创新。勇担"我为祖国献石油"的光荣使命，艰苦创业，拓荒起步、风雨无阻，排除万难、任劳任怨，不负历史责任重托，将汗水抛洒青藏高原。

荏苒时光见证创业画卷，如歌岁月谱写壮丽诗篇。青海销售公司在多次发展转型、创新求变的艰苦创业历程中，由小到大、由弱变强，在改革创新中取得了很多成果，收获了很多经验。为翔实记录公司各时期管理体制调整、组织机构沿革和人事更迭情况，青海销售公司首部组织史——《中国石油青海销售组织史资料（1953.8—2015.12）》于 2016 年付梓，系统总结了公司组织建设经验和发展脉络。

近年来，市场寒冬频频来袭、产销矛盾越发突出、竞争氛围日趋激烈、经营环境空前复杂、深化改革艰巨繁重，青海销售公司坚持高质量发展，围绕"巩固、创新、提质、共享"八字方针，解放思想、稳中求进、勇于担当，重塑"网建、直批、党建"三个新格局，在新一届领导班子的坚强带领下，全体干部员工与企业同呼吸、共命运，忠诚石油、敢打硬仗、勇于担当、矢志奋斗。截至 2023 年年底，青海销售公司纯枪年销量首破 150 万吨大关，各项指标取得历史新高。这些上下一心、共同抵御风险挑战的生动实践，已经成为战胜一切困难的信心和力量之源。为记录这一特殊历史时期，贯彻落实中国石油天然气集团有限公司工作部署，青海销售公司专门组织人员秉笔直书、广征核准、精编严审、去伪存真，编纂了《中国石油青海销售组织史资料　第二卷　（2016—2023）》。

70 年流金岁月，青海销售公司广大干部员工立足大漠戈壁、雪域高原，忍受各种艰难困苦，追寻时代脚步，不断传承"缺氧不缺精神、艰苦不怕吃苦"的高原石油人精神，为青海省的社会、政治和经济发展提供能源支持。

站在新的历史起点，高质量发展的号角已吹响，这也是青海销售公司全体干部员工大有可为的重要历史机遇期。我们的销售事业方兴未艾，未来光明可期。希望这部饱含创业者智慧、编纂者心血的组织史，成为广大干部员工再续辉煌、久久为功的宝贵无形资产、重要精神财富，发挥"存史、资政、育人、交流"之作用，在青藏高原继续点亮宝石花的璀璨光芒，奋勇开创青海销售公司高质量稳健发展新局面，为青海销售公司建设国内一流油气氢电非综合服务商做出新的更大贡献！

《中国石油青海销售组织史资料　第二卷　（2016—2023）》编纂办公室

2024 年 12 月

凡　　例

一、本书按照中国石油天然气集团公司下发的《〈中国石油组织史资料〉编纂工作方案》《〈中国石油组织史资料〉编纂技术规范》《中国石油天然气集团公司组织史资料编纂管理办法》进行编纂。

二、指导思想。本书以马克思列宁主义、毛泽东思想、邓小平理论、"三个代表"重要思想、科学发展观、习近平新时代中国特色社会主义思想为指导，坚持辩证唯物主义和历史唯物主义的立场、观点和方法，按照实事求是的原则和"广征、核准、精编、严审"的工作方针，全面客观记述中国石油天然气股份有限公司青海销售分公司2016年至2023年的组织演变发展历程和人事变动情况，发挥"资政、存史、育人、交流"的作用。

三、断限。本书收录上限始自2016年1月1日，下限断至2023年12月31日。

四、机构称谓。本书中"集团公司"指代中国石油天然气集团公司、中国石油天然气集团有限公司，"股份公司"指代中国石油天然气股份有限公司，"销售公司"指代"中国石油天然气股份有限公司销售分公司"，"青海销售公司"指代"中国石油天然气股份有限公司青海销售分公司"。其他组织机构名称一般使用全称或常用简称。

五、资料收录范围。本书收录的资料分三部分。一是组织机构沿革及领导成员名录等正文收录资料。二是组织机构框架图；沿革图；非常设领导机构简况；所属加油站目录；先进集体、先进个人名单；历年晋升高级专业技术职务任职资格，技师、高级技师职业技能等级人员名单；主要指标完成情况表；所属党组织及党员人数统计表；"两代表一委员"名单；所属二级单位本部部门主要领导情况简明表等附录附表资料。三是组织人事大事纪要、组织人事重要文件目录。

组织机构收录范围主要依据行政隶属关系确定，领导名录收录范围主要按照干部管理权限确定。具体包括领导机构及其领导成员，本部部门、直附属机构、非常设领导机构、所属二级单位领导机构及其班子成员。

组织人事大事纪要主要收录干部任免、领导分工、党组织建设、机构调整等重要事件。

组织人事政策文件选编目录主要收录具有政策性、指导性、价值性、全局性的组织人事管理文件的印发时间、标题及文号等信息。

六、资料的收录原则。党政组织机构较详，其他组织机构较略；本级组织机构较详，下属组织机构较略；组织机构及领导成员资料较详，其他资料较略。

七、编纂结构体例。本书为《中国石油青海销售组织史资料 第二卷（2016—2023）》，与《中国石油青海销售组织史资料（1953.8—2015.12）》一脉相承，采取"先分层级、后分层次"的方法，以章、节、目等层次进行编纂，共分7章。

第一章领导机构，设5节，分别收编党委、执行董事、行政领导机构、纪委、工会委员会及领导任免、分工、名录。

第二章本部部门、机关党组织、青海销售公司团委，设16节，分别收编各本部部门、党团组织的组织沿革、领导任免及名录。

第三章直附属、非常设机构，设13节，分别收编各直附属、非常设机构的组织沿革、领导名录。

第四章所属二级单位，设16节，分别收编各二级单位的组织沿革、领导任免及名录。

第五章合资公司，设16节，分别收编合资公司的组织沿革及领导名录。

第六章附录附表，设12节，分别收编机构框架图、沿革图，非常设领导机构简况，所属加油站目录，先进集体和个人名单，晋升高级专业技术职务任职资格人员名单，晋升技师、高级技师职业技能等级人员名单，所属党组织及党员人数统计表，"两代表一委员"名单，所属二级单位本部部门主要领导情况简明表等内容。

第七章组织人事大事纪要及重要文件目录，设2节，其中大事纪要分年月列条目编排。

八、本书采用文字叙述、组织机构及领导成员名录、图表相结合的编纂体例进行资料编排。

（一）组织机构沿革文字叙述的编排。本书文字叙述主要起连接机构、名录、图表的作用，主要包括综述、分述和简述。

卷首写有综述，主要记述编纂时限内青海销售公司机构改革、体制调整等组织沿革变化情况；生产经营、企业管理和改革、干部和员工队伍建设、党的建设和企业文化建设等情况。

第一章至第五章之首写有本层次组织机构沿革情况概述或提要，简要概述本层次所涉及的重大管理体制调整、组织机构调整、业务重组整合等基本概况。各节分别收编具体组织机构，其下一般为2部分：第一部分为该组织机构沿革的文字简述，第二部分为该组织机构及领导成员名录。主要记述该机构建立、撤销、分设、合并、更名、职能变化、业务划转、规格调整、体制调整的时间、依据及结果，领导班子组成情况及具体分工，党组织与党员简况等。

（二）组织机构的编排顺序。一般先按编纂上限时（2016年1月）机构的规范顺序，再按机构成立时间先后排列。

（三）领导名录的编排顺序。一般按正职、副职和任职时间先后的顺序分别排列。编纂上限时已在任的，按照编纂上限时的规范顺序进行排列。同时任职的，按任免文件或任命时已注明的顺序排列。

党内职务排序依次为正职、副职、委员。委员的排列按选举产生或历史文献列定的顺序，后增补的按任职时间先后排列。行政职务排序一般为正职、副职、总会计师、安全总监、助理、安全副总监、总法律顾问、公司技术专家。一人兼任多职的，按不同职务序列名称分别编排。除上级部门领导兼任下级职务和"安全总监"职务标注"兼任"外，其他同一人分别任不同职务序列和岗位职务时一般不标注"兼任"。

本书领导名录编排顺序不代表班子成员实际排序。

（四）本书图表。本书之首附有青海销售公司历史沿革及历任主要领导一览表。附录收录有各类基本情况统计表。

九、本书收录的领导成员资料包括其职务、姓名、女性性别、少数民族族别、任职起止年月等人事状况。凡涉及女性、少数民族、兼任、主持工作、未到职或领导成员实际行政级别与组织机构规格不一致等情况，均在任职时间括号内标注。涉及同一人的备注信息，仅在该节第一次出现时加注。同一章中姓名相同的，加注性别或籍贯等以示区别。

十、本书收录的组织机构及其领导成员，均在其后括号内注明其存在或任职起止年月。任职上下限时间在同一年内者，标注下限时间省略年，例如"（20××.×—×）"；在同一个月内者，任职时间只标注年月，例如"（20××.×）"。同一组织、同一领导成员，其存在或任职年月有2个或2个以上时期时，前后2个时期之间用"；"隔开；组织机构更名后，排列时原名称在前、新名称在后，中间用"—"连接。收录的某一组织机构，在编纂时限内，领导成员始终空缺或不详者，在职务后括号内标注"空缺"或"不详"。其中一段时间空缺或不详的，用页下注予以说明。

十一、组织机构设立和撤销时间，以本级机构管理部门正式下发的文件和实际成立、撤销时间为准；没有文件的，以领导任免或工商注册、资产变更等法定程序为准。

十二、领导成员任离职时间，均以干部主管部门任免时间或完成法定聘任、选举程序时间为准。同一人有几级任免文件的，按干部管理权限，以最高主管部门任免行文时间或宣布任离职时间为准。属自然免职或无免职文件的，将下列情况作为离职时间：被调离原单位的时间，办理离退休手续的时间，去世时间，机构撤销时间，选举时落选时间，新的领导人接替时间，副职升为正职的时间，随机构更名而职务变化的时间，刑事处罚、行政处分和纪律处分时间。退休、免职（包括涉嫌违纪违法）、解聘、落选、辞职、撤职、行政开除、另有任用等具体去向和需要说明的情况，均在页下注中加以说明。

十三、本书入编机构主要是以人事部门机构文件为准的常设机构，收录部分非常设机构。

十四、本书收录资料的截止时间，不是组织机构和领导成员任职的终止时间。

十五、本书对历史上的地域、组织、人物、事件等，均使用历史称谓。中国共产党各级党组织一般将中国共产党简写为"中共"，或简称"党委""党总支""党支部"等。

十六、本书一律使用规范的简化字。数字使用依据《出版物上数字用法》（GB/T 15835—2011），采用公历纪年，年代、年、月、日和计数、计量、百分比均用阿拉伯数字。表示概数或用数字构成的专有名词用汉字数字，货币单位除特指外，均指人民币。

十七、本书采用行文括号注和页下注。行文括号注包括组织的又称、简称、代称，专用语全称与简称的互注等。页下注系领导人员的挂职情况、调任情况等需要说明的问题。同一内容的注释，只在该节第一次出现时注明。

十八、本书收录的资料，仅反映组织机构沿革、领导成员更迭和干部队伍发展变化的历史，不作为机构和干部个人职级待遇的依据。由于情况复杂，个别人员姓名和任职时限难免出现错漏和误差，有待匡正。

目　　录

综　述

1998年7月，青海石油（集团）有限公司由青海省贸易厅划归中国石油天然气集团公司。1999年7月，集团公司对青海石油（集团）有限公司进行重组改制，12月，将核心业务部分组建为中国石油天然气股份有限公司青海销售分公司（简称青海销售公司），非核心业务留在青海石油（集团）有限公司。2002年12月，青海石油（集团）有限公司的业务、资产和人员全面委托青海销售公司管理，实行一个领导班子、一套机关职能部门、一体化运作的管理体制。2004年7月，青海石油（集团）有限公司更名为青海石油有限责任公司。"十三五"期间，青海销售公司深入贯彻党的十九大精神，以习近平新时代中国特色社会主义思想为指导，全面贯彻落实集团公司决策部署和销售公司工作要求，以深化改革为引领，坚持高质量发展要求，围绕"巩固、创新、提质、共享"八字方针，解放思想，稳中求进，勇于担当，重塑"网建、直批、党建"三个新格局，持续提升市场控制能力、经营创效能力、风险防控能力，为公司建设国内一流油气氢电非综合服务商做出新的更大贡献。

2023年，青海销售公司以党的二十大精神为指导，坚持新发展理念，构建新发展格局，落实集团公司、销售公司工作部署，以高质量发展为主题，准确把握"二十四字"营销工作方针，围绕综合效益最大化，突出营销提质增效、网建转型发展、整体风险管控、企业改革深化、依法合规管理、基层党的建设"六项重点工作"，全力提升市场引领能力、市场营销能力、产品销售能力和价值创造能力，全面打造国内一流油气氢电非综合能源服务商。

从2016年到2023年的8年间，青海销售公司顺利完成"十三五"战略目标；坚持高质量发展目标，实现"十四五"战略目标稳步推进；统筹高质量党建、高水准营销、高水平管理、高效率网络、高素质队伍，固本强基，改革创新，为集团公司建设成为基业长青世界一流综合性国际能源公司做出贡献。

一、机构沿革

截至 2015 年 12 月 31 日，青海销售公司设机关处室 12 个：办公室（党委办公室）、人事处（党委组织部）、财务处、审计监察处（纪委办公室）、仓储安全环保处、企管法规处、信息化管理处、投资建设管理处、加油站管理处（加油卡管理中心）、营销处、调运处、党群工作处（企业文化处）；机关直属、附属临时机构 11 个：多巴油库、曹家堡油库、后勤管理中心、维护稳定办公室（老干办）、青海省石化产品质量监督检测中心、工程建设管理中心、安居工程项目部、青海销售公司中央仓筹建项目部、核算中心（结算中心）、成品油数质量稽查大队、职业技能鉴定站（培训中心）；所属二级单位 12 个：西宁分公司、海东分公司、湟源分公司、黄南分公司、格尔木分公司、海西分公司、玉树分公司、果洛分公司、非油品经营公司、青海省石油总公司新兴贸易公司、青海省隆达石化有限责任公司、汽车运输分公司。

2016 年 3 月，成品油数质量稽查大队撤销，职能并入仓储安全环保处。

2016 年 8 月，投资项目发展部成立，与投资建设管理处合署办公。

2018 年 1 月，信息化管理处更名为科技信息处；青海销售公司中央仓筹建项目部撤销。

2018 年 4 月，巡察办公室成立，与审计监察处合署办公；党委宣传部成立，与党群工作处合署办公。

2018 年 11 月，工程建设管理中心并入投资建设管理处。按照青海省的行政区域调整设置地市公司，原以行政区域设置的海东分公司、玉树分公司、果洛分公司 3 家分公司不做调整；对西宁分公司、黄南分公司、格尔木分公司、海西分公司 4 家分公司管辖的区县按照行政区域进行调整；撤销湟源分公司，按行政区域成立海北分公司、海南分公司。12 月，海北分公司、海南分公司正式成立。

2018 年 12 月，青海中油交通能源有限公司注册成立，为合资公司。

2019 年 1 月，仓储安全环保处更名为质量安全环保处。成立仓储分公司，与调运处实行一套人马、两块牌子，合署办公，履行本部部门和二级单位职责。多巴油库、曹家堡油库划转调运处（仓储分公司）管理。

2019 年 5 月，青海省石油总公司新兴贸易公司更名为青海中油新兴能源公司。

2019 年 7 月，根据《中国石油青海销售公司所属机构分级分类工作方案》，青海销售公司本部部门明确为二级一类。直属机构后勤管理中心明确为二级一类。所属二级单位中二级一类 3 个：西宁分公司、海东分公司、格尔木分公司；二级二类 5 个：海西分公司、海南分公司、海北分公司、非油品经营分公司、调运处（仓储分公司）；二级三类 3 个：果洛分公司、玉树分公司、黄南分公司。

2019 年 11 月，审计监察处（纪委办公室）更名为纪委办公室（审计处）。巡察办公室与纪委办公室（审计处）合署办公。纪委办公室（审计处）继续履行企业内部违规调查处理职能。

2019 年 11 月，青海中油平盛能源有限公司成立，为合资公司。

2020 年 1 月，青海拓关能源有限公司成立，为合资公司。

2020 年 3 月，安居工程建设项目部与后勤管理中心合署办公。

2020 年 4 月，维护稳定办公室（老干办）合并至后勤管理中心（安居工程建设项目部）。青海中油贝正实业有限公司成立，为合资公司。

2020 年 5 月，中国石油海北能源发展有限公司成立，为合资公司。

2020 年 6 月，股权管理办公室成立，与企管法规处合署办公；职业技能鉴定站更名为技能人才评价中心。

2020 年 7 月，青海省石化产品质量监督检验中心改制为青海昆信质量检测技术有限公司，由青海中油新兴能源有限责任公司 100% 控股。

2020 年 9 月，青海中油润德能源有限公司、青海中油天迈产业运营有限公司成立，为合资公司。

2020 年 10 月，玉树中油互惠能源有限公司成立，为合资公司。

2021 年 1 月，青海中油沱沱河燃气有限公司成立，为合资公司。

2021 年 2 月，青海省隆达石化有限责任公司注销。

2021 年 3 月，根据集团公司"去行政化"和销售公司大部制改革要求，对本部职能部门进行调整优化：投资建设管理处（投资项目发展部）与科技信息处合并为发展计划部（设备信息部）；加油站管理处（加油卡管理中心）与营销处合并为市场营销部；人事处更名为人力资源部；审计处更名为审计部；质量安全环保处更名为质量安全环保部；企管法规处更名为企管法规部；党群工作处（企业文化处）更名为党群工作部（企业文化部），成立扶贫办公室，与党群工作部合署办公；非油品经营分公司更名为非油分公司（非油品经营部），为直属机构；调运处（仓储分公司）更名为储运分公司（仓储调运部）；技能人才评价中心职能并入人力资源部（党委组织部）；核算中心（结算中心）职能并入财务部；后勤管理中心（安居工程建设项目部、维护稳定办公室、老干办）更名为综合管理服务中心，调整为所属二级单位。设置"部门＋公司（中心）"运营管理模式的机构3个：非油分公司（非油品经营部）、储运分公司（仓储调运部）、综合管理服务中心。5月，储运分公司调整为直属机构。

调整后，青海销售公司本部部门9个：办公室（党委办公室）、市场营销部、发展计划部（设备信息部）、财务部、人力资源部（党委组织部）、质量安全环保部、企管法规部（股权办公室）、党群工作部（党委宣传部、企业文化部、扶贫办公室）、纪委办公室（审计部、巡察办公室）。

2021年3月，青海智驿中油能源有限公司、青海中油辛元能源有限公司、青海中油瀚海能源有限公司成立，为合资公司。

2021年4月，合资公司青海中油新兴能源公司改制为青海中油新兴能源有限责任公司。

2021年5月，青海中油丽凯能源有限公司成立，为合资公司。

2021年6月，汽车运输分公司注销。

2021年7月，杂多中油杂曲有限公司、青海中油衡泰能源有限公司成立，为合资公司。

2022年4月，青海中油交通能源有限公司更名为青海中油青新能源有限公司。

2022年6月，质量安全环保部更名为质量健康安全环保部，同时履行安全环保监督中心职责。

2023年4月，青海智驿中油能源有限公司更名为青海交控中油能源有限公司。

2023 年 10 月，青海中油瀚海能源有限公司清算注销。

截至 2023 年 12 月 31 日，青海销售公司本部部门 9 个，均为二级一类：办公室（党委办公室）、市场营销部、发展计划部（设备信息部）、财务部、人力资源部（党委组织部）、质量健康安全环保部、企管法规部（股权办公室）、党群工作部（党委宣传部、企业文化部、扶贫办公室）、纪委办公室（审计部、巡察办公室）。直属机构 2 个，均为二级二类：非油分公司（非油品经营部）、储运分公司（仓储调运部）。所属二级单位 10 个，其中二级一类 3 个：西宁分公司、海东分公司、格尔木分公司；二级二类 3 个：海西分公司、海南分公司、海北分公司；二级三类 4 个：果洛分公司、玉树分公司、黄南分公司、综合管理服务中心。合资公司 13 个：青海中油新兴能源有限责任公司、青海中油青新能源有限公司、青海中油平盛能源有限公司、青海拓关能源有限公司、青海中油贝正实业有限公司、中国石油海北能源发展有限公司、青海中油天迈产业运营有限公司、玉树中油互惠能源有限公司、青海中油沱沱河燃气有限公司、青海交控中油能源有限公司、青海中油辛元能源有限公司、杂多中油杂曲有限公司、青海中油衡泰能源有限公司。

二、企业经营发展

2016 年到 2023 年的 8 年时间里，青海销售公司面对油价跌宕起伏、市场竞争异常激烈、需求增长乏力等诸多困难和挑战，全体干部员工坚决落实集团公司党组决策部署和销售公司工作安排，围绕公司经营发展思路，充分发挥党建引领作用，突出抓好经营销售核心工作，奋力提量、增效、保份额，各项管理稳步提升，员工队伍和谐稳定。

（一）主营业务稳健向好

落实市场营销"市场导向、客户至上、以销定产、以产促销、一体协同、竞合共赢""二十四字"工作方针，坚持"市场导向、用户至上"，全力推动精准营销，主要经营销售指标不断攀升。运行机制更加完善。建立以经营数据为抓手的市场监测机制，完善"日调度、周复盘、月总结"运营模式，实施资源、销售、市场一体化组织、一体化协调、一体化考核，油品销售质量大幅提升，2023年成品油（气）销售突破191万吨。落实销售公司市场营销工作要求，抓住节日出行、春耕备油、复工复产、自驾旅游等消费契机，制定专项营销措施，持续提升纯枪销售占比，2023年纯枪销售达到153万吨。销售结构更加优化。贯彻批零一体化调拨价政策，引导分公司根据市场形势，自行优化批零组合，2023年纯枪销售占比达到82%、价格到位率达到98.5%、在营加气站达到17座，网络规模迅速扩大。完成"2+18"管理架构搭建，初步实现加气业务的集中统一运营。非油营销更加高效。坚持店内、店外、线上、线下多头发力，强化油非互动，聚焦主题促销，强化油卡非润一体化营销，灵活用好油非互动策略，持续优化商品品类，打造销售专区，开展"年货节""饮水节""购物节"等多元化主题营销，2023年实现非油销售收入3.8亿元，"饮水节、购物节、爱车节"等6档一体化主题促销，收入、毛利增幅均超90%。重点工作有序推进。围绕"设备标准化、运行标准化、服务标准化"要求，打造了一批达标站、特色站、示范站、标杆站，标准化达标率98%。召开阿米巴经营启动会，宣贯《青海销售公司阿米巴经营实施方案》，以此为基础全面开展阿米巴经营管理工作。建立"日调度、周复盘、月总结"营销一体化工作机制，事前算赢、事中优化、事后评价，推进经营决策支持由经验主导向模型驱动转变，"一站一策""一客一策""一地一价"等策略发挥重要作用。

（二）新能源业务统筹推进

落实集团公司"清洁低碳、战略接替、绿色转型"总体部署，油气氢电非低碳能源供应体系取得新进展。发展规划持续优化。结合地区经济发展格局和路网建设规划实施进度，对《青海销售公司"十四五"规划》和《青海销售公司网建全版规划》进行二次优化，同步调整年度重点项目实施清单。网络开发统筹推进。积极参与市场竞标，融通海油2座站成功租赁，察格高速出入口租赁站取得板块批复，海东朝阳大道、海南共和一站、西宁锦川大道、格尔木物流园等项目成功投运，加气业务实现规模化经营，2023年天然气销量达到6万吨。结构调整成效显著。完善《新能源发展实施方案》，充电能力达到350万千瓦时/年。快速发展光伏业务，完成西宁、海东和黄南分布式光伏项目，装机规模达到3000千瓦，预计年发电量450万千瓦时，年均节约电费112.5万元。民生工程有序推进。围绕解决基层员工的"五难"问题，积极改善高海拔及偏远地区员工工作生活环境，实施84个民生项目，新建、改造周转房199套，数百名员工受益，有效提升了员工归属感。

（三）基础管理明显提升

强化管理体系建设。推进管理体系运行，强化制度梳理评价，修订形成18大类261项规章制度，体系建设更加完善。深化企业内部改革。以提高核心竞争力和增强核心功能为导向，启动新一轮改革深化提升行动，持续深化组织机构、业务结构、党的建设等方面改革，为公司高质量发展增添改革动力。健全财会监督机制。贯彻加强财会监督工作要求，加强对经济事项的事前预防和事中控制，强穿透，堵漏洞，发挥专业管理优势，建立常态化财务稽查机制，专项检查和日常稽查双管齐下，财会监督"查错、防弊、增效"作用明显增强。现金流管理明显提升。严控新增应收账款，强化"有现金流的收入"管理，持续提升应收账款周转效率；根治"两拖欠"，推进应收应付"一起管"。实施对标一流价值创造行动。聚焦质量效益效率核心指标，明晰对标提升方向，制定提升目标及具体措施，在资源价值、经营价值、创新价值、治理价值、长期价值、社会价值创造方面实现新提升。地市公司发展能力评价首次进入股份公司各分公司地市公司前100名，5家单位进入前50名。

（四）企业治理不断深化

持续推进公司治理体系和治理能力现代化，加快重点难点改革攻坚，公司治理效能不断提升。管理体系持续优化。结合六大体系建设，对9家地市分公司、2家专业公司管理体系运行实施情况进行检查，调整完善分公司管理架构165项。制定公司《组织体系优化顶层设计方案》，优化二级单位设置，精简二三级机构总量和领导人员职数，提高组织运行效率。依法合规持续加强。制定《"十四五"法治建设实施细则（试行）》，修订《合规管理实施细则》《法律纠纷案件管理细则》，编制《部门合规职责清单》，加强纠纷案件、证照、商标侵权管理，推动法治合规工作迈上新台阶。专项整治持续推进。持续推进"四查四提升"专项问题治理，开展会计信息、债务风险、依法纳税、工程建设、经营业务、控股企业等"七个领域"专项整治，发现132 项问题，完成整改 119 项。企业改革持续深化。持续推进人力资源优化工作，2023 年直接用工较 2016 年年初减少 944 人，全员劳动生产率 48.84，公司连续 7 年完成控员任务。

（五）风险管控有效加强

加强合规体系建设。制定《"十四五"法治建设实施细则》。开展法律风险提示，及时发出风险预警，筑牢"预警、控制、监督"三道防线。加强专项领域治理。持续推进"七个专项治理"及"四查四提升"强管理专项行动，打造"严抓严管"的管理氛围。加强股权企业管理。制定《股权企业管理优化提升方案》，开展股权企业国有产权登记情况核查及运行情况自查，对存在问题进行整改。明确"十四五"末法人户数精简目标和措施，"一企一策"制定分户实施方案，每月跟进清理处置进展。加强物资采购管理。整合采购资源，完成工程造价、雷电检测服务等 20 个大项目的框架招标工作，建立供应商、服务商短名单。制定、修订公司《非招标管理实施细则》《招标管理实施细则》，编制谈判方案模板，制定《二级生产性物资目录》，编制技术规格书，规范了集中采购技术标准。

（六）安全环保持续夯实

加强重点风险管控。编制加气站"三卡""三册"，完成 17 座 LNG 加油站安全风险评估。开展年度重大危险源风险评估，完成 HAZOP 分析备案评审，推进问题隐患整改。围绕 8 项特殊作业，采取非常规作业预约机制，强化特殊作业管控。扎实开展专项整治。组织实施重大事故隐患专项排查整治、库站电气隐患专项整治、特殊作业专项整治、城镇燃气专项整治、安全生产百日专项整治、环保专项整治，加大监督检查，强化隐患治理。夯实计质量管理基础。持续健全完善计质量管理制度体系，建立"4 条专业线"分环节计量管理情况通报机制，精准开展数质量投诉跟踪、专项检查、加油机作弊行为处置等工作。推进无异味库站创建。制定无异味库站创建方案，围绕设备运行、日常监测、隐患治理等，开展随机检查，保障库站现场异味有效管控。

三、党的建设持续加强

青海销售公司党委认真贯彻落实新时代党的建设总要求，深入推进党建"六大工程"，以高质量党建引领保障企业高质量发展。

（一）政治建设持续加强

深入开展主题教育活动，牢牢把握"学思想、强党性、重实践、建新功"总要求，聚焦"以学铸魂、以学增智、以学正风、以学促干"，把理论学习、调查研究、推动发展、检视整改贯通起来，有机融合、一体推进。落实"第一议题"制度，深入学习贯彻落实习近平总书记重要讲话和重要指示批示精神，将党中央重要部署落到实处。

（二）党建经营深度融合

加强党对国有企业的领导，完善党委议事规则，落实"三重一大"决策制度。坚持大抓基层鲜明导向，落实"三会一课"制度，加强党建工作考核评价，组织党支部书记和党员集中轮训，不断强基础固基本，青海销售公司党建责任考核2019—2023年连续5年被集团公司评定为A级。深入开展集团公司主题教育活动，引领党员群众突出抓好市场营销、安全环保、提质增效等重点工作，推动公司高质量发展。

（三）从严治党纵深推进

加强政治监督，督促党员干部对标对表提高政治站位，以实际行动践行"两个维护"。锲而不舍纠治"四风"，修订《落实中央八项规定精神实施细则》，重要节点及时提醒预警。深化"三不"机制，加大"蝇贪蚁腐"查处力度，制定新一轮五年巡察规划，完成海东分公司、海南分公司党组织常规巡察。开展纪检干部教育整顿，打造忠诚干净担当的纪检队伍。

（四）宣传文化卓有成效

深入推进企业文化建设，分层宣贯《企业文化手册》，弘扬石油精神和大庆精神铁人精神，推动企业文化深入人心。加强新闻宣传报道，讲好青海销售故事，在各大媒体和公司门户网站刊登新闻稿件 4000 余篇。组织中国石油开放日活动，向社会各界展示青海销售公司保障能源供应、践行绿色低碳、服务美好生活等方面的生动实践。

（五）群团建设创新拓展

开展争创活动，格尔木南山口加油站获得"全国工人先锋号"，海西油城加油站获得"青海省高原工人先锋号"，颜世秀荣获首届"感动石油人物"。深化"青"字号创建活动，2 个先进集体、2 名先进个人分别获得集团公司和青海省团委表彰。开展"我为职工办实事"活动，解决员工"急难愁盼"问题 13 项。推动公司发展成果惠及员工，员工收入实现两位数增长，幸福感、归属感、成就感大幅提升。

四、员工队伍建设

坚持把习近平新时代中国特色社会主义思想作为青海销售分公司党委党校主要课程，作为各级党委中心组学习的主要内容和企业领导人员和广大干部员工理论教育的重中之重。颁布《中国石油青海销售公司建立党员教育培训长效机制的意见》，从党校建设、实践阵地建设、网络阵地建设、"高原大讲堂"建设、落实"三会一课"、加强培训针对性和结果应用等 7 个方面明确强化党员教育培训的主要内容。结合公司发展需求和人才成长规律，创新人才培养发展机制，统筹推进各类人才的培养、开发、使用、激励工作，改善人才队伍结构。加大对加油站经理、片区经理、客户经理等市场营销人才队伍建设力度，修订完善干部选拔任用制度，制定各级干部选拔任用基本条件，持续推进加油站值班经理工作机制，健全市场化选聘和考核评价机制，为实现企业高质量发展提供人才支撑。

（一）以素质提升为关键，打造"三强"干部队伍

组织领导干部能力提升培训，提高各级干部能力本领。加强干部监督考核，对中层干部进行年度考核测评，加强考核结果运行，对部分单位领导

班子进行调整，不断增强领导班子整体功能和工作合力。公司党委书记带队深入基层单位了解干部队伍思想状况和工作情况，分层级开展"一对一、面对面"谈话，针对个别班子运行情况开展全覆盖调研，及时研究解决干部队伍问题。先后印发《经营管理人员谈话制度暂行办法》《关于选拔推荐公司技术专家人选的通知》《干部管理办法》《督导员管理办法》《所属二级单位领导班子成员任期制实施细则（试行）》等办法，进一步改进干部员工工作作风，提升工作质量，保证政令畅通，营造健康向上、团结奋斗的干事创业环境。

（二）实施人才强企战略举措，筑牢企业发展根基

拓宽渠道引进人才，先后赴成都、西安等石油类高等院校开展现场招聘。开展院校定向招聘工作，在西藏大学招聘到艰苦地区大学生 3 人。2016 年至 2023 年期间累计引进高校毕业生 120 人。聚焦人才培养，25 名员工获得副高级职称。向销售公司推荐企业级工程师 13 人。拓宽技能人才成长通道，组织开展公司职业技能竞赛，选派选手参加集团公司首届创新大赛、集团公司销售企业、加油站经理职业技能竞赛、全国石油石化加油站操作员职业技能竞赛等，获得团体及个人多项荣誉。组织举办公司管理人员业务素质竞赛，共有 500 人参加市场营销、投资工程、办公文秘等 10 个专业线比赛。持续开展职业技能等级认定工作，累计完成 2 个层面 4 个主体工种3751 人次认定，认定通过 1820 人次，平均通过率过半；制定公司《高技能人才管理办法》，组织开展企业技能专家、资深技师、主任技师、主管技师评审工作，操作员工队伍技能等级结构为初级工 226 人、中级工 342 人、高级工 227 人、技师 56 人、高级技师 4 人、主管技师 4 人、资深技师 1 人、企业技能专家 3 人，形成了一支初中级工为基础、高级工为骨干、技师为带头人的高效操作队伍。

（三）优化人力资源配置，提高组织运行效能

制定公司《大部制改革方案》《组织体系优化顶层设计方案》《人力资源优化方案》，优化二级单位设置，精简二三级机构总量和领导人员职数，撤并整合职能任务相近、重复设置、规模过小、低效无效、职能减少和工作任务不饱满的机构，提高组织运行效率。持续推进人力资源优化工作，实施员

工总量计划、新增员工计划双控制，制定《关于低海拔地区员工到高海拔地区交流轮岗的指导意见（试行）》，干部员工有序交流，有效解决果洛、玉树高海拔艰苦地区员工交流难的问题。

第一章 领导机构

1998 年 7 月，青海石油（集团）有限公司由青海省贸易厅划归中国石油天然气集团公司。

1999 年 7 月，集团公司对青海石油（集团）有限责任公司进行重组改制，核心业务部分组建为中国石油天然气股份有限公司青海销售公司，非核心业务留在青海石油（集团）有限公司。9 月，中国石油天然气股份有限公司青海销售公司任命领导班子成员，成立临时党委。12 月，更名为中国石油天然气股份有限公司青海销售分公司。2001 年 3 月，股份公司将青海销售公司机构规格调整为副局级。2002 年 12 月，青海石油（集团）有限公司的业务、资产和人员全面委托中国石油青海销售公司管理，不再列集团公司机构序列。2004 年 7 月，青海石油（集团）有限公司更名为青海石油有限责任公司。

截至 2015 年 12 月 31 日，青海销售公司领导班子由 6 人组成：虎仁山任党委书记、副总经理、纪委书记、工会主席，刘星国任总经理、党委副书记，马光元任党委委员、总会计师，孙永超任党委委员、副总经理、安全总监，朱长青任党委委员、副总经理，王昊任党委委员、副总经理。青海石油有限责任公司保留法人资格，刘星国任执行董事、总经理，张武林任监事。

党委书记、副总经理、纪委书记、工会主席虎仁山主持党委全面工作，负责纪检、工会、审计、维护稳定工作；分管办公室（党委办公室）、党群工作处（企业文化处）、审计监察处（纪委办公室）、维护稳定办公室（老干办）。

党委副书记、总经理刘星国主持行政全面工作，负责营销工作；分管人事处（党委组织部）、营销处。

党委委员、总会计师马光元协助总经理分管精细化管理、信息化建设和清欠工作，负责年度预算、会计核算、物资采购工作；分管财务处、信息化管理处、核算中心、青海石油有限责任公司。

党委委员、副总经理孙永超协助总经理分管投资和工程建设工作，负责中央仓项目工作；分管投资建设管理处、工程建设管理中心。

党委委员、副总经理朱长青协助总经理分管内控体系，负责加油站管理、非油品业务、招投标管理工作；分管企管法规处、加油站管理处（加油卡管理中心）、非油品经营分公司。

党委委员、副总经理、安全总监王昊协助总经理分管 HSE、调运和安居工程工作，负责安全环保、节能减排和油品数质量工作；分管调运处、仓储安全环保处、质量监督检验中心、安居工程建设项目部。

2016 年 3 月，经研究并商得中共青海省委同意，集团公司党组决定：芦玉德任青海销售公司党委委员。股份公司决定：芦玉德任青海销售公司副总经理；王昊任青海销售公司安全总监；免去孙永超的青海销售公司安全总监职务。

2016 年 5 月，调整领导班子成员工作分工：

党委副书记、总经理刘星国主持行政全面工作；联系处室：人事处（党委组织部）、财务处、审计监察处（纪委办公室）。

党委书记、副总经理、纪委书记、工会主席虎仁山主持党委全面工作，负责纪检、工会、审计、维护稳定工作；分管办公室（党委办公室）、党群工作处（企业文化处）、人事处（党委组织部）、审计监察处（纪委办公室）、维护稳定办公室（老干办）。

党委委员、总会计师马光元协助总经理分管合规管理、内控体系和清欠工作，负责年度预算、会计核算、物资采购、招投标工作；分管财务处、核算中心、企管法规处、青海石油有限责任公司。

党委委员、副总经理孙永超协助总经理分管投资和工程建设工作，负责投资规划的制定、工程项目的实施和中央仓项目工作；分管投资建设管理处、工程建设管理中心。

党委委员、副总经理朱长青协助总经理分管科技规划和信息化工作，负责加油站管理、非油品业务、信息系统建设与运维等工作；分管加油站管理处（加油卡管理中心）、信息化管理处、非油品经营分公司。

党委委员、副总经理、安全总监王昊协助总经理分管 HSE 工作，负责安全环保、节能减排、油品数质量、安居工程和后勤工作；分管仓储安全环保处、质量监督检验中心、安居工程建设项目部、后勤管理中心。

党委委员、副总经理芦玉德协助总经理分管营销、调运工作，负责营销战略规划的制定、市场监测与分析、客户经理队伍建设、资源计划落实和承运商管理等工作；分管营销处、调运处。

2016 年 11 月 26 日，中共青海销售公司第二次代表大会在西宁市召开，116 名党员代表和 8 名列席代表参加会议。会议选举产生中共青海销售公司第二届委员会和中共青海销售公司第二届纪律检查委员会。中共青海销售公司第二届委员会由马光元、王昊、朱长青、刘星国、孙永超、芦玉德、虎仁山 7 人组成（以姓氏笔画为序），虎仁山为党委书记，刘星国为党委副书记。中共青海销售公司纪律检查委员会由 5 人组成，虎仁山为纪委书记。

2016 年 12 月，股份公司决定：孙永超退休。

2017 年 2 月，调整领导班子成员工作分工：

党委书记、副总经理、纪委书记、工会主席虎仁山主持公司党委全面工作，负责公司组织建设、纪检、工会、审计和维护稳定工作，分管办公室（党委办公室）、党群工作处（企业文化处）、人事处（党委组织部）、审计监察处（纪委办公室）、维护稳定办公室（老干办）。

党委副书记、总经理刘星国主持公司行政全面工作，联系处室人事处（党委组织部）、财务处、审计监察处（纪委办公室）。

党委委员、总会计师马光元对总经理负责，并履行"一岗双责"责任，分管合规管理、内控体系和清欠工作，负责年度预算、会计核算、物资采购、招投标工作，分管财务处、结算中心、企管法规处、青海石油有限责任公司。

党委委员、副总经理朱长青对总经理负责，并履行"一岗双责"责任，分管公司科技规划和信息化工作，负责加油站管理、非油品业务、信息系统建设与运维等工作，分管加油站管理处（加油卡管理中心）、信息化管理处、非油品经营公司。

党委委员、副总经理、安全总监王昊对总经理负责，并履行"一岗双责"责任，分管投资、工程建设和 HSE 工作，负责投资规划的制定、工程项目的实施、安全环保、节能减排、油品数质量、安居工程和中央仓项目工作，分管投资建设管理处、工程建设管理中心、仓储安全环保处、安居工程建设项目部。

党委委员、副总经理芦玉德对总经理负责，并履行"一岗双责"责任，分管营销、调运工作，负责营销战略规划的制定、市场监测与分析、客户经理队伍建设、资源计划落实和承运商管理等工作，分管营销处、调运处。

原党委委员、副总经理孙永超协助总经理做好与青海省交通一卡通有限公司合作后续相关工作，并及时与副总经理王昊做好沟通，协调共同推进项目的落地，不再分管其他部门。

2017年6月，股份公司决定：马光元退休。

2017年11月，经研究并商得中共青海省委同意，集团公司党组决定：杜萍任青海销售公司党委委员。股份公司决定：杜萍任青海销售公司总会计师。

2017年12月，经研究并商得中共青海省委同意，集团公司党组决定：李彦龙任青海销售公司党委委员、纪委书记，免去虎仁山的青海销售公司纪委书记职务。

2018年1月，调整领导班子成员工作分工：

总经理、党委副书记刘星国主持公司行政全面工作。分管：办公室、人事处。联系处室：财务处、审计监察处（纪委办公室）。联系单位：海东分公司、湟源分公司。

党委书记、副总经理、工会主席虎仁山主持公司党委全面工作。负责党的路线、方针、政策的贯彻执行，负责公司党组织建设、工会、党群和维护稳定等工作。分管：党群工作处（企业文化处）、党委办公室、党委组织部、维护稳定办公室（老干办）。联系处室：审计监察处（纪委办公室）。联系单位：西宁分公司。

党委委员、副总经理朱长青对总经理负责，并履行"一岗双责"责任。分管公司"油卡非润"一体化、科技规划和信息化工作。负责营销战略规划的制定、市场监测与分析、客户经理队伍建设、加油站管理（加油卡管理）、非油品业务、信息系统建设与运维等工作。分管：营销处、加油站管理处（加油卡管理中心）、非油品经营公司、科技信息处。联系单位：海西分公司。

党委委员、副总经理王昊对总经理负责，并履行"一岗双责"责任。分管投资、工程建设工作，负责投资规划的制定、工程项目的实施和安居工程工作。分管：投资处、工程建设管理中心、安居工程建设项目部。联系单位：黄南分公司。

党委委员、副总经理、安全总监芦玉德：对总经理负责，并履行"一岗双责"责任。分管调运、HSE管理、后勤管理等工作，负责资源计划落实、承运商管理、安全环保、节能减排、油品数质量、油库管理、后勤管理等工作。分管：调运处、仓储安全环保处、后勤管理中心。联系单位：果洛分公司。

党委委员、总会计师杜萍对总经理负责，并履行"一岗双责"责任，分管合规管理、内控体系和清欠工作，负责年度预算、会计核算、物资采购、招投标工作。分管：财务处、结算中心、企管法规处、青海石油有限责任公司。联系单位：玉树分公司。

党委委员、纪委书记李彦龙主持公司纪委全面工作，并履行"一岗双责"责任，负责纪检监察、党内与行政监督等方面工作。履行党风廉政建设监督责任。分管：审计监察处（纪委办公室）。联系单位：格尔木分公司。

2018年4月，经研究并商得中共青海省委同意，集团公司党组决定：刘星国任青海销售公司党委书记；免去虎仁山的青海销售公司党委书记、委员、工会主席职务，退休。股份公司决定：芦玉德任青海销售公司安全总监；免去虎仁山的青海销售公司副总经理职务；免去王昊的青海销售公司安全总监职务。

2018年4月，明确党委成员工作分工：

党委书记刘星国全面负责公司党的建设、党风廉政建设和反腐败工作，推进群工团工作、意识形态工作，抓好维稳防恐、保密工作和新闻危机管控；检查督导责任区党的建设。责任区：机关党委、湟源分公司。

党委委员朱长青履行公司党的建设、党风廉政建设和反腐败工作"一岗双责"责任。负责检查督导责任区党的建设、党风廉政建设和反腐败工作及企业文化建设、维稳防恐、保密和新闻危机防范等工作落实情况。责任区："油卡非润"一体化、科技规划和信息化专业线，西宁分公司、非油品经营公司。

党委委员王昊履行公司党的建设、党风廉政建设和反腐败工作"一岗双责"责任。负责检查督导责任区党的建设、党风廉政建设和反腐败工作及企业文化建设、维稳防恐、保密和新闻危机防范等工作落实情况。责任区：投资、工程建设专业线，海西分公司、黄南分公司。

党委委员芦玉德履行公司党的建设、党风廉政建设和反腐败工作"一岗双责"责任。负责检查督导责任区党的建设、党风廉政建设和反腐败工作及企业文化建设、维稳防恐、保密和新闻危机防范等工作落实情况。责任区：调运、HSE 管理、后勤管理专业线，果洛分公司、多巴油库、曹家堡油库、后勤管理中心。

党委委员杜萍履行公司党的建设、党风廉政建设和反腐败工作"一岗双责"责任。负责检查督导责任区党的建设、党风廉政建设和反腐败工作及企业文化建设、维稳防恐、保密和新闻危机防范等工作落实情况。责任区：财务、合规管理、内控体系专业线，玉树分公司、新贸公司。

党委委员、纪委书记李彦龙履行公司党的建设、党风廉政建设和反腐败工作"一岗双责"责任。负责检查督导责任区党的建设、党风廉政建设和反腐败工作及企业文化建设、维稳防恐、保密和新闻危机防范等工作落实情况。同时履行全面从严治党监督责任。责任区：纪检监察、党内与行政监督专业线，海东分公司、格尔木分公司。

2018 年 6 月，调整领导班子成员工作分工：

党委书记、总经理刘星国主持公司行政和党委全面工作。分管：办公室（党委办公室）、人事处（党委组织部）、党群工作处（党委宣传部、企业文化处）、维护稳定办公室（老干办）。联系处室：财务处、审计监察处（纪委办公室、巡察办公室）。联系单位：湟源分公司。

党委委员、副总经理朱长青对总经理负责，并履行"一岗双责"责任。分管公司"油卡非润"一体化、科技规划和信息化工作。负责营销战略规划的制定、市场监测与分析、客户经理队伍建设、加油站管理（加油卡管理）、非油品业务、科技规划、信息系统建设与运维等工作。分管：营销处、加油站管理处（加油卡管理中心）、科技信息处、非油品经营公司。联系单位：西宁分公司、非油品经营公司。

党委委员、副总经理王昊对总经理负责，并履行"一岗双责"责任。分管投资、工程建设工作，负责投资规划的制定、工程项目的实施和安居工程工作。分管：投资处、工程建设管理中心、安居工程建设项目部。联系单位：海西分公司、黄南分公司。

党委委员、副总经理、安全总监芦玉德对总经理负责，并履行"一岗双责"责任。分管调运、HSE管理、后勤管理等工作，负责资源计划落实、承运商管理、安全环保、节能减排、油品数质量、油库管理、后勤管理等工作。分管：调运处、仓储安全环保处、后勤管理中心。联系单位：果洛分公司、多巴油库、曹家堡油库。

党委委员、总会计师杜萍对总经理负责，并履行"一岗双责"责任，分管合规管理、内控体系和清欠工作，负责年度预算、会计核算、物资采购、招投标工作。分管：财务处、结算中心、企管法规处。联系单位：玉树分公司、青海石油有限责任公司。

党委委员、纪委书记李彦龙主持公司纪委全面工作，并履行"一岗双责"责任，负责纪检监察、党内与行政监督等方面工作。履行党风廉政建设监督责任。分管：审计监察处（纪委办公室、巡察办公室）。联系单位：海东分公司、格尔木分公司。

2018年9月，集团公司印发《关于推行企业和领导人员岗位分级分类管理的意见》，明确青海销售公司为一级三类企业。

2018年10月，经研究并商得中共青海省委同意，集团公司党组决定：张海云任青海销售公司党委委员、书记；郑国玉任青海销售公司党委委员、常务副书记、工会主席；免去刘星国的青海销售公司党委书记、委员职务，调河南销售分公司工作。股份公司决定：张海云任青海销售公司总经理；免去刘星国的青海销售公司总经理职务。

2018年10月，集团公司决定：张海云任青海石油有限责任公司执行董事、总经理；免去刘星国的青海石油有限责任公司执行董事、总经理职务。

2019年1月，经研究并商得中共青海省委同意，集团公司党组决定：王金德任青海销售公司党委委员、纪委书记；免去李彦龙的青海销售公司党委委员、纪委书记职务，调重庆销售分公司工作。

2019年1月23日，青海销售公司第四次工会会员代表大会召开，大会选举产生新一届工会委员会，郑国玉当选第四届工会委员会主席。

2019年8月，调整领导班子成员工作分工：

党委书记、总经理张海云主持党委、行政全面工作。分管办公室（党委办公室）、人事处（党委组织部）、后勤管理中心。联系单位：西宁分公司。

党委常务副书记、工会主席郑国玉负责宣传思想文化、意识形态、工会群团、维护稳定工作，协助负责党委日常工作、薪酬工作。分管党群工作处（党委宣传部、企业文化处）、维护稳定办公室（老干办），协助分管人事处（党委组织部）。联系单位：海北分公司。

党委委员、副总经理朱长青负责市场营销、加油站管理、"油卡非润"一体化、科技规划和信息化工作。分管营销处、加油站管理处（加油卡管理中心）、非油品经营公司、科技信息处。联系单位：格尔木分公司、非油品经营公司。

党委委员、副总经理王昊负责投资规划、工程建设、安居项目管理工作及合资公司管理。分管投资建设管理处、安居工程建设项目部。联系单位：海西分公司、海南分公司、青海中油交通能源有限公司。

党委委员、副总经理、安全总监芦玉德负责安全环保、油品数质量、资源调运、仓储管理、承运商管理和集体企业发展工作。分管调运处、质量安全环保处。联系单位：果洛分公司、仓储分公司、新兴能源公司。

党委委员、总会计师杜萍负责财务资金、合规管理、法律事务、内控体系和清欠工作。分管财务处（结算中心）、企管法规处。联系单位：玉树分公司。

党委委员、纪委书记王金德主持纪委工作。负责纪检监察、巡察、审计工作。分管审计监察处（纪委办公室、巡察办公室）。联系单位：海东分公司、黄南分公司。

2020年11月，经集团公司党组2020年10月31日研究并商得中共青海省委同意，集团公司党组决定：免去王昊的青海销售公司党委委员职务，退出领导岗位。股份公司决定：免去王昊的青海销售公司副总经理职务。

2021年3月，经研究并商得中共青海省委同意，集团公司党组决定：胡鹏任青海销售公司党委委员。股份公司决定：胡鹏任青海销售公司副总经理。

2021年4月，调整领导班子成员工作分工：

党委书记、总经理张海云主持党委、行政全面工作。负责党的建设、巡察、领导班子和干部队伍建设工作。分管办公室（党委办公室）、人力资源部（党委组织部）、综合管理服务中心。联系单位：海东分公司。

党委委员、纪委书记王金德主持纪委工作。负责纪检、审计工作。协助负责巡察工作。分管纪委办公室（审计部、巡察办公室）。联系单位：西宁分公司、玉树分公司。

党委常务副书记、工会主席郑国玉负责宣传思想文化、意识形态、工会群团、维护稳定、老干部工作。协助负责党的建设日常工作、薪酬工作。主持工会工作。分管党群工作部（党委宣传部、企业文化部、扶贫办公室）。协助分管人力资源部（党委组织部）。联系单位：海南分公司、海北分公司。

党委委员、副总经理朱长青负责非油业务、集体企业改革发展工作。分管非油分公司（非油品经营部）、青海中油新兴能源公司。联系单位：黄南分公司。

党委委员、副总经理、安全总监芦玉德负责安全环保、油品数质量、资源调运、仓储管理工作。分管质量安全环保部、储运分公司（仓储调运部）。协助分管综合管理服务中心。联系单位：果洛分公司。

党委委员、总会计师杜萍负责财务资金、合规管理、法律事务、内部控制、清欠工作。分管财务部、企管法规部（股权办公室）。联系单位：格尔木分公司、海西分公司。

党委委员、副总经理胡鹏负责市场营销、投资规划、工程建设、信息化、合资公司管理工作。分管市场营销部、发展计划部（设备信息部）。联系单位：各合资公司。

2021年6月，经研究并商得中共青海省委同意，集团公司党组决定：宋健强任青海销售公司党委委员、书记；郑国玉任青海销售公司党委副书记，免去其青海销售公司党委常务副书记、工会主席职务；米玛顿珠任青海销售公司党委委员、副书记、工会主席；免去张海云的青海销售公司党委书记、委员职务。股份公司决定：宋健强任青海销售公司执行董事，郑国玉任青海销售公司总经理；免去张海云的青海销售公司总经理职务，调山东销售分公司工作。

2021年6月，股份公司明确对所属企业领导班子成员实行任期制和契约化管理，青海销售公司领导班子成员任期期限自2020年3月25日至2023年3月24日；任期期满后，经考核重新履行聘任程序并签订岗位聘任协议和任期经营业绩责任书，未能聘任的自然免职；期间达到退休年龄的，任期终止。

2021年6月，集团公司决定：宋健强任青海石油有限责任公司执行董事、总经理，免去张海云的青海石油有限责任公司执行董事、总经理职务。

2021年8月，调整领导班子成员工作分工：

党委书记、执行董事宋健强负责公司全面工作，主持公司党委工作。负责公司发展战略，决策权限范围内的"三重一大"和重要经营管理事项，防范企业重大风险，以及股份公司授权的其他事项；负责党的建设，领导班子、干部队伍、人才队伍建设，人事劳资工作；负责思想政治、企业文化、宣传、维护稳定和共青团工作；负责巡察、审计工作。分管办公室（党委办公室）、人力资源部（党委组织部）、党群工作部（党委宣传部、企业文化部、扶贫办公室）、审计部、巡察办公室、综合管理服务中心。联系单位：海西分公司、海南分公司。

党委副书记、总经理郑国玉负责公司日常经营管理，落实党委会或执行董事办公会有关决议，以及执行董事授权范围内的其他事项。负责公司成品油和天然气经营销售、加油（气）站管理、成品油市场整顿和新能源工作。分管市场营销部。联系单位：海东分公司。

党委副书记、工会主席米玛顿珠主持工会工作。协助负责党的建设日常工作，思想政治、企业文化、宣传、维护稳定和共青团工作。协助分管党群工作部（党委宣传部、企业文化部、扶贫办公室）。联系单位：海北分公司、玉树分公司。

党委委员、副总经理朱长青负责非油业务、集体企业改革发展工作。分管非油分公司（非油品经营部）、青海中油新兴能源有限责任公司。联系单位：黄南分公司。

党委委员、副总经理、安全总监芦玉德负责安全环保、油品数质量、仓储和资源调运工作。分管质量安全环保部、储运分公司（仓储调运部），协助分管综合管理服务中心。联系单位：果洛分公司。

党委委员、总会计师杜萍负责财务管理、合规管理、法律事务、内部控制、清欠工作、招投标管理、物资采购工作。分管财务部、企管法规部（股权办公室）。联系单位：格尔木分公司。

党委委员、纪委书记王金德主持纪委工作。负责纪检工作，协助负责巡察、审计工作。分管纪委办公室，协助分管巡察办公室、审计部。联系单位：西宁分公司。

党委委员、副总经理胡鹏负责投资规划、工程建设、信息化和合资公司管理工作，协助负责成品油和天然气经营销售、加油（气）站管理、成品油市场整顿和新能源工作。分管发展计划部（设备信息部），协助分管市场营销部。联系单位：各合资公司。

2021年12月9日至10日，中共青海销售公司第三次代表大会在西宁市召开，106名党员代表和6名列席人员参加会议。会议选举产生中共青海销售公司第三届委员会和中共青海销售公司纪律检查委员会。中共青海销售公司委员会由王金德、朱长青、米玛顿珠、芦玉德、杜萍、宋健强、郑国玉、胡鹏8人组成（以姓氏笔画为序），宋健强为党委书记，郑国玉、米玛顿珠为党委副书记。中共青海销售公司纪律检查委员会由7人组成，王金德为纪委书记。

2022年3月，集团公司党组决定：付天民任青海销售公司党委委员、纪委书记；免去王金德的青海销售公司党委委员、纪委书记职务，调贵州销售分公司工作。

2022年4月，集团公司人力资源部决定：委派杜萍为青海石油有限责任公司监事，张武林不再担任青海石油有限责任公司监事职务。

2022年5月，明确党委委员、纪委书记付天民负责纪检工作，协助负责巡察、审计工作；分管纪委办公室，协助分管巡察办公室、审计部；联系单位：西宁分公司。

2022年9月，集团公司党组决定：免去朱长青的青海销售公司党委委员职务，退出领导岗位。股份公司决定，免去朱长青的青海销售公司副总经理职务。

2023年3月，集团公司党组决定：钟光金任青海销售公司党委委员；免去米玛顿珠的青海销售公司党委副书记、委员、工会主席职务，调西藏销售分公司工作；免去杜萍的青海销售公司党委委员职务，调中石油新疆销售有限公司工作。股份公司决定：钟光金任青海销售公司总会计师，免去杜萍的青海销售公司总会计师职务。

2023年7月，集团公司党组决定：胡鹏任青海销售公司党委副书记，佘伟军任青海销售公司党委委员、纪委书记；免去郑国玉的青海销售公司党委副书记、委员职务，退休；免去付天民的青海销售公司党委委员、纪委书记职务，调集团公司纪检监察组六中心工作。股份公司决定：胡鹏任青海销售公司总经理，免去郑国玉的青海销售公司总经理职务。

2023年9月，集团公司人力资源部决定：委派钟光金为青海石油有限责任公司监事，杜萍不再担任青海石油有限责任公司监事职务。

2023年10月，集团公司党组决定：李勇任青海销售公司党委委员。股份公司决定：聘任李勇为青海销售公司副总经理，聘期至2026年6月7日。

2023年12月，调整领导班子成员工作分工：

党委书记、执行董事宋健强负责公司全面工作，主持公司党委工作。负责公司发展战略，决策权限范围内的"三重一大"和重要经营管理事项，防范企业重大风险，以及股份公司授权的其他事项；负责党的建设，领导班子、干部队伍、人才队伍建设，人事劳资工作；负责思想政治、企业文化、宣传、维护稳定和共青团工作；负责巡察、审计工作。分管办公室（党委办公室）、人力资源部（党委组织部）、党群工作部（党委宣传部、企业文化部、扶贫办公室）、审计部、巡察办公室、综合管理服务中心。联系单位：海东分公司、海南分公司。

党委副书记、总经理胡鹏负责公司日常经营管理，落实党委会或执行董事办公会有关决议，以及执行董事授权范围内的其他事项。负责公司成品油和天然气经营销售、加油（气）站管理、新能源、成品油市场整顿、非油业务和股权管理工作。分管市场营销部、非油分公司（非油品经营部）、股权办公室。联系单位：西宁分公司、各股权企业。

党委委员、副总经理、安全总监芦玉德负责安全环保、油品数质量、仓储、资源调运、安保防恐和工会工作，协助负责维护稳定工作。分管质量健康安全环保部、储运分公司（仓储调运部），协助分管党群工作部、综合管理服务中心。联系单位：海北分公司。

党委委员、总会计师钟光金负责财务管理、合规管理、法律事务、内部控制、清欠、招投标管理和物资采购工作。分管财务部、企管法规部。联系单位：黄南分公司、青海中油新兴能源有限责任公司。

党委委员、纪委书记佘伟军主持纪委工作。负责纪检工作，协助负责巡察、审计工作。分管纪委办公室，协助分管巡察办公室、审计部。联系单位：果洛分公司、玉树分公司。

党委委员、副总经理李勇负责公司投资规划、工程建设、科技管理和信息化工作，协助负责成品油和天然气经营销售、加油（气）站管理、新能源、成品油市场整顿工作。分管发展计划部（设备信息部），协助分管市场营销部。联系单位：格尔木分公司、海西分公司。

截至2023年12月31日，青海销售公司领导班子由6人组成：宋健强任党委书记、执行董事，胡鹏任党委副书记、总经理，芦玉德任党委委员、副总经理、安全总监，钟光金任党委委员、总会计师，佘伟军任党委委员、纪委书记，李勇任党委委员、副总经理。青海销售有限责任公司仅保留法人资格，宋健强任执行董事、总经理，钟光金任监事。

期间：2017年4月，青海销售公司党委书记、副总经理、纪委书记、工会主席虎仁山当选中共青海省第十三次代表大会代表；2017年5月，青海玉树销售分公司才仁吉藏当选中共第十九次全国代表大会代表；2022年4月，青海销售分公司党委书记、执行董事宋健强当选中共青海省第十四次代表大会代表。

第一节　青海销售公司党委（2016.1—2023.12）

1999年9月，青海销售公司临时党委成立，2003年10月，青海石油（集团）有限责任公司党委变更为青海销售公司党委。

截至2015年12月31日，青海销售公司党委由6人组成：虎仁山任党委书记，刘星国任党委副书记，马光元、孙永超、王昊、朱长青任党委委员。

2016年3月，经研究并商得中共青海省委同意，集团公司党组决定：芦玉德任青海销售公司党委委员。

2016年11月26日，中共青海销售公司第二次代表大会在西宁市召开，116名党员代表和8名列席代表参加会议。会议选举产生中共青海销售公司第二届委员会，由马光元、王昊、朱长青、刘星国、孙永超、芦玉德、虎仁山等 7 人组成（以姓氏笔画为序），虎仁山为党委书记，刘星国为党委副书记。

2017 年 11 月，经研究并商得中共青海省委同意，集团公司党组决定：杜萍任青海销售公司党委委员。

2017 年 12 月，经研究并商得中共青海省委同意，集团公司党组决定：李彦龙任青海销售公司党委委员。

2018 年 4 月，经研究并商得中共青海省委同意，集团公司党组决定：刘星国任青海销售公司党委书记；免去虎仁山的青海销售公司党委书记、委员职务，退休。

2018 年 10 月，经研究并征得中共青海省委同意，集团公司党组决定：张海云任青海销售公司党委委员、书记，郑国玉任青海销售公司党委委员、常务副书记；免去刘星国的青海销售公司党委书记、委员职务，调股份公司河南销售分公司工作。

2019 年 1 月，经研究并商得中共青海省委同意，集团公司党组决定：王金德任青海销售公司党委委员；免去李彦龙的青海销售公司党委委员职务，调重庆销售分公司工作。

2019 年 4 月，中共中国石油青海销售公司委员会党校正式揭牌成立。

2020 年 11 月，经集团公司党组 2020 年 10 月 31 日研究并商得中共青海省委同意，集团公司党组决定：免去王昊的青海销售公司党委委员职务，退出领导岗位。

2021 年 3 月，经研究并商得中共青海省委同意，集团公司党组决定：胡鹏任青海销售公司党委委员。

2021 年 6 月，经研究并商得中共青海省委同意，集团公司党组决定：宋健强任青海销售公司党委委员、书记；郑国玉任青海销售公司党委副书记，免去其青海销售公司党委常务副书记职务；米玛顿珠任青海销售公司党委委员、副书记；免去张海云的青海销售公司党委书记、委员职务，调山东销售分公司工作。

2021 年 12 月 9 日至 10 日，中共青海销售公司第三次代表大会在西宁市召开，106 名党员代表和 6 名列席人员参加会议。会议选举产生中共青海销售公司第三届委员会，由王金德、朱长青、米玛顿珠、芦玉德、杜萍、宋健强、郑国玉、胡鹏等8人组成（以姓氏笔画为序），宋健强为党委书记，郑国玉、米玛顿珠为党委副书记。

2022年3月，集团公司党组决定：付天民任青海销售公司党委委员；免去王金德的青海销售公司党委委员职务，调贵州销售分公司工作。

2022年9月，集团公司党组决定：免去朱长青的青海销售公司党委委员职务，退出领导岗位。

2023年3月，集团公司党组决定：钟光金任青海销售公司党委委员；免去米玛顿珠的青海销售公司党委副书记、委员职务，调西藏销售分公司工作；免去杜萍的青海销售公司党委委员职务，调中石油新疆销售有限公司工作。

2023年7月，集团公司党组决定：胡鹏任青海销售公司党委副书记，佘伟军任青海销售公司党委委员；免去郑国玉的青海销售公司党委副书记、委员职务，退休；免去付天民的青海销售公司党委委员职务，调集团公司纪检监察组六中心工作。

2023年10月，集团公司党组决定：李勇任青海销售公司党委委员。

截至2023年12月31日，青海销售公司党委由6人组成：宋健强任党委书记，胡鹏任党委副书记，芦玉德、钟光金、佘伟军、李勇任党委委员。

书　　　记	虎仁山（2016.1—2018.4）①	
	刘星国（2018.4—10）②	
	张海云（2018.10—2021.6）③	
	宋健强（2021.6—2023.12）	
常务副书记	郑国玉（2018.10—2021.6）	
副　书　记	刘星国（2016.1—2018.4）	
	郑国玉（2021.6—2023.7）④	
	米玛顿珠（藏族，2021.6—2023.3）⑤	

① 2018年4月，虎仁山退休，仍担任中共青海省第十三次代表大会代表。
② 2018年10月，刘星国调任河南销售分公司党委书记、总经理。
③ 2021年6月，张海云调任山东销售分公司执行董事、党委书记。
④ 2023年7月，郑国玉退休。
⑤ 2023年3月，米玛顿珠调西藏销售分公司，退出领导岗位。

　　　　　　胡　　鹏（2023.7—12）

委　　　员　虎仁山（2016.1—2018.4）

　　　　　　刘星国（2016.1—2018.10）

　　　　　　马光元（2016.1—2017.6）①

　　　　　　孙永超（2016.1—12）②

　　　　　　王　昊（2016.1—2020.10）③

　　　　　　朱长青（2016.1—2022.9）④

　　　　　　芦玉德（2016.3—2023.12）

　　　　　　杜　萍（女，回族，2017.11—2023.3）⑤

　　　　　　李彦龙（2017.12—2019.1）⑥

　　　　　　张海云（2018.10—2021.6）

　　　　　　郑国玉（2018.10—2023.7）

　　　　　　王金德（2019.1—2022.3）⑦

　　　　　　胡　　鹏（2021.3—2023.12）

　　　　　　宋健强（2021.6—2023.12）

　　　　　　米玛顿珠（2021.6—2023.3）

　　　　　　付天民（2022.3—2023.7）⑧

　　　　　　钟光金（2023.3—12）

　　　　　　佘伟军（2023.7—2023.12）

　　　　　　李　勇（2023.10—12）

---

①　2017年6月，马光元退休。

②　2016年12月，孙永超退休。

③　2020年10月，王昊退出领导岗位；2022年7月退休。

④　2022年9月，朱长青退出领导岗位。

⑤　2023年3月，杜萍调任中石油新疆销售有限公司党委委员、总会计师。

⑥　2019年1月，李彦龙调任重庆销售分公司党委委员、纪委书记。

⑦　2022年3月，王金德调任贵州销售分公司党委委员、纪委书记。

⑧　2023年7月，付天民调任集团公司纪检监察组六中心纪检监察员（一级副）。

第二节 青海销售公司执行董事（2021.6—2023.12）

2020 年 10 月，集团公司党组下发《关于进一步完善集团（股份）公司所属分公司领导体制的意见》，在重要和特大型分公司模拟建立法人治理结构和运行规则，设置并委派执行董事。

2021 年 6 月，经研究并商得中共青海省委同意，股份公司决定：宋健强任青海销售公司执行董事。

截至 2023 年 12 月 31 日，青海销售公司由宋健强任执行董事。

执 行 董 事 宋健强（2021.6—2023.12）

第三节 青海销售公司行政领导机构
（2016.1—2023.12）

1999 年 7 月，集团公司对青海石油（集团）有限公司进行重组改制，将核心业务与非核心业务分开分离，核心业务部分组建中国石油天然气股份有限公司青海销售公司，非核心业务为青海石油（集团）有限公司。2004 年 7 月，青海石油（集团）有限公司更名为青海石油有限责任公司。

截至 2015 年 12 月 31 日，青海销售公司行政领导班子由 6 人组成：刘星国任总经理，虎仁山、朱长青、王昊任副总经理，孙永超任副总经理、安全总监，马光元任总会计师。

青海石油有限责任公司由刘星国任执行董事、总经理，张武林任监事。

2016 年 3 月，经研究并商得中共青海省委同意，股份公司决定：芦玉德任青海销售公司副总经理，王昊任青海销售公司安全总监，免去孙永超的青海销售公司安全总监职务。

2016 年 12 月，股份公司决定：孙永超退休。

2017 年 6 月，股份公司决定：马光元退休。

2017年11月，经研究并商得中共青海省委同意，股份公司决定：杜萍任青海销售公司总会计师。

2018年4月，经研究并商得中共青海省委同意，股份公司决定：芦玉德任青海销售公司安全总监；免去虎仁山的青海销售公司副总经理职务，退休；免去王昊的青海销售公司安全总监职务。

2018年10月，经研究并商得中共青海省委同意，股份公司决定：张海云任青海销售公司总经理；免去刘星国的青海销售公司总经理职务，调股份公司河南销售分公司工作。集团公司决定：张海云任青海石油有限责任公司执行董事、总经理；免去刘星国的青海石油有限责任公司执行董事、总经理职务。

2020年11月，经集团公司党组2020年10月31日研究并商得中共青海省委同意，股份公司决定：免去王昊的青海销售公司副总经理职务，退出领导岗位。

2021年3月，经研究并商得中共青海省委同意，股份公司决定：胡鹏任青海销售公司副总经理。

2021年6月，经研究并商得中共青海省委同意，股份公司决定：郑国玉任青海销售公司总经理；免去张海云的青海销售公司总经理职务，调股份公司山东销售分公司工作。集团公司决定：宋健强任青海石油有限责任公司执行董事、总经理，免去张海云的青海石油有限责任公司执行董事、总经理职务。

2021年6月，股份公司决定：对所属企业领导班子成员实行任期制和契约化管理，青海销售公司领导班子成员任期期限自2020年3月25日至2023年3月24日；任期期满后，经考核重新履行聘任程序并签订岗位聘任协议和任期经营业绩责任书，未能聘任的自然免职；期间达到退休年龄的，任期终止。

2022年4月，集团公司人力资源部决定：委派杜萍为青海石油有限责任公司监事，张武林不再担任青海石油有限责任公司监事职务。

2022年9月，股份公司决定：免去朱长青的青海销售公司副总经理职务，退出领导岗位。

2022年12月，集团公司决定，将青海石油有限责任公司的业务、资产和人员全面委托青海销售公司管理，实行一个领导班子、一套机关职能部门、一体化运作的管理体制，顺利实现股份公司收购存续公司，完成股份公司重组方案。保留青海石油（集团）有限公司牌子及其法人资格。

2023年3月，股份公司决定：钟光金任青海销售公司总会计师，免去杜萍的青海销售公司总会计师职务，调中石油新疆销售有限公司工作。

2023年7月，股份公司决定：胡鹏任青海销售公司总经理，免去郑国玉的青海销售公司总经理职务，退休。

2023年9月，集团公司人力资源部决定：委派钟光金为青海石油有限责任公司监事，杜萍不再担任青海石油有限责任公司监事职务。

2023年10月，股份公司决定：聘任李勇为青海销售公司副总经理，聘期至2026年6月7日。

截至2023年12月31日，青海销售公司行政领导班子由4人组成：胡鹏任总经理，芦玉德任副总经理、安全总监，钟光金任总会计师，李勇任副总经理。青海石油有限责任公司由青海销售公司托管，执行董事、总经理宋健强，监事钟光金。

期间，青海销售公司对总经理助理、副总师等领导进行调整：

截至2015年12月31日，青海销售公司由王浩、芦玉德任总经理助理，王水权、刘西仑任副总经济师，任永红任副总经济师、总法律顾问。

总经理助理王浩协助副总经理朱长青管理非油品业务工作。

总经理助理芦玉德协助总经理刘星国管理油品营销工作。

副总经济师王水权协助副总经理王昊管理物流优化和油品调运工作。

副总经济师刘西仑协助副总经理王昊管理安居工程建设工作。

副总经济师、总法律顾问任永红协助副总经理朱长青管理内控体系和招投标管理工作。

2016年2月，青海销售公司决定：杜萍任青海销售公司副总会计师；胡鹏任青海销售公司总经理助理。

2016年5月，调整总经理助理、副总师等工作分工：

总经理助理王浩协助副总经理朱长青管理非油品业务工作。

副总会计师杜萍协助总会计师马光元管理财务和资产工作。

总经理助理胡鹏协助总经理刘星国、党委书记虎仁山管理办公室（党委办公室）工作。

副总经济师王水权协助副总经理芦玉德管理物流优化和油品调运工作。

副总经济师刘西仑协助副总经理王昊管理安居工程建设工作。

副总经济师、总法律顾问任永红协助总会计师马光元管理内控体系、招投标和物资采购工作。

2017年2月，调整总经理助理、副总师等工作分工：

总经理助理王浩协助总经理管理后勤、矿区服务工作，分管后勤管理中心。

副总会计师杜萍协助总会计师马光元管理财务和资产工作。

总经理助理胡鹏协助总经理刘星国、党委书记虎仁山工作，主持办公室（党委办公室）工作。

副总经济师王水权协助副总经理芦玉德管理物流优化和油品调运工作。

副总经济师刘西仑协助副总经理王昊管理安居工程建设工作。

副总经济师、总法律顾问任永红协助总会计师马光元管理内控体系、法律、合规管理、招投标和物资采购工作。

2017年3月，青海销售公司决定：茹青宁任青海销售公司安全副总监。

2018年1月，调整总经理助理、副总师等工作分工：

总经理助理王浩协助副总经理朱长青工作。

总经理助理胡鹏协助总经理刘星国工作，主持办公室（党委办公室）工作。

副总经济师王水权协助副总经理芦玉德管理物流优化和油品调运工作。

副总经济师刘西仑协助副总经理王昊管理安居工程建设工作。

副总经济师、总法律顾问任永红协助总会计师杜萍管理内控体系、法律、合规管理、招投标和物资采购工作。

安全副总监茹青宁协助副总经理、安全总监芦玉德管理 HSE、安全环保、节能减排、油品数质量和油库管理工作。

2018年6月，青海销售公司决定：任永红任青海销售公司总经理助理，免去其青海销售公司副总经济师职务；刘建平任青海销售公司总经理助理；免去王浩的油青海销售公司总经理助理职务，退出领导岗位。

2018 年 6 月，调整总经理助理、副总师等工作分工：

总经理助理胡鹏协助总经理、党委书记刘星国工作，主持办公室（党委办公室）工作。

总经理助理、总法律顾问任永红协助总会计师杜萍管理内控体系、法律、合规管理、招投标和物资采购工作，主持企管法规处工作。

总经理助理刘建平协助党委书记、总经理刘星国管理党务、群团、新闻舆情、工会及稳定工作，主持党群工作处（党委宣传部、企业文化处）工作。

副总经济师王水权协助副总经理芦玉德管理物流优化和油品调运工作。

副总经济师刘西仑协助副总经理王昊管理安居工程建设工作。

安全副总监茹青宁协助副总经理、安全总监芦玉德管理 HSE、安全环保、节能减排、油品数质量和油库管理工作。

2018 年 11 月，青海销售公司决定：免去刘西仑的青海销售公司副总经济师职务，免去王水权的青海销售公司副总经济师职务，免去茹青宁的青海销售公司安全副总监职务。

2019 年 6 月，青海销售公司决定：聘任刘建平为青海销售公司技术专家，免去其青海销售公司总经理助理职务。

2019 年 7 月，青海销售公司决定：高强任青海销售公司总经理助理，向军任青海销售公司总经理助理。

2019 年 8 月，调整总经理助理、总法律顾问工作分工：

总经理助理胡鹏协助党委书记、总经理和分管领导做好办公室、后勤管理和投资建设工作，主持投资建设管理处工作。

总经理助理、总法律顾问任永红协助党委书记、总经理和分管领导做好法律、内控体系、合规管理、招投标和物资采购工作，主持企管法规处工作。

总经理助理高强协助党委书记、总经理和分管领导做好营销各项工作，主持加油站管理处（加油卡管理中心）工作。

总经理助理向军协助党委书记、总经理和分管投资建设领导协调加油站网点建设工作，主持西宁分公司工作。

2021 年 4 月，青海销售公司决定：胡鹏不再担任青海销售公司总经理助理职务，向军任青海销售公司安全副总监。

2021年4月，调整总经理助理、总法律顾问、安全副总监工作分工：

总经理助理、总法律顾问任永红协助党委书记、总经理和分管领导做好法律、内部控制、合规管理、招投标、物资采购工作。

总经理助理高强协助党委书记、总经理和分管领导做好市场营销工作，主持市场营销部工作。

总经理助理、安全副总监向军协助党委书记、总经理和分管领导做好非油业务、安全环保、油品数质量工作，主持青海中油新兴能源公司工作。

2021年5月，青海销售公司决定：聘任任永红为青海销售公司技术专家，不再担任青海销售公司总经理助理、总法律顾问职务；刘建平不再担任青海销售公司技术专家，退出领导岗位。

2021年6月，青海销售公司决定：付荣任青海销售公司总法律顾问，执行新聘任技术专家待遇；恒庆贤任青海销售公司总经理助理；刘鹏书任青海销售公司总经理助理。

截至2023年12月31日，青海销售公司由向军任总经理助理、安全副总监，高强、恒庆贤、刘鹏书任总经理助理，付荣任总法律顾问。

一、青海销售公司行政领导名录（2016.1—2023.12）

总 经 理　刘星国（2016.1—2018.10）[1]

     张海云（2018.10—2021.6）[2]

     郑国玉（2021.6—2023.7）[3]

     胡 鹏（2023.7—12）

副总经理　孙永超（2016.1—12）[4]

     朱长青（2016.1—2022.9）[5]

     王 昊（2016.1—2020.10）[6]

---

[1]　2018年10月，刘星国调任股份公司河南销售分公司党委书记、总经理。
[2]　2021年6月，张海云调任股份公司山东销售分公司执行董事、党委书记。
[3]　2023年7月，郑国玉退休。
[4]　2016年12月，孙永超退休。
[5]　2022年9月，朱长青退出领导岗位。
[6]　2020年10月，王昊退出领导岗位；2022年7月退休。

虎仁山（2016.1—2018.4）①

芦玉德（2016.3—2023.12）

胡 鹏（2021.3—2023.7）

李 勇（2023.10—12）

总 会 计 师 马光元（2016.1—2017.6）②

杜 萍（女，回族，2017.11—2023.3）③

钟光金（2023.3—12）

安 全 总 监 孙永超（兼任，2016.1—3）

王 昊（兼任，2016.3—2018.4）

芦玉德（兼任，2018.4—2023.12）

一级副干部 王 昊（2020.10—2022.7）

朱长青（2022.9—2023.12）

总经理助理 王 浩（2016.1—2018.6）④

芦玉德（2016.1—3）

胡 鹏（2016.2—2021.4）

任永红（2018.6—2021.5）

刘建平（回族，2018.6—2019.6）⑤

向 军（2019.7—2023.12）

高 强（2019.7—2023.12）

恒庆贤（2021.6—2023.12）

刘鹏书（2021.6—2023.12）

副总会计师 杜 萍（女，回族，2016.2—2017.11）

副总经济师 王水权（2016.1—2018.11）⑥

刘西仑（2016.1—2018.11）

---

① 2018 年 4 月，虎仁山退休。

② 2017 年 6 月，马光元退休；2017 年 6 月至 11 月期间，青海销售公司总会计师空缺。

③ 2023 年 3 月，杜萍调任中石油新疆销售有限公司党委委员、总会计师。

④ 2018 年 6 月，王浩退出领导岗位；2021 年 11 月退休。

⑤ 2019 年 6 月，刘建平任青海销售公司技术专家。

⑥ 2018 年 12 月，王水权任青海销售公司技术专家。

任永红（2016.1—2018.6）

总法律顾问 任永红（2016.1—2021.5）①

付 荣（女，2021.6—2023.12）

安全副总监 茹青宁（2017.3—2018.11）

向 军（2021.4—2023.12）

二、青海石油有限责任公司领导名录（2016.1—2023.12）

执 行 董 事 刘星国（2016.1—2018.10）

张海云（2018.10—2021.6）

宋健强（2021.6—2023.12）

监 事 张武林（2016.1—2022.4）

杜 萍（2022.4—2023.9）

钟光金（2023.9—12）

总 经 理 刘星国（2016.1—2018.10）

张海云（2018.10—2021.6）

宋健强（2021.6—2023.12）

第四节 青海销售公司纪委（2016.1—2023.12）

2010年7月8日，青海销售公司召开第一次党员代表大会，选举产生第一届纪律检查委员会。

截至2015年12月31日，青海销售公司纪委由5人组成，虎仁山任书记。

2016年11月26日，中共青海销售公司第二次代表大会在西宁市召开，116名党员代表和8名列席代表参加会议。会议选举产生中共青海销售公司纪律检查委员会。中共青海销售公司纪律检查委员会由5人组成，虎仁山为纪委书记。

2017年12月，经研究并商得中共青海省委同意，集团公司党组决

---

① 2021年5月，任永红任青海销售公司技术专家。

定：李彦龙任青海销售公司纪委书记，免去虎仁山的青海销售公司纪委书记职务。

2019 年 1 月，经研究并商得中共青海省委同意，集团公司党组决定：王金德任青海销售公司纪委书记；免去李彦龙的青海销售公司纪委书记职务，调股份公司重庆销售分公司工作。

2020 年 6 月，青海销售公司党委决定：魏臻文任青海销售公司纪委副书记。

2021 年 12 月 9 日至 10 日，中共青海销售公司第三次代表大会在西宁市召开，106 名党员代表和 6 名列席人员参加会议。会议选举产生中共青海销售公司第三届纪律检查委员会。中共青海销售公司第三届纪律检查委员会由 7 人组成，王金德为纪委书记。

2022 年 3 月，集团公司党组决定：付天民任青海销售公司纪委书记；免去王金德的青海销售公司纪委书记职务，调股份公司贵州销售分公司工作。

2023 年 7 月，集团公司党组决定：佘伟军任青海销售公司纪委书记；免去付天民的青海销售公司纪委书记职务，调集团公司纪检监察组六中心工作。

截至 2023 年 12 月 31 日，青海销售公司纪委由 7 人组成，佘伟军任书记，魏臻文任副书记。

书　　　记　虎仁山（2016.1—2017.12）

　　　　　　李彦龙（2017.12—2019.1）[①]

　　　　　　王金德（2019.1—2022.3）[②]

　　　　　　付天民（2022.3—2023.7）[③]

　　　　　　佘伟军（2023.7—12）

副　书　记　魏臻文（2020.6—2023.12）

委　　　员　虎仁山（2016.1—2017.12）

　　　　　　赵生明（2016.1—2018.12）

---

① 2019 年 1 月，李彦龙调任股份公司重庆销售分公司任党委委员、纪委书记。

② 2022 年 3 月，王金德调任股份公司贵州销售分公司党委委员、纪委书记。

③ 2023 年 7 月，付天民调任集团公司纪检监察组六中心纪检监察员（一级副）。

杜　萍（女，回族，2016.1—2018.12）

付　荣（女，2016.1—2018.12；2020.8—2021.12）

魏臻文（2016.1—2023.12）

李彦龙（2017.12—2019.1）

齐延伟（2018.12—2020.8）

余　宁（2018.12—2020.8）

薛　萍（女，2018.12—2020.8）

裴海宏（2018.12—2020.8）

武允明（2018.12—2020.8）

王金德（2019.1—2022.3）

马长陆（2020.8—2023.12）

王　涛（2020.8—2023.12）

王映虹（2020.8—2021.12）

吴　锐（2020.8—2021.12）

程志荣（2021.12—2023.12）

肖文洁（女，2021.12—2023.12）

王国庆（2021.12—2023.12）

付天民（2022.3—2023.7）

佘伟军（2023.7—12）

第五节　青海销售公司工会委员会
（2016.1—2023.12）

截至 2015 年 12 月 31 日，青海销售公司工会委员会由 16 人组成，虎仁山任主席，刘建平任副主席。

2016 年 1 月，调整工会副主席刘建平工作分工：协助党委书记虎仁山管理党务和群团工作。

2016 年 5 月，调整工会副主席刘建平工作分工：协助党委书记虎仁山管理党务、群团和新闻舆情工作。

2018 年 6 月，调整工会副主席刘建平工作分工：协助党委书记、总经理刘星国管理党务、群团、新闻舆情、工会及稳定工作，主持党群工作处（党委宣传部、企业文化处）工作。

2018 年 10 月，经研究并商得中共青海省委同意，集团公司党组决定：郑国玉任青海销售公司工会主席；免去虎仁山的青海销售公司工会主席职务，退休。

2019 年 1 月 23 日，青海销售公司第四次工会会员代表大会召开，选举郑国玉为工会主席，刘建平为工会副主席。

2021 年 1 月 10 日，青海销售公司四届四次职代会暨工会会员代表大会召开，选举米玛顿珠为工会主席，王涛为工会副主席。

2021 年 5 月，青海销售公司党委决定：刘建平不再担任青海销售公司工会副主席职务，退出领导岗位。

2021 年 6 月，经研究并商得中共青海省委同意，集团公司党组决定：米玛顿珠任青海销售公司工会主席；免去郑国玉的青海销售公司工会主席职务。

2021 年 6 月，青海销售公司党委决定：王涛任青海销售公司工会副主席。

2023 年 3 月，集团公司党组决定：免去米玛顿珠的青海销售公司工会主席职务，调股份公司西藏销售分公司工作。

截至 2023 年 12 月 31 日，青海销售公司工会委员会由 8 人组成，主席空缺，副主席王涛。

主　　席　虎仁山（2016.1—2018.4）[1]
　　　　　郑国玉（2018.10—2021.6）
　　　　　米玛顿珠（藏族，2021.6—2023.3）[2]

副 主 席　刘建平（回族，2016.1—2021.5）
　　　　　王　涛（2021.6—2023.12）

委　　员　虎仁山（2016.1—2018.4）
　　　　　刘建平（2016.1—2021.5）

---

[1] 2018 年 4 月至 10 月、2023 年 3 月至 12 月期间，青海销售公司工会主席空缺。
[2] 2023 年 3 月，米玛顿珠调股份公司西藏销售分公司。

赵生明（2016.1—2019.1）

高玉英（女，2016.1—2019.1）

朱志宁（2016.1—2019.1）

付　荣（女，2016.1—2023.12）

茹青宁（2016.1—2021.3）

郭兆健（2016.1—2019.1）

张爱民（2016.1—2019.1）

郑国玉（2018.10—2021.6）

刘　璟（女，2019.1—2020.8）

薛　萍（女，2019.1—2021.8）

吴　锐（2019.1—2023.12）

山长胜（2019.1—2023.12）

王慧琼（女，2019.1—2023.12）

米玛顿珠（2021.6—2023.3）

王　涛（2021.6—2023.12）

马长陆（2021.11—2023.12）

第二章 本部部门、机关党组织、青海销售公司团委

截至 2015 年 12 月 31 日，青海销售公司设 12 个机关职能处室：办公室（党委办公室）、人事处（党委组织部）、财务处、营销处、调运处、加油站管理处（加油卡管理中心）、仓储安全环保处、投资建设管理处、信息化管理处、企管法规处、党群工作处（企业文化处）、审计监察处（纪委办公室）。机关党委下设 5 个党支部，共有党员 120 人。

2016 年 3 月，为贯彻落实集团公司"三控制一规范"工作要求，进一步规范机关机构设置，优化管理流程，提高运行效率，合理配置人力资源，确保组织机构管理的科学化、制度化，以优化仓储安全环保处职能，撤销机关处室下属科级临时机构成品油数质量稽查大队，原有质量稽查、损溢油稽查、基础管理稽查等职能并入仓储安全环保处，由仓储安全环保处负责落实。

2016 年 8 月，成立投资项目发展部，与投资建设管理处合署办公。

2018 年 1 月，信息化管理处更名为科技信息处。

2018 年 4 月，为加强党组织建设，进一步完善党委机构，党委办公室与办公室合署办公，党委组织部与人事处合署办公，纪委办公室与审计监察处合署办公；设置党委宣传部，党委宣传部与党群工作处合署办公；设置巡察办公室，巡察办公室与审计监察处合署办公。

2018 年 11 月，工程建设管理中心并入投资建设管理处。

2019 年 1 月，成立仓储分公司，与调运处实行"两块牌子、一套人马"合署办公。仓储安全环保处更名为质量安全环保处，其油库管理职能移交调运处（仓储分公司）管理，质量安全环保处及附属机构编制定员保持不变。后勤管理中心划归办公室（党委办公室）统一管理，机构规格暂不调整，相关职责保持不变。

2019 年 1 月，对青海销售公司党委所属党组织机构优化调整，成立中共青海销售公司仓储分公司委员会、中共青海销售公司曹家堡油库总支部委员会、中共青海销售公司多巴油库总支部委员会、中共青海销售公司格尔木

油库总支部委员会、中共青海销售公司德令哈油库总支部委员会隶属于中共青海销售公司仓储分公司委员会管理。撤销中共青海销售公司后勤管理中心委员会，成立后勤管理中心党支部，划归机关党委统一管理。

2019年4月。青海销售公司团委第一次团代会召开。

2019年5月，规范公司机关机构设置，机关设置12个职能处室，机构规格为正处级，分别为：办公室（党委办公室）、人事处（党委组织部）、财务处、营销处、调运处、加油站管理处（加油卡管理中心）、质量安全环保处、投资建设管理处、科技信息处、企管法规处、党群工作处（党委宣传部、企业文化处）、审计监察处（纪委办公室、巡察办公室）。

2019年7月，根据《中国石油青海销售公司所属机构分级分类工作方案》，青海销售公司机关部门机构层级类别均明确为二级一类。

2019年11月，审计监察处（纪委办公室）更名为纪委办公室（审计处）。巡察办公室与纪委办公室（审计处）合署办公。纪委办公室（审计处）继续履行企业内部违规调查处理职能。

2020年6月，成立股权管理办公室，与企管法规处合署办公。

2020年7月，成立扶贫工作办公室，与党群工作处（党委宣传部、企业文化处）合署办公。

2020年4月，青海销售公司党委决定，成立后勤管理中心（安居工程建设项目部、维护稳定办公室、老干办）党委，由青海销售公司党委管理。

2021年3月，根据集团公司"去行政化"和销售公司大部制改革要求，对公司职能部门进行调整优化：投资建设管理处（投资项目发展部）与科技信息处合并为发展计划部（设备信息部），为本部部门；加油站管理处（加油卡管理中心）与营销处合并为市场营销部，为本部部门；财务处更名为财务部；人事处更名为人力资源部；审计处更名为审计部；质量安全环保处更名为质量安全环保部；企管法规处更名为企管法规部；党群工作处（企业文化处）更名为党群工作部（企业文化部），成立扶贫办公室，与党群工作部合署办公；调运处（仓储分公司）更名为储运分公司（仓储调运部），实行"部门＋公司（中心）"运营管理模式，为直属机构；技能人才评价中心职能并入人力资源部（党委组织部）；核算中心（结算中心）职能并入财务部。调整后，青海销售公司设置9个本部部门：办公室（党委办公室）、市场营销部、发展计划部（设备信息部）、财务部、人力资源部（党委组织部）、质量安全环保部、企管法规部（股权办公室）、党群工作部（党委宣传部、企业文化部、扶贫办公室）、纪委办公室（审计部、巡察办公室）。

2022年6月，根据集团公司《关于成品油销售企业大部制改革方案有关事项的批复》《中国石油天然气股份有限公司安全生产监督管理办法》要求，质量安全环保部更名为质量健康安全环保部，同步履行安全环保监督中心职责。

截至2023年12月31日，青海销售公司设本部部门9个，机构层级类别均为二级一类：办公室（党委办公室）、市场营销部、发展计划部（设备信息部）、财务部、人力资源部（党委组织部）、质量健康安全环保部、企管法规部（股权办公室）、党群工作部（党委宣传部、企业文化部、扶贫办公室）、纪委办公室（审计部、巡察办公室）。机关党委下设5个党支部：第一党支部，第二党支部，第三党支部，第四党支部，第五党支部，共有党员99人。

第一节　办公室（党委办公室）
（2016.1—2023.12）

1984年2月28日，青海省石油煤建公司重新划分职能部门，办公室在列。1985年6月，办公室改为经理办公室。2001年2月，经理办公室和党委办公室合并为经理办公室（党委办公室）。2010年，更名为办公室（党委办公室）。

截至2015年12月31日，办公室（党委办公室）机构规格为正处级，编制6人，在册员工6人。胡鹏任主任，李建军任副主任。办公室（党委办公室）主要职能：办公协调管理及督查、活动和会议筹备接待、公文管理、接待管理、保密管理、档案管理、印章及文件管理、公务车辆调派。

2017年2月，青海销售公司决定：杨华胜任办公室（党委办公室）副主任。

2017年8月，青海销售公司决定：杨华胜任湟源分公司副总经理，免去办公室（党委办公室）副主任职务。

2018 年 11 月，青海销售公司决定：免去李建军的办公室（党委办公室）副主任职务，12 月调后勤管理中心工作。

2019 年 1 月，青海销售公司决定：刘鹏书任办公室（党委办公室）主任；免去胡鹏办公室（党委办公室）主任职务，仍任总经理助理；程志荣任办公室（党委办公室）副主任。

2019 年 7 月，根据《中国石油青海销售公司所属机构分级分类工作方案》，明确办公室（党委办公室）机构层级类别为二级一类。

2020 年 4 月，青海销售公司决定：杨华胜任办公室（党委办公室）主任；免去刘鹏书办公室（党委办公室）主任职务。

2020 年 5 月，青海销售公司决定：免去程志荣的办公室副主任职务，调人事处（党委组织部）工作。

2021 年 6 月，青海销售公司决定：总经理助理恒庆贤兼任办公室（党委办公室）主任；免去杨华胜的办公室（党委办公室）主任职务。

截至 2023 年 12 月 31 日，办公室（党委办公室）机构层级类别为二级一类，编制 5 人，在册员工 4 人。青海销售公司总经理助理恒庆贤兼任办公室（党委办公室）主任。党组织关系隶属机关第一党支部，共有党员 3 人。

主　　任　胡　鹏（2016.1—2；兼任，2016.2—2019.1）
　　　　　　刘鹏书（2019.1—2020.4）[1]
　　　　　　杨华胜（2020.4—2021.6）
　　　　　　恒庆贤（兼任，2021.6—2023.12）
副　主　任　李建军（2016.1—2018.11）[2]
　　　　　　杨华胜（2017.2—8）[3]
　　　　　　程志荣（2019.1—2020.5）[4]

---

[1] 2020 年 4 月，刘鹏书调任海西分公司党委书记、总经理。
[2] 2018 年 12 月，李建军调任后勤管理中心党委委员、副总经理。
[3] 2017 年 8 月，杨华胜调任湟源分公司党委委员、副总经理。
[4] 2020 年 5 月，程志荣调任人事处（党委组织部）负责人。

第二节 人事处（党委组织部）—人力资源部（党委组织部）（2016.1—2023.12）

1954 年 4 月，中国石油公司青海支公司增设人事科。1995 年 1 月，更名为劳动人事部。1998 年 7 月，劳动人事部改为人事劳资处。1999 年 7 月，青海销售公司设劳资人事处。2001 年 4 月，调整为人事处（组织部）。2010 年，更名为人事处（党委组织部）。

截至 2015 年 12 月 31 日，人事处（党委组织部）机构规格为正处级，编制 10 人。付荣任人事处（党委组织部）处长（部长），窦鹏远任人事处（党委组织部）副处长（副部长）。人事处（党委组织部）主要职能：班子建设、中层人员管理（选拔、培养、考任监督）、人事组织管理（组织机构、岗位设置、职责划分、定员定额）、体制改革、机构调整、人力资源管理（规划、开发、招聘、配置及用工）、薪酬管理、职称技能管理、人才队伍建设、社会保险管理、培训管理、档案管理。

2017 年 4 月，青海销售公司决定：免去窦鹏远的人事处（党委组织部）副处长职务，调果洛分公司工作。

2019 年 7 月，根据《中国石油青海销售公司所属机构分级分类工作方案》，明确人事处（党委组织部）为二级一类。

2020 年 5 月，青海销售公司决定：程志荣任人事处负责人（二级副），免去付荣的人事处处长职务。青海销售公司党委决定：程志荣任党委组织部负责人（二级副），免去付荣的党委组织部部长职务。

2020 年 12 月，青海销售公司决定：程志荣任人事处处长。青海销售公司党委决定：程志荣任党委组织部部长。

2021 年 3 月，根据集团公司"去行政化"和销售公司大部制改革要求，对本部职能部门进行调整优化，人事处（党委组织部）更名为人力资源部（党委组织部）。

截至 2023 年 12 月 31 日，人力资源部（党委组织部）机构层级类别为二级一类，编制7人，在册员工6人。党组织关系隶属机关第一党支部，共有党员6人。程志荣任人力资源部（党委组织部）主任（部长）。

一、人事处（党委组织部）（2016.1—2021.3）

处 长 （ 部 长 ）　付　荣（女，2016.1—2020.5）[①]

程志荣（2020.12—2021.3）

负　责　人　程志荣（二级副，2020.5—12）

副处长（副部长）　窦鹏远（2016.1—2017.4）[②]

二、人力资源部（党委组织部）（2021.3—2023.12）

主 任 （ 部 长 ）　程志荣（2021.3—2023.12）

第三节　财务处—财务部（2016.1—2023.12）

1954年4月，中国石油公司青海支公司增设财务科。1957年2月，财务科更名为财会科。1995年1月，财会科更名为财务会计部。1998年7月，财务会计部更名为财务资产处。1999年7月，青海销售公司设财务资产处。2002年7月12日，调整为财务处。

截至2015年12月31日，财务处机构规格为正处级，编制11人。杜萍任财务处处长，王庆萍、尹桂莉任副处长。财务处主要职能：财务制度管理及监管、预算管理、会计及核算管理、资金安全管理、债权债务管理、固定资产管理、税金税收管理、内控与风险管理、结算中心管理。

2016年2月，青海销售公司决定：免去山长胜的财务处副处长职务，调玉树分公司工作。

2018年6月，青海销售公司决定：山长胜任财务处处长。

2018年9月，青海销售公司决定：免去王庆萍的财务处副处长职务，退出领导岗位时间为2018年8月。

2019年7月，根据《中国石油青海销售公司所属机构分级分类工作方

---

① 2020年5月，付荣调任企管法规处处长。

② 2017年4月，窦鹏远调任果洛分公司党委书记、副总经理、纪委书记。

案》，明确财务处为二级一类。

2020 年 5 月，青海销售公司决定：杨增哲任财务处处长；免去山长胜的财务处处长职务，调格尔木分公司工作。

2020 年 7 月，青海销售公司决定：免去尹桂莉的财务处副处长职务，调青海中油平盛能源有限公司工作。

2021 年 1 月，青海销售公司决定：马玉新任财务处副处长。

2021 年 3 月，根据集团公司"去行政化"和销售公司大部制改革要求，对本部职能部门进行调整优化，财务处更名为财务部。

2021 年 3 月，青海销售公司决定：马玉新任财务部副主任。

2021 年 4 月，青海销售公司决定：王春江任财务部副主任。

2022 年 3 月，青海销售公司决定：尹桂莉任财务部副主任；免去王春江的财务部副主任职务，调青海中油平盛能源有限公司工作。

2023 年 9 月，青海销售公司决定：免去马玉新的财务部副主任职务，调黄南分公司工作。

截至 2023 年 12 月 31 日，财务部机构层级类别为二级一类，编制 12 人，在册员工 11 人。党组织关系隶属机关第三党支部，共有党员 8 人。杨增哲任财务部主任，尹桂莉任副主任。

一、财务处（2016.1—2021.3）

处　　长　杜　萍（女，回族，2016.1—2；兼任，2016.2—
　　　　　　　　　2017.11）①

　　　　　山长胜（2018.6—2020.5）②

　　　　　杨增哲（2020.5—2021.3）

副 处 长　王庆萍（女，2016.1—2018.9）③

　　　　　尹桂莉（女，2016.1—2020.7）④

　　　　　山长胜（2016.1—2）⑤

---

① 2017 年 11 月，杜萍提任青海销售公司党委委员、总会计师。
② 2020 年 5 月，山长胜调任格尔木分公司党委书记、总经理。
③ 2018 年 9 月，王庆萍自 2018 年 8 月起退出领导岗位。
④ 2020 年 7 月，推荐任尹桂莉青海中油平盛能源有限公司财务总监。
⑤ 2016 年 2 月，山长胜调任玉树分公司党委书记、副总经理、纪委书记。

马玉新（2021.1—2021.3）

二、财务部（2021.3—2023.12）

主　　　任　杨增哲（2021.3—2023.12）

副 主 任　马玉新（2021.3—2023.9）①

王春江（二级正，2021.4—2022.3）②

尹桂莉（2022.3—2023.12）

第四节　审计监察处（纪委办公室）—纪委办公室（审计处、巡察办公室）—纪委办公室（审计部、巡察办公室）（2016.1—2023.12）

1985年6月，中国石化销售公司青海省石油公司成立纪检办公室。1999年7月，青海销售公司设审计监察处。2002年7月，调整为审计监察处（纪检办公室）。2010年，更名为审计监察处（纪委办公室）。

截至2015年12月31日，审计监察处（纪委办公室）机构规格为正处级，定编5人。赵生明任审计监察处（纪委办公室）处长，薛萍任副处长。审计监察处（纪委办公室）主要职能：协助职责、政治监督、信访线索、执纪审查、案件审理、审计管理、巡视巡察工作。

2017年2月，青海销售公司决定：郭兆健任审计监察处调研员（正处级）。

2018年4月，成立巡察办公室，与审计监察处合署办公。

2018年6月，青海销售公司决定：薛萍任巡察办公室主任（正处级）兼审计监察处（纪委办公室）副处长。

2018年9月，青海销售公司决定：免去郭兆健的审计监察处（纪委办公室、巡察办公室）调研员职务，退出领导岗位时间为2018年8月。

2018年12月，青海销售公司决定：免去赵生明的审计监察处处长职务，退出领导岗位。

---

① 2023年9月，马玉新调任黄南分公司党委委员、总会计师。

② 2022年3月，王春江调任青海中油平盛能源有限公司财务总监。

2019 年 3 月，青海销售公司决定：马长陆任专职巡视员兼审计监察处副处长（正处级）。

2019 年 7 月，根据《中国石油青海销售公司所属机构分级分类工作方案》，明确审计监察处（纪委办公室、巡察办公室）机构层级类别为二级一类。

2019 年 8 月，青海销售公司决定：魏臻文任审计监察处（纪委办公室、巡察办公室）负责人。

2019 年 11 月，审计监察处（纪委办公室）更名为纪委办公室（审计处）。巡察办公室与纪委办公室（审计处）合署办公。纪委办公室（审计处）继续履行企业内部违规调查处理职能。

2020 年 6 月，青海销售公司党委决定：魏臻文任纪委副书记（享受公司总经理助理待遇）、纪委办公室（审计处）主任，免去审计监察处（纪委办公室、巡察办公室）负责人职务；马长陆任巡察办公室主任兼纪委办公室（审计处）副处长（正处级），免去专职巡视员兼审计监察处副处长职务（正处级）；免去薛萍的巡察办公室主任（正处级）兼审计监察处（纪委办公室）副处长职务，任公司管理专家。

2021 年 3 月，根据集团公司"去行政化"和销售公司大部制改革要求，对公司职能部门进行调整优化，纪委办公室（审计处、巡察办公室）更名为纪委办公室（审计部、巡察办公室）。

2021 年 3 月，青海销售公司决定：马长陆任审计部副主任（二级正）。

截至 2023 年 12 月 31 日，纪委办公室（审计部）机构层级类别为二级一类，编制 5 人，在册员工 5 人。党组织关系隶属机关第二党支部，共有党员 5 人。魏臻文任纪委办公室（审计部）主任，马长陆任巡察办公室主任、纪委办公室（审计部）副主任（二级正）。

一、审计监察处（纪委办公室）领导名录（2016.1—2018.4）

处　长（主任）　赵生明（2016.1—2018.4）

副处长（副主任）　薛　萍（女，2016.1—2018.4）

调　研　员　郭兆健（2017.2—2018.4）

二、审计监察处（纪委办公室、巡察办公室）（2018.4—2019.11）

（一）审计监察处（纪委办公室）领导名录（2018.4—2019.11）

处　长（主　任）　赵生明（2018.4—12）①

负　　责　　人　魏臻文（2019.8—11）

副处长（副主任）　薛　萍（2018.4—6；正处级，2018.6—2019.11）

马长陆（正处级，2019.3—11）

调　研　员　郭兆健（2018.4—9）②

（二）巡察办公室领导名录（2018.4—2019.11）

主　　　　　任　薛　萍（2018.6—2019.8）

负　　责　　人　魏臻文（2019.8—11）

巡　视　员　马长陆（2019.3—11）

三、纪委办公室（审计处、巡察办公室）（2019.11—2021.3）

（一）纪委办公室（审计处）领导名录（2019.11—2021.3）

主　任（处　长）　魏臻文（2020.6—2021.3）

负　　责　　人　魏臻文（2019.11—2020.6）

副主任（副处长）　薛　萍（2019.11—2020.6）③

马长陆（正处级，2019.11—2020.6）

（二）巡察办公室领导名录（2019.11—2021.3）

主　　　　　任　马长陆（2020.6—2021.3）

负　　责　　人　魏臻文（2019.11—2020.6）

巡　视　员　马长陆（2019.11—2020.6）

四、纪委办公室（审计部、巡察办公室）（2021.3—2023.12）

（一）纪委办公室（审计部）领导名录（2021.3—2023.12）

主　　　　　任　魏臻文（2021.3—2023.12）

副　　主　　任　马长陆（二级正，2021.3—2023.12）

---

① 2018年12月，赵生明退出领导岗位；2018年12月至2019年8月期间，审计监察处（纪委办公室）处长空缺，由薛萍负责。

② 2018年9月，郭兆健自2018年8月起退出领导岗位。

③ 2020年6月，薛萍任公司管理专家。

（二）巡察办公室领导名录（2021.3—2023.12）

主　　　　任　马长陆（2021.3—2023.12）

第五节　仓储安全环保处—质量安全环保处—
质量健康安全环保部（2016.1—2023.12）

1980年4月，青海省石油煤建公司成立保卫科。2002年7月12日，青海销售公司把储运安全处调整为仓储安全环保处。2010年，更名为质量安全环保处。2014年12月，质量安全环保处与仓储分公司整合为仓储安全环保处。

截至2015年12月31日，仓储安全环保处机构规格为正处级，编制6人。茹青宁任仓储安全环保处处长，张刚、申海宏任副处长（正处级）。仓储安全环保处主要职能：HSE管理体系建设、安全管理（机构职责、行动计划、安全述职）、车辆档案保险管理、特种设备管理（资质审查、建立台账、运行检查、周期检测）、消防安全管理、质量计量管理、节能减排、油库管理。

2016年1月，青海销售公司决定：免去申海宏的仓储安全环保处副处长（正处级）职务，调湟源分公司工作。

2017年3月，青海销售公司决定：茹青宁任安全副总监兼任仓储安全环保处处长。

2018年6月，青海销售公司决定：冯庚任仓储安全环保处副处长（正处级）。

2018年11月，青海销售公司决定：免去茹青宁的安全副总监兼仓储安全环保处处长职务，12月任青海销售公司技术专家；王海鹏任仓储安全环保处处长；免去冯庚的仓储安全环保处副处长职务，调多巴油库工作。

2019年1月，仓储安全环保处更名为质量安全环保处。

2019年1月，青海销售公司决定：王海鹏任质量安全环保处处长，免去仓储安全环保处处长职务。

2019年7月，根据《中国石油青海销售公司所属机构分级分类工作方案》，明确质量安全环保处机构层级类别为二级一类。

2020 年 4 月，青海销售公司决定：高凌峰任质量安全环保处处长；免去王海鹏的质量安全环保处处长职务，调调运处（仓储分公司工作）。

2020 年 7 月，青海销售公司决定：汪燕任质量安全环保处副处长。

2021 年 3 月，根据集团公司"去行政化"和销售公司大部制改革要求，对公司职能部门进行调整优化，质量安全环保处更名为质量安全环保部。

2021 年 3 月，青海销售公司决定：高凌峰任质量安全环保部主任；汪燕任质量安全环保部副主任。

2022 年 6 月，质量安全环保部更名为质量健康安全环保部，同步履行安全环保监督中心职责。

截至 2023 年 12 月 31 日，质量健康安全环保部机构层级类别为二级一类，编制 6 人，在册员工 6 人。党组织关系隶属机关第四党支部，共有党员 5 人。高凌峰任质量健康安全环保部主任，汪燕任副主任。

一、仓储安全环保处领导名录（2016.1—2019.1）

处　　　长　茹青宁（2016.1—2017.3；兼任，2017.3—2018.11）①
　　　　　　王海鹏（2018.11—2019.1）

副　处　长　张　刚（正处级，2016.1—2017.4）②
　　　　　　申海宏（正处级，2016.1）③
　　　　　　冯　庚（正处级，2018.6—11）④

二、质量安全环保处领导名录（2019.1—2021.3）

处　　　长　王海鹏（2019.1—2020.4）⑤
　　　　　　高凌峰（2020.4—2021.3）

副　处　长　汪　燕（女，2020.7—2021.3）

三、质量安全环保部领导名录（2021.3—2022.6）

主　　　任　高凌峰（2021.3—2022.6）

副　主　任　汪　燕（2021.3—2022.6）

---

① 2018 年 12 月，茹青宁任青海销售公司技术专家。
② 2017 年 4 月，张刚退出领导岗位。
③ 2016 年 1 月，申海宏调任湟源分公司总经理、党委副书记。
④ 2018 年 11 月，冯庚调任多巴油库主任（正处级）。
⑤ 2020 年 4 月，王海鹏调任调运处处长、仓储分公司总经理、党委委员、汽车运输分公司经理。

四、质量健康安全环保部领导名录（2022.6—2023.12）

主　　　任　高凌峰（2022.6—2023.12）

副　主　任　汪　燕（2022.6—2023.12）

第六节　企管法规处—企管法规处（股权管理办公室）—企管法规部（股权办公室）（2016.1—2023.12）

1999 年 7 月，青海销售公司设企业管理处。2010 年 12 月，企业管理处更名为企管法规处。

截至 2015 年 12 月 31 日，企管法规处机构规格为正处级，编制 5 人。任永红任企管法规处处长，马彦芝任副处长。企管法规处主要职能：企业管理（授权管理、合同管理、对标管理、企业改革、管理创新、发展能力、内控风险、综合体系）、法律事务及纠纷案件管理、招标管理、物采管理、股权业务。企业发展战略、企业管理体制、运行机制的研究。

2018 年 6 月，青海销售公司决定：任永红任总经理助理兼企管法规处处长。

2019 年 1 月，青海销售公司决定：免去马彦芝的企管法规处副处长职务，退出领导岗位。

2019 年 7 月，根据《中国石油青海销售公司所属机构分级分类工作方案》，明确企管法规处机构层级类别为二级一类。

2020 年 5 月，青海销售公司决定：付荣任企管法规处处长；免去任永红兼任的企管法规处处长职务。

2020 年 6 月，成立股权管理办公室，与企管法规处合署办公。

2020 年 6 月，青海销售公司决定：张存任股权管理办公室主任，付荣兼任股权管理办公室副主任。

2021 年 3 月，根据集团公司"去行政化"和销售公司大部制改革要求，对公司职能部门进行调整优化，企管法规处（股权管理办公室）更名为企管法规部（股权管理办公室）。同月，企管法规部（股权管理办公室）更名为企管法规部（股权办公室）。

2021 年 3 月，青海销售公司决定：付荣任企管法规部主任。

截至 2023 年 12 月 31 日，企管法规部（股权办公室）机构层级类别为二级一类，编制 5 人，在册员工 6 人。党组织关系隶属机关第三党支部，共有党员 6 人。付荣任企管法规部主任、股权办公室副主任，张存任股权办公室主任。

一、企管法规处领导名录（2016.1—2021.3）

  处　　　长　任永红（兼任，2016.1—2020.5）
      付　荣（女，2020.5—2021.3）
  副　处　长　马彦芝（女，2016.1—2019.1）[①]

二、企管法规部领导名录（2021.3—2023.12）

  主　　　任　付　荣（2021.3—2023.12）

三、股权管理办公室—股权办公室领导名录（2020.6—2023.12）

  主　　　任　张　存（2020.6—2023.12）
  副　主　任　付　荣（兼任，2020.6—2023.12）

第七节　信息化管理处—科技信息处
（2016.1—2021.3）

2001 年 4 月，青海销售公司成立信息网络处。2002 年 7 月，信息网络处更名为信息中心，成为青海销售公司机关附属机构。2010 年，信息中心更名为信息化管理处，成为青海销售公司机关部门。

截至 2015 年 12 月 31 日，信息化管理处机构规格为正处级，编制 6 人。肖文洁任信息化管理处处长，张建基任副处长（正处级）。信息化管理处职责：统建信息系统组织实施与管理；自建信息系统统筹建设管理；信息化基础设施建设与运维；生产及管理信息系统运维；信息系统培训与运维商管理；信息化建设与大数据开发应用；网络信息安全管理。

2017 年 7 月，青海销售公司决定：免去张建基的信息化管理处副处长

---

① 2019 年 1 月，马彦芝退出领导岗位。

（正处级）职务，退出领导岗位。

2018年1月，信息化管理处更名为科技信息处。

2019年7月，根据《中国石油青海销售公司所属机构分级分类工作方案》，明确科技信息处机构层级类别为二级一类。

2020年3月，青海销售公司决定：王飞任科技信息处副处长。

2021年1月，青海销售公司决定：胡鹏兼任科技信息处处长；免去肖文洁的科技信息处处长职务，调西宁分公司工作。

2021年3月，根据集团公司"去行政化"和销售公司大部制改革要求，对公司职能部门进行调整优化，科技信息处划归发展计划部（设备信息部）管理。

一、信息化管理处领导名录（2016.1—2018.1）

处　　　长　肖文洁（女，2016.1—2018.1）

副　处　长　张建基（正处级，2016.1—2017.7）①

二、科技信息处领导名录（2018.1—2021.3）

处　　　长　肖文洁（女，2018.1—2021.1）②

胡　鹏（兼任，2021.1—3）

王　飞（2020.3—2021.3）

第八节　投资建设管理处—投资建设管理处（投资项目发展部）（2016.1—2021.3）

1957年8月，中国石油公司青海省石油总公司增设工业基建科。2002年7月，青海销售公司成立投资与建设管理处。2010年，投资与建设管理处更名为投资建设管理处。

截至2015年12月31日，投资建设管理处机构规格为正处级，编制6人。张存任投资建设管理处处长，李志毅任副处长。投资建设管理处主要职

---

① 2017年7月，张建基退出领导岗位。

② 2021年1月，肖文洁调任西宁分公司党委书记、副总经理、纪委书记、工会主席。

能：投资及发展计划管理；销售网络规划；开发项目管理；工程项目管理；投资计划内和质保期内设备设施的管理；零购计划管理；供应商和承包商管理。

2016年8月，青海销售公司决定：包忠军任投资建设管理处副处长。

2016年8月，成立投资项目发展部，与投资建设管理处合署办公，2个机构、1套人员，设处长1名、副处长2名，投资建设管理处处长兼任投资项目发展部主任。①

2018年6月，青海销售公司决定：免去李志毅的投资建设管理处副处长职务，调青海省石油总公司新兴贸易公司工作。

2018年11月，工程建设管理中心并入投资建设管理处。

2018年11月，青海销售公司决定：王慧琼任投资建设管理处副处长（正处级）；张松任投资建设管理处副处长。

2018年12月，青海销售公司决定：胡鹏兼任投资建设管理处处长；免去张存的投资建设管理处处长职务，调青海中油交通能源有限公司工作。

2019年7月，根据《中国石油青海销售公司所属机构分级分类工作方案》，明确投资建设管理处（投资项目发展部）机构层级类别为二级一类。

2020年4月，青海销售公司决定：周拉任投资建设管理处副处长（二级正职）；免去包忠军的投资建设管理处副处长职务，调玉树分公司工作。

2020年5月，青海销售公司决定：李承隆任投资建设管理处副处长。

2020年6月，青海销售公司决定：牛志刚任投资建设管理处副处长；免去张松的投资建设管理处副处长职务，调玉树分公司工作。

2020年7月，青海销售公司决定：免去周拉的投资建设管理处副处长（二级正职）职务，调青海中油新兴能源公司工作；免去李承隆的投资建设管理处副处长职务，调青海中油平盛能源有限公司工作。

2021年3月，根据集团公司"去行政化"和销售公司大部制改革要求，对公司职能部门进行调整优化，投资建设管理处（投资项目发展部）与科技信息处合并为发展计划部（设备信息部）。

处　　长　张　存（2016.1—2018.12）②

---

① 投资项发展部实际只挂牌子，未任免领导。
② 2018年12月，推荐张存任青海中油交通能源有限公司总经理。

胡　鹏（兼任，2018.12—2021.3）

副处长　李志毅（2016.1—2018.6）①

包忠军（2016.8—2020.4）②

张　松（2018.11—2020.6）③

王慧琼（女，正处级，2018.11—2021.3）

周　拉（二级正，2020.4—7）④

李承隆（2020.5—7）⑤

牛志刚（2020.6—2021.3）

第九节　加油站管理处（加油卡管理中心）
（2016.1—2021.3）

2002年3月，青海销售公司成立加油站管理处。2010年，更名为加油站管理处（加油卡管理中心）。

截至2015年12月31日，加油站管理处（加油卡管理中心）⑥机构规格为正处级，编制10人。高强任加油站管理处处长，裴海宏任副处长。加油站管理处（加油卡管理中心）主要职能：零售经营业务管理、加油卡业务及数质量管理、互联网业务及移动支付业务管理、加油站现场规范及安全管理、加油站资产管理、零售环节损耗管理、中油好客e站平台运营管理。

2018年6月，青海销售公司决定：王小勤任加油站管理处（加油卡管理中心）副处长；免去裴海宏的加油站管理处（加油卡管理中心）副处长职务，调玉树分公司工作。

2018年12月，青海销售公司决定：免去王小勤的加油站管理处副处长职务，调黄南分公司工作。

---

① 2018年6月，李志毅调任青海省石油总公司新兴贸易公司党委委员、副总经理。

② 2020年4月，包忠军调任玉树分公司党委副书记、负责人。

③ 2021年4月，张松调任玉树分公司党委书记、总经理。

④ 2020年7月，周拉调任青海中油新兴能源公司党委常务副书记。

⑤ 2020年7月，李承隆调任青海中油平盛能源有限公司总经理。

⑥ 加油卡管理中心只挂牌子，无领导任职。

2019年7月，根据《中国石油青海销售公司所属机构分级分类工作方案》，明确加油站管理处（加油卡管理中心）机构层级类别为二级一类。

2019年8月，青海销售公司决定：王小勤任加油站管理处（加油卡管理中心）副处长。

2020年7月，青海销售公司决定：王小勤任加油站管理处（加油卡管理中心）副处长（二级正职）。

2020年12月，青海销售公司决定：司海岩任加油站管理处（加油卡管理中心）副处长。

2021年3月，根据集团公司"去行政化"和销售公司大部制改革要求，对公司职能部门进行调整优化，加油站管理处（加油卡管理中心）与营销处合并为市场营销部。

处　　　长　高　强（2016.1—2021.3）
副　处　长　裴海宏（2016.1—2018.6）[①]
　　　　　　王小勤（藏族，2018.6—12；2019.8—2020.7；二级
　　　　　　　　　　正，2020.7—10）[②]
　　　　　　司海岩（2020.12—2021.3）

第十节　营销处（2016.1—2021.3）

1953年8月，西北石油管理局运销公司西宁供应站成立时，机关设业务股。1954年4月，中国石油公司青海支公司将业务股更名为业务科。1999年7月，业务科更名为计划业务处。2002年7月，计划业务处更名为营销处。2008年10月，调运处与营销处合并更名为营销调运处。2014年2月，营销调运处调整为营销处和调运处。

截至2015年12月31日，营销处机构规格为正处级，编制11人，芦玉德任营销处处长，常河琴任副处长。营销处主要职能：成品油中长期营销规划；成品油配置资源采购计划管理；成品油批发销售管理；成品油市场研究

---

① 2018年6月，裴海宏调任玉树分公司党委常务副书记、副总经理、纪委书记。
② 2018年12月，王小勤调任黄南分公司党委委员、副总经理、安全总监；2020年10月，王小勤去世。

和批发价格管理；成品油销售统计分析及合同管理；成品油互联网直销系统管理；成品油批发市场开发；天然气销售业务管理；新能源业务管理。

2016年2月，青海销售公司决定：免去常河琴的营销处副处长（正处级）职务，退出领导岗位。

2016年8月，青海销售公司决定：向军任营销处处长，免去营销处副处长职务。

2017年4月，青海销售公司决定：黄粮任营销处副处长。

2018年8月，青海销售公司决定：恒庆贤任营销处处长；免去向军的营销处处长职务，调西宁分公司工作。

2019年7月，根据《中国石油青海销售公司所属机构分级分类工作方案》，明确营销处机构层级类别为二级一类。

2019年8月，青海销售公司决定：免去恒庆贤的营销处处长职务，调海东分公司工作；黄粮任营销处负责人（副处级），免去营销处副处长职务。

2020年3月，青海销售公司决定：黄粮任营销处处长，免去营销处负责人职务。

2020年12月，青海销售公司决定：高强兼任营销处处长；免去黄粮的营销处处长职务，调西宁分公司工作。

2021年3月，根据集团公司"去行政化"和销售公司大部制改革要求，对公司职能部门进行调整优化，加油站管理处（加油卡管理中心）与营销处合并为市场营销部。

处　　长　芦玉德（兼任，2016.1—3）[1]
　　　　　向　军（蒙古族，2016.8—2018.8）[2]
　　　　　恒庆贤（2018.8—2019.8）[3]
　　　　　黄　粮（2020.3—2020.12）[4]
　　　　　高　强（2021.1—2021.3）

---

[1]　2016年3月，芦玉德提任青海销售公司党委委员、副总经理。
[2]　2018年8月，向军调任西宁分公司党委书记、总经理。
[3]　2019年8月，恒庆贤调任海东分公司党委书记、总经理。
[4]　2020年12月，黄粮调任西宁分公司党委副书记、总经理。

负　责　人　黄　粮（2019.8—2020.3）

副　处　长　常河琴（女，正处级，2016.1—2）①

向　军（蒙古族，2016.1—8）

黄　粮（2017.4—2019.8）

第十一节　调运处（2016.1—2019.1）

2004年5月，成立调运处，与营销处为一套班子、一套人马。

截至2015年12月31日，调运处机构规格为正处级，编制15人。王水权任调运处处长，王小勤任副处长。调运处主要职能：成品油资源配置管理、成品油购进管理、成品油出库管理、成品油存货管理（油库）、成品油计量管理、成品油损溢管理（油库和运输）、成品油物流承运商管理、成品油物流费用管理。

2018年6月，青海销售公司决定：免去王小勤的调运处副处长职务，调加油站管理处（加油卡管理中心）工作；姚永珍任调运处副处长。

2018年11月，青海销售公司决定：高凌峰任调运处处长；免去王水权的副总经济师兼调运处处长职务，12月任青海销售公司技术专家。

2019年1月成立仓储分公司。仓储分公司与调运处实行"两块牌子、一套人马"合署办公。调运处（仓储分公司）履行机关处室和二级单位职责。油库管理职能由质量安全环保处移交调运处（仓储分公司）管理。青海销售公司决定：田荣胜任调运处副处长兼仓储分公司副总经理（正处级）。

处　　　长　王水权（2016.1—2018.11）②

高凌峰（2018.11—2019.1）

副　处　长　王小勤（藏族，2016.1—2018.6）③

姚永珍（藏族，2018.6—2019.1）

---

① 2016年2月，常河琴退出领导岗位。

② 2018年12月，王水权任青海销售公司技术专家。

③ 2018年6月，王小勤调任加油站管理处（加油卡管理中心）副处长。

第十二节 党群工作处（企业文化处）—党群工作处（企业文化处、党委宣传部）—党群工作部（党委宣传部、企业文化部、扶贫办公室）（2016.1—2023.12）

2007年8月，青海销售公司成立党群处。2010年，更名为党群工作处（企业文化处）。

截至2015年12月31日，党群工作处（企业文化处）机构规格为正处级，编制6人。工会副主席刘建平兼任党群工作处（企业文化处）处长，孙尚云任副处长。工会办公室、中国石油报驻青海销售记者站设在党群工作处（企业文化处）。党群工作处（企业文化处）主要职能：宣传教育（中心组学习、宣传保密、门户管理、稿酬管理、意识形态责任、意识形态阵地、网评队伍、宣传报道）、企业文化建设、党团组织建设管理、维稳扶贫工作（新闻危机应对、困难帮扶、对外捐赠）、会务管理（工代会、职代会）。

2016年12月，青海销售公司决定：免去孙尚云的党群工作处副处长职务，退出领导岗位。

2017年2月，青海销售公司决定：王慧琼任党群工作处副处长（正处级）。

2018年4月，成立党委宣传部，与党群工作处合署办公。

2018年6月，青海销售公司决定：刘建平兼任党群工作处（党委宣传部、企业文化处）处长。

2018年11月，青海销售公司决定：王涛任党群工作处副处长（正处级）；免去王慧琼的党群工作处副处长职务。

2018年12月，张爱民任党群工作处副处长。

2019年7月，根据《中国石油青海销售公司所属机构分级分类工作方案》，明确党群工作处（党委宣传部、企业文化处）机构层级类别为二级一类。

2020年7月，成立扶贫工作办公室，与党群工作处（党委宣传部、企业文化处）合署办公。青海销售公司党委决定：王涛任党委宣传部部长，免去刘建平的党委宣传部部长。青海销售公司决定：王涛任党群工作处（企业文化处）处长、扶贫办公室主任，免去党群工作处（企业文化处）副处长职务；免去刘建平的党群工作处（企业文化处）处长职务。

2021年3月，根据集团公司"去行政化"和销售公司大部制改革要求，进一步规范职能部门和部分二级单位机构设置，党群工作处（党委宣传部、企业文化处、扶贫办公室）更名为党群工作部（党委宣传部、企业文化部、扶贫办公室）。

2021年3月，青海销售公司决定：王涛任党群工作部（企业文化部）主任，张爱民任党群工作部（企业文化部、扶贫办公室）副主任。

2021年6月，青海销售公司党委决定：免去王涛的党委宣传部部长职务，张爱民任党委宣传部负责人。青海销售公司决定：张爱民任党群工作部（企业文化部）负责人；免去王涛的党群工作部（企业文化部）主任职务。

2022年8月，青海销售公司党委决定：张爱民任党委宣传部部长，免去党委宣传部负责人职务。青海销售公司决定：张爱民任党群工作部（企业文化部）主任，免去党群工作部（企业文化部）负责人职务。

截至2023年12月31日，党群工作部（企业文化部、党委宣传部、扶贫办公室）机构层级类别为二级一类，编制5人，在册员工5人。党组织关系隶属机关第二党支部，共有党员5人。张爱民任党群工作部（企业文化部）主任、党委宣传部负责人、扶贫办公室副主任。工会办公室、中国石油报驻青海销售记者站设在党群工作部。

一、党群工作处—党群工作部领导名录（2016.1—2023.12）

2016年1月至2021年3月：

处　　　长　刘建平（回族，2016.1—2018.6；
　　　　　　　　　　兼任，2018.6—2020.7）

　　　　　　王　涛（2020.7—2021.3）

副　处　长　孙尚云（2016.1—12）①

　　　　　　王慧琼（女，正处级，2017.2—2018.11）

　　　　　　王　涛（2018.11—2020.7）

---

① 2016年12月，孙尚云退出领导岗位。2016年12月至2017年2月期间，党群工作处副处长空缺。

张爱民（2018.12—2021.3）

2021年3月至2023年12月：

  主 任 王 涛（2021.3—6）

       张爱民（2022.8—2023.12）

  负 责 人 张爱民（2021.6—2022.8）

  副 主 任 张爱民（2021.3—6）

二、企业文化处—企业文化部领导名录（2016.1—2023.12）

2016年1月至2021年3月：

  处 长 刘建平（2016.1—2018.6；兼任，2018.6—2020.7）

       王 涛（2020.7—2021.3）

  副 处 长 孙尚云（2016.1—12）

       王慧琼（2018.4—11）

       王 涛（2018.11—2020.7）

       张爱民（2018.12—2021.3）

2021年3月至2023年12月：

  主 任 王 涛（2021.3—6）

       张爱民（2022.8—2023.12）

  负 责 人 张爱民（2021.6—2022.8）

  副 主 任 张爱民（2021.3—6）

三、党委宣传部领导名录（2018.4—2023.12）

  部 长 刘建平（兼任，2018.6—2020.7）

       王 涛（2020.7—2021.6）

       张爱民（2022.8—2023.12）

  负 责 人 张爱民（2021.6—2022.8）

四、扶贫办公室领导名录（2020.7—2023.12）

  主 任 王 涛（2020.7—2023.12）

  副 主 任 张爱民（2021.3—2023.12）

五、设在党群工作处—党群工作部的机构

（一）工会办公室领导名录（2016.1—2023.12）

主　　　任　刘建平（兼任，2016.1—2018.6）

（二）中国石油报驻青海销售记者站领导名录（2016.1—2023.12）

站　　　长　刘建平（兼任，2016.1—2018.6）

第十三节　发展计划部（设备信息部）
（2021.3—2023.12）

2021年3月，发展计划部（设备信息部）成立，机构层级类别为二级一类，编制14人。发展计划部（设备信息部）主要职能：规划管理（战略规划、中长期规划、投资计划、土地管理、投资项目管理、后评价管理）、工程管理（施工现场管理、设计管理、造价管理、承包商管理、工程档案管理、设备管理、检维修管理）、科技信息管理。

2021年3月，青海销售公司决定：胡鹏兼任发展计划部（设备信息部）主任；王慧琼任发展计划部（设备信息部）副主任（二级正）；王飞任发展计划部（设备信息部）副主任；牛志刚任发展计划部（设备信息部）副主任。

2021年4月，青海销售公司决定：胡鹏不再担任发展计划部（设备信息部）主任，包忠军任发展计划部（设备信息部）主任。

2023年12月，青海销售公司决定：王慧琼不再担任发展计划部（设备信息部）副主任，退出领导岗位。

截至2023年12月31日，发展计划部（设备信息部）机构层级类别为二级一类，编制14人，在册员工14人，党组织关系隶属机关第五党支部，共有党员14人。包忠军任发展计划部（设备信息部）主任，王飞、牛志刚任副主任。

主　　　任　胡　鹏（兼任，2021.3—4）

　　　　　　包忠军（2021.4—2023.12）

副 主 任 王慧琼（女，二级正，2021.3—2023.12）

王 飞（2021.3—2023.12）

牛志刚（2021.3—2023.12）

第十四节 市场营销部（2021.3—2023.12）

2021年3月，市场营销部成立，机构层级类别为二级一类，编制16人。市场营销部主要职能：销售业务、计划统计、营销策划、客户维护、油卡营销、现场运营、数据信息、资产监管。

2021年3月，青海销售公司决定：高强兼任市场营销部主任；司海岩任市场营销部副主任。

2021年6月，青海销售公司决定：马永梅任市场营销部副主任（二级正）。

截至2023年12月31日，市场营销部机构层级类别为二级一类，编制16人，在册员工17人。党组织关系隶属机关第四党支部，共有党员16人。青海销售公司总经理助理高强兼任市场营销部主任，司海岩、马永梅任市场营销部副主任。

主 任 高 强（兼任，2021.3—2023.12）

副 主 任 司海岩（2021.3—2023.12）

马永梅（女，回族，二级正，2021.6—2023.12）

第十五节 机关党组织（2016.1—2023.12）

1998年，机关党委成立。由机关党委领导。2015年2月，青海销售公司党委决定：将机关独立党支部调整为多个联合党支部。机关党委下设5个联合党支部：第一党支部、第二党支部、第三党支部、第四党支部、第五党支部。

截至2015年12月31日，机关党委由孙尚云任书记，杜萍、刘文艺、付荣任委员。机关党委下设 5 个党支部，共有党员 120 人，其中在职党员 96 人。机关党委的主要职能：党的政治建设、思想建设、组织建设、作风建设、纪律建设、制度建设及反腐败斗争；意识形态工作。

2017 年 2 月，青海销售公司党委决定：王慧琼任机关党委书记。

2018 年 11 月，青海销售公司党委决定：王涛任机关党委书记，免去王慧琼的机关党委书记职务。

2019 年 1 月，成立后勤管理中心党支部，由机关党委统一管理，共有党员 24 人。

2020 年 4 月，青海销售公司党委决定，成立后勤管理中心（安居工程建设项目部、维护稳定办公室、老干办）党委，由青海销售公司党委管理。

2021 年 6 月，青海销售公司党委决定：程志荣兼任机关党委委员、副书记。

截至 2023 年 12 月 31 日，机关党委由王涛任书记，程志荣任副书记，顾艳、许慧、周晓英、李明伟任委员。机关党委下设 5 个党支部，共有党员 99 人：第一党支部由办公室、人力资源部党员组成，党员 12 人；第二党支部由党群工作部、纪委办公室党员组成，党员 15 人；第三党支部由财务部、企管法规部党员组成，党员 20 人；第四党支部由市场营销部、质量健康安全环保部党员组成，党员 28 人；第五党支部由发展计划部、合资公司党员组成，党员 24 人。

一、机关党委领导名录（2016.1—2023.12）

　　书　　记　孙尚云（党群工作处，2016.1—2017.2）

　　　　　　　王慧琼（女，党群工作处，2017.2—2018.11）

　　　　　　　王　涛（党群工作部，2018.11—2023.12）

　副　书　记　程志荣（人力资源部，2021.12—2023.12）

　　委　　员　孙尚云（2016.1—2017.3）

　　　　　　　刘文艺（女，办公室，2016.1—2019.4）

　　　　　　　杜　萍（女，财务处，2016.1—2018.2）

　　　　　　　付　荣（女，企管法规处，2016.1—2021.12）

　　　　　　　王慧琼（2017.2—2018.11）

　　　　　　　王　涛（2018.11—2023.12）

顾　艳（女，人力资源部，2019.4—2023.12）

李承隆（青海中油平盛能源有限公司，2019.4—2020.8）

马成英（女，加油站管理处，2019.4—2020.1）

陈统业（企管法规处，2019.4—2020.8）

刘　卉（女，党群工作处，2019.4—2020.8）

程志荣（2021.12—2023.12）

许　慧（女，财务部，2021.12—2023.12）

李明伟（市场营销部，2021.12—2023.12）

周晓英（女，发展计划部，2021.12—2023.12）

二、机关党委所属党支部

（一）机关第一党支部（2016.1—2023.12）

截至 2023 年 12 月 31 日，机关第一党支部由办公室（党委办公室）、人事处（党委组织部）党员组成，顾艳任党支部书记，党员 12 人。

书　　记　刘建平（2016.1—2019.3）

　　　　　顾　艳（女，2019.3—2023.12）

（二）机关第二党支部（2016.1—2023.12）

截至 2023 年 12 月 31 日，机关第二党支部由党群工作部（党委宣传部、企业文化部、扶贫办公室）、纪委办公室（审计部、巡察办公室）党员组成，赵玉洁任党支部书记，党员 15 人。

书　　记　赵生明（2015.2—2019.3）

　　　　　刘　卉（女，2019.3—2020.8）

　　　　　赵玉洁（女，2020.8—2023.12）

（三）机关第三党支部（2016.1—2023.12）

截至 2023 年 12 月 31 日，机关第三党支部由企管法规部（股权办公室）、财务部党员组成，许慧任党支部书记，党员 20 人。

书　　记　刘西仑（2015.1—2019.3）

　　　　　陈统业（2019.3—2020.8）

　　　　　许　慧（女，2020.8—2023.12）

（四）机关第四党支部（2016.1—2023.12）

截至 2023 年 12 月 31 日，机关第四党支部由市场营销部、质量健康安全环保部党员组成，李明伟任党支部书记，党员 28 人。

书　　记　芦玉德（2015.1—2016.12）

王水权（2017.1—2019.3）

马成英（女，2019.3—2020.1）

李　敏（女，2020.1—2021.8）

李明伟（2021.8—2023.12）

（五）机关第五党支部（2016.1—2023.12）

截至 2023 年 12 月 31 日，机关第五党支部由发展计划部、合资公司党员组成，周晓英任党支部书记，党员 24 人。

书　　记　茹青宁（2015.1—2019.3）

李承隆（2019.3—2020.8）

周晓英（女，2020.8—2023.12）

第十六节　青海销售公司团委（2016.1—2023.12）

1998 年，青海销售公司团委成立。选举第一届团委。

截至 2015 年 12 月 31 日，青海销售公司团委由张爱民任副书记。

2018 年 12 月，青海销售公司党委决定：张爱民任青海销售公司团委书记。

2019 年 4 月，共青团青海销售公司第一次代表大会在西宁市召开，71 名团员代表参加会议。会议选举产生共青团青海销售公司第一届委员会。共青团青海销售公司第一届委员会由张爱民、才仁吉藏、刘卉、荣惠、赵玉洁、贺玉珍、蔡婷等 7 人组成，张爱民为团委书记，才仁吉藏、刘卉为团委副书记。

截至 2023 年 12 月 31 日，青海销售公司团委领导班子由 7 人组成，张爱民任团委书记，才仁吉藏、刘卉任团委副书记。

书　　记　张爱民（党群工作部，2018.12—2023.12）①

---

① 2016 年 1 月至 2018 年 12 月期间，青海销售公司团委书记空缺。

副　书　记　张爱民（党群工作处，2016.1—2018.6）①

才仁吉藏（女，藏族，玉树分公司，2019.4—2023.12）

刘　卉（女，党群工作部，2019.4—2023.12）

委　　　员　张爱民（2018.12—2023.12）

才仁吉藏（2019.4—2023.12）

刘　卉（2019.4—2023.12）

荣　惠（果洛分公司，2019.4—2023.12）

赵玉洁（女，纪委办公室，2019.4—2023.12）

贺玉珍（女，土族，西宁分公司，2019.4—2023.12）

蔡　婷（女，非油分公司，2019.4—2023.12）

---

① 2018年6月，张爱民调任湟源分公司党委委员、副总经理。2018年6月至2019年4月期间，青海销售公司团委副书记空缺。

第三章　直附属、非常设机构

截至 2015 年 12 月 31 日，青海销售公司设直属、非常设机构 11 个，其中直属机构 3 个：多巴油库、曹家堡油库、后勤管理中心；附属机构 5 个：维护稳定办公室（老干办）、青海省石化产品质量监督检测中心、工程建设管理中心、核算中心（结算中心）、职业技能鉴定站（培训中心）；非常设机构 3 个：安居工程项目部、青海销售公司中央仓筹建项目部、成品油数质量稽查大队。

2018 年 1 月，青海销售公司中央仓筹建项目部撤销。

2018 年 11 月，工程建设管理中心并入本部职能部门投资建设管理处。

2019 年 1 月，多巴油库、曹家堡油库划归调运处（仓储分公司）管理。

2019 年 7 月，根据《中国石油青海销售公司所属机构分级分类工作方案》，明确后勤管理中心为二级一类。

2020 年 3 月，安居工程建设项目部与后勤管理中心合署办公。

2020 年 4 月，维护稳定办公室（老干办）合并至后勤管理中心（安居工程建设项目部）。

2020 年 6 月，职业技能鉴定站更名为技能人才评价中心。

2020 年 7 月，青海省石化产品质量监督检验中心改制为青海昆信质量检测技术有限公司，由青海中油新兴能源有限责任公司 100% 控股。

2021 年 3 月，根据集团公司"去行政化"和销售公司大部制改革要求，对本部部门进行调整优化：所属非油品经营分公司更名为非油分公司（非油品经营部），调整为直属机构，二级二类；所属技能人才评价中心（培训中心）职能并入人力资源部（党委组织部）；核算中心（结算中心）职能并入财务部；后勤管理中心（安居工程建设项目部、维护稳定办公室、老干办）更名为综合管理服务中心，调整为所属二级单位。5 月，青海销售公司同意储运分公司（仓储调运部）为直属机构。

截至 2023 年 12 月 31 日，青海销售公司设直属机构 2 个，均为二级二类：非油分公司（非油品经营部）、储运分公司（仓储调运部）。

第一节 多巴油库（2016.1—2019.1）

1965 年年底，多巴油库竣工投产。

截至 2015 年 12 月 31 日，多巴油库为直属机构，机构规格副处级，内设科室 3 个：安全设备科、业务仓储科、综合事务科。多巴油库党总支下辖党支部 2 个：第一党支部、第二党支部。

2019 年 1 月，多巴油库划归调运处（仓储分公司）管理，实现油库统一管理、资源统一组织，在册员工 59 人。

一、多巴油库领导名录（2016.1—2019.1）

主　　　任　王海鹏（正处级，2017.3—2018.11）[1]

　　　　　　　冯　庚（正处级，2018.11—2019.1）

副 主 任　王　宁（副处级，2017.10—2018.12）[2]

安 全 总 监　杨登才（2016.1—2019.1）

　　　　　　　陶凤顺（副处级，2018.12—2019.1）

　　　　　　　岳　彦（女，副处级，2019.1）

二、多巴油库党总支领导名录（2016.1—2019.1）

书　　　记　王海鹏（2016.1—2018.11）

　　　　　　　冯　庚（2018.11—2019.1）

委　　　员　王海鹏（2016.1—2018.11）

　　　　　　　张青晓（2016.1—2018.12）

　　　　　　　王　宁（2017.11—2018.12）

　　　　　　　张广太（2016.1—2019.1）

　　　　　　　冯　庚（2018.11—2019.1）

　　　　　　　陶凤顺（2018.12—2019.1）

　　　　　　　岳　彦（2019.1—12）

---

[1] 2018 年 11 月，王海鹏调任仓储安全环保处处长。

[2] 2018 年 12 月，王宁调任海北分公司党委委员、副总经理。

第二节 曹家堡油库（2016.1—2019.1）

曹家堡油库于 1968 年动工，1973 年 9 月建成投产。

截至 2015 年 12 月 31 日，曹家堡油库为直属机构，机构规格正处级，下设 3 个科室：综合事务科、仓储业务科、安全设备科。曹家堡油库党总支下辖党支部 2 个：第一党支部、第二党支部。

2019 年 1 月，曹家堡油库划归调运处（仓储分公司）管理，实现油库统一管理、资源统一组织，油库在册员工 56 人。

一、曹家堡油库领导名录（2016.1—2019.1）

主　　任　王映虹（副处级，2016.1—2017.3）[1]

　　　　　田荣胜（正处级，2017.4—2019.1）[2]

　　　　　孙福双（副处级，2019.1）

副 主 任　白立新（副处级，2016.1—2019.1）

　　　　　岳　彦（女，副处级，2016.1—2019.1）[3]

　　　　　王发军（正科级，2019.1）

安 全 总 监　白立新（兼任，2016.1—2019.1）

二、曹家堡油库党总支领导名录（2016.1—2019.1）

书　　记　王映虹（2016.1—2017.3）

　　　　　田荣胜（2017.4—2019.1）

常务副书记　白立新（2019.1）

委　　员　王映虹（2016.1—2017.4）

　　　　　田荣胜（2017.4—2019.1）

　　　　　岳　彦（2016.1—2019.1）

　　　　　白立新（2016.1—2019.1）

---

① 2017 年 3 月，王映虹调任格尔木分公司党委书记、副总经理。
② 2019 年 1 月，田荣胜调任调运处（仓储分公司）党委副书记、副总经理、纪委书记。
③ 2019 年 1 月，岳彦调任多巴油库副主任。

第三节 维护稳定办公室（老干办）（2016.1—2020.4）

1998年2月，成立老干部办公室，为机关附属机构。1999年8月，老干部办公室更名为综合处。2000年5月，综合处撤销。2007年1月，重新成立综合处。2014年3月，综合处更名为维护稳定办公室（老干办）。

截至2015年12月31日，维护稳定办公室（老干办）为附属机构，机构规格正处级。人员编制5人：主任1人、副主任2人；设老干部科，科长1人、科员1人。维护稳定办公室（老干办）党总支受青海销售分公司党委领导，下辖7个党支部：马坊第一党支部、马坊第二党支部、小桥党支部、杨家寨党支部、胜利路党支部、古城台党支部、德令哈路党支部。

维护稳定办公室（老干办）工作职责：负责制定存续企业年度工作计划并组织实施；负责制定和执行存续企业的财务预算；负责存续企业土地、资产和资金管理；负责离退休和内退职工人员、费用（包括遗属）的管理；负责存续企业在岗职工劳动合同管理；负责存续企业人员、费用的统计和财务报表工作；负责离退休人员及其费用的管理与统计；负责处理存续企业承继性法律事务等遗留问题。

2016年12月，维护稳定办公室（老干办）人员编制调整为7人：主任1人、副主任2人；设老干部科，科长1人、科员3人。

2020年4月，维护稳定办公室（老干办）合并至后勤管理中心（安居工程建设项目部）。

一、维护稳定办公室（老干办）行政领导名录（2016.1—2020.4）

主　　任　孙福双（2016.1—2017.4）[①]

　　　　　刘　璟（女，2017.4—2020.4）

副　主　任　马少军（2016.1—2018.12）[②]

---

① 2017年4月，孙福双调任西宁分公司副总经理。
② 2018年12月，马少军退出领导岗位。

李建武（2016.1—2019.11）①

二、维护稳定办公室（老干办）党总支领导名录（2016.1—2020.4）

书　　记　孙福双（2016.1—2017.4）

　　　　　刘　璟（2017.5—2020.4）

副 书 记　任　昕（2016.1—2017.12）

　　　　　孙　琪（2016.1—2020.4）

委　　员　任　昕（2016.1—2017.12）

　　　　　孙　琪（2016.1—2020.4）

　　　　　马少军（2016.1—2018.12）

　　　　　李建武（2016.1—2019.11）

　　　　　孙福双（2016.1—2017.4）

　　　　　宋胜利（2017.2—2020.4）

　　　　　丁庭义（2017.2—2020.4）

　　　　　刘　璟（2017.5—2020.4）

第四节　青海省石化产品质量监督检测中心
（2016.1—2020.7）

1995 年 1 月，青海省石化产品质量监督检测中心成立，为机关部门附属机构。2003 年 2 月，青海省石化产品质量监督检测中心调整为青海销售公司直属正处级单位。

截至 2015 年 12 月 31 日，青海省石化产品质量监督检测中心为直属机构，机构规格正处级，人员编制 15 人，下辖 3 个科室：综合业务科、检验鉴定科、标准化信息科。设主任、安全总监各 1 人，均由仓储安全环保处处长兼任，另设副主任 1 人。党组织关系隶属机关党委。

青海省石化产品质量监督检测中心职责：主要负责贯彻国家、中油公司法规和规定；负责石油行业内油品质量、计量、标准化管理的具体实施工

---

① 2019 年 11 月，李建武退出领导岗位。

作；负责提供质量、计量相关专业方面的技术支持；负责研制开发石油新产品及行内质量、计量工作中的课题研究；负责计量器具及立、卧式油罐的鉴定，做好量值传递和溯源工作；负责行业质量、计量新标准的宣传工作；负责油品质量的监督抽查，配合执法部门开展油品市场的检查、整顿，协助搞好司法鉴定工作；协同人事、工会做好本专业技术人员的培训，协同本专业技术人员开展油品咨询。

2020年7月，青海省石化产品质量监督检验中心改制，由青海中油新兴能源公司100%控股，成立青海昆信质量检测技术有限公司。

主　　任　茹青宁（兼任，2016.1—2018.12）[1]

孙玲玲（女，2019.8—2020.7）

副　主　任　梁永亮（2016.1—2017.2）[2]

第五节　工程建设管理中心（2016.1—2018.11）

2007年9月，工程建设管理中心从投资与建设管理处分离，为机关附属机构，为正处级单位。

截至2015年12月31日，工程建设管理中心机构规格正处级，为附属机构，人员编制为8人，设综合管理科、现场管理科。设主任、副主任各1人。党组织关系隶属机关党委。

工程建设管理中心工作职责：依据公司下达的工程建设项目，负责加油站、油库的新建、改扩建、达标改造、形象包装、安全隐患整改、大型技术改造和维修等项目的组织和实施管理工作；负责组织项目方案评审；委托工程项目图纸设计，组织图纸会审、答疑等工作，杜绝重大设计变更；负责工程建设项目的前期手续、施工组织实施、工程量变更审核、工程中交、联机试车、竣工验收及营业证照办理的管理工作；负责与销售公司工程部门的对接工作，对工程项目实施全过程的指导、检查、监督，加强进度、质量、安

---

[1]　2018年12月，茹青宁调任青海销售公司技术专家；2018年12月至2019年8月期间，青海省石化产品质量监督检测中心主任空缺。

[2]　2017年2月，梁永亮调任玉树分公司党委委员、副总经理。

全、投资控制管理；负责工程进度的检查、监督及审核工作；负责工程建设资料的整理、收集、管理和归档工作；严格落实执行销售公司《加油站建设标准》《油库建设标准》，积极推行工程建设 EPC 总承包模式，推广新技术、新工艺、新设备应用，优化设计方案，有效降低工程建设成本；负责组织工程建设类施工、技术服务商、物资供应商的入围、考评、推选工作，配合企管部门做好招标工作；落实执行集团和销售公司有关工程建设方面的规章制度；制定公司工程建设管理规章制度，加强工程建设信息化管理和管理体系建设，并抓好落实执行；负责制定工程管理人员业务培训计划，并组织实施。

2018 年 11 月，工程建设管理中心并入投资建设管理处。

主　　　任　谢洪明（2016.1）[①]
　　　　　　王　涛（2016.1—2018.11）
副　主　任　田荣胜（2016.1—2017.4）[②]
　　　　　　张　松（2016.8—2018.11）
　　　　　　于钦刚（2017.11—2018.3）[③]

第六节　安居工程项目部（2016.1—2020.3）

2008 年 5 月，青海销售公司成立矿区服务事业部筹建小组办公室，机构规格正处级。2011 年 3 月，更名为安居工程项目部，为临时机构。

截至 2015 年 12 月 31 日，安居工程项目部为临时机构，机构规格正处级，人员编制 15 人，设综合科和工程管理科。其中，副处级干部 2 人，副处级成员 2 人。党组织关系隶属于青海销售公司机关党委。

2016 年 12 月，安居工程项目部人员编制调整为 14 人，设综合科和工程管理科。其中，主任、副主任各 1 人，副处级成员 3 人。

安居工程建设项目部工作职责：贯彻执行国家及集团公司、股份公司的

---

① 2016 年 1 月，谢洪明退出领导岗位。
② 2017 年 4 月，田荣胜调任曹家堡油库党总支书记、主任（正处级）。
③ 2018 年 3 月，于钦刚退出领导岗位。

法律、法规和方针政策，按公司要求做好安居工程项目的各项筹建工作；负责制定公司安居工程配套方案，努力提高保障生产、服务生活、维护稳定的能力和水平；协调处理地方政府关系，负责安居工程项目的审核、审批手续的办理；负责做好安居工程设计图纸的审定，施工单位和监理单位招标方案的拟定；负责做好安居工程建设项目的时间、成本、质量、风险、安全、合同、采购的全过程管理。负责安居工程项目的收尾、竣工验收、交付使用及工程决算工作；负责收集整理安居工程项目建设档案资料和档案移交工作；负责业务范围内的 HSE 和 QMS 体系管理。

2020 年 3 月，安居工程建设项目部职能划转至后勤管理中心统一管理、合署办公。后勤管理中心名称调整为后勤管理中心（安居工程建设项目部）。

主　　　任　王　昊（兼任，2016.1—2020.3）

副 主 任　刘西仑（2016.3—2020.3）

成　　　员　翟秋永（副处级，2016.1—9）[1]

　　　　　　李　萍（女，副处级，2016.1—2019.5）[2]

　　　　　　刘丽丽（女，副处级，2016.1—2018.12）[3]

第七节　青海销售公司中央仓筹建项目部
（2016.1—2018.1）

2009 年 12 月，青海销售公司中央仓筹建项目部正式成立，为非常设机构，与工程建设管理中心合署办公。

截至 2015 年 12 月 31 日，青海销售公司中央仓筹建项目部实际有经理和副经理各 1 人。2016 年至 2017 年，只有副经理 1 人，实际没有开展业务运作。党组织关系隶属机关党委。

中央仓筹建项目部职责：认真贯彻执行国家有关安全生产方针，劳动保护政策，法规和上级有关决议，并负责检查实施，确保工程安全生产；对

---

[1]　2016 年 9 月，翟秋永退出领导岗位

[2]　2019 年 5 月，李萍退出领导岗位。

[3]　2018 年 12 月，刘丽丽调任黄南分公司党委委员、总会计师。

本工程必须严格执行国家和地方有关工程施工标准和技术规范，确保本工程质量全面达到优良。组织编制、部署、审批本工程的施工进度计划及具体实施情况；督促检查本工程各职能部门人员的执行情况，并安排有关的计划及调整措施，确保本工程按时完成。负责组织生产例会制度，并及时向公司领导汇报；协助公司领导和公司有关部门依据合同条款规定，对本工程有关条款的核实和使用工作。

2018 年 1 月，青海销售公司中央仓筹建项目部撤销。

经　　　理（空缺）

副 经 理　于钦刚（2016.1—2017.11）[①]

第八节　核算中心（结算中心）
（2016.1—2021.3）

2009 年 3 月，核算中心（结算中心）成立。2013 年 5 月，解散。2015 年 6 月，恢复核算中心（结算中心），为财务处附属机构。

截至 2015 年 12 月 31 日，核算中心为附属机构，机构规格副处级。人员编制 27 人：主任 1 人由财务处副处长兼任；设置 3 个科：费用科 7 人、结算科 13 人、稽核科 6 人。党组织关系隶属于机关党委。

核算中心（结算中心）工作职责：严格执行公司各项资金管理规定，保证对外结算的合理合法性；负责公司各项业务的对外结算工作；负责公司每月资金计划的审核和上报；负责做好公司账户的银行余额调节表，保证各项资金的使用安全；负责公司收取承兑汇票的审核、保管和承兑工作；负责对资金结算收、付款业务实施监督；负责资金上划下拨款项与总部的长短期负息资金、往来款的结算工作；负责税金申报、缴纳工作；负责公司会计核算及会计报表编制，负责年终决算工作，真实、准确、完整反映公司的财务状况和经营结果，编制业绩报告；负责相关岗位的通知、制度、内控流程、培训教材编制与维护；负责费用、备用金、往来款项和费用类关联交易的核算

----

① 2017 年 11 月，于钦刚调任工程建设管理中心副主任。

及管理；负责零售业务和批发业务的核算及管理。

2021年3月，根据集团公司"去行政化"和销售公司大部制改革要求，进一步规范机关部门和部分二级单位机构设置，对公司职能部门进行调整优化，公司职能部门不再单独设立附属机构，核算中心（结算中心）职能并入财务部。

　　主　　任　王庆萍（兼任，女，2016.1—2018.9）[①]

　　　　　　　尹桂莉（兼任，女，2020.4—7）

第九节　成品油数质量稽查大队（2016.1—3）

2013年6月，成品油数质量稽查大队成立。为机关下属正科级非常设机构，由质量安全环保处领导。

截至2015年12月31日，成品油数质量稽查大队为非常设机构，机构规格正科级。人员编制9人：队长3人、稽查专岗3人、稽查兼驾驶员3人。党组织关系隶属于机关党委。

成品油数质量稽查大队工作职责：贯彻执行国家法律法规和集团公司及公司相关制度、规范、办法；负责组织实施油库付油、承运车辆、加油站验收专项稽查。负责公司油库、加油站油品损耗基础管理工作稽查；负责油库、加油站计量稽查。负责油品付油、承运、验收仲裁工作。

2016年3月，成品油数质量稽查大队撤销，原有质量稽查、损溢油稽查、基础管理稽查等职能并入仓储安全环保处，由仓储安全环保处负责落实。

　　队　　长　黄晶明（正科级，2016.1—3）

　　　　　　　宋　斌（正科级，2016.1—3）

　　　　　　　宋芝林（正科级，2016.1—3）

---

　　①　2018年9月，王庆萍自2018年8月起退出领导岗位。

第十节　后勤管理中心—后勤管理中心（安居工程建设项目部）—后勤管理中心（安居工程建设项目部、维护稳定办公室、老干办）（2016.1—2021.3）

1995 年 1 月，成立行政科。1997 年 5 月，更名为青海石油（集团）有限公司生活服务公司，从行政管理机构中分离出来。1999 年 7 月，青海石油（集团）有限公司生活服务公司组建为物业公司，成为非核心公司的直属公司。2001 年 3 月，物业公司与老干部办公室合并为物业管理服务中心。6 月，将物业管理服务中心名称变更为青海石油（集团）有限公司物业管理服务中心。2002 年 12 月，青海省石油总公司新兴贸易公司并入青海石油（集团）有限公司物业管理服务中心。2004 年 2 月，物业管理服务中心将老干办划出，交综合处（老干办）管理。2007 年 9 月，青海省石油总公司新兴贸易公司重新启动，不再由物业管理服务中心管理。2015 年 6 月，物业管理服务中心更名为后勤管理中心。

截至 2015 年 12 月 31 日，后勤管理中心为直属机构，机构规格正处级，下辖 5 个科级职能部门：综合科、水电科、车辆管理科、食堂管理科、职工活动中心。党组织关系隶属于青海销售公司机关党委。

2019 年 1 月，撤销后勤管理中心党委，成立后勤管理中心党支部，划归机关党委统一管理。

2019 年 7 月，根据《中国石油青海销售公司所属机构分级分类工作方案》，后勤管理中心机构层级类别明确为二级一类。

2020 年 3 月，将安居工程建设项目部职能划转至后勤管理中心统一管理、合署办公。后勤管理中心名称调整为后勤管理中心（安居工程建设项目部）。

2020 年 4 月，完善后勤管理中心（安居工程建设项目部）与维护稳定办公室（老干办）职能，设置后勤管理中心（安居工程建设项目部、维护稳定办公室、老干办）。原后勤管理中心（安居工程建设项目部）、维护稳定办公室（老干办）职能并入后勤管理中心（安居工程建设项目部、维护稳定办公室、老干办）管理。设3个科室，后勤服务科、车辆管理科、综合事务科。

后勤管理中心（安居工程建设项目部、维护稳定办公室、老干办）工作职责：负责公司本部、二级单位领导及油库人员公积金增减、缴纳工作；负责与辖区政府部门做好综合治理及维稳工作；负责公司本部劳保和生活慰问品的造册、发放，机关办公、耗材、低值易耗等用品的零星采购、保管及发放，公司机关应急物资的管理；负责全省管理人员的服装（正装）统计、招标、采购、定制及发放，机关本部服装干洗服务方的监督及费用结算；负责公司机关、活动中心保洁、保安的监督管理工作，报刊、信件（机密）的收发、登记，来访人员的询问、登记工作；负责职工活动中心的日常接待、图书借阅、健身场地、设备的维护保养；负责公司员工就医绿色通道的开通、协调工作；负责机关食堂的管理工作；协助办公室做好对外协调、来访接待和重大活动筹备等相关工作；负责做好全省水电暖费的核算、统计及费用报销管理工作；负责公司机关办公大楼、职工宿舍、锅炉房、配电间、发电机及其相关附属设施的管理和维修工作，担任管辖范围内的水电暖、管道、电气线路维修及保养；负责公司本部职工宿舍的租赁、维修、内部入住人员的集中管理工作；负责全省非生产区域工程维修、改造项目的审核；负责制定公司车辆管理相关制度，并监督制度执行情况；负责公司车辆的租赁、购置、合同签订及配备、车辆资产管理和车辆报废处置工作，并监督、检查、指导公司所属单位做好车辆管理工作；负责编制执行存续公司财务预决算，分解落实年度预算，合理安排安置资金的使用计划及拨付，每月编制存续公司费用进度表，确保预算均衡受控；负责离退休、内退、有偿解除进社保人员的人事关系接转、党员党组织关系接转、人员信息更新、各项费用发放等管理工作；负责公司信访维稳工作。

2021年3月，根据集团公司"去行政化"和销售公司大部制改革要求，进一步规范机关部门和部分二级单位机构设置，对公司职能部门进行调整优化，后勤管理中心（安居工程建设项目部、维护稳定办公室、老干办）更名为综合管理服务中心，明确为所属二级单位。

一、后勤管理中心（2016.1—2020.3）

（一）后勤管理中心领导名录（2016.1—2020.3）

总　经　理　高凌峰（2016.1—2018.11）①

副总经理　李海红（女，2016.1—12）②

高玉英（女，2016.1—2017.10）③

李明周（2017.11—2019.3）

李建军（2018.11—2020.3）

安全总监　李海红（兼任，2016.1—12）

（二）后勤管理中心党委领导名录（2016.1—2019.1）

书　　记　高玉英（2016.1—2017.10）

高凌峰（2018.10—11）

副　书　记　高凌峰（2016.1—2017.12）

委　　员　高玉英（2016.1—2017.10）

高凌峰（2016.1—2017.12；2018.10—11）

李海红（2016.1—12）

李明周（2017.12—2019.1）

李建军（2018.11—2019.1）

二、后勤管理中心（安居工程建设项目部）领导名录（2020.3—4）

总　经　理（空缺）

副总经理　李建军（2020.3—4）

三、后勤管理中心（安居工程建设项目部、维护稳定办公室、老干办）

（2020.4—2021.3）

（一）后勤管理中心（安居工程建设项目部、维护稳定办公室、老干办）

行政领导名录（2020.4—2021.3）

主　　任　李建军（2021.1—3）

负　责　人　李建军（2020.4—2021.1）

① 2018年11月，高凌峰调任调运处处长。

② 2016年12月，李海红退出领导岗位。

③ 2017年10月，高玉英退出领导岗位。

副　主　任　刘　璟（女，2020.4—2020.8）

安 全 总 监　李建军（兼任，2020.8—2021.3）

（二）后勤管理中心（安居工程建设项目部、维护稳定办公室、老干办）

党委、纪委领导名录（2020.4—2021.3）

党 委 书 记　刘　璟（2020.4—8）①

　　　　　　杨华胜（2020.8—2021.3）

党委副书记　李建军（2020.4—2021.3）

党 委 委 员　李建军（2020.8—2021.3）

纪 委 书 记　刘　璟（2020.4—8）

　　　　　　杨华胜（2020.8—2021.3）

（三）后勤管理中心（安居工程建设项目部、维护稳定办公室、老干办）

工会领导名录（2020.4—2021.3）

主　　　席　刘　璟（2020.4—8）

　　　　　　杨华胜（2020.8—2021.3）

第十一节　培训中心（职业技能鉴定站）—技能人才评价中心（2016.1—2021.3）

2008 年 6 月，职业技能鉴定站（培训中心）成立。

截至 2015 年 12 月 31 日，职业技能鉴定站（培训中心）为人事处（党委组织部）附属机构，机构规格正处级。职业技能鉴定站长由人事处（党委组织部）处长（部长）兼任，培训中心设副主任 1 人。党组织关系隶属于青海销售公司机关党委。

职业技能鉴定站（培训中心）职责：负责贯彻执行国家、集团公司、板块公司有关职业技能鉴定法规、规定和标准；负责制定公司职业技能鉴定规章制度、管理办法和实施细则；负责职业技能鉴定的组织、考试命题、鉴定费的收缴和试用；负责职业技能鉴定信息资料的收集、汇总和上报；负责职

---

① 2020 年 8 月，刘璟退出领导岗位。

业技能鉴定试题库的建立和管理；负责初级、中级、高级职业资格证书的核发及系统维护工作；负责考评员的聘用、考核与管理；负责对鉴定质量进行内部督导；负责贯彻执行上级培训相关制度，负责起草本公司的员工培训制度，完善培训体系；负责公司的培训规划、计划的编制，培训具体实施及培训效果的评估工作，实时建立培训档案；负责指导各单位的培训工作。

2019 年 5 月，青海销售公司规范附属机构设置，设职业技能鉴定站（培训中心）。

2020 年 6 月，职业技能鉴定站更名为技能人才评价中心，隶属人事处（党委组织部），业务上接受集团公司职业技能鉴定指导中心、销售公司职业技能鉴定中心、青海省职业技能鉴定指导中心的指导和监督。

2021 年 3 月，根据集团公司"去行政化"和销售公司大部制改革要求，进一步规范机关部门和部分二级单位机构设置，对公司职能部门进行调整优化，公司职能部门不再单独设立附属机构，技能人才评价中心（培训中心）职能并入人力资源部（党委组织部）。

一、职业技能鉴定站领导名录（2016.1—2020.6）
　　站　　　　长　付　荣（女，兼任，2016.1—2020.5）

二、培训中心领导名录（2016.1—2021.3）
　　主　　　　任（空　缺）
　　副　主　任　刘玉彬（副科级，2016.7—2020.3）

三、技能人才评价中心领导名录（2020.6—2021.3）
　　主　　　　任（空　缺）

第十二节　非油分公司（非油品经营部）
（2021.3—2023.12）

2021 年 3 月，青海销售公司进一步规范二级单位机构设置，非油品经营分公司更名为非油分公司（非油品经营部）[①]，非油品经营分公司党委更名

---

① 非油品经营部只挂牌子、承担职能，无相关领导职务。

为非油分公司党委。非油分公司（非油品经营部）为直属机构，机构层级类别为二级二类。分公司设本部部门3个：党委工作部（综合办公室）、业务运营部、商品管理部。调整后，分公司本部定员上限15人（含领导人员）其中三级正职数3人、三级副职数2人，其他操作服务岗编制27人。

行政领导班子由3人组成，李虎林任总经理，冯庚任常务副总经理、安全总监，巴永峰任副总经理。党委领导班子由3人组成：李虎林任党委书记、巴永峰、冯庚任党委委员。

2021年6月，青海销售公司党委决定：刘鹏书兼任非油分公司党委委员、书记；免去李虎林的非油分公司党委书记、委员职务；马长陆兼任非油分公司党委委员、纪委书记；免去冯庚的非油分公司党委委员职务。青海销售公司决定：巴永峰任非油分公司安全总监；刘鹏书兼任非油分公司总经理；免去李虎林的非油分公司总经理职务；免去冯庚的非油分公司常务副总经理、安全总监职务，调青海中油贝正实业有限公司工作。

2022年1月，青海销售公司决定：巴永峰任非油分公司常务副总经理，免去副总经理职务。

2022年8月，青海销售公司党委决定：黄江华任非油分公司党委委员。青海销售公司决定：黄江华任非油分公司副总经理，试用期1年。

2022年12月，青海销售公司决定：黄江华任非油分公司安全总监；免去巴永峰的非油分公司安全总监职务。

2022年年底，领导班子分工调整：

党委书记、总经理刘鹏书主持公司党委、行政全面工作；负责公司非油业务发展规划，决策权限范围内的"三重一大"和重要经营管理事项；负责党的建设，宣传思想文化、意识形态、维护稳定、工会群团、人才队伍、薪酬分配、降费增效和招投标工作；分管党委工作部（综合办公室）。

党委委员、纪委书记马长陆主持纪委工作，负责纪检监察工作；协助分管党委工作部（综合办公室）。

党委委员、常务副总经理巴永峰协助党委书记、总经理负责非油业务工作，分管公司非油业务拓展；负责润滑油、化肥、煤油及小产品店外销售；负责客户经理管理，集团客户开发维护、自有商品产研销、省外业务拓展、站外店管理、跨界合作、特许经营、非油新业务拓展（汽服、餐饮、广告、租赁、车辆销售）、大宗团购业务等；分管客户经理团队、站外店（润滑油超市、马坊社区店、火车站便利店）。

党委委员、副总经理黄江华分管公司便利店非油整体业务；负责好客运营体系建设，便利店经营管理、商品采购配送、品类优化、营销策划支持、电商运营、供应商和中央仓管理；负责信息运维、协调财务、合规和内控管理；分管业务运营部、商品管理部。

截至 2023 年 12 月 31 日，非油分公司（非油品经营部）在册员工 42 人，其中管理岗位编制 15 人，在岗管理人员 16 人，操作人员 26 人；中级职称 7 人。非油分公司党委下设党支部 2 个，党员 38 人，其中在职党员 35 人。2023 年非油店销收入 3.56 亿元，完成计划的 76%，同比增长 35%；实现毛利 7423 万元，完成计划的 91%，同比增长 49%；销售车辅产品 4111 万元，同比增长 82%；销售车用润滑油 602 万元，同比减少 5%。

非油分公司行政领导班子由 3 人组成：青海销售公司总经理助理刘鹏书兼任总经理，巴永峰任常务副总经理，黄江华任副总经理、安全总监。党委由 4 人组成：刘鹏书任党委书记，巴永峰、马长陆、黄江华任党委委员。马长陆兼任纪委书记。

一、非油分公司行政领导名录（2016.1—2023.12）

　　总　经　理　李虎林（2021.3—6）

　　　　　　　　刘鹏书（兼任，2021.6—2023.12）

　　常务副总经理　冯　庚（二级正，2021.3—6）[①]

　　　　　　　　巴永峰（藏族，二级正，2022.1—2023.12）

　　副　总　经　理　巴永峰（2021.3—2022.1）

　　　　　　　　黄江华（2022.8—2023.12）

　　安　全　总　监　冯　庚（兼任，2021.3—6）

　　　　　　　　巴永峰（兼任，2021.6—2022.12）

　　　　　　　　黄江华（兼任，2022.12—2023.12）

二、非油分公司党委、纪委领导名录（2021.3—2023.12）

　　主　　　任　李虎林（2021.3—6）

---

① 2021 年 6 月，冯庚调任青海中油贝正实业有限公司董事、总经理。

刘鹏书（2021.6—2023.12）

委　　员　李虎林（2021.3—6）

冯　庚（2021.3—6）

巴永峰（2021.3—2023.12）

刘鹏书（2021.4—2023.12）

马长陆（2021.6—2023.12）

黄江华（2022.8—2023.12）

纪 委 书 记　马长陆（兼任，2021.6—2023.12）

第十三节　储运分公司（仓储调运部）
（2021.5—2023.12）

2021年3月，根据集团公司"去行政化"和销售公司大部制改革要求，青海销售公司职能部门进行调整优化，调运处（仓储分公司）更名为储运分公司（仓储调运部）[①]，仓储分公司党委更名为储运分公司党委。

2021年5月，青海销售公司决定：同意仓储分公司为直属机构。主要负责油库的日常管理。负责一次、二次资源调运管理，实现计划、运输、配送、信息的一体化运作，加快库存上移、主动配送，坚持地付、管道、铁路和库、车、罐一体化运作，减少管理环节，降低运营成本。同意储运分公司本部设部门3个：党委工作部（综合办公室）、生产调运部、质量安全工程部。同意曹家堡油库、多巴油库、格尔木油库、德令哈油库为储运分公司（仓储调运部）三级机构序列，油库内部不再单独设置部门，组织人事、仓储业务、安全设备等相关职能由储运分公司（仓储调运部）统一管理。调整后，储运分公司本部定员上限22人（含领导人员），其中三级正职数3人、三级副职数2人。所属油库主任、副主任岗位为管理岗，每个油库分别再设置4个管理岗位，即：2个高级主管（三级正）岗位、2个主管（三级副）岗位。油库其他岗位为操作岗位。四座油库共计定编144人。

---

① 仓储调运部只挂牌子、承担职能，无相关领导职务。

储运分公司行政领导班子由 7 人组成：王海鹏任总经理，冯庚、姚永珍、孙福双、张青晓、席国栋、吴锐任副总经理。党委由 7 人组成：吴锐任党委书记，王海鹏任党委副书记，冯庚、姚永珍、张青晓、席国栋、岳彦任党委委员。岳彦任纪委书记。吴锐任工会主席。

2021 年 6 月，因业务调整，注销汽车运输分公司，不再由储运分公司（仓储调运部）托管。储运分公司（仓储调运部）主要负责全省油品资源调运、配送调度以及油库运行管理等工作。本部设党委工作部（综合办公室）、生产调运部、质量安全工程部等 3 个部室。在册员工 181 人。储运分公司（仓储调运部）党委下设党支部 5 个，党员 108 名。在用资产型油库 4 座，总库容为 21 万立方米。其中：曹家堡油库 4.8 万立方米，多巴油库、德令哈油库、格尔木油库分别为 5.4 万立方米，四座油库实行大班组运行。

2021 年 6 月，青海销售公司党委决定：方宁任储运分公司党委委员。青海销售公司决定：方宁任储运分公司副总经理。

2022 年 3 月，储运分公司调整领导班子分工：

总经理、党委副书记王海鹏主持公司行政和协助党委全面工作；配合党委书记抓好分公司党工团、党风廉政建设和反腐败工作，与书记共同抓好意识形态、维稳防恐、保密工作和新闻危机管控；负责油库的生产设施设备物资采购、招投标等工作；主管部门：党委工作部（综合办公室）、质量安全工程部、生产调运部；安全环保责任联系油库：多巴油库。

副总经理、党委书记、工会主席吴锐对总经理负责；履行分公司党的建设、党风廉政建设和反腐败第一责任；主持公司党工团、党风廉政建设和反腐败工作，抓好意识形态、维稳防恐、保密工作和新闻危机管控；负责油库投资和工程建设以及油库信息化管理工作；分管部门：党委工作部（综合办公室）、质量安全工程部；安全环保责任联系油库：格尔木油库。

副总经理、安全总监、党委委员姚永珍对总经理负责，履行分公司党的建设、党风廉政建设和反腐败工作的"一岗双责"；负责检查督导联系部门和分管业务党的建设、党风廉政建设、反腐败工作和维稳防恐、保密工作、新闻危机防范；负责检查督导联系点党建工作；履行分公司健康环境安全直接领导责任；负责分公司健康安全环保业务发展规划、重大事故隐患整改计划和方案的编制；负责公司本部各类相关证照办理等工作；负责落实和完善安全环保管理制度、标准、规范，并组织指导实施；负责安全生产规章制度、奖惩方案、安全技术措施、HSE管理体系建设、负责资源配置、调度运输；负责工程项目和承包商安全管理。分管部门：质量安全工程部、生产调运部；安全环保责任联系油库：德令哈油库。

党委委员、纪委书记岳彦对总经理负责，履行分公司党的建设、党风廉政建设和反腐败工作的"一岗双责"，落实全面从严治党监督责任；在上级和同级党委领导下负责分公司纪检监察工作，落实分公司党委和上级纪委的工作部署；负责抓好分公司党风廉政宣传教育，提出抓好党风廉政建设的建议；负责信访接待和违反党纪政纪案件查处工作，对选拔任用干部提出廉政考察意见和建议；负责合规管理、内控体系；负责抓好纪委班子自身建设；分管法律法规和合规管理工作；对所分管的纪监审计工作的安全情况负领导责任；督促各级领导和职能部门履行自己的安全职责；参与分公司"三重一大"项目监督审查；主持有关纪监事故的调查处理；主管部门：党委工作部（综合办公室）；安全环保责任联系油库：曹家堡油库。

2022年储运分公司（仓储调运部）完成执行配置计划163.66万吨，计划完成率101%，同比减少24.44万吨；加油站配送107.77万吨，同比下降17.24万吨。油库周转次数11.02次，同比增加1.19次，人均周转量1.58万吨，同比增加0.47万吨。

2023年7月，青海销售公司党委决定：给予方宁撤销党内一切职务处分，本处分决定自2023年7月17日起生效。青海销售公司决定：给予方宁撤职处分（撤至三级正职），本处分决定自2023年7月17日起生效。

2023年9月，青海销售公司党委决定；冯庚任储运分公司党委委员。免去方宁的储运分公司党委委员职务。青海销售公司决定，冯庚任储运分公司副总经理（二级正）。免去方宁的储运分公司副总经理职务。

2023年，储运分公司（仓储调运部）配置计划执行177.12万吨，较2019年增加10.76万吨，增长7%，其中铁路降幅10%，公路降幅3%，管输增长109%，完成全年计划176万吨的101%，完成全年追求目标185万吨的96%；加油站累计配送135.7万吨，较2019年增加24.59万吨，增长18%，2023年1月至11月油库年周转次数12次，人均周转量1.6万吨，增长10%。

截至 2023 年 12 月 31 日，储运分公司（仓储调运部）机构层级类别为二级二类，在册员工 163 人，其中管理岗位编制 48 人，在岗管理人员 49 人、操作人员 102 人；储运分公司党委下设党支部 5 个，党员 97 人，其中在职党员 90 人。下属多巴、曹家堡、格尔木、德令哈 4 个油库。

储运分公司行政领导班子由 7 人组成：王海鹏任总经理，姚永珍、孙福双、张青晓、席国栋、吴锐、冯庚任副总经理，姚永珍任安全总监。党委由 7 人组成：吴锐任党委书记，王海鹏任党委副书记，姚永珍、张青晓、席国栋、岳彦、冯庚任党委委员。岳彦任纪委书记。吴锐任工会主席。

一、储运分公司行政领导名录（2021.5—2023.12）

　　总　经　理　王海鹏（2021.5—2023.12）

　　副总经理　姚永珍（藏族，2021.5—2023.12）

　　　　　　　孙福双（兼任，2021.5—2023.12）

　　　　　　　张青晓（兼任，2021.5—2023.12）

　　　　　　　席国栋（2021.5—2023.12）

　　　　　　　吴　锐（苗族，2021.5—2023.12）

　　　　　　　方　宁（2021.6—2023.7）[①]

　　　　　　　冯　庚（2023.9—12）

　　安全总监　姚永珍（兼任，2021.3—2023.12）

二、储运分公司党委、纪委领导名录（2021.5—2023.12）

　　党委书记　吴　锐（2021.5—2023.12）

　　党委副书记　王海鹏（2021.5—2023.12）

　　党委委员　吴　锐（2021.5—2023.12）

　　　　　　　王海鹏（2021.5—2023.12）

　　　　　　　姚永珍（2021.5—2023.12）

　　　　　　　张青晓（2021.5—2023.12）

　　　　　　　席国栋（2021.5—2023.12）

　　　　　　　岳　彦（女，2021.5—2023.12）

　　　　　　　方　宁（2021.6—2023.7）

---

① 2023 年 7 月，方宁被撤销党内职务、撤职（撤至三级正职）。

冯　庚（2023.9—12）

纪　委　书　记　岳　彦（2021.5—2023.12）

三、储运分公司（仓储调运部）所属二级正副职干部

多 巴 油 库 主 任　席国栋（兼任，2021.5—2022.2）

吴　锐（兼任，2022.2—2023.12）

多巴油库常务副主任　席国栋（兼任，2022.2—2023.12）

多 巴 油 库 副 主 任　杨登才（二级副，2021.5—2023.12）

多巴油库党支部书记　席国栋（兼任，2021.5—2022.2）

吴　锐（兼任，2022.2—2023.12）

曹 家 堡 油 库 主 任　孙福双（兼任，2021.5—2022.2）

王海鹏（兼任，2022.2—2023.12）

曹家堡油库常务副主任　孙福双（兼任，2022.2—2023.12）

曹 家 堡 油 库 副 主 任　陶凤顺（二级副，2021.5—2023.12）

曹家堡油库党支部书记　孙福双（二级副，2021.5—2022.2）

王海鹏（兼任，2022.2—2023.12）

格 尔 木 油 库 主 任　张青晓（兼任，2021.5—2023.12）

格尔木油库党支部书记　张青晓（兼任，2021.5—2023.12）

德 令 哈 油 库 主 任　方　宁（兼任，2021.6—2023.7）

冯　庚（2023.9—12）

德令哈油库党支部书记　方　宁（兼任，2021.6—2023.7）

冯　庚（2023.9—12）

第四章 所属二级单位

截至 2015 年 12 月 31 日，青海销售公司所属二级单位 12 个，其中地区分公司 8 个：西宁分公司、格尔木分公司、海西分公司、海东分公司、湟源分公司、黄南分公司、玉树分公司、果洛分公司；专业分公司 1 个：非油品经营分公司。另有青海省隆达石化有限公司、汽车运输分公司，由非油品经营分公司托管；青海省石油总公司新兴贸易公司由青海销售公司托管。机构规格均为正处级。

2018 年 11 月，按照青海省的行政区域调整设置地市公司，原以行政区域设置的海东分公司、玉树分公司、果洛分公司 3 家分公司不做调整；对西宁分公司、黄南分公司、格尔木分公司、海西分公司 4 家分公司管辖的区县按照行政区域进行调整，撤销湟源分公司；按行政区域成立海北分公司、海南分公司。12 月，海北分公司、海南分公司正式成立。

2019 年 1 月，成立仓储分公司，与调运处合署办公，为所属二级单位。

2019 年 5 月，青海省石油总公司新兴贸易公司更名为青海中油新兴能源公司。

2019 年 7 月，根据《中国石油青海销售公司所属机构分级分类工作方案》，青海销售公司所属二级单位机构层级类别，其中为二级一类 3 个：西宁分公司、海东分公司、格尔木分公司；二级二类 5 个：海西分公司、海南分公司、海北分公司、非油品经营分公司、调运处（仓储分公司）；二级三类 3 个：果洛分公司、玉树分公司、黄南分公司。

2021 年 2 月，青海省隆达石化有限责任公司注销。

2021 年 3 月，青海销售公司根据集团公司"去行政化"和销售公司大部制改革要求，进一步规范部分二级单位机构设置：后勤管理中心（安居工程建设项目部、维护稳定办公室、老干办）更名为综合管理服务中心，为所属二级单位；非油品经营分公司更名为非油分公司（非油品经营部），调整为直属机构；调运处（仓储分公司）更名为储运分公司（仓储调运部），5月调整为直属机构。

2021年4月，青海中油新兴能源公司改制变更为青海中油新兴能源有限责任公司，为合资公司。

2021年6月，汽车运输分公司注销。

截至2023年12月31日，青海销售公司所属二级单位10个，其中二级一类3个：西宁分公司、海东分公司、格尔木分公司；二级二类3个：海西分公司、海南分公司、海北分公司；二级三类4个：果洛分公司、玉树分公司、黄南分公司、综合管理服务中心。

第一节　西宁分公司（2016.1—2023.12）

1957年1月9日，西宁市煤建公司成立，位于西宁市大十字土地祠前和小街口东侧，隶属于西宁市商业局管理。1964年，西宁市煤建公司更名为西宁市石油煤建公司。1994年5月，青海省石油总公司西宁公司成立。1996年，西宁市石油煤建公司更名为西宁市石油公司。1996年12月，青海省石油总公司西宁公司更名为青海石油（集团）西宁公司。1998年7月，西宁市石油公司划转集团公司，隶属于青海石油（集团）有限公司。2000年5月，青海石油（集团）西宁公司与西宁市石油公司合并，组建中国石油天然气股份有限公司青海西宁支公司，为直属公司，湟中县公司划转其管理。

2002年10月，中国石油天然气股份有限公司青海销售公司西宁支公司更名为中国石油天然气股份有限公司青海销售西宁分公司，由直属公司改为地区分公司（以下简称西宁分公司）。

2009年3月，由西宁分公司、海东分公司、湟源分公司、大通分公司组建中国石油天然气股份有限公司青海销售分公司零售管理中心。12月，优化重组为西宁分公司、海东分公司、湟源分公司3个分公司。

截至2015年12月31日，西宁分公司为青海销售公司所属二级单位，机构规格正处级。青海销售公司行政领导班子由6人组成：樊尚珍任总经理，魏臻文、刘鹏书、尚丽群、王继中任副总经理，尹桂莉任总会计师，王继中任安全总监。党委由6人组成：魏臻文任党委书记，樊尚珍任党委副书记，刘鹏书、尚丽群、尹桂莉、王继中任党委委员。

2016年1月，青海销售公司党委决定：马玉新任西宁分公司党委委员，免去尹桂莉的西宁分公司党委委员职务。青海销售公司决定：马玉新任西宁分公司总会计师；魏臻文任纪委书记、工会主席。免去尹桂莉的西宁分公司总会计师职务，调财务处工作。

2016年2月，青海销售公司党委决定：马永梅、黄粮任西宁分公司党委委员，免去刘鹏书的西宁分公司党委委员职务。青海销售公司决定：黄粮任西宁分公司副总经理；免去刘鹏书的西宁分公司副总经理职务，调果洛分公司工作。

2016年2月，西宁分公司调整领导班子分工：

总经理、党委副书记樊尚珍主持分公司行政全面工作；分管综合事务科的人力资源管理。

副总经理、党委书记魏臻文主持分公司党委全面工作；分管综合事务科的党工团、后勤管理、企管、法律，分管内部督导组的绩效考核工作。

副总经理、党委委员尚丽群协助党委书记负责内部督导督查、全流程诊断等工作。

副总经理、安全总监、党委委员王继中协助总经理负责安全管理，分管质量安全科。

总会计师、党委委员马玉新协助总经理负责财务、内控、审计等工作，分管财务科。

副总经理、党委委员马永梅协助总经理负责零售、加油站现场管理、非油品销售、信息运维工作；分管加油站管理科、非油业务科。

副总经理、党委委员黄粮协助总经理负责油品调运、计划、市场运营、客户管理、批发直销业务，分管市场营销科。

2016年，西宁分公司油品总销量42.41万吨（其中零售纯枪33.76万吨，批发直销8.65万吨），油品利润1008万元，非油收入4196.49万元，非油利润533.7万元，利润总额1541.8万元，发卡24.64万张。

2017年3月，青海销售公司党委决定：邱军剑任西宁分公司党委委员。青海销售公司决定：邱军剑任西宁分公司副总经理。

2017年4月，青海销售公司党委决定：免去黄粮的西宁分公司党委委员职务。青海销售公司决定：孙福双任西宁分公司副总经理；免去黄粮的西宁分公司副总经理职务，调营销处工作。

2017年10月，青海销售公司党委决定：免去尚丽群的西宁分公司党委委员职务。青海销售公司决定：免去尚丽群的西宁分公司副总经理职务，退出领导岗位。

2017年5月，西宁分公司调整领导班子分工：

总经理、党委副书记樊尚珍主持分公司行政全面工作；分管综合事务科的人力资源管理。

副总经理、党委书记魏臻文主持分公司党委全面工作；分管综合事务科的党工团、后勤管理、企管、法律，分管内部督导组的绩效考核工作。副总经理孙福双负责油品调运、计划、市场运营、客户管理、批发直销业务；分管市场营销科。

副总经理、安全总监、党委委员王继中协助总经理负责安全管理；分管质量安全科。

总会计师、党委委员马玉新协助总经理负责财务、内控、审计等工作；分管财务科。

副总经理、党委委员马永梅协助总经理负责零售、加油站现场管理、非油品销售、信息运维工作；分管加油站管理科、非油业务科。

副总经理、党委委员邱军剑协助总经理负责网络建设；分管工程管理中心。

2017年，西宁分公司油品总销量43.29万吨（其中零售纯枪35.85万吨，批发直销7.44万吨），油品利润3889元，非油收入4746.64万元，非油利润581.25万元，利润总额4470.33万元，发卡21.89万张。

2018年1月，青海销售公司党委决定：恒庆贤任西宁分公司党委书记，免去魏臻文的西宁分公司党委委员职务。青海销售公司决定：恒庆贤任西宁分公司总经理，免去魏臻文的西宁分公司副总经理职务，调海东分公司工作。

2018年1月，西宁分公司调整领导班子分工：

总经理、党委书记恒庆贤主持分公司行政全面工作和党委全面工作；分管综合事务科。

副总经理孙福双协助总经理负责油品调运、计划、市场运营、客户管理、批发直销业务；分管市场营销科。

副总经理、安全总监、党委委员王继中协助总经理负责安全管理；分管质量安全科。

总会计师、党委委员马玉新协助总经理负责财务、内控、审计等工作；分管财务资产科。

副总经理、党委委员马永梅协助总经理负责零售、加油站现场管理、非油品销售、信息运维工作；分管加油站管理科、非油业务科。

副总经理、党委委员邱军剑协助总经理负责网络建设；分管工程管理中心。

2018年6月，青海销售公司党委决定：吴锐任西宁分公司党委常务副书记、纪委书记（正处级）。青海销售公司决定：吴锐任西宁分公司副总经理。

2018年6月，西宁分公司调整领导班子分工：

总经理、党委书记恒庆贤主持西宁分公司党委和行政全面工作；分管综合事务科人力资源管理和绩效考核工作。

副总经理、党委常务副书记、纪委书记吴锐协助党委书记做好党委日常工作，主持纪委全面工作；分管综合事务科党、工、团和非生产区域工作。

副总经理孙福双协助总经理负责市场运营、客户管理、批发直销业务；分管市场营销科。

副总经理、安全总监、党委委员王继中协助总经理负责安全环保、数质量管控工作；分管质量安全科。

总会计师、党委委员马玉新协助总经理负责财务、内控、审计工作；分管财务资产科。

副总经理、党委委员马永梅协助总经理负责"油卡非润"一体化、信息运维工作；分管加油站管理科、非油业务科。

党委委员、副总经理邱军剑协助总经理负责投资和工程建设工作；分管工程管理中心。

2018年8月，青海销售公司党委决定：向军任西宁分公司党委委员、书记；免去恒庆贤的西宁分公司党委书记、委员职务。青海销售公司决定：

向军任西宁分公司总经理；免去恒庆贤的西宁分公司总经理职务，调营销处工作。

2018年8月，西宁分公司调整部分领导班子分工：总经理、党委书记向军主持分公司党委和行政全面工作，分管综合事务科人力资源管理和绩效考核工作。

2018年11月，青海销售公司决定：对西宁分公司管辖的区县按照行政区域进行调整。

2018年11月，西宁分公司调整部分领导班子分工：

副总经理孙福双协助总经理负责投资规划工作；分管投资项目小组。

副总经理、党委委员马永梅协助总经理负责市场运营、客户管理、"油卡非润"一体化、信息运维工作；分管市场营销科、加油站管理科、非油业务科。

副总经理、党委委员邱军剑协助总经理负责工程建设工作；分管工程管理中心。

2018年，西宁分公司油品总销量47.15万吨（其中零售纯枪38.54万吨，批发直销8.61万吨），油品利润597.61万元，非油收入6101.29万元，非油利润1040.1万元，利润总额1637.71万元，发卡28.48万张。

2019年1月，青海销售公司党委决定：冯庚任西宁分公司党委委员。青海销售公司决定：免去孙福双的西宁分公司副总经理职务，调仓储分公司、海东分公司工作。

2019年3月，青海销售公司党委决定：武允明任西宁分公司党委委员；免去马玉新的西宁分公司党委委员职务；免去马永梅的西宁分公司党委委员职务。青海销售公司决定：武允明任西宁分公司总会计师；免去马玉新的西宁分公司总会计师职务，调青海省石油总公司新兴贸易公司工作；免去马永梅的西宁分公司副总经理职务，调青海省石油总公司新兴贸易公司工作。

2019年3月，西宁分公司调整党委委员分工：

党委书记向军主持分公司党委全面工作。

党委常务副书记、组织委员、女工委员吴锐协助党委书记负责分公司党委组织工作和女职工方面等日常工作。

宣传委员冯庚协助党委书记负责党委活动的组织、宣传工作。

安全委员王继中协助党委书记负责库、站、车、工、非五大专业系统的安全工作。

纪检委员、生产委员武允明协助党委书记进行纪律检查监督、党风廉政建设的执行工作，负责党委对生产经营销售工作的监督检查。

青年委员邱军剑协助党委书记负责共青团工作。

同时，调整领导班子分工：

总经理、党委书记向军主持分公司党委和行政全面工作；分管综合办公室人力资源管理。

副总经理、党委常务副书记、纪委书记吴锐协助党委书记做好党委日常工作，主持纪委全面工作；分管综合办公室党、工、团和非生产区域工作。

副总经理、安全总监、党委委员王继中协助总经理负责安全环保、数质量管控工作；分管质量安全环保部。

总会计师、党委委员武允明协助总经理负责财务、内控、审计工作；分管财务部。

副总经理、党委委员邱军剑协助总经理负责投资规划、工程建设工作；分管投资建设管理部。

2019年5月，青海销售公司党委同意：王继中任西宁分公司工会主席。

2019年7月，根据《中国石油青海销售公司所属机构分级分类工作方案》，明确西宁分公司机构层级类别为二级一类。

2019年8月，青海销售公司党委决定：国义任西宁分公司党委委员。青海销售公司决定：国义任西宁分公司副总经理。

2019年9月，西宁分公司调整党委委员分工：

党委书记向军主持分公司党委全面工作。

党委常务副书记、组织委员、女工委员吴锐协助党委书记负责分公司党委组织工作和女职工方面等日常工作。

宣传委员冯庚协助党委书记负责党委活动的组织、宣传工作。

安全委员王继中协助党委书记负责库、站、车、工、非五大专业系统的安全工作。

纪检委员邱军剑协助党委书记进行纪律检查监督、党风廉政建设的执行工作和监督检查。

青年委员邱军剑协助党委书记负责共青团工作。

生产委员国义协助党委书记负责油卡非润等生产经营销售和监督检查。

2019年，西宁分公司油品总销量47.03万吨（其中零售纯枪40.97万吨，批发直销6.06万吨），油品利润1935.42万元，非油收入7649.65万元，非油利润1007.26万元，利润总额2942.68万元，发卡33.45万张。

2020年3月，青海销售公司党委决定：免去王继中的西宁分公司党委委员、工会主席职务。青海销售公司决定：免去王继中的西宁分公司副总经理、安全总监职务，调黄南分公司工作。

2020年4月，西宁分公司调整领导班子分工：

总经理、党委书记向军主持分公司党委和行政全面工作；分管党委工作部人力资源管理。

副总经理、党委常务副书记、纪委书记吴锐协助党委书记做好党委日常工作；主持纪委全面工作；分管党委工作部党、工、团日常工作和综合办公室非生产区域工作。

总会计师、党委委员武允明协助总经理负责财务、内控、审计、信息和合规工作；分管财务部。

副总经理、党委委员邱军剑协助总经理负责投资规划、工程建设工作；分管投资建设管理部。

副总经理、党委委员国义负责市场营销、加油站管理、"油卡非润"一体化；分管业务运作部。

2020年7月，青海销售公司党委决定：张静任西宁分公司党委委员。青海销售公司决定：张静任西宁分公司副总经理、安全总监。

2020年7月，西宁分公司调整党委委员分工：

党委书记向军主持分公司党委全面工作。

党委常务副书记、组织委员吴锐协助党委书记负责分公司党委组织等日常工作。

宣传委员冯庚协助党委书记负责党委活动的组织、宣传工作。

纪检委员武允明协助党委书记进行纪律检查监督、党风廉政建设的执行工作和监督检查。

青年委员邱军剑协助党委书记负责共青团工作。

生产委员国义协助党委书记负责油卡非润等生产经营销售和监督检查。

安全委员、女工委员张静协助党委书记负责库、站、车、工、非五大专业系统的安全工作和女职工方面的工作。

2020年12月，青海销售公司党委决定：黄粮任西宁分公司党委委员、副书记；免去向军的西宁分公司党委书记、委员职务。青海销售公司决定：黄粮任西宁分公司总经理；免去向军的西宁分公司总经理职务，调青海中油新兴能源公司工作。

2020年，西宁分公司油品总销量47.21万吨（其中零售纯枪41.92万吨，批发直销5.29万吨），油品利润6437.64万元，非油收入8242.24万元，非油利润830.06万元，利润总额7267.7万元，发卡25.42万张。

2021年1月，青海销售公司党委决定：肖文洁任西宁分公司党委委员、党委书记、纪委书记、工会主席；席国栋任西宁分公司党委委员；免去冯庚的西宁分公司党委委员职务，调油品分公司工作；免去吴锐的西宁分公司党委委员、常务副书记、纪委书记、工会主席职务。青海销售公司决定：肖文洁任西宁分公司副总经理；免去吴锐的西宁分公司副总经理职务，调仓储分公司工作。

2021年1月，西宁分公司调整党委委员分工：

党委书记肖文洁主持分公司党委全面工作。

党委副书记、组织委员黄粮协助党委书记负责党委组织等日常工作。

纪检委员武允明协助党委书记进行纪律检查监督、党风廉政建设的执行工作和监督检查。

青年委员邱军剑协助党委书记负责共青团工作。

生产委员国义协助党委书记负责油卡非润气等生产经营销售和监督检查。

安全委员、女工委员张静协助党委书记负责站、车、工、非等专业线的安全工作和女职工方面的工作。

宣传委员席国栋协助党委书记负责党委活动的组织、宣传工作。

同时，西宁分公司调整领导班子分工：

党委副书记、总经理黄粮主持分公司行政全面工作，分管党委工作部（组织人事部）人力资源管理和综合办公室。

党委书记、副总经理、纪委书记、工会主席肖文洁主持公司党委、纪委全面工作；分管党委工作部党、工、团工作和综合办公室非生产区域工作。

党委委员、总会计师武允明协助总经理负责财务、内控、审计和合规工作；分管财务资产部。

党委委员、副总经理邱军剑协助总经理负责投资规划、工程建设、合资合作工作；分管投资建设管理部。

党委委员、副总经理国义协助总经理负责市场营销、加油站管理、"油卡非润气"一体化、信息化工作；分管业务运作部。

党委委员、副总经理、安全总监张静协助总经理负责公司安全环保、数质量管控工作；分管质量安全环保部。

2021年4月，青海销售公司决定：西宁分公司由"五部一室"调整为"四部"，分别为：党委工作部（综合办公室）、业务经营部、财务部、投资质量安全部。公司设置大通、湟源、湟中3个片区，作为分公司派出机构，加挂"中国石油青海西宁销售分公司×××县公司"名称，不再承担市场营销、加油站管理职能，主要负责网络开发与维护、品牌形象打造、企地关系协调、安全属地管理。调整后，机关管理人员编制35人（含领导人员）其中三级正职数4人，三级副职数3人。片区管理人员编制6人，其中三级正职数3人。

2021年6月，青海销售公司党委决定：免去邱军剑的党委委员职务。青海销售公司决定：免去邱军剑的副总经理职务。

2021年8月，西宁分公司调整党委委员分工：

党委书记肖文洁主持分公司党委全面工作。

党委副书记、组织委员黄粮协助党委书记负责党委组织等日常工作。

纪检委员武允明协助党委书记进行纪律检查监督、党风廉政建设的执行工作和监督检查。

宣传委员席国栋协助党委书记负责党委活动的组织、宣传工作。

青年委员、生产委员国义协助党委书记负责油卡非润气等生产经营销售、监督检查和共青团工作。

安全委员、女工委员张静协助党委书记负责站、车、工、非等专业线的安全工作、女职工相关工作。

同时，西宁分公司领导班子分工调整：

总经理、党委副书记黄粮主持分公司行政全面工作，分管党委工作部（综合办公室）人力资源、干部队伍建设工作。

副总经理、党委书记、纪委书记、工会主席肖文洁主持公司党委、纪委全面工作；分管党委工作部（综合办公室）党、工、团工作和非生产区域工作。

总会计师、党委委员武允明协助总经理负责财务、内控、审计和合规工作，分管财务部。

副总经理、党委委员国义协助总经理负责市场营销、加油站管理、"油卡非润气"一体化、信息化和损溢油管理工作；分管业务经营部。

副总经理、安全总监、党委委员张静协助总经理负责公司投资规划、工程建设、合资合作、安全环保和数质量管控工作；分管投资质量安全部。

2021年，西宁分公司油品总销量46.98万吨（其中零售纯枪41.77万吨，批发直销5.21万吨），油品利润819.36万元，非油收入8782.50万元，非油利润1421.61万元，利润总额2240.98万元，发卡10.45万张、电子卡办理0.55万张。

2022年1月，青海销售公司党委决定：免去国义的西宁分公司党委委员职务。青海销售公司决定：免去国义的西宁分公司副总经理职务，调海南分公司工作。

2022年3月，青海销售公司党委决定：李承隆任西宁分公司党委委员。青海销售公司决定：李承隆任西宁分公司副总经理。

2022年6月，青海销售公司决定：李承隆任西宁分公司安全总监，免去张静的西宁分公司安全总监职务。

2022年，西宁分公司油品总销量35.08万吨（其中零售纯枪29.72万吨，批发直销5.36万吨），非油收入7156.84万元，非油利润1298.45万元，利润总额27万元，发卡4.15万张、电子卡办理5.31万张。

2023年，西宁分公司油品总销量50.3万吨（其中零售纯枪44.09万吨，批发直销 6.21 万吨），油品利润 11024.62 万元，非油收入 9636.58 万元，非油利润 1868.03 万元，利润总额 12892.65 万元，实体卡发卡 3.50 万张、电子卡办理 12.57 万张。

2023 年 2 月，西宁分公司调整领导班子成员分工：

总经理、党委副书记黄粮负责公司全面工作，主持分公司行政工作，负责决策权限范围内的"三重一大"和重要经营管理事项，防范公司重大风险，以及省公司授权的其他事项，负责领导班子、人力资源、干部队伍建设、人才队伍建设工作，分管党委工作部（综合办公室）。联系单位：湟中片区党支部。

副总经理、党委书记、纪委书记、工会主席肖文洁主持公司党委、纪委、工会全面工作，负责党的建设、思想政治、企业文化、宣传、维护稳定和共青团工作、非生产区域日常工作、损溢油管理工作。分管党委工作部（综合办公室）。联系单位：加油站第二党支部、加油站第三党支部。

总会计师、党委委员武允明负责财务、内部控制、审计和合规工作，分管财务部。联系单位：加油站第一党支部。

党委委员席国栋协助党委书记负责党委活动的组织、宣传工作。

副总经理、党委委员张静负责市场营销、加油站管理、"油卡非润气"一体化、信息化工作，分管业务经营部。联系单位：湟源片区党支部、青海拓关能源有限公司。

副总经理、党委委员李承隆负责公司投资规划、工程建设、股权管理、安全环保和油品数质量工作，分管投资质量安全部。联系单位：大通片区党支部、青海中油天迈产业运营有限公司。

2016 年至 2023 年，西宁分公司总销量 359.45 万吨（其中零售纯枪 306.62 万吨，批发直销 52.83 万吨），油品利润 24440.2 万元，非油收入 56512.23 万元，非油利润 8580.46 万元，利润总额 33020.66 万元，实体卡发卡 152 万张、电子卡 18.43 万张，共计发卡 170.43 万张。

截至 2023 年 12 月 31 日，西宁分公司机构层级类别为二级一类，属青海销售公司二级单位。

行政领导班子由 4 人组成：肖文洁、张静、李承隆任副经理，武允明任总会计师，李承隆任安全总监。党委由 5 人组成：肖文洁任党委书记，黄粮任党委副书记，武允明、张静、肖文洁、席国栋、李承隆任党委委员。肖文洁任纪委书记、工会主席。

一、西宁分公司行政领导名录（2016.1—2023.12）

　　总　经　理　樊尚珍（2016.1—2018.1）

　　　　　　　　恒庆贤（2018.1—8）

　　　　　　　　向　军（蒙古族，2018.8—2020.12）

　　　　　　　　黄　粮（2020.12—2023.3）[①]

　　副总经理　　魏臻文（2016.1—2018.1）[②]

　　　　　　　　刘鹏书（2016.1—2）

　　　　　　　　尚丽群（女，2016.1—2017.10）

　　　　　　　　王继中（2016.1—2020.3）

　　　　　　　　马永梅（女，回族，2016.2—2019.3）

　　　　　　　　黄　粮（2016.2—2017.4）

　　　　　　　　邱军剑（2017.3—2021.6）

　　　　　　　　孙福双（2017.4—2019.1）[③]

　　　　　　　　吴　锐（苗族，2018.6—2021.1）

　　　　　　　　国　义（2019.8—2021.1）

　　　　　　　　张　静（女，2020.7—2023.12）

　　　　　　　　肖文洁（女，2021.1—2023.12）

　　　　　　　　李承隆（藏族，2022.3—2023.12）

　　总会计师　　尹桂莉（女，2016.1）

　　　　　　　　马玉新（回族，2016.1—2019.3）

　　　　　　　　武允明（2019.3—2023.12）

二、西宁分公司党委、纪委领导名录（2016.1—2023.12）

　　党委书记　魏臻文（2016.1—2018.1）

---

　　① 2023年3月，根据《中国石油天然气集团有限公司生产安全事故管理办法》，免去黄粮的西宁分公司总经理职务；2023年3月至12月期间，西宁分公司总经理空缺。

　　② 2018年1月，魏臻文调任海东分公司党委副书记、总经理。

　　③ 2019年1月，孙福双调任仓储分公司副总经理、海东分公司副总经理。

恒庆贤（2018.1—8）[1]

向　军（2018.8—2020.12）[2]

肖文洁（2021.1—2023.12）

党委常务副书记 吴　锐（2018.6—2021.1）[3]

党 委 副 书 记 樊尚珍（2016.1—2018.1）[4]

黄　粮（2020.12—2023.12）

党 委 委 员 魏臻文（2016.1—2018.1）

樊尚珍（2016.1—2018.1）

刘鹏书（2016.1—2）[5]

尚丽群（2016.1—2017.10）[6]

王继中（2016.1—2020.3）[7]

尹桂莉（2016.1）[8]

马玉新（2016.1—2019.3）[9]

马永梅（2016.2—2019.3）[10]

向　军（2018.8—2020.12）

恒庆贤（2018.1—8）

吴　锐（2018.6—2021.1）

黄　粮（2016.2—2017.4；2020.12—2023.12）

邱军剑（2017.4—2021.6）

冯　庚（2019.1—2021.1）[11]

---

[1] 2018年8月，恒庆贤调任青海销售公司营销处处长。

[2] 2020年12月，向军调任青海中油新兴能源公司党委书记。

[3] 2021年1月，吴锐调任仓储分公司党委书记、副总经理。

[4] 2018年1月，樊尚珍调中国石油西南油气田公司。

[5] 2016年2月，刘鹏书调任果洛分公司党委书记、副总经理、纪委书记。

[6] 2017年10月，尚丽群退出领导岗位。

[7] 2020年3月，王继中调任黄南分公司党委委员、副总经理。

[8] 2016年1月，尹桂莉调任财务处副处长。

[9] 2019年3月，马玉新调任青海省石油总公司新兴贸易公司党委委员、总会计师。

[10] 2019年3月，马永梅调任青海省石油总公司新兴贸易公司党委副书记、总经理。

[11] 2021年1月，冯庚调任非油品分公司党委委员、常务副总经理。

武允明（2019.3—2023.12）

国　义（2019.8—2022.1）[①]

张　静（2020.7—2023.12）

肖文洁（2021.1—2023.12）

席国栋（2021.1—2023.12）

李承隆（2022.3—2023.12）

纪委书记　魏臻文（2016.1—2018.1）

吴　锐（2018.6—2021.1）

肖文洁（2021.1—2023.12）

三、西宁分公司工会领导名录（2016.1—2023.12）

主　　席　魏臻文（2016.1—2018.1）

王继中（2019.5—2020.3）

吴　锐（2020.3—2021.1）

肖文洁（2021.1—2023.12）

第二节　海东分公司（2016.1—2023.12）

2000年5月，中国石油天然气股份有限公司青海销售公司海东支公司成立，平安、乐都、循化、化隆、黄南、尖扎6个县石油公司由其管理。机构规格正处级。2002年10月，中国石油天然气股份有限公司青海销售公司海东支公司更名为中国石油天然气股份有限公司青海销售海东分公司（以下简称海东分公司）。2009年3月，由西宁分公司、海东分公司、湟源分公司、大通分公司组建中国石油天然气股份有限公司青海销售公司零售管理中心。12月，中国石油天然气股份有限公司青海销售公司零售管理中心优化重组为海东分公司、西宁分公司、湟源分公司。

截至2015年12月31日，海东分公司机构规格为正处级，属于青海销售公司二级单位。海东分公司行政领导班子由6人组成：王慧琼任总经理，

---

① 2022年1月，国义调任海南分公司党委副书记、总经理。

马长陆、何有新、张连强、吴锐任副总经理，贾存艳任总会计师，何有新任安全总监。党委由6人组成：马长陆任党委书记，王慧琼任党委副书记，张连强、贾存艳、吴锐任党委委员。马长陆任纪委书记、工会主席。

2016年1月，青海销售公司党委决定：赵维斌任海东分公司党委委员。青海销售公司决定：赵维斌任海东分公司副总经理。

2016年1月，海东分公司调整领导班子分工：

总经理、党委副书记王慧琼负责分公司全盘工作。

副总经理、党委书记、纪委书记、工会主席马长陆负责党委、纪委和工会工作。

副总经理、安全总监何有新负责营运安全工作和投资、网点建设工作。

副总经理、党委委员张连强负责油卡非润一体化工作。

总会计师、党委委员贾存艳负责财务、薪酬、内控。

副总经理、党委委员赵维斌负责加油站管理工作。

副总经理、党委委员吴锐被派到民和李二堡镇邦岭村任"第一书记"，开展扶贫帮困工作。

2016年，海东分公司油品总销量17.13万吨（其中零售纯枪13.90万吨，批发直销3.23万吨），油品利润324.15万元，非油收入958.22万元，非油利润118.12万元，利润总额442.27万元，发卡2.02万张。

2017年1月，青海销售公司党委决定：免去赵维斌的海东分公司党委委员职务。青海销售公司决定：免去赵维斌的海东分公司副总经理职务，调湟源分公司工作。

2017年2月，青海销售公司党委决定：恒庆贤任海东分公司党委副书记，武允明任海东分公司党委委员，免去王慧琼的海东分公司党委副书记职务，免去贾存艳的党委委员职务。青海销售公司决定：恒庆贤任海东分公司总经理，武允明任海东分公司总会计师；免去王慧琼的海东分公司总经理职务，调党群工作处工作；免去贾存艳的海东分公司总会计师职务，调黄南分公司工作。

2017年2月，海东分公司调整领导班子分工：

总经理、党委副书记恒庆贤负责公司全盘工作。

副总经理、党委书记、纪委书记、工会主席马长陆负责党委、纪委和工会工作。

副总经理、党委委员何有新负责投资、网点建设工作。

副总经理、党委委员张连强负责直销业务工作。

总会计师、党委委员武允明负责财务、薪酬、内控。

副总经理、安全总监何有新负责安全工作。

2017年10月，青海销售公司党委决定，熊建忠任海东分公司党委委员，免去吴锐的海东分公司党委委员职务。青海销售公司决定：熊建忠任海东分公司副总经理；免去吴锐的海东分公司副总经理职务，调海西分公司工作。

2017年，海东分公司油品总销量18.10万吨（其中零售纯枪14.96万吨，批发直销3.14万吨），油品利润1226.79万元，非油收入1293.86万元，非油利润202.97万元，利润总额1429.76万元，发卡2.1万张。

2018年1月，青海销售公司党委决定：魏臻文任海东分公司党委委员、党委副书记，免去恒庆贤的海东分公司党委副书记、党委委员职务。青海销售公司决定：魏臻文任海东分公司总经理；免去恒庆贤的海东分公司总经理职务，调西宁分公司工作。

2018年1月，海东分公司调整党委领导分工：

党委书记马长陆主持分公司党委全盘工作；党建"三联责任点"为平安党支部。

党委副书记魏臻文协助党委书记开展党委工作；党建"三联责任点"为民和党支部。

宣传委员何有新负责宣传工作；党建"三联责任点"为乐都党支部、机关党支部。

组织委员张连强负责思想政治工作，各类活动安排等；党建"三联责任点"为互助党支部。

纪律委员、生活委员武允明负责纪检工作和员工生活；党建"三联责任点"为化隆党支部。

安全委员熊建忠负责安全生产工作；党建"三联责任点"为循化党支部。

2018年6月，青海销售公司决定：熊建忠任海东分公司安全总监。

2018年9月，青海销售公司决定：免去张连强的海东分公司副总经理职务，退出领导岗位时间为2018年8月。

2018年，海东分公司油品总销量18.38万吨（其中零售纯枪15.26万吨，批发直销3.12万吨），非油收入2201万元，非油利润239.41万元，利润总额232.12万元，发卡2.1万张。

2019年1月，青海销售公司决定：孙福双任海东分公司副总经理。

2019年3月，青海销售公司党委决定：魏臻文任海东分公司党委书记，免去海东分公司党委副书记职务；免去马长陆的海东分公司党委书记、委员，纪委书记职务；免去武允明的海东分公司党委委员职务；王映虹任海东分公司党委委员、常务副书记、纪委书记、工会主席（正处级）。青海销售公司决定：免去马长陆的副总经理职务，调审计监察处工作；免去武允明的总会计师职务，调西宁分公司工作。

2019年7月，青海销售公司决定：免去熊建忠的海东分公司副总经理、安全总监职务，调后勤管理中心工作。

2019年7月，根据《中国石油青海销售公司所属机构分级分类工作文案》，明确海东分公司机构层级类别为二级一类。

2019年8月，青海销售公司党委决定：恒庆贤任海东分公司党委委员、书记；免去魏臻文的海东分公司党委书记、委员职务。青海销售公司决定：恒庆贤任海东分公司总经理；免去魏臻文的海东分公司总经理职务，调审计监察处（纪委办公室、巡察办公室）工作。

2019年8月，海东分公司调整领导班子分工：

总经理、党委书记恒庆贤负责公司全盘工作。

党委常务副书记王映虹负责党委、纪委和工会工作。

副总经理、党委委员何有新负责投资、网点建设工作。

2019年，海东分公司油品总销量20.38万吨（其中零售纯枪17.76万吨，批发直销2.61万吨），非油收入1980.82万元，非油利润363.22万元，发卡3.21万张。

2020年3月，青海销售公司党委决定：秦路任海东分公司党委委员。青海销售公司决定：秦路任海东分公司副总经理。

2020年8月，青海销售公司决定：秦路任海东分公司安全总监。

2020 年 12 月，青海销售公司党委决定：免去何有新的海东分公司党委委员职务。青海销售公司决定：免去何有新的海东分公司副总经理职务，退出领导岗位。

2020 年，海东分公司油品总销量 20.94 万吨（其中零售纯枪 18.62 万吨，批发直销 2.32 万吨），油品利润 2191.77 万元，非油收入 2296.5 万元，非油利润 328.88 万元，利润总额 2520.65 万元，发卡 1.4 万张。

2021 年 1 月，青海销售公司党委决定：任建玲任海东分公司党委委员。青海销售公司决定：任建玲任海东分公司总会计师。

2021 年 4 月，青海销售公司党委决定：梁永亮任海东分公司党委委员。青海销售公司决定：梁永亮任海东分公司副总经理。

2021 年 4 月，青海销售公司决定：海东分公司由"五部一室"调整为"四部"，分别为：党委工作部（综合办公室）、业务经营部、财务部、投资质量安全部。公司设置乐都、互助、民和、化隆、循化 5 个片区，作为分公司派出机构，加挂"中国石油青海海东销售分公司 ××× 县公司"名称，不再承担市场营销、加油站管理职能，主要负责网络开发与维护、品牌形象打造、企地关系协调、安全属地管理。调整后，分公司本部管理人员编制 25 人（含领导人员），其中三级正职数 4 人，三级副职数 3 人。每个片区管理人员编制 2 人，片区编制共 10 人，其中三级正职数 5 人。

2021 年 6 月，青海销售公司党委决定：免去恒庆贤的海东分公司党委书记、委员职务；杨华胜任海东分公司党委委员、书记；梁永亮任海东分公司党委副书记、纪委书记、工会主席；免去王映虹的党委常务副书记、党委委员、纪委书记、工会主席职务，调黄南分公司工作。青海销售公司决定：免去恒庆贤的海东分公司总经理职务，调办公室（党委办公室工作）；杨华胜任海东分公司总经理。

2021 年 6 月，海东分公司调整领导班子分工：

总经理、党委书记杨华胜负责公司全盘工作。

副总经理、党委副书记、纪委书记、工会主席梁永亮负责党建、纪委和工会工作。

副总经理、党委委员、安全总监秦路负责投资、网点建设及安全工作。

总会计师、党委委员任建玲负责财务、薪酬、内控。

2021 年，海东分公司油品总销量 21.13 万吨（其中零售纯枪 17.75 万吨，批发直销 3.38 万吨），油品利润 1283.74 万元，非油收入 2600.69 万元，非油利润 548 万元，利润总额 1831.74 万元，发卡 2.2 万张。

2022 年 6 月，青海销售公司党委决定：免去任建玲的海东分公司党委委员职务；蒋海明任海东分公司党委委员。青海销售公司决定：免去任建玲的海东分公司总会计师职务，调海北分公司工作；蒋海明任海东分公司总会计师。

2022 年 6 月，海东分公司调整领导班子分工：

总经理、党委书记杨华胜主持党委、行政全面工作；分管党委工作部（综合办公室）；联系支部：互助党支部、民和党支部。

副总经理、党委副书记、纪委书记、工会主席梁永亮负责宣传思想文化、意识形态工作；负责纪检监察、巡察、审计、工会群团、维护稳定工作，协助党委书记负责党委日常工作；负责油品数质量工作，协助分管党委工作部（党建工作、宣传工作、维护稳定工作）、分管业务经营部（油品数质量工作），分管平安直属站工作；联系支部：机关党支部、乐都党支部。

副总经理、安全总监、党委委员秦路负责投资规划、工程建设、安全环保管理、物资采购和信息运维工作；分管投资质量安全部；联系支部：循化党支部。

总会计师、党委委员蒋海明负责财务资金、合规管理、法律事务、内控体系和清欠工作、股权管理；分管财务部；联系支部：化隆党支部。

2022 年，海东分公司油品总销量 18.3 万吨（其中零售纯枪 15.15 万吨，批发直销 3.15 万吨），非油收入 2943.05 万元，非油利润 579 万元，利润总额 472.69 万元，发卡 0.74 万张、电子卡办理 2.33 万张。

2023 年 12 月，海东分公司领导班子成员分工：

总经理、党委书记杨华胜主持党委、行政全面工作；分管党委工作部（综合办公室）；联系支部：互助党支部、民和党支部。

副总经理、党委副书记、纪委书记、工会主席梁永亮负责宣传思想文化、意识形态工作；负责纪检监察、巡察、审计、工会群团、维护稳定工作，协助党委书记负责党委日常工作；负责油品数质量工作，协助分管党委工作部（党建工作、宣传工作、维护稳定工作）、分管业务经营部（油品数质量工作），分管平安直属站工作；联系支部：机关党支部、乐都党支部。

副总经理、安全总监、党委委员秦路负责投资规划、工程建设、安全环保管理、物资采购和信息运维工作；分管投资质量安全部；联系支部：循化党支部。

总会计师、党委委员蒋海明负责财务资金、合规管理、法律事务、内控体系和清欠工作、股权管理；分管财务部；联系支部：化隆党支部。

2023 年，海东分公司油品总销量 23.78 万吨（其中零售纯枪 19.86 万吨，批发直销 3.92 万吨），油品利润 2299.08 万元，非油收入 4638.84 万元，非油利润 822.5 万元，利润总额 3121.58 万元，实体卡发卡 0.76 万张、电子卡办理 4.33 万张。

截至 2023 年 12 月 31 日，海东分公司机构层级类别为二级一类，属于青海销售公司二级单位。海东分公司行政领导班子由 5 人组成：杨华胜任总经理，梁永亮、孙福双、秦路任副总经理，蒋海明任总会计师，秦路任安全总监。党委由 4 人组成：杨华胜任党委书记，梁永亮任党委副书记，秦路、蒋海明任党委委员。梁永亮任纪委书记、工会主席。

2016 年至 2023 年，海东分公司油品总销量 158.14 万吨（其中零售纯枪 133.26 万吨，批发直销 24.88 万吨），油品利润 6839.89 万元，非油收入 18913 万元，非油利润 3202.1 万元，利润总额 10041.99 万元，实体卡发卡 13.77 万张、电子卡 6.66 万张，共计发卡 20.43 万张。

期间：2021 年 8 月，时任党委书记、总经理杨华胜担任政协东海市第三届委员会委员。

一、海东分公司行政领导名录（2016.1—2023.12）

总 经 理　王慧琼（女，2016.1—2017.2）

　　　　　　恒庆贤（2017.2—2018.1；2019.8—2021.6）

　　　　　　魏臻文（2018.1—2019.8）

　　　　　　杨华胜（2021.6—2023.12）

副总经理　马长陆（2016.1—2019.3）

　　　　　　何有新（撒拉族，2016.1—2020.12）

　　　　　　张连强（2016.1—2018.8）

　　　　　　吴　锐（苗族，2016.1—2017.10）

赵维斌（2016.1—2017.1）

熊建忠（2017.10—2019.7）

孙福双（2019.1—2023.12）

秦　路（2020.3—2023.12）

梁永亮（2021.4—2023.12）

总 会 计 师　贾存艳（女，藏族，2016.1—2017.2）

武允明（2017.2—2019.03）

任建玲（女，2021.1—2022.6）

蒋海明（2022.6—2023.12）

安 全 总 监　何有新（兼任，2016.1—2017.10）

熊建忠（兼任，2018.6—2019.7）

秦　路（兼任，2020.8—2023.12）

二、海东分公司党委、纪委领导名录（2016.1—2023.12）

党 委 书 记　马长陆（2016.1—2019.3）

魏臻文（2019.3—8）①

恒庆贤（2019.8—2021.6）②

杨华胜（2021.6—2023.12）

党委常务副书记　王映虹（2019.3—2021.6）③

党 委 副 书 记　王慧琼（女，2016.1—2017.2）④

恒庆贤（2017.2—2018.1）⑤

魏臻文（2018.1—2019.3）

梁永亮（2021.6—2023.12）

党 委 委 员　马长陆（2016.1—2019.3）⑥

何有新（2017.1—2020.12）⑦

---

① 2019 年 8 月，魏臻文调任审计监察处（纪委办公室、巡察办公室）负责人。

② 2021 年 6 月，恒庆贤调任青海销售公司总经理助理兼办公室（党委办公室）主任。

③ 2021 年 6 月，王映虹调任黄南分公司党委书记。

④ 2017 年 2 月，王慧琼调任党群工作处副处长（正处级）。

⑤ 2018 年 1 月，恒庆贤调任西宁分公司总经理、党委书记。

⑥ 2019 年 3 月，马长陆调任审计监察处副处长（正处级）。

⑦ 2020 年 12 月，何有新退出领导岗位。

张连强（2016.1—2018.8）①

贾存艳（2016.1—2017.2）②

恒庆贤（2017.2—2018.1；2019.8—2021.6）

吴　锐（2016.1—2017.10）③

赵维斌（2016.1—2017.1）④

武允明（2017.2—2019.3）⑤

熊建忠（2017.10—2019.7）⑥

魏臻文（2018.1—2019.8）

王映虹（2019.3—2021.6）

秦　路（2020.3—2023.12）

任建玲（2021.1—2022.6）⑦

杨华胜（2021.6—2023.12）

梁永亮（2021.4—2023.12）

蒋海明（2022.6—2023.12）

纪委书记　马长陆（2016.1—2019.3）

王映虹（2019.3—2021.6）

梁永亮（2021.6—2023.12）

三、海东分公司工会领导名录（2016.1—2023.12）

工会主席　马长陆（2016.1—2019.3）

王映虹（2019.3—2021.6）

梁永亮（2021.6—2023.12）

---

① 2018年9月，张连强自2018年8月起退出领导岗位。

② 2017年2月，贾存艳调任黄南分公司总会计师、党委委员。

③ 2017年10月，吴锐调任海西分公司副总经理、党委副书记、纪委书记。

④ 2017年1月，赵维斌调任湟源分公司副总经理、党委委员。

⑤ 2019年3月，武允明调任西宁分公司总会计师、党委委员。

⑥ 2019年7月，熊建忠调任后勤管理中心调研员（副处级）。

⑦ 2022年6月，任建玲调任海北分公司总会计师、党委委员。

第三节 格尔木分公司（2016.1—2023.12）

1955年3月，格尔木分公司的前身格尔木石油门市部成立。由海西阿尔顿曲克哈萨克族自治区人民政府直接管辖，受中国石油公司青海支公司和当地商业部门双重领导。8月，划归海西石油支公司管理。1956年起，由格尔木工作委员会管辖。1957年1月，成立格尔木石油公司。从1958年起，由格尔木工委下属机构格尔木商业局管辖。1974年5月，格尔木石油公司更名为格尔木县商业局石油煤炭公司。1984年10月，格尔木县商业局石油煤炭公司更名为格尔木石油煤炭公司。1998年11月，格尔木石油煤炭公司划转集团公司，隶属于青海石油（集团）有限公司。1999年12月，格尔木石油煤炭公司分为格尔木石油煤炭公司和格尔木油库。格尔木石油煤炭公司划归海西分公司管辖。2002年10月，格尔木石油煤炭公司更名为中国石油天然气股份有限公司青海海西格尔木销售分公司。2003年7月，中国石油天然气股份有限公司青海海西格尔木销售分公司更名为中国石油天然气股份有限公司青海海西销售分公司格尔木经营部。2007年10月，以中国石油天然气股份有限公司青海海西销售分公司格尔木经营部为基础成立中国石油天然气股份有限公司青海格尔木销售分公司（以下简称格尔木分公司），隶属于青海销售公司管辖，机构规格为副处级。12月格尔木分公司正式成立。2008年10月，格尔木分公司机构规格调整为正处级。

截至2015年12月31日，格尔木分公司机构规格为正处级，属于青海销售公司二级单位。格尔木分公司行政领导班子由5人组成：王涛任总经理，郭兆健、孙科技、王宁任副总经理，许胯任总会计师，王宁任安全总监。党委由5人组成：郭兆健任党委书记，王涛任党委副书记，许胯、孙科技、王宁任党委委员。郭兆健任纪委书记、工会主席。

2016年1月，青海销售公司党委决定：周拉任格尔木分公司党委副书记、免去王涛的格尔木分公司党委副书记职务。青海销售公司决定：周拉任格尔木分公司总经理；免去王涛的格尔木分公司总经理职务，调工程建设管理中心工作。

2016年2月，青海销售公司党委决定：巴永峰任青海销售公司党委委员。青海销售公司决定：巴永峰任格尔木分公司副总经理。

2016年3月，青海销售公司党委决定：李毅、张金虎任格尔木分公司党委委员。青海销售公司决定：李志毅兼任格尔木分公司副总经理，负责格尔木分公司网络开发建设工作；张金虎任副总经理。

2016年3月，格尔木分公司调整领导班子分工。

总经理、党委副书记周拉主持行政全盘工作；代管市场营销科，具体业务工作由巴永峰负责。

副总经理、党委书记郭兆健主持党群工团、后勤工作。

总会计师、党委委员许�9协助总经理分管财务工作。

副总经理、党委委员孙科技协助总经理分管工程投资工作。

副总经理、党委委员兼安全总监、油库主任王宁负责油库全面工作，负责分公司安全及加油站管理。

油库副主任、党委委员张金虎分管仓储业务科、格尔木质检站及油库信息系统，代管油库全面工作。

投资与建设管理处副处长兼任格尔木分公司副经理李志毅分管格尔木分公司工程投资工作。

2016年，格尔木分公司油品总销量30.768万吨（其中零售纯枪19.484万吨，批发直销11.284万吨），油品利润199.7万元，非油收入1679万元，非油利润220.41万元，利润总额420万元，发卡6.61万张。

2017年2月，青海销售公司党委决定：郑淑红任格尔木分公司党委委员，免去郭兆健的格尔木分公司党委书记、纪委书记职务，免去许胖的党委委员职务。青海销售公司决定：郑淑红任格尔木分公司总会计师；免去许胖的格尔木分公司总会计师职务，调股份公司西藏销售分公司工作；免去郭兆健的副总经理职务，调审计监察处工作。

2017年3月，青海销售公司党委决定：王映虹任格尔木分公司党委书记、纪委书记。青海销售公司决定：王映虹任格尔木分公司副总经理。

2017年3月，格尔木分公司调整领导班子分工：

总经理、党委副书记周拉主持分公司行政全面工作，分管综合事务科。

副总经理、党委书记王映虹主持分公司党委全面工作，分管综合综合事务科的党工团、后勤管理、企管、纪检、车辆管理工作，分管综合事务科。

总会计师、党委委员郑淑红协助总经理负责财务工作，分管财务科。

副总经理、安全总监、党委委员王宁协助总经理负责工程投资、安全管理工作，分管质量安全科。

副总经理、党委委员李志毅协助总经理负责工程投资工作，分管质量安全科。

副总经理、党委委员巴永峰协助总经理负责营销工作，分管市场营销科、加油站管理科、非油业务科。

副总经理、油库副主任、党委委员张金虎负责油库全面工作。

2017年10月，青海销售公司党委决定：免去王宁的格尔木分公司党委委员职务。青海销售公司决定：免去王宁的格尔木分公司副总经理、安全总监职务，调多巴油库工作。

2017年，格尔木分公司油品总销量29.879万吨（其中零售纯枪20.52万吨，批发直销9.359万吨），油品利润1222.62万元，非油收入2200万元，非油利润216.9万元，利润总额1439.52万元，发卡9.24万张。

2018年2月，格尔木分公司调整部分领导班子分工：

总会计师、党委委员郑淑红协助总经理负责财务内控、审计工作，分管财务科。

副总经理、党委委员巴永峰协助总经理负责油品调运、计划、市场运营、客户管理、批发直销业务、零售、非油品销售工作，分管市场营销科、加油站管理科、非油业务科。

2018年6月，青海销售公司党委决定：免去张金虎的格尔木分公司党委委员职务；免去李志毅的格尔木分公司党委委员职务。青海销售公司决定：孙科技任格尔木分公司安全总监；免去张金虎的格尔木分公司副总经理职务，调湟源分公司工作；免去李志毅的格尔木分公司副总经理职务，调青海省石油总公司新兴贸易公司工作。

2018年8月，青海销售公司党委决定：周拉任格尔木分公司党委书记；孙科技任格尔木分公司党委副书记、纪委书记；文琴任格尔木分公司党委委员；免去王映虹的格尔木分公司党委书记、委员、纪委书记职务；免去郑淑红的格尔木分公司党委委员职务。青海销售公司决定：文琴任格尔木分公司总会计师；免去郑淑红的格尔木分公司总会计师职务，调海西分公司工作；免去王映虹的副总经理职务，调青海省石油总公司新兴贸易公司工作；免去孙科技的格尔木分公司安全总监职务。

2018年11月，青海销售公司决定：对格尔木分公司管辖的区县按照行政区域进行调整：将花土沟行委设立的经营部从格尔木分公司调整至海西分公司管辖。

2018年，格尔木分公司油品总销量28.742万吨（其中零售纯枪17.893万吨，批发直销10.849万吨），非油收入3299.5万元，非油利润413.24万元，发卡15.63万张。

2019年1月，优化调整仓储调运管理体制。曹家堡油库、多巴油库、格尔木油库、德令哈油库划归调运处（仓储分公司）管理。

2019年1月，青海销售公司党委决定：张青晓任格尔木分公司党委委员。

2019年4月，格尔木分公司调整领导班子分工：

总经理、党委书记周拉主持分公司党委、行政全面工作，分管党务工作部、综合办公室。

副总经理、党委副书记、纪委书记孙科技负责分公司纪检、维稳工作，分管综合办公室的后勤管理、企管、纪检、车辆管理工作、分管党务工作部、综合办公室。

总会计师、党委委员文琴负责分公司财务、信息化、合规管理工作，分管财务资产部。

副总经理、党委委员巴永峰负责分公司投资、安全、油品损耗工作，分管投资建设管理部、安全环保部、业务运作部。

2019年5月，青海销售公司党委决定：孙科技任格尔木分公司工会主席。

2019年7月，根据《中国石油青海销售公司所属机构分级分类工作方案》，明确格尔木分公司机构层级类别为二级一类。

2019年8月，青海销售公司决定：巴永峰兼任格尔木分公司安全总监。

2019年，格尔木分公司油品总销量22.953万吨（其中零售纯枪16.392万吨，批发直销6.561万吨），非油收入3030万元，非油利润390.85万元，发卡24.48万张。

2020年3月，青海销售公司党委决定：免去孙科技的格尔木分公司副书记、党委委员、纪委书记、工会主席职务。青海销售公司决定：免去孙科技的格尔木分公司副总经理职务，调海西分公司工作。

2020年4月，青海销售公司党委决定：山长胜任格尔木分公司党委委员、书记；免去周拉的格尔木分公司书记、党委委员职务。青海销售公司决定：山长胜任格尔木分公司总经理；免去周拉的格尔木分公司总经理职务，调投资建设管理处工作。

2020年4月，格尔木分公司调整领导班子分工：

总经理、党委书记山长胜主持分公司党委、行政全面工作，分管党委工作部（针对分管工作）、综合办公室，联系投资建设管理部。

党委副书记、纪委书记、工会主席孙科技负责分公司党建、审计、纪检、工会、宣传报道、扶贫、群团、离退休管理工作，分管党委工作部（针对分管工作）、联系国防成品油动员中心。

总会计师、党委委员文琴负责分公司财务、内控、信息化建设管理工作，分管财务部、业务运作部（针对分管工作）。

副总经理、安全总监、党委委员巴永峰负责油（零售、直批）、卡、非、润、油品调运及分公司维稳、安全、油品数质量、等管理工作，分管业务运作部（针对分管工作）、质量安全环保部（含稽查组）。

2020年7月，青海销售公司党委决定：王国庆任格尔木分公司党委委员、副书记、纪委书记、工会主席；李茹任格尔木分公司党委委员。青海销售公司决定：李茹任格尔木分公司副总经理。

2020年8月，青海销售公司党委决定：免去巴永峰的格尔木分公司党委委员职务。青海销售公司决定：免去巴永峰的格尔木分公司副总经理、安全总监职务，调非油品经营分公司工作。

2020年，格尔木分公司油品总销量23.025万吨（其中零售纯枪18.057万吨，批发直销4.968万吨），油品利润1585.78万元，非油收入2933万元，非油利润257.03万元，利润总额1842.81万元，发卡16.82万张。

2021 年 4 月，青海销售公司决定：格尔木分公司由"五部一室"调整为"四部"，分别为：党委工作部（综合办公室）、业务经营部、财务部、投资质量安全部。西城、东城、察尔汗 3 个片区，作为分公司派出机构，加挂"中国石油青海格尔木销售分公司×××县公司"名称，不再承担市场营销、加油站管理职能，主要负责网络开发与维护、品牌形象打造、企地关系协调、安全属地管理。调整后，分公司本部管理人员编制 25 人（含公司领导）其中三级正职数 4 人，三级副职数 3 人。每个片区管理人员编制 2 人，片区编制共 6 人，其中三级正职数 3 人。

2021 年 5 月，格尔木分公司调整领导班子分工：

总经理、党委书记山长胜主持党委、行政全面工作，负责分公司党的建设、领导班子、干部队伍建设、股权、投资工程、网络建设、后勤管理工作；分管党委工作部（综合办公室）、投资质量安全部。

党委副书记、纪委书记、工会主席王国庆负责分公司宣传思想文化、意识形态、党建、保密、审计、纪检、薪酬、工会、宣传报道、扶贫、群团、离退休管理工作；分管党委工作部（综合办公室）、国防成品油动员中心。

总会计师、党委委员文琴负责分公司财务、内控、信息化建设、法律法规管理工作；分管财务部，协助分管业务经营部、党委工作部（综合办公室）。

副总经理、安全总监、党委委员李茹负责分公司油（零售、直批）、卡、非、润、油品调运及分公司维稳、安全环保、油品数质量、等管理工作；分管业务经营部、投资质量安全部。

2021 年，格尔木分公司油品总销量 28.072 万吨（其中零售纯枪 21.842 万吨，批发直销 6.230 万吨），油品利润 3988.93 万元，非油收入 2587 万元，非油利润 579.7 万元，利润总额 4568.63 万元，发卡 3.32 万张。

2022 年 1 月，青海销售公司党委决定：陈明任格尔木分公司党委委员；免去文琴的格尔木分公司党委委员职务。青海销售公司决定：陈明任格尔木分公司副总经理，孟翠芬任格尔木分公司总会计师；免去文琴的格尔木分公司总会计师职务，退出领导岗位。

2022 年 6 月，青海销售公司决定：王国庆任格尔木分公司安全总监，免去李茹的格尔木分公司安全总监职务。

2022 年 6 月，格尔木分公司调整领导班子分工：

总经理、党委书记山长胜主持党委、行政全面工作，负责分公司党的建设、领导班子、干部队伍建设、股权、后勤管理工作；分管党委工作部（综合办公室）。

党委副书记、纪委书记、工会主席、安全总监王国庆负责分公司治理与改革、宣传思想文化、意识形态、党建、保密、审计、纪检、薪酬、工会、宣传报道、扶贫、群团、离退休、合同、法律法规管理、安全环保、油品数质量、油品计量管理、慰问等工作；分管党委工作部（综合办公室）、国防成品油动员中心、投资质量安全部。

副总经理、党委委员李茹根据集团公司统一安排到贵州销售公司挂职。

副总经理、党委委员陈明负责分公司投资工程、网络建设等工作；分管投资质量安全部。

总会计师孟翠芬负责分公司财务、内控、招标、信息化建设工作。分管财务部。

2022 年，格尔木分公司油品总销量 28.931 万吨（其中零售纯枪 20.592 万吨，批发直销 8.339 万吨），油品利润 2142.56 万元，非油收入 3378 万元，非油利润 504.65 万元，利润总额 2648.21 万元，发卡 1.42 万张。

2023 年，格尔木分公司调整领导班子成员分工：

总经理、党委书记山长胜主持党委、行政全面工作，负责分公司党的建设、领导班子、人才队伍建设、股权、后勤管理工作，分管党委工作部（综合办公室）；联系站点：沱沱河加油站、不冻泉加油站、西大滩加油站、大干沟加油站、南山口（合并站）。

党委副书记、纪委书记、工会主席、安全总监王国庆负责分公司治理与改革、宣传思想文化、意识形态、党建、保密、审计、纪检、薪酬、工会、宣传报道、扶贫、群团、离退休、合同、法律法规管理、安全环保、油品数质量、油品计量管理、维稳等工作，分管党委工作部（综合办公室）、国防成品油动员中心、投资质量安全部；联系站点：北郊加油站、盐湖发展加油站、金属镁加油站、达布逊加油站、别勒滩加油站、西台加油站、涩北加油站。

副总经理、党委委员李茹根据省公司安排到非油品分公司挂职。

副总经理、党委委员陈明负责分公司投资工程、网络建设等工作，分管投资质量安全部；联系站点：甘森加油站、尕林格加油站、夏日哈木加油站、交通街加油站、郭镇加油站、小岛加油站、西出口加油站。

总会计师孟翠芬负责分公司财务、内控、招标、信息化建设工作，分管财务部；联系站点：天路加油站、南郊加油站、长江路南加油站、滨河路加油站、柴达木加油站、泰山路加油站。

2023年，格尔木分公司油品总销量35.532万吨（其中零售纯枪24.475万吨，批发直销11.057万吨），油品利润4066.22万元，非油收入3880万元，非油利润379.96万元，利润总额4446.18万元，发卡2.09万张。

截至2023年12月31日，格尔木分公司机构层级类别为二级一类，属于青海销售公司二级单位。格尔木分公司行政领导班子由5人组成：山长胜任总经理，李茹、陈明任副总经理，孟翠芬任总会计师，王国庆任安全总监。党委由5人组成：山长胜任党委书记，王国庆任党委副书记，张青晓、李茹、陈明任党委委员。王国庆任纪委书记、工会主席。

2016年至2023年，格尔木分公司油品总销量227.902万吨（其中零售纯枪159.255万吨，批发直销68.647万吨），油品利润7036.37万元，非油收入19687万元，非油利润2962.74万元，利润总额999.11万元，发卡79.61万张。

一、格尔木分公司行政领导机构（2016.1—2023.12）

总　经　理	王　涛	（2016.1）
	周　拉	（藏族，2016.1—2020.4）
	山长胜	（2020.4—2023.12）
副 总 经 理	郭兆健	（2016.1—2017.2）
	孙科技	（2016.1—2020.3）
	王映虹	（2017.3—2018.8）
	王　宁	（2016.1—2017.10）
	巴永峰	（藏族，2016.2—2020.8）
	张金虎	（2016.3—2018.6）
	李志毅	（2016.3—2018.6）
	李　茹	（女，2020.7—2023.12）

陈　明（2022.1—2023.12）

总 会 计 师　许　胗（2016.1—2017.2）

郑淑红（女，回族，2017.2—2018.8）

文　琴（女，2018.8—2022.1）

孟翠芬（女，2022.1—2023.12）

安 全 总 监　王　宁（兼任，2016.1—2017.10）

孙科技（兼任，2018.6—2018.8）

巴永峰（兼任，2019.8—2020.8）

李　茹（兼任，2020.9—2022.6）

王国庆（兼任，2022.6—2023.12）

二、格尔木分公司党委、纪委领导名录（2016.1—2023.12）

党 委 书 记　郭兆健（2016.1—2017.2）

王映虹（2017.3—2018.8）

周　拉（2018.8—2020.4）[①]

山长胜（2020.4—2023.12）

党委副书记　王　涛（2016.1）[②]

周　拉（2016.1—2018.8）

孙科技（2018.8—2020.3）[③]

王国庆（2020.7—2023.12）

党 委 委 员　王　涛（2016.1）

许　胗（2016.1—2017.2）[④]

孙科技（2016.1—2020.03）

王　宁（2016.1—2017.10）[⑤]

郭兆健（2016.1—2017.2）[⑥]

周　拉（2016.1—2020.4）

---

① 2020年4月，周拉调任投资建设管理处副处长（二级正职）。

② 2016年1月，王涛调任工程建设管理中心主任。

③ 2020年3月，孙科技调任海西分公司党委常务副书记、副总经理、纪委书记。

④ 2017年2月，许胗调股份公司西藏销售分公司工作。

⑤ 2017年10月，王宁调任多巴油库副主任。

⑥ 2017年2月，郭兆健调任审计监察处调研员（正处级）。

巴永峰（2016.2—2020.8）[1]

李志毅（2016.3—2018.6）[2]

张金虎（2016.3—2018.6）[3]

郑淑红（2017.2—2018.8）[4]

王映虹（2017.3—2018.8）[5]

文　琴（2018.8—2022.1）[6]

张青晓（2019.1—2023.12）

山长胜（2020.4—2023.12）

王国庆（2020.7—2023.12）

李　茹（女，2020.7—2023.12）

陈　明（2022.1—2023.12）

纪 委 书 记　郭兆健（2016.1—2017.2）

王映虹（2017.3—2018.8）

孙科技（2018.8—2020.03）

王国庆（2020.7—2023.12）

三、格尔木分公司工会领导名录（2016.1—2023.12）

主　　　席　郭兆健（2016.1—2017.2）

王映虹（2017.4—2018.8）

孙科技（2019.5—2020.3）

王国庆（2020.7—2023.12）

四、所属单位：格尔木油库（2016.1—2019.1）

1974 年 5 月，格尔木县商业局石油煤炭公司建设油库（东库）。1998 年 7 月，格尔木石油煤炭公司所属的格尔木油库划转集团公司，隶属于青海石

---

[1]　2020 年 8 月，巴永峰调任非油品经营分公司副总经理、党委委员。

[2]　2018 年 6 月，李志毅调任青海省石油总公司新兴贸易公司副总经理、党委委员。

[3]　2018 年 6 月，张金虎调任湟源分公司副总经理、党委委员。

[4]　2018 年 8 月，郑淑红调任海西分公司总会计师、党委委员。

[5]　2018 年 8 月，王映虹调任青海省石油总公司新兴贸易公司副总经理、党委常务副书记、纪委书记（正处级）。

[6]　2022 年 1 月，文琴退出领导岗位。

油（集团）有限公司。2001年12月，青海石油（集团）有限公司格尔木油库划归青海销售公司，名称为中国石油天然气股份有限公司青海销售公司格尔木油库，机构规格副处级。2012年5月，中国石油天然气股份有限公司青海销售公司格尔木油库更名为中国石油天然气股份有限公司青海销售仓储分公司格尔木油库，由仓储分公司管理，不列入二级机构序列，机构规格副处级。设格尔木油库党总支，格尔木油库党总支隶属仓储分公司党委。2014年12月，中国石油天然气股份有限公司青海销售仓储分公司格尔木油库划转格尔木分公司，更名为中国石油天然气股份有限公司青海格尔木销售分公司格尔木油库（以下简称格尔木油库）。

截至2015年12月31日，格尔木油库机构规格副处级，行政领导班子由2人组成：格尔木分公司副总经理王宁兼任格尔木油库主任，张金虎任副主任。党总支委员会由3人组成，格尔木分公司党委委员王宁兼任格尔木油库党总支书记。

格尔木油库党总支下辖党支部2个：机关党支部、基层党支部。

2016年，格尔木油库实现成品油吞吐量65.4万吨，同比增加1万吨，增幅1.5%，其中，入库32.4万吨，同比增加1.1万吨，增幅3.65%；出库33万吨，同比减少0.13万吨，降幅0.39%。周转次数9.57次，同比增幅稳定；人均发油8.27万吨，同比增幅较稳定；人均接卸量5.39万吨，同比减少0.13万吨，降幅2.5%。格尔木炼油厂管输87次17.7万吨；接卸槽车2922辆，计14.7万吨；西藏公司中转油品0.59万吨。

截至2016年12月31日，格尔木油库在册员工52人，格尔木油库党总支下属2个党支部：机关党支部、基层党支部。

2019年1月，青海销售公司优化调整仓储调运管理体制，成立仓储分公司，曹家堡油库、多巴油库、格尔木油库、德令哈油库划归调运处（仓储分公司）管理。格尔木分公司不再履行格尔木油库管理职能。

（一）格尔木油库领导名录（2016.1—2018.12）

主　　　任　王　宁（2016.1—2016.3）

　　　　　　　张金虎（2016.3—2018.6）

副　主　任　张金虎（2016.1—2016.3）

（二）格尔木油库党总支领导名录（2016.1—2018.12）

书　　记　王　宁（兼任，2016.1—3）

　　　　　张金虎（兼任，2016.3—2018.6）

委　　员　王　宁（2016.1—3）

　　　　　张文政（2016.1—2018.12）

　　　　　管秀花（女，2016.1—2017.9）

　　　　　张金虎（2016.3—2018.6）

第四节　海西分公司（2016.1—2023.12）

　　1955年3月，海西分公司的前身海西石油门市部成立，受中国石油青海支公司和当地商业部门双重领导。8月，海西石油门市部更名为海西石油支公司，下设马海石油供应站。格尔木石油门市部、茫崖石油门市部划归海西石油支公司管理。1956年4月，海西石油支公司更名为海西石油门市部，由中国石油公司青海支公司领导。1959年1月，海西石油门市部划归大柴旦石油支公司。同年4月，大柴旦石油支公司更名为青海省柴达木石油公司。1964年，青海省柴达木石油公司更名为大柴旦石油煤建公司，隶属海西州商业局管理。1966年，又更名为大柴旦石油供应站。1972年2月，成立海西州石油煤建公司。1973年8月，格尔木石油门市部一切业务划归大柴旦石油供应站。1976年11月，海西州民族贸易局成立德令哈石油公司，位于德令哈镇。1977年1月，海西州商业局所属的德令哈石油供应站、大柴旦石油供应站、茶卡石油供应站、花土沟采购站、冷湖石油采购供应站划归海西州石油煤建公司。1984年5月，海西州石油煤建公司由区级单位升级为县级单位。1988年4月，德令哈石油公司更名为德令哈市石油煤建公司，隶属于德令哈市商业局。1998年7月，海西州石油煤建公司、德令哈市石油煤建公司划转集团公司，隶属于青海石油（集团）有限公司。1999年12月，格尔木石油煤炭公司由海西州石油煤建公司管理。2000年5月，以格尔木石油煤炭公司、海西州石油煤建公司为基础成立中国石油天然气股份有限公司青海销售公司海西支公司。德令哈市石油煤建公司、乌兰县石油煤炭公司、天峻县石油煤炭公司、都兰县石油煤炭公司划归中国石油天然气股份有限公司青海销售公司海西支公司。撤销茶卡公司，划入乌兰县石油煤炭公司管理。2002 年 10 月，中国石油天然气股份有限公司青海销售公司海西支公司更名为中国石油天然气股份有限公司青海销售海西分公司（以下简称海西分公司）。

截至 2015 年 12 月 31 日，海西分公司机构规格为正处级，属于青海销售公司二级单位。海西分公司行政领导班子由 6 人组成：恒庆贤任总经理，余宁、常海生、李洋、李虎林任副总经理，郑淑红任总会计师，李洋任安全总监。党委由 7 人组成：余宁任党委书记，恒庆贤任党委副书记，常海生、李洋、郑淑红、李虎林、席国栋任党委委员。余宁任纪委书记、工会主席。

海西分公司领导班子分工如下：

总经理、党委副书记恒庆贤主持分公司行政全面工作。

副总经理、党委书记、纪委书记、工会主席余宁主持分公司党委全面工作，负责党委班子建设、稳定发展、纪委及工会、共青团工作。

副总经理、油库主任、党委委员常海生分管德令哈油库工作。

副总经理、安全总监、党委委员李洋负责分公司安全工作、HSE、QMS 体系建设，投资工程建设工作。

总会计师、党委委员郑淑红负责分公司资金安全、预算编制、财务分析、内控和信息化管理工作。

副总经理、党委委员李虎林负责分公司直销、零售、非油业务、加油站管理工作。

油库安全副总监、党委委员席国栋负责油库安全平稳运行、HSE、QMS 体系建设。

2016 年，海西分公司油品总销量 15.577 万吨（其中零售纯枪 11.455 万吨，批发直销 4.122 万吨），非油收入 1374 万元，非油利润 166.14 万元，发卡 4.4134 万张。

2017 年 2 月，青海销售公司党委决定：杨增哲任海西分公司党委副书记，免去恒庆贤的海西分公司党委副书记职务，免去郑淑红的海西分公司党委委员职务。青海销售公司决定：杨增哲任海西分公司总经理；免去恒庆贤的海西分公司总经理职务，调海东分公司工作；免去郑淑红的海西分公司总会计师职务，调格尔木分公司工作。

2017年2月，海西分公司调整领导班子分工：

总经理、党委副书记杨增哲主持分公司行政全面工作，负责政府协调工作，分管办公室人事工作。

副总经理、党委书记、纪委书记、工会主席余宁主持分公司党委、纪委全面工作，负责党委班子建设、稳定发展及工会、共青团工作，负责高速公路服务区管理、劳动竞赛、后勤管理工作，分管行政后勤纪检监察部。

副总经理、油库主任、党委委员常海生协助总经理工作，负责分公司"油卡非润小产品"一体化管理、价格管理、损耗管理、市场监控和加油站人员培训工作，分管业务运作部，代管德令哈油库。

副总经理、安全总监、党委委员李洋协助总经理工作，负责分公司安全工作、HSE、QMS体系建设，网点建设，投资工程建设和隐患整改工作，分管质量安全工程部。

党委委员文琴协助总经理工作，负责分公司资金安全、预算管理、财务管理、对标管理、薪酬管理、内控和信息化建设工作，分管财务部。

2017年4月，青海销售公司党委决定：免去李虎林的海西分公司党委委员职务。青海销售公司决定：免去李虎林的海西分公司副总经理职务，调非油品经营分公司工作。

2017年10月，青海销售公司党委决定：杨增哲任海西分公司党委书记，免去海西分公司党委副书记职务；吴锐任海西分公司党委副书记、纪委书记；文琴任海西分公司党委委员；免去余宁的海西分公司党委书记、纪委书记职务。青海销售公司决定：吴锐任海西分公司副总经理；文琴任海西分公司总会计师；免去余宁的海西分公司副总经理职务，调非油品经营分公司工作。

2017年10月，海西分公司调整领导班子分工：

总经理、党委书记杨增哲主持分公司行政全面工作；负责政府协调工作；负责党委班子建设，分管人事工作。

副总经理、党委副书记、纪委书记吴锐协助分公司党委工作；主持纪委全面工作，协助党委班子建设、稳定发展及工会、共青团工作；负责分公司非油品及小产品管理、劳动竞赛、后勤管理工作；分管行政后勤纪检监察部。

副总经理、油库主任、党委委员常海生协助总经理工作，负责分公司油品业务营销工作；负责高速公路服务区管理、价格管理、损耗管理、市场监控和加油站人员培训工作；分管业务运作部。

副总经理、安全总监、党委委员李洋协助总经理工作，负责分公司安全工作、HSE、QMS体系建设，网点建设，投资工程建设和隐患整改工作；分管质量安全工程部。

党委委员文琴协助总经理工作，负责分公司资金安全、预算管理、财务管理、对标管理、薪酬管理、内控和信息化建设工作；分管财务部。

2017年，海西分公司油品总销量16.329万吨（其中零售纯枪11.975万吨，批发直销4.354万吨），非油收入1485万元，非油利润189.44万元，发卡4.6466万张。

2018年1月，海西分公司调整领导班子分工：

总经理、党委书记杨增哲主持分公司行政全面工作；负责政府协调工作；负责党委班子建设；分管人事工作。

副总经理、党委副书记、纪委书记吴锐协助分公司党委工作、主持纪委全面工作；协助党委班子建设、稳定发展及工会、共青团工作；负责分公司非油品及小产品管理、劳动竞赛、后勤管理工作；分管行政后勤纪检监察部。

副总经理、油库主任、党委委员常海生协助总经理工作，负责分公司油品业务营销工作；负责高速公路服务区管理、价格管理、损耗管理、市场监控和加油站人员培训工作；分管业务运作部。

副总经理、安全总监、党委委员李洋协助总经理工作，负责分公司安全工作、HSE、QMS体系建设，网点建设，投资工程建设和隐患整改工作；分管质量安全工程部。

总会计师、党委委员文琴协助总经理工作，负责分公司资金安全、预算管理、财务管理、对标管理、薪酬管理、内控和信息化建设工作；分管财务部。

2018年6月，青海销售公司党委决定：李洋任海西分公司党委常务副书记、纪委书记（正处级）；免去吴锐的海西分公司党委副书记、委员、纪委书记职务；席国栋任海西分公司党委委员。青海销售公司决定：免去吴锐的海西分公司副总经理职务，调西宁分公司工作；席国栋任海西分公司副总经理。

2018年7月，海西分公司调整部分领导班子分工：党委常务副书记、纪委书记李洋协助分公司党委工作、主持纪委全面工作，协助党委班子建设、稳定发展及工会、共青团工作，劳动竞赛、后勤管理工作，网点建设，投资工程建设和隐患整改工作，分管行政后勤纪检监察部、质量安全工程部。

2018年8月，青海销售公司党委决定：免去文琴的海西分公司党委委员职务；郑淑红任海西分公司党委委员。青海销售公司决定：郑淑红任海西分公司总会计师；免去文琴的海西分公司总会计师职务，调格尔木分公司工作。

2018年9月，海西分公司调整党委领导班子分工：

党委书记杨增哲负责主持公司党委全面工作。

党委常务副书记李洋协助党委书记做好党委、纪委工作。

纪检委员常海生协助党委书记做好党委工作。

宣传委员郑淑红协助党委书记做好党委工作。

组织委员席国栋协助党委书记做好党委工作。

2018年11月，青海销售公司决定，将花土沟行委设立的经营部从格尔木分公司调整至海西分公司管辖。

2018年，海西分公司油品总销量15.923万吨（其中零售纯枪14.296万吨，批发直销1.627万吨），非油收入2075万元，非油利润334.75万元，发卡3.5227万张。

2019年1月，青海销售公司决定：常海生任海西分公司安全总监。免去席国栋的海西分公司副总经理、安全总监职务。

2019年1月，海西分公司调整领导班子分工：

总经理、党委书记杨增哲主持分公司行政全面工作；负责政府协调工作；负责党委班子建设；分管人事工作。

副总经理、党委副书记、纪委书记李洋协助分公司党委工作、主持纪委全面工作；协助党委班子建设；稳定发展及工会；共青团工作；劳动竞赛；后勤管理工作，网点建设；投资工程建设和隐患整改工作；分管行政后勤纪检监察部、投资建设管理部。

副总经理、安全总监、党委委员常海生协助总经理工作；负责分公司油品业务营销工作；负责高速公路服务区管理、价格管理、损耗管理、市场监控和加油站人员培训工作；负责分公司安全工作、HSE、QMS体系建设，网点建设，投资工程建设和隐患整改工作；分管质量安全环保部、业务运作部。

总会计师、党委委员郑淑红协助总经理工作；负责分公司资金安全、预算管理、财务管理、对标管理、薪酬管理、内控和信息化建设工作；分管财务部。

2019年7月，根据《中国石油青海销售公司所属机构分级分类工作方案》，明确海西分公司机构层级类别为二级二类。

2019年9月，青海销售公司党委决定：杨增哲任海西分公司纪委书记；免去李洋的海西分公司纪委书记职务。

2019年9月，海西分公司调整领导班子分工：

总经理、党委书记杨增哲主持分公司行政全面工作；负责政府协调工作；负责党委班子建设；主持纪委全面工作；分管人事工作。

副总经理、党委副书记李洋协助分公司党委工作；协助党委班子建设；稳定发展及工会；共青团工作；劳动竞赛；后勤管理工作，网点建设；投资工程建设和隐患整改工作；分管党委工作部（组织人事部）、质量安全工程部。

副总经理、安全总监、党委委员常海生协助总经理工作；负责分公司油品业务营销工作；负责高速公路服务区管理、价格管理、损耗管理、市场监控和加油站人员培训工作；负责分公司安全工作、HSE、QMS体系建设和隐患整改工作；分管质量安全环保部、业务运作部。

总会计师、党委委员郑淑红协助总经理工作；负责分公司资金安全、预算管理、财务管理、对标管理、薪酬管理、内控和信息化建设工作；分管财务部。

2019年，海西分公司油品总销量21.854万吨（其中零售纯枪18.453万吨，批发直销3.401万吨），非油收入3126万元，非油利润377.59万元，发卡2.4288万张。

2020年1月，海西分公司调整领导班子分工：

总经理、党委书记杨增哲主持分公司行政全面工作；负责政府协调工作；负责党委班子建设；主持纪委全面工作，分管人事工作。

党委副书记、副总经理李洋协助分公司党委工作；协助党委班子建设、稳定发展及工会、共青团工作；劳动竞赛、后勤管理工作；网点建设，投资工程建设和隐患整改工作；分管党委工作部（组织人事部）、质量安全工程部。

副总经理、安全总监、党委委员常海生协助总经理工作；负责分公司油品业务营销工作；负责高速公路服务区管理、价格管理、损耗管理、市场监控和加油站人员培训工作；负责分公司安全工作、HSE、QMS 体系建设和隐患整改工作；分管质量安全环保部，业务运作部。

总会计师、党委委员郑淑红协助总经理工作；负责分公司资金安全、预算管理、财务管理、对标管理、薪酬管理、内控和信息化建设工作；分管财务部。

2020 年 3 月，青海销售公司党委决定：免去李洋的海西分公司党委委员、常务副书记、工会主席职务；孙科技任海西分公司党委委员、常务副书记、纪委书记、工会主席。青海销售公司决定：免去李洋的海西分公司副总经理职务，调青海中油新兴能源公司工作；孙科技任海西分公司副总经理。

2020 年 4 月，青海销售公司党委决定：免去杨增哲的海西分公司党委委员、书记、纪委书记职务；刘鹏书任海西分公司党委委员、书记。青海销售公司决定：免去杨增哲的海西分公司总经理职务，调财务处工作；刘鹏书任海西分公司总经理。

2020 年 12 月，青海销售公司党委决定：免去孙科技的海西分公司党委常务副书记、委员、纪委书记、工会主席职务。青海销售公司决定：免去孙科技的海西分公司副总经理职务，调果洛分公司工作。

2020 年，海西分公司油品总销量 19.829 万吨（其中零售纯枪 15.188 万吨，批发直销 4.641 万吨），非油收入 2701 万元，非油利润 372.68 万元，发卡 1.6315 万张。

2021 年 1 月，青海销售公司党委决定：王海涛任海西分公司党委委员、副书记、纪委书记、工会主席；免去席国栋的海西分公司党委委员职务，调西宁分公司工作。青海销售公司决定：王海涛任海西分公司副总经理。

2021 年 4 月，青海销售公司决定：海西分公司由"五部一室"调整为"四部"，分别为：党委工作部（综合办公室）、业务经营部、财务部、投资质量安全部。公司乌兰、都兰、柴旦、天峻、茫崖 5 个片区，作为分公司派出机构，加挂"中国石油青海海西销售分公司×××县公司"名称，不再承担市场营销、加油站管理职能，主要负责网络开发与维护、品牌形象打造、企地关系协调、安全属地管理。调整后，分公司本部管理人员编制 25 人（含公司领导）其中三级正职数 4 人、三级副职数 2 人。每个片区管理人员编制 2 人，片区编制共 10 人，其中三级正职数 5 人。

2021 年 6 月，青海销售公司党委决定：免去刘鹏书的海西分公司党委书记、委员职务；李虎林任海西分公司党委委员、书记；张贵东任海西分公司党委委员；方宁任海西分公司党委委员。青海销售公司决定：免去刘鹏书的海西分公司总经理职务，调非油分公司（非油品经营部）工作；李虎林任海西分公司总经理；张贵东任海西分公司副总经理。

2021 年 6 月，海西分公司调整领导班子分工：

总经理、党委书记李虎林主持分公司行政全面工作；负责政府协调工作；负责党委班子建设；主持纪委全面工作；分管人事工作。

副总经理、党委副书记王海涛协助分公司党委工作；协助党委班子建设、稳定发展及工会、共青团工作；劳动竞赛、后勤管理工作；分管党委工作部（组织人事部）、质量安全工程部。

副总经理、安全总监、党委委员常海生协助总经理工作；负责分公司网点建设；投资工程建设；安全工作、HSE、QMS 体系建设和隐患整改工作；分管质量安全环保部。

总会计师、党委委员郑淑红协助总经理工作；负责分公司资金安全、预算管理、财务管理、对标管理、薪酬管理、内控和信息化建设工作；分管财务部。

副总经理、党委委员张贵东负责分公司油品业务营销工作；负责高速公路服务区管理、价格管理、损耗管理、市场监控和加油站人员培训工作；业务运作部。

2021 年，海西分公司油品总销量 17.987 万吨（其中零售纯枪 14.755 万吨，批发直销 3.232 万吨），非油收入 3546 万元，非油利润 784.94 万元，发卡 1.3351 万张。

2022 年 1 月，海西分公司调整领导班子分工：

总经理、党委书记李虎林主持分公司行政全面工作，负责政府协调工作，负责党委班子建设，主持纪委全面工作，分管人事工作。

副总经理、党委副书记王海涛协助分公司党委工作，协助党委班子建设、稳定发展及工会、共青团工作，劳动竞赛、后勤管理工作，分管党委工作部（综合办公室）。

副总经理、安全总监、党委委员常海生协助总经理工作，负责分公司网点建设，投资工程建设，安全工作、HSE、QMS 体系建设和隐患整改工作，分管投资质量安全部。

总会计师、党委委员郑淑红协助总经理工作，负责分公司资金安全、预算管理、财务管理、对标管理、薪酬管理、内控和信息化建设工作，分管财务部。

副总经理、党委委员张贵东负责分公司油品业务营销工作、负责高速公路服务区管理、价格管理、损耗管理、市场监控和加油站人员培训工作，业务运作部。

2022 年，海西分公司油品总销量 19.762 万吨（其中零售纯枪 15.243 万吨，批发直销 4.519 万吨），非油收入 3494 万元，非油利润 892.43 万元，利润总额 476.58 万元，发卡 1.8377 万张。

2023 年 2 月，海西分公司调整领导班子分工：

总经理、党委书记李虎林主持党委和行政全面工作，负责人工成本、意识形态、维护稳定、法律事务和后勤管理工作，分管党委工作部（综合办公室）；联系单位：都兰片区、德令哈直属加油站。

副总经理、党委副书记、纪委书记、工会主席王海涛协助党委书记做好党务工作，负责纪检监察、工会群团工作；联系单位：天峻片区。

副总经理、安全总监、党委委员常海生负责投资工程、网点建设、合资合作、招投标管理、安全环保和体系建设工作，分管投资质量安全部；联系单位：乌兰片区。

总会计师、党委委员郑淑红负责财务资金、预算费用、合规管理、内控体系，分管财务部；联系单位：柴旦片区。

副总经理、党委委员张贵东负责"油卡非润"一体化、油品数质量、高速公路服务区及信息化管理，分管业务经营部；联系单位：茫崖片区。

2023 年 9 月，青海销售公司党委决定：冯庚任海西分公司党委委员。免去方宁的海西分公司党委委员职务。

2023 年，海西分公司油品总销量 22.657 万吨（其中零售纯枪 19.315 万吨，批发直销 3.342 万吨），油品利润 1645.75 万元，非油收入 4370 万元，非油利润 344.05 万元，利润总额 1989.80 万元，发卡 1.8319 万张。

截至 2023 年 12 月 31 日，海西分公司机构层级类别为二级二类，属于青海销售公司二级单位。海西分公司行政领导班子由 5 人组成：李虎林任总经理，王海涛、常海生、张贵东任副总经理，郑淑红任总会计师，常海生任安全总监。党委由 6 人组成：李虎林任党委书记，王海涛任党委副书记，常海生、张贵东、郑淑红、冯庚任党委委员，王海涛任纪委书记、工会主席。

2016 年至 2023 年，油品总销量 203.438 万吨（其中零售纯枪 161.79 万吨，批发直销 41.648 万吨），非油收入 22171 万元，非油利润 3462.02 万元，发卡 21.6477 万张。

一、海西分公司领导名录（2016.1—2023.12）

  总　经　理　恒庆贤（2016.1—2017.2）

       杨增哲（2017.2—2020.4）

       刘鹏书（2020.4—2021.6）

       李虎林（2021.6—2023.12）

  副总经理　余　宁（2016.1—2017.10）

       常海生（2016.1—2023.12）

       李　洋（2016.1—2020.3）

       李虎林（2016.1—2017.4）

       吴　锐（苗族，2017.10—2018.6）

       席国栋（2018.6—2019.1）

       孙科技（2020.3—2020.12）

       王海涛（满族，2021.1—2023.12）

       张贵东（2021.6—2023.12）

  总 会 计 师　郑淑红（女，回族，2016.1—2017.2；2018.8—2023.12）

       文　琴（女，2017.10—2018.8）

  安 全 总 监　李　洋（兼任，2016.1—2018.7）

席国栋（兼任，2018.8—2019.1）

常海生（兼任，2019.1—2023.12）

二、海西分公司党委、纪委领导名录（2016.1—2023.12）

党　委　书　记　余　宁（2016.1—2017.10）①

杨增哲（2017.10—2020.4）②

刘鹏书（2020.4—2021.6）③

李虎林（2021.6—2023.12）

党委常务副书记　李　洋（2018.6—2020.3）④

孙科技（2020.3—2020.12）⑤

党　委　副　书　记　恒庆贤（2016.1—2017.2）⑥

杨增哲（2017.2—10）

吴　锐（2017.10—2018.6）⑦

王海涛（2021.1—2023.12）

党　委　委　员　余　宁（2016.1—2017.10）

恒庆贤（2016.1—2017.2）

常海生（2016.1—2023.12）

李　洋（2016.1—2020.3）

郑淑红（2016.1—2017.2；2018.8—2023.12）⑧

李虎林（2016.1—2017.4；2021.6—2023.12）⑨

杨增哲（2017.2—2020.4）

吴　锐（2017.10—2018.6）

---

① 2017 年 10 月，余宁调任非油品经营分公司副总经理、党委书记、纪委书记。
② 2020 年 4 月，杨增哲调任财务处处长。
③ 2021 年 6 月，刘鹏书调任青海销售公司总经理助理兼非油分公司总经理、党委书记。
④ 2020 年 3 月，李洋调任青海中油新兴能源公司党委委员。
⑤ 2020 年 12 月，孙科技调任果洛分公司行政负责人（二级正职）、党委负责人。
⑥ 2017 年 2 月，恒庆贤调任海东分公司总经理、党委副书记。
⑦ 2018 年 6 月，吴锐调任西宁分公司副总经理、党委副书记、纪委书记。
⑧ 2017 年 2 月，郑淑红调任格尔木分公司总会计师、党委委员。
⑨ 2017 年 4 月，李虎林调任非油品经营分公司副总经理、党委委员。

文　琴（2017.10—2018.8）^①

席国栋（2018.6—2021.1）^②

孙科技（2020.3—2020.12）

刘鹏书（2020.4—2021.6）

王海涛（2021.1—2023.12）

张贵东（2021.6—2023.12）

方　宁（2021.6—2023.7）

冯　庚（2023.9—12）

纪委书记　余　宁（2016.1—2017.10）

吴　锐（2017.10—2018.6）

李　洋（2018.6—2019.9）

杨增哲（2019.9—2020.4）

孙科技（2020.3—2020.12）

王海涛（2021.1—2023.12）

三、海西分公司工会领导名录（2016.1—2023.12）

主　　　席　余　宁（2016.1—2017.10）

吴　锐（2017.10—2018.6）

李　洋（2018.6—2020.3）

孙科技（2020.3—12）

王海涛（2021.1—2023.12）

四、青海销售公司所属单位：德令哈油库（2016.1—2018.12）

1982 年，德令哈油库建成投产。2001 年 12 月，德令哈油库更名为青海石油（集团）有限公司德令哈油库。2002 年 12 月，青海石油（集团）有限公司德令哈油库划归青海销售公司，更名为中国石油天然气股份有限公司青海销售公司德令哈油库，机构规格副处级。2012 年 5 月，中国石油天然气股份有限公司青海销售公司德令哈油库更名为中国石油天然气股份有限公司

---

① 2018 年 8 月，文琴调任格尔木分公司总会计师、党委委员。

② 2021 年 1 月，席国栋调任西宁分公司党委委员。

青海销售仓储分公司德令哈油库，由仓储分公司管理。2014 年 12 月，中国石油天然气股份有限公司青海销售仓储分公司德令哈油库更名为中国石油天然气股份有限公司青海海西销售分公司德令哈油库（简称德令哈油库），由海西分公司管理。德令哈油库业务运行由仓储安全环保处指导。德令哈油库党总支隶属于海西分公司党委。

截至 2015 年 12 月 31 日，德令哈油库机构规格副处级，油库库区占地 197.4 亩，有储罐 14 座，其中：拱顶罐（5000 立方米）6 座、内浮顶罐（5000 立方米）4 座、内浮顶罐（1000 立方米）4 座。设计年周转能力达到 46 万吨（柴油 35 万吨、汽油 11 万吨）。库区配有铁路专用线 1700 米，栈桥 220 米，双（单）侧共 36 个鹤位。一次可停靠 54 辆槽车，年卸油设计能力 48 万吨，日最大接卸能力 60 车（3000 吨），每批次作业时间为 3～9 个小时。公路发油共有 5 座发油岛，公路自控发油鹤位 13 套（柴油 8 个，汽油 5 个），其中，下装鹤管 11 套、上装鹤管 2 套（汽柴油上装各 1 个），已停用。日最大发油量 2400 吨（汽油 600 吨、柴油 1800 吨）。油库配备消防车 1 辆、1200 立方消防水罐 2 座。油罐内浮顶罐安装有喷淋系统。

2016 年 12 月，德令哈油库在册员工 45 人。设 3 科 1 队：综合事务科、仓储业务科、安全设备环保科、消防队。

2017 年 12 月，德令哈油库在册员工 31 人。设 3 科 1 队：综合事务科、仓储业务科、安全设备环保科、消防队。2017 年油库接卸槽车 4093 车，增幅 72%，吞吐量 39.2 万吨，同比增加 15 万吨增幅 61%；人均吞吐量 13997 吨，同比增加 5338 吨增幅 61.8%；油品损耗率控制在 0.16%；检验油品 766 批次，合格率达 100%。

2018 年油库全年吞吐量 49.7 万吨，较上年同期增加 10.5 万吨，增幅 27%。接卸油品共 4882 车次，较上年同期增加 829 车次，增幅 22%；卸油 24.78 万吨，较上年同期增加 4.51 万吨，增幅 22.3%；付油 24.92 万吨，较上年同期增加 5.99 万吨，增幅 31.6%；周转次数为 7.8 次，同比增加 1.5 次；累计完成盈余油 2802 吨，同比增加 876 吨。增幅 45.5%，人均吞吐量 21611 吨，较同期增加 4571 吨，增幅 28%，检验油品 1016 批次，较同期增加 181 次，增幅 21.6%，合格率 100%。

2018 年 12 月，德令哈油库在册员工 26 人。设 3 科 1 队。

2019年1月，德令哈油库划归调运处（仓储分公司）管理，海西分公司不再履行德令哈油库管理职能。

主　　任　常海生（兼任，2016.1—2018.6）
　　　　　　席国栋（兼任，2018.6—2019.12）
副 主 任　常永庆（2016.1—2017.10）
　　　　　　黄勇祥（2016.1—2018.12）

第五节　果洛分公司（2016.1—2023.12）

1954年10月，中国石油公司青海省石油支公司为支援西藏运输总队用油，在果洛州玛多县黄河沿设立黄河沿临时加油站。1968年，果洛州石油公司成立。1985年，果洛州石油公司由果洛州商业局管理。1998年8月，果洛州石油公司划转集团公司，隶属于青海石油（集团）有限公司。2000年5月，青海销售公司内部重组时，果洛州石油公司不变。2001年2月，果洛州石油公司调整为正处级单位。2002年10月，果洛州石油公司更名为中国石油天然气股份有限公司青海销售果洛分公司（以下简称果洛分公司）。

截至2015年12月31日，果洛分公司机构规格为正处级，属于青海销售公司二级单位，果洛分公司行政领导班子由3人组成，杨增哲任总经理，姚永珍任副总经理、安全总监，马玉新任总会计师。党委由3人组成：杨增哲任副书记，马玉新、姚永珍任党委委员。

2016年1月，青海销售公司党委决定：免去马玉新的果洛分公司党委委员职务。青海销售公司决定：免去马玉新的果洛分公司总会计师职务，调西宁分公司工作。

2016年2月，青海销售公司党委决定：刘鹏书任党委书记、纪委书记。青海销售公司决定：刘鹏书任果洛分公司副总经理。

2016年2月，果洛分公司调整领导班子分工：

总经理、党委副书记杨增哲主持分公司行政全面工作。

副总经理、党委书记、纪委书记、工会主席刘鹏书主持分公司党委工作；负责党工团、纪检、工会、合规管理；主管综合科。

副总经理、党委委员姚永珍主管分公司业务；主管业务运行部。

2016 年，果洛分公司油品总销量 5.92 万吨（其中零售纯枪 4.83 万吨，批发直销 1.09 万吨），油品利润 195.38 万元，非油收入 461.51 万元，非油利润 59.61 万元，利润总额 254.99 万元，发卡 0.42 万张。

2017 年 2 月，青海销售公司党委决定：刘鹏书任果洛分公司党委副书记，免去果洛分公司党委书记、纪委书记职务；免去杨增哲的果洛分公司党委副书记职务。青海销售公司决定：刘鹏书任果洛分公司总经理，免去果洛分公司副总经理职务；免去杨增哲的果洛分公司总经理职务，调海西分公司工作。

2017 年 3 月，青海销售公司党委决定：窦鹏远任果洛分公司党委书记、纪委书记，李增伟任果洛分公司党委委员。青海销售公司决定：窦鹏远任果洛分公司副总经理；李增伟任果洛分公司总会计师。

2017 年 4 月，果洛分公司调整领导班子分工：

总经理、党委副书记刘鹏书主持公司行政全面工作；分管网络开发和投资工作。

副总经理、党委书记、纪委书记窦鹏远主持公司党委全面工作。

副总经理、党委委员姚永珍分管公司业务成品油零售和直销工作。

总会计师、党委委员李增伟分管合规管理、内控体系和清欠工作，分管财务科。

2017 年 10 月，青海销售公司党委决定：程志荣任果洛分公司党委委员。青海销售公司决定：程志荣任果洛分公司副总经理职务。

2017 年 12 月，青海销售公司决定：免去窦鹏远的果洛分公司副总经理职务，调股份公司江苏销售分公司工作。

2017 年，果洛分公司油品总销量 5.16 万吨（其中零售纯枪 4.35 万吨，批发直销 0.81 万吨），油品利润 426.72 万元，非油收入 592.05 万元，非油利润 60.94 万元，利润总额 487.66 万元，发卡 0.17 万张。

2018 年 6 月，青海销售公司党委决定：王飞任果洛分公司党委委员；免去姚永珍的果洛分公司党委委员职务。青海销售公司决定：王飞任果洛分公司副总经理；程志荣任果洛分公司安全总监；免去姚永珍的果洛分公司副总经理、安全总监职务，调调运处工作。

2018 年 6 月，果洛分公司调整领导班子分工：

总经理、党委书记刘鹏书主持公司行政全面工作；分管行政后勤纪检监察部。

总会计师、党委委员李增伟分管合规管理、内控体系、财务资产、清欠工作；负责年度预算、会计核算、信息化工作；分管财务部。

副总经理、安全总监、党委委员程志荣分管投资、工程建设、HSE工作；负责投资计划制定、工程项目实施、安全环保、节能减排工作；分管质量安全环保部、投资过程项目部。

副总经理、党委委员王飞分管公司业务成品油零售和直销工作；负责营销战略制定、市场监测分析、客户经理队伍建设、加油站管理、油品数质量、加油卡业务；分管业务运作部。

2018年10月，青海销售公司党委决定：刘鹏书任果洛分公司党委委员、书记。

2018年12月，青海销售公司党委决定：免去李增伟的果洛分公司党委委员职务。青海销售公司决定：免去李增伟的果洛分公司总会计师职务，调非油品经营分公司工作。

2018年，果洛分公司油品总销量5.54万吨（其中零售纯枪4.13万吨，批发直销1.41万吨），非油收入1083.22万元，非油利润80.26元，发卡0.22万张。

2019年1月，青海销售公司党委决定：裴海宏任果洛分公司党委委员、书记；免去刘鹏书的果洛分公司党委书记、委员职务；免去程志荣的果洛分公司党委委员职务。青海销售公司决定：裴海宏任果洛分公司总经理；王飞任果洛分公司安全总监；免去刘鹏书的果洛分公司总经理职务，调办公室（党委办公室工作）；免去程志荣的果洛分公司副总经理、安全总监职务，调办公室（党委办公室工作）。

2019年1月，果洛分公司调整部分领导班子分工：党委书记、总经理裴海宏全面负责公司党的建设、党风廉政建设和反腐败工作；检查督导责任区党的建设。

2019年5月，青海销售公司决定：赵诚任果洛分公司工会主席。

2019年7月，根据《中国石油青海销售公司所属机构分级分类工作方案》，明确果洛分公司机构层级类别为二级三类。

2019 年 8 月，青海销售公司决定：李茂林任果洛分公司副总经理；牛志刚任果洛分公司副总经理。

2019 年 9 月，果洛分公司调整领导班子分工：

总经理、党委书记裴海宏主持公司行政及党委全面工作；分管党委工作部。

副总经理、党委委员王飞分管公司业务成品油零售。

副总经理、党委委员李茂林负责成品油市场整顿工作、工会工作；分管综合办公室。

副总经理、党委委员牛志刚负责管理投资、工程建设 HSE 工作；分管投资建设管理部、质量安全环保部。

2019 年 12 月，青海销售公司党委决定：李茂林任果洛分公司工会主席，免去赵诚的果洛分公司工会主席职务。

2019 年，果洛分公司油品总销量 6.07 万吨（其中零售纯枪 4.44 万吨，批发直销 1.63 万吨），非油收入 1172.40 万元，非油利润 85.71 万元，利润总额 46.42 万元，发卡 0.53 万张。

2020 年 3 月，青海销售公司党委决定：免去王飞的果洛分公司党委委员职务。青海销售公司决定：免去王飞的果洛分公司副总经理、安全总监职务，调科技信息处工作。

2020 年 4 月，果洛分公司调整领导班子分工：

总经理、党委书记裴海宏主持公司行政及党委全面工作；主管党建、领导干部队伍建设；分管党委工作部。

副总经理、党委委员李茂林负责公司业务成品油零售和直销工作、工会工作；分管业务运作部、综合办公室。

副总经理、党委委员牛志刚负责管理投资、工程建设 HSE 工作；分管投资建设管理部、质量安全环保部。

2020 年 6 月，青海销售公司党委决定：免去牛志刚的果洛分公司党委委员职务。青海销售公司决定：免去牛志刚的果洛分公司副总经理职务，调投资建设管理处工作。

2020 年 7 月，青海销售公司党委决定：聂军任果洛分公司党委委员、副书记、纪委书记、工会主席；陈统业任果洛分公司党委委员；免去李茂林的果洛分公司工会主席职务。青海销售公司决定：陈统业任果洛分公司副总经理、安全总监。

2020年8月，果洛分公司调整领导班子分工：

总经理、党委书记裴海宏主持公司行政及党委全面工作。

副总经理、党委委员李茂林负责公司业务成品油零售和直销工作，分管业务运作部。党委副书记、纪委书记、工会主席聂军负责公司党建全面工作；分管党委工作部、综合办公室。

副总经理、安全总监、党委委员陈统业负责管理投资、工程建设HSE工作；分管投资建设管理部、质量安全环保部。

2020年12月，青海销售公司党委决定：孙科技任果洛分公司党委委员、负责人；免去裴海宏的果洛分公司党委书记、委员职务。青海销售公司决定：孙科技任果洛分公司负责人（二级正）；免去裴海宏的果洛分公司总经理职务，调海南分公司工作。

2020年12月，果洛分公司调整领导班子分工：

分公司负责人孙科技主持公司全面工作。

副总经理、党委委员李茂林负责公司业务成品油零售和直销工作；分管业务运作部。

党委副书记、纪委书记、工会主席聂军负责公司党建全面工作；分管党委工作部、综合办公室。

副总经理、安全总监、党委委员陈统业负责管理投资、工程建设HSE工作；分管投资建设管理部、质量安全环保部。

2020年，果洛分公司油品总销量5.54万吨（其中零售纯枪4.95万吨，批发直销0.59万吨），非油收入1411.53万元，非油利润120.14万元，发卡0.52万张。

2021年3月，青海销售公司党委决定：免去陈统业的果洛分公司党委委员职务。青海销售公司决定：免去陈统业的果洛分公司副总经理、安全总监职务，调青海中油新兴能源有限责任公司工作。

2021年3月，果洛分公司党委委员分工：

党委负责人孙科技主持党委和行政全面工作；负责投资工程工作；分管党委工作部（综合办公室）组织人事、综合工作；联系点1个片区。

党委委员李茂林负责安全环保和体系建设工作；负责油品数质量及高速公路服务区管理；分管投资质量安全部和业务经营部。联系点直属加油站。

党委副书记聂军协助党委负责人做好党务工作；分管党委工作部（综合办公室）；联系点1个片区。

果洛分公司调整领导班子分工：

分公司负责人孙科技主持公司全面工作。

副总经理、安全总监、党委委员李茂林负责零售、直销、批发、非油等核心业务的运作；分管业务经营部、投资质量安全部。

党委副书记、纪委书记、工会主席聂军负责综合行政、人力资源（党委组织）；分管党委工作部（综合办公室）。

2021年4月，青海销售公司决定：果洛分公司由"五部一室"调整为"四部"，分别为：党委工作部（综合办公室）、业务经营部、财务部、投资质量安全部。公司增设达日、玛多2个片区，作为分公司派出机构，加挂"中国石油青海果洛销售分公司×××县公司"名称，不再承担市场营销、加油站管理职能，主要负责网络开发与维护、品牌形象打造、企地关系协调、安全属地管理。调整后，分公司本部管理人员编制15人（含公司领导）其中三级正职数4人，三级副职数1人。每个片区管理人员编制2人，片区编制共4人，其中三级正职数2人。

2021年6月，青海销售公司党委决定：孙科技任果洛分公司党委委员、书记，免去党委负责人职务；刘艳春任果洛分公司党委委员。青海销售公司决定：孙科技任果洛分公司总经理，免去果洛分公司负责人职务；刘艳春任果洛分公司副总经理、安全总监，免去李茂林的安全总监职务。

2021年6月，果洛分公司调整部分领导班子分工：副总经理、党委委员刘艳春负责所有安全工作；副总经理、党委委员李茂林做好传、帮、带工作。

2021年，果洛分公司油品总销量5.26万吨（其中零售纯枪4.64万吨，批发直销0.62万吨），非油收入1177.90万元，非油利润186.23万元，发卡0.34万张。

2022年1月，青海销售公司党委决定：免去聂军的果洛分公司党委副书记、党委委员、纪委书记、工会主席职务，调玉树分公司工作；刘玉彬任果洛分公司党委委员、党委副书记、纪委书记、工会主席；史进任果洛分公司党委委员。青海销售公司决定：刘玉彬任果洛分公司副总经理；史进任果洛分公司总会计师。

2022 年 1 月，果洛分公司调整领导班子分工：

总经理、党委书记孙科技主持党委和行政全面工作；负责领导干部队伍建设及投资工程工作；分管党委工作部（综合办公室）组织人事、综合工作；联系点 1 个片区。

副总经理、党委委员李茂林负责零售、直销、批发、非油等核心业务的运作；分管业务经营部；联系点直属加油站及 1 座加油站。

党委委员、副总经理、安全总监刘艳春负责安全环保、投资工程；分管投资质量安全部、党委工作部（综合办公室）；联系点 1 座加油站。

副总经理、党委副书记、纪委书记、工会主席刘玉彬协助党委负责人做好党务工作；分管党委工作部（综合办公室）、投资质量安全部；联系点 1 座加油站。

总会计师、党委委员史进负责做好财务管理；分管财务部；联系点 1 座加油站。

2022 年，果洛分公司油品总销量 4.97 万吨（其中零售纯枪 4.37 万吨，批发直销 0.6 万吨），非油收入 1280.97 万元，非油利润 228.38 万元，发卡 0.82 万张。

2023 年 1 月，果洛分公司调整领导班子分工：

总经理、党委书记孙科技负责分公司全面工作，主持公司党委工作；负责党的建设，领导班子和人才队伍建设，日常营销工作；分管业务经营部、党委工作部（综合办公室）；联系点：达日加油站。

副总经理、党委委员李茂林负责油品数质量管理；加油站现场服务管理，956100 客户投诉处理；州直属加油站运营工作及宝塔石化承兑汇票追款工作；协助分管业务经营部；联系点：三岔口加油站。

副总经理、安全总监、党委委员刘艳春负责加油（气）站管理、投资工程、安全环保、QHSE 体系建设、加油站实物资产、检维修、信息化建设；分管投资质量安全部；联系点：甘德加油站。

副总经理、党委副书记、纪委书记、工会主席刘玉彬协助党委书记做好党的建设日常工作；负责纪检监察、工会群团、企业文化、职工培训、意识形态、维护稳定、法律事务、社会统筹、机关实物资产、离退休管理工作及后勤服务工作；协助分管党委工作部（综合办公室）；联系点：玛多加油站。

总会计师、党委委员史进负责做好财务资金、预算费用、合规管理、人工成本、内控体系等财务工作；分管财务部；联系点：班玛加油站。

2023年9月，青海销售公司党委决定：免去李茂林的果洛分公司党委委员职务；免去刘艳春的果洛分公司党委委员职务。青海销售公司决定：免去李茂林的果洛分公司副总经理职务，调黄南分公司工作；免去刘艳春的果洛分公司副总经理、安全总监职务，调青海中油新兴能源有限责任公司工作。

2023年，果洛分公司油品总销量6.86万吨（其中零售纯枪6.17万吨，批发直销0.69万吨），油品利润258.35万元，非油收入1708.34万元，非油利润250.03万元，利润总额508.37万元，发卡0.81万张。

截至2023年12月31日，果洛分公司机构层级类别为二级三类，属于青海销售公司二级单位。果洛分公司行政领导班子由3人组成：孙科技任总经理，刘玉彬任副总经理，史进任总会计师。党委由3人组成：孙科技任党委书记、刘玉彬任党委副书记，史进任党委委员。刘玉彬任纪委书记、工会主席。

2016年至2023年，果洛分公司油品总销量45.32万吨（其中零售纯枪37.88万吨，批发直销7.44万吨），非油收入8887.92万元，非油利润1071.3万元，发卡3.83万张。

一、果洛分公司领导名录（2016.1—2023.12）

总　经　理　杨增哲（2016.1—2017.2）

刘鹏书（2017.2—2019.1）

裴海宏（2019.1—2020.12）

孙科技（2021.6—2023.12）

负　责　人　孙科技（2020.12—2021.6）

副总经理　姚永珍（藏族，2016.1—2018.6）

刘鹏书（2016.2—2017.2）

窦鹏远（2017.3—12）

程志荣（2017.11—2019.1）

王　飞（2018.6—2020.3）

李茂林（2019.8—2023.9）

牛志刚（2019.8—2020.6）

陈统业（2020.7—2021.3）

刘艳春（2021.6—2023.9）

刘玉彬（2022.1—2023.12）

总 会 计 师　马玉新（回族，2016.1）

李增伟（2017.3—2018.12）

史　进（2022.1—2023.12）

安 全 总 监　姚永珍（兼任，2016.1—2018.6）

程志荣（兼任，2018.6—2019.1）

王　飞（兼任，2019.2—2020.3）

陈统业（兼任，2020.7—2021.3）

李茂林（兼任，2021.3—6）

刘艳春（兼任，2021.6—2023.9）

二、果洛分公司党委、纪委领导名录（2016.1—2023.12）

党 委 书 记　刘鹏书（2016.2—2017.3）

窦鹏远（2017.3—12）①

刘鹏书（2018.10—2019.1）②

裴海宏（2019.1—2020.12）③

孙科技（2021.6—2023.12）

党委负责人　孙科技（2020.12—2021.6）

副 书 记　杨增哲（2016.1—2017.2）④

刘鹏书（2017.3—10）

---

① 2017 年 12 月，窦鹏远调任股份公司江苏销售分公司办公室主任。

② 2019 年 1 月，刘鹏书调任办公室（党委办公室）主任。

③ 2020 年 12 月，裴海宏调任海南分公司总经理、党委书记。

④ 2017 年 2 月，杨增哲调任海西分公司总经理、党委副书记。

聂　军（2020.7—2022.1）①

刘玉彬（2022.1—2023.12）

委　　员　杨增哲（2016.1—2017.2）

马玉新（2016.1）②

姚永珍（2016.1—2018.6）③

刘鹏书（2016.2—2019.1）

窦鹏远（2017.3—12）

李增伟（2017.3—2018.12）④

程志荣（2017.11—2019.1）⑤

王　飞（2018.6—2020.3）⑥

裴海宏（2019.1—2020.12）

李茂林（2019.8—2023.9）⑦

牛志刚（2019.8—2020.6）⑧

聂　军（2020.7—2022.1）

陈统业（2020.7—2021.3）⑨

孙科技（2020.12—2023.12）

刘艳春（2021.6—2023.9）⑩

刘玉彬（2022.1—2023.12）

史　进（2022.1—2023.12）

纪委书记　刘鹏书（2016.2—2017.3）

窦鹏远（2017.3—12）

聂　军（2020.7—2022.1）

---

① 2022年1月，聂军调任玉树分公司副总经理、党委副书记、纪委书记、工会主席。

② 2016年1月，马玉新调任西宁分公司总会计师、党委委员。

③ 2018年6月，姚永珍调任调运处处长。

④ 2018年12月，李增伟调任非油品经营分公司总会计师、党委委员。

⑤ 2019年1月，程志荣调任办公室（党委办公室）副主任。

⑥ 2020年3月，王飞调任科技信息处副处长。

⑦ 2023年9月，李茂林调任黄南分公司副总经理、党委委员。

⑧ 2020年6月，牛志刚调任投资建设管理处副处长。

⑨ 2021年4月，陈统业调任青海中油新兴能源有限责任公司党委委员。

⑩ 2023年9月，刘艳春调任青海中油新兴能源有限责任公司党委委员。

刘玉彬（2022.1—2023.12）

三、果洛分公司工会领导名录（2016.1—2023.12）

主　　　席　刘鹏书（2016.2—2017.3）

窦鹏远（2017.3—10）

刘鹏书（2017.11—2019.1）

赵　诚（2019.5—2019.12）

李茂林（2019.12—2020.7）

聂　军（2020.7—2022.1）

刘玉彬（2022.1—2023.12）

第六节　玉树分公司（2016.1—2023.12）

1971年7月，玉树州石油公司成立。1985年9月，玉树州石油公司更名为玉树州石油煤建公司。1998年1月，上划集团公司，隶属于青海石油（集团）有限公司。2002年10月，玉树州石油公司更名为中国石油天然气股份有限公司青海玉树销售分公司（简称玉树分公司），机构规格副处级。2013年1月，玉树分公司机构规格调整为正处级。

截至2015年12月31日，玉树分公司机构规格为正处级，属于青海销售公司二级单位。玉树分公司行政领导班子由5人组成：周拉任经理，冯庚、赵维斌、陶凤顺、杨华胜任副总经理。党委由5人组成：冯庚任党委副书记，周拉、赵维斌、陶凤顺、杨华胜任党委委员。

2016年1月，青海销售公司党委决定：冯庚任玉树分公司党委副书记，免去玉树分公司党委书记、纪委书记职务；免去周拉的玉树分公司党委副书记职务；免去赵维斌的玉树分公司党委委员职务。青海销售公司决定：冯庚任玉树分公司总经理，免去玉树分公司副总经理职务；免去周拉的玉树分公司总经理职务，调格尔木分公司工作；免去赵维斌的玉树分公司副总经理职务，调海东分公司工作。

2016年2月，青海销售公司党委决定：山长胜任玉树分公司党委书记、纪委书记。青海销售公司决定：山长胜任玉树分公司副总经理。

2016 年，全年油品总销量 5.99 万吨（其中零售纯枪 4.94 万吨，批发直销 1.05 万吨），油品利润 1645.12 万元，非油收入 569 万元，非油利润 58.48 万元，发卡 1 万张。

2017 年 2 月，青海销售公司党委决定：梁永亮任玉树分公司党委委员，免去杨华胜的玉树分公司党委委员职务。青海销售公司决定：梁永亮任玉树分公司副总经理；免去杨华胜的玉树分公司副总经理职务。

2017 年 10 月，青海销售公司党委决定：王海霞任玉树分公司党委委员。青海销售公司决定：王海霞任玉树分公司总会计师职务。

2017 年，玉树分公司油品总销量 6.2 万吨（其中零售纯枪 5.3 万吨，批发直销 0.9 万吨），油品利润 3797.19 万元，非油收入 867 万元，非油利润 65.91 万元，发卡 1.09 万张。

2018 年 6 月，青海销售公司党委决定：杨华胜任玉树分公司党委书记；裴海宏任玉树分公司党委常务副书记、纪委书记（正处级）；免去山长胜的玉树分公司党委书记、纪委书记职务；免去冯庚的玉树分公司党委副书记职务。青海销售公司决定：杨华胜任玉树分公司总经理；免去冯庚的玉树分公司总经理职务，调多巴油库工作；裴海宏任玉树分公司副总经理职务；免去山长胜的副总经理职务，调财务处工作。

2018 年 12 月，青海销售公司党委决定：免去王海霞的玉树分公司党委委员职务；免去陶凤顺的玉树分公司党委委员职务。青海销售公司决定：免去王海霞的玉树分公司总会计师职务，调海南分公司工作；免去陶凤顺的副总经理、安全总监职务，调多巴油库工作。

2018 年，玉树分公司油品总销量 6.4 万吨（其中零售纯枪 5.4 万吨，批发直销 1 万吨），油品利润 2792.07 万元，非油收入 1104 万元，非油利润 113.57 万元，发卡 0.16 万张。

2019 年 1 月，青海销售公司党委决定：免去裴海宏的玉树分公司党委常务副书记、委员、纪委书记、工会主席职务。青海销售公司决定：免去裴海宏的玉树分公司副总经理职务，调果洛分公司工作。

2019 年 5 月，青海销售公司党委同意：王创业任玉树分公司工会主席。

2019 年 7 月，根据《中国石油青海销售公司所属机构分级分类工作方案》，明确玉树分公司机构层级类别为二级三类。

2019 年 8 月，青海销售公司党委决定：孙秀花任玉树分公司党委委员；陈永祥任玉树分公司党委委员。青海销售公司决定：孙秀花任玉树分公司副总经理；陈永祥任玉树分公司副总经理。

2019 年 12 月，青海销售公司党委决定：孙秀花任玉树分公司工会主席，免去王创业的玉树分公司工会主席职务。

2019 年，玉树分公司油品总销量 6.3 万吨（其中零售纯枪 5.5 万吨，批发直销 0.8 万吨），油品利润 2550.22 万元，非油收入 1170 万元，非油利润 42.17 万元，发卡 0.26 万张。

2020 年 4 月，青海销售公司党委决定：包忠军任玉树分公司党委委员、副书记；免去杨华胜的玉树分公司党委委员、书记职务。青海销售公司决定：包忠军任玉树分公司负责人；免去杨华胜的玉树分公司总经理职务，调办公室（党委办公室）工作。

2020 年 6 月，青海销售公司党委决定：孙秀花任玉树分公司党委副书记、纪委书记。青海销售公司决定：免去孙秀花的玉树分公司副总经理职务。

2020 年 8 月，青海销售公司决定：梁永亮任玉树分公司安全总监。

2020 年，玉树分公司油品总销量 6.2 万吨（其中零售纯枪 4.5 万吨，批发直销 1.7 万吨），油品利润 2823.08 万元，非油收入 1436 万元，非油利润 42.17 万元，发卡 0.5 万张。

2021 年 1 月，青海销售公司党委决定：包忠军任玉树分公司党委书记，免去玉树分公司党委副书记职务；王创业任玉树分公司党委委员。青海销售公司决定：包忠军任玉树分公司总经理，免去负责人职务；王创业任玉树分公司总会计师。

2021 年 4 月，青海销售公司党委决定：张松任玉树分公司党委委员、书记；免去包忠军的玉树分公司党委书记、委员职务；李洋任玉树分公司党委委员；免去梁永亮的玉树分公司党委委员职务。青海销售公司决定：张松任玉树分公司总经理；免去包忠军的玉树分公司总经理职务，调发展计划部（设备信息部）工作；李洋任常务副总经理（二级正）、安全总监；免去梁永亮的副总经理、安全总监职务，调海东分公司工作。

2021 年 4 月，青海销售公司决定：玉树分公司由"五部一室"调整为

"四部"，分别为：党委工作部（综合办公室）、业务经营部、财务部、投资质量安全部。调整后，分公司本部管理人员编制15人（含领导人员），其中三级正职数4人，三级副职数1人。

2021年6月，青海销售公司党委决定：免去孙秀花的副书记、党委委员、纪委书记、工会主席职务，调任青海销售公司营销专家；免去王创业的玉树分公司党委委员职务。青海销售公司决定：免去王创业的玉树分公司总会计师职务，调青海中油新兴能源有限责任公司工作。

2021年，玉树分公司油品总销量6.5万吨（其中零售纯枪4.6万吨，批发直销1.9万吨），油品利润2597.59万元，非油收入1211万元，非油利润192.22万元，发卡0.3万张。

2022年1月，青海销售公司党委决定：免去李洋的玉树分公司党委委员职务；聂军任玉树分公司党委委员、副书记、纪委书记、工会主席；叶伟任玉树分公司党委委员。青海销售公司决定：免去李洋的玉树分公司常务副总经理、安全总监职务，调海北分公司工作；聂军任玉树分公司副总经理；叶伟任玉树分公司总会计师。

2022年1月，玉树分公司调整领导班子分工：总经理、党委书记张松主持分公司党委、行政全面工作分管党委工作部（综合办公室）、投资安全环保部；联系点5座加油站。

副总经理、党委副书记、纪委书记、工会主席聂军负责纪委、工会工作，协助负责党委日常工作；协助分管党委工作部（综合办公室）；联系点4座加油站。

副总经理、党委委员陈永祥负责市场营销、加油站管理、负责中油互惠能源公司全面工作；分管业务经营部；联系点4座加油站。

总会计师、党委委员叶伟负责财务资金、合规管理，协助管理合资公司财务工作；分管财务部；联系点4座加油站。

2022年6月，青海销售公司决定：聂军任玉树分公司安全总监。

2022年9月，玉树分公司调整领导班子分工：

总经理、党委书记张松主持分公司党委、行政全面工作；分管党委工作部（综合办公室）；联系单位两家合资公司和3座加油站。

副总经理、安全总监、党委副书记、纪委书记、工会主席聂军负责纪委、工会工作；协助负责党委日常工作；协助分管党委工作部（综合办公室）、投资安全环保部；联系点 3 座加油站。

副总经理、党委委员陈永祥负责市场营销、加油站管理、负责中油互惠能源公司全面工作；分管业务经营部；联系点 4 座加油站。

总会计师、党委委员叶伟负责资金合规管理、内控体系工作，协助管理合资公司财务工作；分管财务部；联系点 3 座加油站。

2022 年，玉树分公司油品总销量 5.1 万吨（其中零售纯枪 3.5 万吨，批发直销 1.6 万吨），油品利润 1652.37 万元，非油收入 1055 万元，非油利润 249.37 万元，发卡 1.1 万张。

2023 年 1 月，玉树分公司调整领导班子成员分工：

总经理、党委书记张松主持分公司党委、行政全面工作；分管党委工作部（综合办公室）；联系单位：中油互惠和杂曲能源公司两家合资公司；联系加油站：结古加油站、清水河加油站、清水河停车区南北站。

副总经理、安全总监、党委副书记、纪委书记、工会主席聂军负责纪委、宣传思想文化、意识形态、工会群团、维护稳定、安全环保、数质量工作；协助负责党委日常工作；协助分管党委工作部（综合办公室）、投资安全环保部；联系加油站：赛马场加油站、南环西加油站、北环东加油站。

副总经理、党委委员陈永祥负责市场营销、加油站管理、库存管理、损溢管理、"油卡非润"一体化；协助总经理负责信息化工作；负责中油互惠能源公司全面工作；分管业务经营部；联系加油站：新寨加油站、中园加油站、杂多加油站、杂多扶贫加油站。

总会计师、党委委员叶伟负责资金、预算、合规管理、法律事务、对标管理、企业能力管理、内控体系工作；协助管理合资公司财务工作；分管财务部；联系点加油站：囊谦加油站、德吉加油站、歇武加油站。

2023 年，玉树分公司油品总销量 6.4 万吨（其中零售纯枪 5.3 万吨，批发直销 1.1 万吨），油品利润 1652.38 万元，非油收入 1073 万元，非油利润 137.04 万元，发卡 0.8 万张。

截至 2023 年 12 月 31 日，玉树分公司机构层级类别为二级三类，属于青海销售公司二级单位。玉树分公司行政领导班子由 4 人组成：张松任总经理，聂军、陈永祥任副总经理，叶伟任总会计师，聂军任安全总监。党委由 4 人组成：张松任党委书记，聂军任党委副书记，陈永祥、叶伟任党委委员。聂军任纪委书记、工会主席。

2016 年至 2023 年，玉树分公司油品总销量 49.09 万吨（其中零售纯枪 39.04 万吨，批发直销 10.05 万吨），油品利润 2859.78 万元，非油收入 8485 万元，非油利润 137.04 万元，发卡 5.21 万张。

一、玉树分公司领导名录（2016.1—2023.12）

总　经　理	周　拉（藏族，2016.1）
	冯　庚（2016.1—2018.6）
	杨华胜（2018.6—2020.4）
	包忠军（2021.1—4）
	张　松（2021.4—2023.12）
负　责　人	包忠军（2020.4—2021.1）
常务副总经理	李　洋（2021.4—2022.1）
副　总　经　理	冯　庚（2016.1）
	陶凤顺（2016.1—2018.12）
	杨华胜（2016.1—2017.2）
	赵维斌（2016.1）
	山长胜（2016.2—2018.6）
	梁永亮（2017.2—2021.4）
	裴海宏（2018.6—2019.1）
	孙秀花（女，2019.8—2020.6）
	陈永祥（2019.8—2023.12）
	聂　军（2022.1—2023.12）
总　会　计　师	王海霞（女，2017.10—2018.12）
	王创业（2021.1—2021.6）
	叶　伟（2022.1—2023.12）
安　全　总　监	梁永亮（兼任，2020.8—2021.4）
	李　洋（兼任，2021.4—2022.1）
	聂　军（兼任，2022.6—2023.12）

二、玉树分公司党委、纪委领导名录（2016.1—2023.12）

党 委 书 记 山长胜（2016.2—2018.6）①

杨华胜（2018.6—2020.4）②

包忠军（2021.1—4）③

张　松（2021.4—2023.12）

党委常务副书记 裴海宏（2018.6—2019.1）

党 委 副 书 记 冯　庚（2016.1—2018.6）④

孙秀花（2020.6—2021.6）⑤

包忠军（2020.4—2021.1）

聂　军（2022.1—2023.12）

党 委 委 员 冯　庚（2016.1—2018.6）

周　拉（2016.1）⑥

赵维斌（2016.1）⑦

陶凤顺（2016.1—2018.12）⑧

杨华胜（2016.1—2017.2；2018.6—2020.4）⑨

山长胜（2016.2—2018.6）

王海霞（2017.10—2018.12）⑩

梁永亮（2017.2—2021.4）⑪

裴海宏（2018.6—2019.1）⑫

孙秀花（2019.8—2021.6）

陈永祥（2019.8—2023.12）

---

① 2018年6月，山长胜调任财务处处长。
② 2020年4月，杨华胜调任办公室（党委办公室）主任。
③ 2021年4月，包忠军调任发展计划部（设备信息部）主任。
④ 2018年11月，冯庚调任多巴油库主任（正处级）、党总支书记。
⑤ 2021年6月，孙秀花调任青海销售公司营销专家。
⑥ 2016年1月，周拉调任格尔木分公司总经理、党委副书记。
⑦ 2016年1月，赵维斌调任海东分公司副总经理、党委委员。
⑧ 2018年12月，陶凤顺调任多巴油库副主任、党总支委员。
⑨ 2017年2月，杨华胜调任办公室（党委办公室）副主任。
⑩ 2018年12月，王海霞调任海南分公司总会计师、党委委员。
⑪ 2021年4月，梁永亮调任海东分公司副总经理、党委委员。
⑫ 2019年1月，裴海宏调任果洛分公司总经理、党委书记。

包忠军（2020.4—2021.4）

王创业（2021.1—6）①

张　松（2021.4—2023.12）

李　洋（2021.4—2022.1）②

叶　伟（2022.1—2023.12）

聂　军（2022.1—2023.12）

纪委书记 山长胜（2016.2—2018.6）

裴海宏（2018.6—2019.1）

孙秀花（2020.6—2021.6）

聂　军（2022.1—2023.12）

三、玉树分公司工会领导名录（2016.1—2023.12）

主　　席 山长胜（2016.2—2018.6）

裴海宏（2018.6—2019.1）

王创业（2019.5—2019.12）

孙秀花（2019.12—2021.6）

聂　军（2022.1—2023.12）

第七节　黄南分公司（2016.1—2023.12）

1964年7月，成立黄南州石油煤建公司。1998年8月，黄南州石油煤建公司划转集团公司，隶属于青海石油（集团）有限公司。2000年5月，黄南州石油煤建公司由中国石油天然气股份有限公司青海销售海东支公司管理，更名为中国石油天然气股份有限公司青海销售海东支公司黄南经营部。2008年5月7日，中国石油天然气股份有限公司青海海东销售分公司黄南经营部更名为中国石油天然气股份有限公司青海黄南销售分公司（以下简称黄南分公司），机构规格副处级。2013年1月，机构规格调整为正处级。

---

① 2021年6月，王创业调任青海中油新兴能源有限责任公司财务总监、党委委员。

② 2022年1月，李洋调任海北分公司常务副总经理、党委委员。

截至 2015 年 12 月 31 日，黄南分公司机构规格为正处级，属于青海销售公司二级单位。黄南分公司行政领导班子由 5 人组成：雷宏德任总经理，齐延伟、海寿山、王海涛任副总经理，武允明任总会计师，海寿山任安全总监。党委由 5 人组成：齐延伟任党委书记，雷宏德任党委副书记，武允明、海寿山、王海涛任党委委员。齐延伟任纪委书记、工会主席。

领导班子分工如下：

总经理、党委副书记雷宏德负责公司全盘工作；分管综合科。

副总经理、党委书记、纪委书记、工会主席齐延伟负责党委、纪委和工会工作；分管综合科。

党委委员、总会计师武允明负责财务；分管财务科。

副总经理、党委委员王海涛负责油卡非润一体化工作；分管业务运作部。

副总经理、安全总监、党委委员海寿山负责安全、投资工作；分管质量安全科。

2016 年，黄南分公司油品总销量 8.782 万吨（其中零售纯枪 7.002 万吨，批发直销 1.78 万吨），油品利润 134 万元，非油收入 504 万元，非油利润 45.29 万元，发卡 0.3 万张。

2017 年 2 月，青海销售公司党委决定：贾存艳任黄南分公司党委委员，免去武允明的黄南分公司党委委员职务。青海销售公司决定：贾存艳任黄南分公司总会计师；免去武允明的黄南分公司总会计师职务，调海东分公司工作。

2017 年 2 月，黄南分公司调整领导班子分工：

总经理、党委副书记雷宏德负责公司全盘工作；分管综合科。

副总经理、党委书记、纪委书记、工会主席刘延伟负责党委、工会和纪委工作；分管综合科。

总会计师、党委委员贾存艳负责财务、信息化建设；分管财务科。

副总经理、党委委员王海涛负责直销工作；分管业务运作部。

副总经理、安全总监、党委委员海寿山负责安全、投资工作；分管质量安全科。

2017 年，黄南分公司油品总销量 7.623 万吨（其中零售纯枪 6.659 万吨，批发直销 0.964 万吨），油品利润 229 万元，非油收入 705 万元，非油利润 75 万元，利润总额 304 万元，发卡 0.27 万张。

2018 年 6 月，青海销售公司党委决定：刘福云任黄南分公司党委委员。青海销售公司决定：刘福云任黄南分公司副总经理。

2018 年 10 月，青海销售公司党委决定：免去贾存艳的黄南分公司委员职务。青海销售公司决定：免去贾存艳的黄南分公司总会计师职务，退出领导岗位。

2018 年 11 月，青海销售公司决定，按照行政区域调整黄南分公司管辖范围，贵南经营部、同德经营部、兴海经营部调整至海南分公司管辖。

2018 年 12 月，青海销售公司决定：黄南分公司机关根据"四部一室"方式设置，分别是：业务运作部、财务部、投资建设管理部、质量安全环保部、综合办公室。

2018 年 12 月，青海销售公司党委决定：免去雷宏德的黄南分公司党委副书记、委员职务；免去王海涛的黄南分公司党委委员职务；海寿山任黄南分公司党委副书记、纪委书记、工会主席；王小勤任黄南分公司党委委员；刘丽丽任黄南分公司党委委员；免去刘福云的黄南分公司党委委员职务；免去齐延伟的黄南分公司纪委书记职务。青海销售公司决定：免去雷宏德的黄南分公司总经理职务，调海南分公司工作；齐延伟任黄南分公司总经理，免去黄南分公司副总经理职务；王小勤任黄南分公司副总经理、安全总监；刘丽丽任黄南分公司总会计师；免去王海涛的黄南分公司副总经理职务调海南分公司工作；免去刘福云的副总经理职务，调海南分公司工作；免去海寿山的黄南分公司安全总监职务。

2018 年 12 月，海南分公司成立，黄南分公司所属的贵南经营部、兴海经营部按行政区域划至海南分公司管辖。

2018 年，黄南分公司油品总销量 8.054 万吨（其中零售纯枪 6.891 万吨，批发直销 1.163 万吨），非油收入 1211 万元，非油利润 147 万元，发卡 0.34 万张。

2019 年 1 月，黄南分公司调整领导班子分工：

总经理、党委副书记齐延伟负责全盘工作；分管综合科、党委工作部；增加业务运作部分管。

党委副书记、纪委书记、工会主席海寿山负责纪委、工会工作，协助投资工作；分管投资建设部。

副总经理、安全总监、党委委员王小勤负责安全、业务、加管、非油等工作；分管质量安全环保部、业务运作部。

总会计师、党委委员刘丽丽负责财务工作、信息化建设、内控工作、工资薪酬、食堂账；分管财务部。

2019年4月，成立党委工作部，公司本部变为五部一室：党委工作部、业务运作部、财务部、投资建设管理部、质量安全环保部、综合办公室。

2019年5月，青海销售公司党委决定：海寿山任黄南分公司工会主席。

2019年7月，根据《中国石油青海销售公司所属机构分级分类工作方案》，明确黄南分公司机构层级类别为二级三类。

2019年8月，新增业务运作部。

2019年8月，刘丽丽被党内严重警告，免去黄南分公司总会计师职务，降为副处级调研员。

2019年8月，青海销售公司党委决定：免去王小勤的黄南分公司党委委员职务。青海销售公司决定：免去王小勤的黄南分公司副总经理、安全总监职务，调加油站管理处（加油卡管理中心）工作。郭彦丽任黄南分公司总会计师。

截至2019年12月，黄南分公司在册员工47人。2019年，油品总销量4.104万吨（其中零售纯枪3.278万吨，批发直销0.826万吨），非油收入433万元，非油利润66万元，发卡0.41万张。

2020年3月，青海销售公司党委决定：王继中任黄南分公司党委委员。青海销售公司决定：王继中任黄南分公司副总经理、安全总监。

2020年6月，青海销售公司党委决定：王继中任黄南分公司党委副书记、纪委书记、工会主席，免去海寿山的黄南分公司党委委员、副书记、纪委书记、工会主席职务。青海销售公司决定：齐延伟兼任安全总监；免去王继中的副总经理、安全总监职务；免去海涛山的黄南分公司副总经理职务，仅担任青海销售公司营销专家。

2020年6月，黄南分公司调整领导班子分工：

总经理、党委书记齐延伟主持分公司全盘工作；负责行政、营业执照、人事、安全、环保、消防、党建、投资全面工作。

副总经理、党委副书记、纪委书记、工会主席王继中对总经理负责；履行"一岗双责"责任；负责工会、纪委、团委工作，做好扶贫、稳定、老干部、纪检、群团工作；成品油管理、散装油品管理、加油站管理、成品油的购销调存、IC卡、直销、客户、市场工作。党委委员、调研员刘丽丽对总经理负责，并履行"一岗双责"责任，分管业务运作部；分管非油、食品经营许可证。

总会计师、党委委员郭彦丽对总经理负责；履行"一岗双责"责任；负责合规管理、内控体系、清欠工作、年度预算、会计核算、工资薪酬、土地、房产、开户许可证等工作。

2020年，黄南分公司油品总销量4.446万吨（其中零售纯枪3.766万吨，批发直销0.68万吨），非油收入392万元，非油利润30万元，发卡0.44万张。

2021年3月，青海销售公司决定：刘丽丽任黄南分公司副总经理，免去黄南分公司调研员职务。

2021年4月，青海销售公司决定：黄南分公司由"五部一室"调整为"四部"，分别为：党委工作部（综合办公室）、业务经营部、财务部、投资质量安全部。调整后，分公司本部管理人员编制15人（含领导人员），其中三级正职数4人，三级副职数1人。

2021年6月，青海销售公司党委决定：王映虹任黄南分公司党委委员、书记；免去齐延伟的黄南分公司党委书记职务。

2021年6月，黄南分公司调整领导班子分工：

党委书记王映虹主持全盘工作；分管党委工作部；联系点1个支部、3座加油站。

党委副书记、纪委书记、工会主席王继中协助党委书记负责党委和安全工作；分管投资质量安全部、协助分管党委工作部（党建工作、宣传工作、维护稳定工作）；联系点4座加油站。

副总经理、党委委员刘丽丽负责业务管理；分管业务经营部；联系点3座加油站。

总会计师、党委委员郭彦丽负责财务工作；分管财务部；联系点4座加油站。

2021年8月，青海销售公司党委决定：免去齐延伟的黄南分公司党委委员职务。青海销售公司决定：免去齐延伟的总经理、安全总监职务，退出领导岗位。

2021年，黄南分公司油品总销量4.157万吨（其中零售纯枪3.673万吨，批发直销0.484万吨），非油收入492万元，非油利润82万元，发卡0.65万张。

2022年1月，青海销售公司决定：王映虹任黄南分公司总经理。

2022年3月，青海销售公司党委决定：免去王继中的黄南分公司党委副书记、委员、纪委书记、工会主席职务，调海北分公司工作；赵维斌任黄南分公司党委委员、副书记、纪委书记、工会主席。青海销售公司决定：赵维斌任黄南分公司副总经理。

2022年6月，青海销售公司决定：赵维斌任黄南分公司安全总监。

2022年，黄南分公司调整领导班子分工：

总经理、党委书记王映虹负责公司党建行政全面工作；分管党委工作部、业务经营部。

副总经理、安全总监、党委副书记、纪委书记、工会主席赵维斌负责纪委、工会群团、安全；分管投资质量安全部（安全环保）。

副总经理、党委委员刘丽丽负责投资工程；分管投资质量安全部（投资网络建设）。

总会计师、党委委员郭彦丽负责财务工作；分管财务部。

2022年，黄南分公司油品总销量4.062万吨（其中零售纯枪3.714万吨，批发直销0.348万吨），非油收入574万元，非油利润103万元，发卡1.29万张。

2023年9月，青海销售公司党委决定：余宁任黄南分公司党委委员、党委书记、纪委书记、工会主席；邱军剑任黄南分公司党委委员、党委副书记；马玉新任黄南分公司党委委员；李茂林任黄南分公司党委委员；免去赵维斌的党委副书记、党委委员、纪委书记、工会主席职务；免去郭彦丽的黄南分公司党委委员职务；免去刘丽丽的黄南分公司党委委员职务；免去王映虹的党委书记、委员职务。青海销售公司决定：邱军剑任黄南分公司总经理、安全总监；余宁任黄南分公司副总经理；马玉新任黄南分公司总会计师；李茂林任黄南分公司副总经理；免去赵维斌的黄南分公司副总经理、安全总监职务，调海南分公司工作；免去郭彦丽的黄南分公司总会计师职务，调海南分公司工作；免去刘丽丽的副总经理职务，调海北分公司工作；免去王映虹的黄南分公司总经理职务，调青海中油交控能源有限公司工作。

2023年9月，黄南分公司领导班子成员分工调整。

总经理、党委副书记邱军剑负责公司全面工作；负责干部队伍、人才队伍建设、公司发展战略、投资工程、安全工作，以及省公司授权的其他事项；分管投资质量安全部、综合办公室；联系点：机关。

副总经理、党委书记、纪委书记、工会主席余宁主持党委工作；负责思想政治、企业文化、宣传、维护稳定、工会和共青团工作、纪委工作。决策权限范围内的"三重一大"和重要经营管理事项，防范企业重大风险；分管党委工作部；联系点：黄南第二加油站、北出口加油站、年都乎加油站、互助滩加油站、保安东站、保安西站。

总会计师、党委委员马玉新负责财务管理、合规管理、法律事务、内部控制、清欠工作、招投标管理、物资采购、土地房产工作、公司发展能力评价；分管财务部；联系点：尖扎县城加油站、尖扎康杨西加油站、尖扎李家峡加油站。

副总经理、党委委员李茂林负责市场营销、油品调运、库存管理、现场服务、"油卡非润"一体化、成品油市场整顿、数质量管理、信息化建设、工程检维修、加油站固定资产；分管业务经营部；联系点：河南县加油站、泽库县站、泽库县第二加油站、泽库县司么村加油站。

2023年，黄南分公司油品总销量4.445万吨（其中零售纯枪5.122万吨，批发直销0.323万吨），油品利润437万元，非油收入980万元，非油利润263万元，利润总额700万元，发卡1.03万张。

截至2023年12月31日，黄南分公司机构层级类别为二级三类，属于青海销售公司二级单位。黄南分公司行政领导班子由4人组成：邱军剑任总经理、安全总监，余宁、李茂林任副总经理，马玉新任总会计师。党委由4人组成：余宁任党委书记，邱军剑任党委副书记，马玉新、李茂林任党委委员。余宁任纪委书记、工会主席。

2016年至2023年，黄南分公司油品总销量46.675万吨（其中零售纯枪40.107万吨，批发直销6.568万吨），非油收入4165.77万元，非油利润

926.64 万元，发卡 4.73 万张。

一、黄南分公司行政领导名录（2016.1—2021.12）

总　经　理　雷宏德（2016.1—2018.12）

齐延伟（2018.12—2021.8）①

王映虹（2022.1—2023.9）

邱军剑（2023.9—2023.12）

副　总　经　理　齐延伟（2016.1—2018.12）

王海涛（满族，2016.1—2018.12）

海寿山（2016.1—2020.6）

刘福云（2018.6—2018.12）

王小勤（藏族，2018.12—2019.8）

王继中（2020.3—6）

刘丽丽（女，2021.3—2023.9）

赵维斌（2022.3—2023.9）

余　宁（2023.9—12）

李茂林（2023.9—12）

总　会　计　师　武允明（2016.1—2017.2）

贾存艳（女，藏族，2017.2—2018.10）

刘丽丽（2018.12—2019.8）

郭彦丽（女，2019.8—2023.9）

马玉新（回族，2023.9—12）

安　全　总　监　海寿山（兼任，2016.1—2018.12）

王小勤（兼任，2018.12—2019.8）

王继中（兼任，2020.3—6）

齐延伟（兼任，2020.6—2021.8）

赵维斌（兼任，2022.6—2023.9）

邱军剑（兼任，2023.9—12）

---

① 2021 年 8 月，齐延伟退出领导岗位。

二、黄南分公司党委、纪委领导名录（2016.1—2023.12）

党 委 书 记　齐延伟（2016.1—2021.6）

　　　　　　王映虹（2021.6—2023.9）①

　　　　　　余　宁（2023.9—12）

党委副书记　雷宏德（2016.1—2018.12）②

　　　　　　海寿山（2018.12—2020.6）③

　　　　　　王继中（2020.6—2022.3）④

　　　　　　赵维斌（2022.3—2023.9）⑤

　　　　　　邱军剑（2023.9—12）

党 委 委 员　齐延伟（2016.1—2021.8）

　　　　　　雷宏德（2016.1—2018.12）

　　　　　　武允明（2016.1—2017.2）⑥

　　　　　　海寿山（2016.1—2020.6）

　　　　　　王海涛（2016.1—2018.12）⑦

　　　　　　贾存艳（2017.2—2018.10）⑧

　　　　　　刘福云（2018.6—12）⑨

　　　　　　王小勤（2018.12—2019.8）⑩

　　　　　　刘丽丽（2018.12—2023.9）⑪

　　　　　　郭彦丽（2019.8—2023.9）⑫

　　　　　　王继中（2020.3—2022.3）

　　　　　　王映虹（2021.6—2023.9）

① 2023 年 9 月，王映虹调任青海中油交控能源有限公司董事、总经理。
② 2018 年 12 月，雷宏德调任海南分公司总经理、党委书记。
③ 2020 年 6 月，免去海寿山的黄南分公司领导职务，仍继续担任青海销售公司营销专家。
④ 2022 年 3 月，王继中调任海北分公司副总经理、党委副书记、纪委书记、工会主席。
⑤ 2023 年 9 月，赵维斌调任海南分公司副总经理、党委副书记、纪委书记、工会主席。
⑥ 2017 年 2 月，武允明调任海东分公司总会计师、党委委员。
⑦ 2018 年 10 月，贾存艳退出领导岗位。
⑧ 2018 年 12 月，王海涛调任海南分公司副总经理、党委副书记、纪委书记、工会主席。
⑨ 2018 年 12 月，刘福云调任海南分公司副总经理、党委委员。
⑩ 2019 年 8 月，王小勤调任加油站管理处（加油卡管理中心）副处长。
⑪ 2023 年 9 月，刘丽丽调任海北分公司总会计师、党委委员。
⑫ 2023 年 9 月，郭彦丽调任海南分公司总会计师、党委委员。

　　　　　赵维斌（2022.3—2023.9）

　　　　　余　宁（2023.9—12）

　　　　　邱军剑（2023.9—12）

　　　　　马玉新（2023.9—12）

　　　　　李茂林（2023.9—12）

纪 委 书 记　齐延伟（2016.1—2018.12）

　　　　　海寿山（2018.12—2020.6）

　　　　　王继中（2020.6—2022.3）

　　　　　赵维斌（2022.3—2023.9）

　　　　　余　宁（2023.9—12）

三、黄南分公司工会领导名录（2016.1—2023.12）

主　　　席　齐延伟（2016.1—2018.12）

　　　　　海寿山（2018.12—2020.6）

　　　　　王继中（2020.6—2022.3）

　　　　　赵维斌（2022.3—2023.9）

　　　　　余　宁（2023.9—12）

第八节　湟源分公司（2016.1—2018.11）

　　2000年5月，中国石油天然气股份有限公司青海销售湟源支公司成立。2002年10月，更名为中国石油天然气股份有限公司青海销售湟源分公司（以下简称湟源分公司）。2009年3月，由西宁分公司、海东分公司、湟源分公司、大通分公司组建青海销售公司零售管理中心。12月，零售管理中心优化重组为3个分公司：西宁分公司、海东分公司、湟源分公司。

　　截至2015年12月31日，湟源分公司机构规格为正处级，属于青海销售公司二级单位。湟源分公司行政领导班子由6人组成：孙福双任总经理，安德忠、王春江、李海东、熊建忠任副总经理，徐红艳任总会计师，安德忠任安全总监。党委由6人组成：李海东任党委书记，孙福双任党委副书记，安德忠、熊建忠、王春江、徐红艳任党委委员。李海东任纪委书记。安德忠任工会主席。

2016 年 1 月，青海销售公司党委决定：申海宏任湟源分公司党委副书记，免去孙福双的湟源分公司党委副书记职务。青海销售公司决定：申海宏任湟源分公司总经理；免去孙福双的湟源分公司总经理职务，调维护稳定办公室（老干办）工作。

2016 年 1 月，湟源分公司调整领导班子分工：

总经理、党委副书记申海宏负责分公司全盘工作。

副总经理、党委书记、纪委书记李海东负责党委、纪委和工会工作。

总会计师、党委委员徐红艳负责财务、薪酬、内控工作。

副总经理、党委委员王春江负责油卡非润一体化工作。

副总经理、党委副书记安德忠负责营运安全工作。

副总经理、党委委员熊建忠负责投资、网点建设工作。

2016 年 12 月，青海销售公司党委决定：免去李海东的湟源分公司党委委员职务。青海销售公司决定：免去李海东的湟源分公司副总经理职务，退出领导岗位。

2016 年，湟源分公司成品油销售 23.28 万吨，完成计划的 95.4%，同比下降 2.3%。非油营业收入 1721.5 万元，完成计划的 113%，同比增长 28%。

2017 年 1 月，徐红艳被开除党籍、行政撤职（留用察看一年）。

2017 年 1 月，青海销售公司党委决定：赵维斌任湟源分公司党委委员。青海销售公司决定：赵维斌任湟源分公司副总经理。

2017 年 2 月，青海销售公司决定：王春江任湟源分公司总会计师，免去湟源分公司副总经理职务。

2017 年 8 月，青海销售公司决定：杨华胜任湟源分公司副总经理。青海销售公司党委决定：杨华胜任湟源分公司党委委员。

2017 年 10 月，青海销售公司党委决定：免去熊建忠的湟源分公司党委委员职务。青海销售公司决定：王春江任湟源分公司副总经理，免去湟源分公司总会计师职务；免去熊建忠的湟源分公司副总经理职务，调海东分公司工作。

2017 年 10 月，湟源分公司调整领导班子分工：

总经理申海宏负责分公司全盘工作。

党委书记王春江负责党委、纪委和工会工作。

安全总监安德忠负责营运安全工作。

副总经理杨华胜负责投资、网点建设工作。

2017年，湟源分公司成品油销售21.94万吨，其中：纯枪19.72万吨，同比增长1.5%；直销2.2万吨，同比下降42%。非油销售收入2197万元，同比增长27.6%。利润总额2072万元，较同期增长604%；其中，非油利润293万元。

2018年4月，青海销售公司党委决定：免去安德忠的湟源分公司党委委员职务。青海销售公司决定：免去安德忠的湟源分公司副总经理、安全总监职务，退出领导岗位。

2018年6月，青海销售公司党委决定：免去杨华胜的湟源分公司党委委员职务；张金虎任湟源分公司党委委员；张爱民任湟源分公司党委委员。青海销售公司决定：免去杨华胜的湟源分公司副总经理职务，调玉树分公司工作；张金虎任湟源分公司副总经理；张爱民任湟源分公司副总经理，赵维斌任安全总监。

2018年6月，湟源分公司调整领导班子分工：

总经理申海宏负责分公司全盘工作。

党委书记王春江负责党委、纪委和工会工作。

安全总监赵维斌负责营运安全工作。

副总经理张金虎负责投资、网点建设工作。

副总经理张爱民负责油卡非润工作，分管业务运作部。

2018年11月，青海销售公司决定：对湟源分公司管辖的区县按照行政区域进行调整：按行政区域成立海北分公司，撤销湟源分公司。

2018年12月，青海销售公司党委决定：免去申海宏的湟源分公司党委副书记、委员职务；免去赵维斌的湟源分公司党委委员职务；免去张金虎的湟源分公司党委委员职务；免去张爱民的湟源分公司党委委员职务；免去王春江的湟源分公司党委委员、书记、纪委书记职务。青海销售公司决定：免去申海宏的总经理职务，调海北分公司工作；免去赵维斌的副总经理职务，调海北分公司工作；免去张金虎的副总经理、安全总监职务，调海北分公司工作；免去张爱民的副总经理职务，调党群工作处工作；免去王春江的湟源分公司副总经理职务，调青海中油交通能源有限公司工作。

2018 年，成品油销售 18.18 万吨，其中：纯枪 15.87 万吨，同比下降 20%；直销 2.3 万吨，同比增长 3%。非油销售收入 2882 万元，同比增长 31.2%。利润总额 2724 万元，较同期增长 604%；其中，非油利润 286 万元。

2016 年至 2018 年，湟源分公司油品总销量 203.438 万吨（其中零售纯枪 161.79 万吨，批发直销 41.648 万吨），非油收入 22171 万元，非油利润 3462.02 万元，发卡 21.6477 万张。

一、湟源分公司行政领导名录（2016.1—2018.12）

总　经　理	孙福双（2016.1）	
	申海宏（2016.1—2018.12）	
副总经理	安德忠（2016.1—2018.4）	
	李海东（2016.1—12）	
	王春江（2016.1—2017.2；2017.10—2018.12）	
	熊建忠（2016.1—2017.10）	
	赵维斌（2017.1—2018.12）	
	杨华胜（2017.8—2018.6）	
	张金虎（2018.6—12）	
	张爱民（2018.6—12）	
总会计师	徐红艳（女，2016.1—9）	
	王春江（2017.2—10）	
安全总监	安德忠（兼任，2016.1—2018.4）	
	赵维斌（兼任，2018.6—12）	

二、湟源分公司党委、纪委（2016.1—2018.12）

书　　记	李海东（2016.1—12）[①]	
	申海宏（2017.1—6）	
	王春江（2017.6—2018.12）[②]	

---

① 2016 年 12 月，李海东退出领导岗位。
② 2018 年 12 月，王春江调任青海中油交通能源有限公司财务总监。

副　书　记　孙福双（2016.1）①

　　　　　　申海宏（2016.1—2017.1；2017.6—2018.12）②

委　　　员　李海东（2016.1—12）

　　　　　　孙福双（2016.1）

　　　　　　安德忠（2016.1—2018.4）③

　　　　　　熊建忠（2016.1—2017.10）④

　　　　　　王春江（2016.1—2018.12）

　　　　　　申海宏（2016.1—2018.12）

　　　　　　徐红艳（2016.1—2017.1）⑤

　　　　　　赵维斌（2017.1—2018.12）⑥

　　　　　　杨华胜（2017.8—2018.6）⑦

　　　　　　张金虎（2018.6—12）⑧

　　　　　　张爱民（2018.6—12）⑨

纪委书记　李海东（2016.1—12）

　　　　　　申海宏（2017.1—6）

　　　　　　王春江（2017.6—2018.12）

三、湟源分公司工会领导名录（2016.1—2018.12）

主　　　席　安德忠（2016.1—12）

　　　　　　申海宏（2017.1—5）

　　　　　　王春江（2017.6—2018.12）

---

① 2016年1月，孙福双调任维护稳定办公室（老干办）主任、党总支书记。

② 2018年12月，申海宏调任海北分公司总经理、党委书记。

③ 2018年4月，安德忠退出领导岗位。

④ 2017年10月，熊建忠调任海东分公司副总经理、党委委员。

⑤ 2017年1月，徐红艳被开除党籍、行政撤职（留用察看一年）。

⑥ 2018年12月，赵维斌调任海北分公司副总经理、党委副书记、纪委书记、工会主席。

⑦ 2018年6月，杨华胜调任玉树分公司总经理、党委书记。

⑧ 2018年12月，张金虎调任海北分公司副总经理、安全总监、党委委员。

⑨ 2018年12月，张爱民调任党群工作处副处长、青海销售公司团委书记。

第九节　青海省隆达石化有限责任公司
（2016.1—2021.2）

1995 年 5 月，青海省隆达石化有限责任公司注册成立。2004 年 12 月，青海省隆达石化有限责任公司由青海润滑油销售分公司托管。2007 年 5 月起，青海省隆达石化有限责任公司停业，保留营业执照，按时年检。2014 年 12 月，青海省隆达石化有限责任公司由非油品经营公司托管。青海省隆达石化有限责任公司与青海销售公司存在债权债务关系，无资产偿还。青海销售公司为青海省隆达石化有限责任公司大股东，是其控股公司、债权人，股权占比 100%。

截至 2015 年 12 月 31 日，青海省隆达石化有限责任公司属于青海销售公司二级单位，机构规格正处级。行政领导班子由 2 人组成：非油品经营分公司经理王文月兼任总经理，李文奇任副总经理。党组织关系隶属于非油品经营分公司党委。

2017 年 8 月，青海销售公司决定：免去王文月的青海省隆达石化有限责任公司经理职务，调股份公司润滑油分公司工作。李虎林任青海省隆达石化有限责任公司经理，负责行政、党委全盘工作。

2018 年 12 月，青海销售公司决定：免去李文奇的青海省隆达石化有限责任公司副经理职务，退出领导岗位。

2021 年 2 月，因业务调整，青海省隆达石化有限责任公司注销，不再由非油品经营分公司托管。

经　　　理　王文月（兼任，女，藏族，2016.1—2017.7）[1]
　　　　　　李虎林（兼任，2017.8—2021.2）

副 经 理　李文奇（副处级，2016.1—2018.12）[2]

---

[1] 2017 年 7 月，王文月调任股份公司润滑油分公司兰州润滑油销售分公司副经理（正处级）、党委委员。
[2] 2018 年 12 月，李文奇退出领导岗位。

第十节 汽车运输分公司（2016.1—2021.6）

1972 年 5 月，成立汽车队。1985 年 7 月，在汽车队基础上组建青海石油汽车运输公司。1998 年 7 月，青海石油汽车运输公司划转集团公司。2002 年 12 月，青海石油汽车运输公司名称变更为中国石油天然气股份有限公司青海销售公司汽车运输分公司（以下简称汽车运输分公司）。2004 年 12 月，汽车运输分公司由青海润滑油销售分公司托管。2008 年 10 月，汽车运输分公司全部人员由青海销售公司负责管理。其营业执照、组织机构代码证由青海润滑油销售分公司保管。2014 年 12 月，汽车运输分公司由非油品经营分公司托管。

截至 2015 年 12 月 31 日，汽车运输分公司机构规格正处级，属于青海销售公司二级单位。行政领导班子由 1 人组成，非油品经营分公司经理王文月兼任任总经理。党组织关系隶属于非油品经营公司党委。

2017 年 8 月，青海销售公司决定：免去王文月的汽车运输分公司经理职务；李虎林任汽车运输分公司经理。

2019 年 3 月，汽车运输分公司改为由仓储分公司托管。

2019 年 6 月，青海销售公司决定：高凌峰兼任汽车运输分公司经理；免去李虎林的汽车运输分公司经理职务。

2020 年 4 月，青海销售公司决定：王海鹏兼任汽车运输分公司经理；免去高凌峰的汽车运输分公司经理职务。

2021 年 1 月，青海销售汽车运输分公司由仓储分公司（调运处）托管。

2021 年 6 月，因业务调整，注销汽车运输分公司，不再由储运分公司（仓储调运部）托管。

经　　理　王文月（兼任，女，藏族，2016.1—2017.8）[1]
　　　　　李虎林（兼任，2017.8—2019.6）

---

[1] 2017 年 7 月，王文月调任股份公司润滑油分公司兰州润滑油销售分公司副经理（正处级）、党委委员。

高凌峰（兼任，2019.6—2020.4）

王海鹏（兼任，2020.4—2021.6）

第十一节　非油品经营分公司（2016.1—2021.3）

1959年1月，马坊油库石油二库成立。1998年5月，更名青海省润滑油分公司，经营润滑油（脂）和其他石油产品。

2001年2月，青海省润滑油分公司机构规格调整为正处级。8月，青海省润滑油分公司划归青海销售公司，更名为青海润滑油销售分公司，企业法人代表变更为企业负责人。2009年1月，青海润滑油销售分公司重组成立销售物流配送中心。2012年2月，销售物流配送中心更名为中国石油天然气股份有限公司青海润滑油销售分公司。2013年3月，非油品业务管理中心成立。2014年12月，青海润滑油销售分公司与非油业务管理中心整合为中国石油天然气股份有限公司青海销售非油品经营分公司（以下简称非油品经营分公司），为青海销售公司下属二级单位，机构规格正处级。非油品经营分公司托管青海省隆达石化有限责任公司、青海销售汽车运输分公司。非油品经营分公司主要负责青海销售公司非油品、润滑油、煤油、化工产品、化肥销售等相关业务，是非油品业务的归口管理部门，负责组织实施、指导、监督青海销售公司所属分公司开展非油品工作。

截至2015年12月31日，非油品经营分公司机构规格为正处级，属于青海销售公司二级单位。非油品经营分公司行政领导班子由5人组成：王文月任总经理，刘璟、胡伟民、史洪军任副总经理，何建秀任总会计师。党委由5人组成：刘璟任党委书记，王文月任党委副书记，胡伟民、史洪军、何建秀任党委委员。设"4部1中心"：综合事务部、非油品经营部、小产品经营部、财务资产部、仓储配送中心，定编60人。

领导班子分工如下：

总经理、党委副书记王文月主持行政全面工作。

副总经理、党委书记刘璟负责党委、工会，分管综合事务部。

副总经理、党委委员胡伟民负责业务，分管小产品经营部。

副总经理、安全总监、党委委员史洪军负责安全和配送，分管非油品经营部和仓储配送中心。

总会计师、党委委员何建秀负责财务，分管财务资产部。

2016年6月，非油品经营部变更为业务运营部、小产品经营部变更为市场开发部。

2016年8月，青海销售公司党委决定：免去胡伟民的非油品经营分公司党委委员职务。青海销售公司决定：免去胡伟民的非油品经营分公司副总经理职务。

2016年，非油品经营分公司非油收入1.63亿元，完成预算的105%；实现非油利润1627万元，完成预算的102%。润滑油、煤油、化工、化肥、自有商品等业务稳步增长。实现业务销售收入8417元，完成年度预算的107%。全年账面利润亏损179万元，剔除职能处室费用271万元，实际盈利92万元，较预算增利82万元，较同期增利327万元。

2017年1月，非油品经营分公司领导班子分工调整。

总经理、党委副书记王文月主持行政全面工作。

副总经理、党委书记刘璟负责党委、工会，分管综合事务部。

副总经理、党委委员司海岩负责业务，分管市场开发部。

副总经理、安全副总监、党委委员史洪军负责配送，分管业务运营部和仓储配送中心。

总会计师、党委委员何建秀负责财务，分管财务资产部。

2017年4月，青海销售公司党委决定：李虎林任非油品经营分公司党委书记、纪委书记、工会主席；司海岩任非油品经营分公司党委委员；免去刘璟的非油品经营分公司党委书记、纪委书记、工会主席职务。青海销售公司决定：免去刘璟非油品经营分公司副总经理职务，调维护稳定办公室（老干办）工作；李虎林任非油品经营分公司副总经理；司海岩任非油品经营分公司副总经理。

2017年8月，青海销售公司决定：免去王文月的非油品经营分公司总经理职务，调股份公司润滑油分公司工作；李虎林任非油品经营分公司总经理，负责行政、党委全盘工作，免去非油品经营分公司副总经理职务。

2017年10月，青海销售公司党委决定：余宁任非油品经营分公司党委书记、纪委书记、工会主席；李虎林任非油品经营分公司党委副书记，免去非油品经营分公司党委书记职务；免去王文月的非油品经营分公司党委副书记职务。青海销售公司决定：余宁任非油品经营分公司副总经理。

2017年12月，非油品经营分公司调整领导班子分工：

总经理、党委副书记李虎林主持行政全面工作。

副总经理、党委书记、纪委书记、工会主席余宁负责党委、工会，分管综合事务部。

副总经理、党委委员司海岩分管市场开发部。

副总经理、党委委员史洪军负责配送，分管业务运营部和仓储配送中心。

总会计师、党委委员何建秀负责财务，分管财务资产部。

2017年，非油品经营分公司非油收入2.13亿元，完成预算2亿元的106%，实现非油利润2021万元，完成预算2100万元的96%。非油品经营公司润滑油、煤油、化工、化肥、自有商品等业务稳步增长。实现业务销售收入1.22亿元（含煤油收入5216.96万元），同比增长31%；同比亏损增加196.9万元。

2018年6月，青海销售公司党委决定：免去史洪军的非油品经营分公司党委委员职务。青海销售公司决定：免去史洪军的非油品经营分公司副总经理、安全总监职务，退出领导岗位。

2018年10月15日，青海销售公司党委决定：免去何建秀的非油品经营分公司党委委员职务。青海销售公司决定：免去何建秀的非油品经营分公司总会计师职务，退出领导岗位。

2018年12月，青海销售公司党委决定：李增伟任非油品经营分公司党委委员。青海销售公司决定：李增伟任非油品经营分公司总会计师。

2018年12月，非油品经营分公司调整领导班子分工：

总经理、党委副书记李虎林主持公司行政全面工作。

副总经理、党委书记、纪委书记、工会主席余宁负责高速公路服务区非油业务工作，分管综合事务部。

副总经理、党委委员司海岩分管市场开发部。

总会计师、党委委员李增伟负责采取，分管财务资产部。

2018 年，非油品经营分公司非油销售 3.06 亿元，同比增加 9321 万元，增幅 44%，完成板块全年计划的 102%；非油利润 2935 万元，同比增加 914 万元，同比增幅 45%，完成板块全年计划的 101%。实现店销收入 1.996 亿元，同比增加 5660 万元，同比增幅 39.54%。

2019 年 3 月，汽车运输分公司改由仓储分公司托管。

2019 年 5 月，青海销售公司党委决定：余宁任非油品经营分公司工会主席。

2019 年 7 月，非油品经营分公司调整领导班子分工：

总经理、党委副书记李虎林主持公司行政全面工作，分管隆达公司。

副总经理、党委书记余宁负责工程、汽服工作，分管综合事务部。

副总经理、党委委员司海岩分管市场开发部（润滑油超市）、业务运营部（马坊社区店）。

总会计师、党委委员李增伟负责财务业务，分管财务资产部。

2019 年 7 月，根据《中国石油青海销售公司所属机构分级分类工作方案》，明确非油品经营分公司机构层级类别为二级二类。

2020 年 8 月，青海销售公司党委决定：巴永峰任党委委员。青海销售公司决定：余宁任非油品经营分公司安全总监；巴永峰任非油品经营分公司副总经理。

2020 年 9 月，非油品经营分公司调整领导班子分工：

总经理、党委副书记李虎林主持行政全面工作，分管隆达公司。

副总经理、安全总监、党委书记、纪委书记、工会主席余宁主持党委全面工作，分管综合事务部（人事组织部）。

副总经理、党委委员巴永峰负责业务，分管销售运作部（润滑油超市）。

副总经理、党委委员司海岩负责开发工作，分管商品开发部。

总会计师、党委委员李增伟负责财务工作，分管财务资产部。

2020 年 12 月，青海销售公司决定：免去司海岩的非油品经营分公司副总经理职务，调加油站管理处（加油卡管理中心）工作。青海销售公司党委决定：免去司海岩的非油品经营分公司党委委员职务。

2021 年 1 月，青海销售公司党委决定：免去余宁的非油品经营分公司党委书记、委员、纪委书记、工会主席职务；李虎林任非油品经营分公司党委书记，免去非油品经营分公司党委副书记职务；冯庚任非油品经营分公司党委委员；免去李增伟的非油品经营分公司党委委员职务。青海销售公司决定：免去余宁的非油品经营分公司副总经理、安全总监职务，调海南分公司工作；冯庚任常务副总经理（二级正）、安全总监；免去李增伟的总会计师职务，调青海中油新兴能源公司工作。

2021年2月，因业务调整，青海省隆达石化有限责任公司注销，不再由非油品经营公司托管。

2021年3月，青海销售公司进一步规范二级单位机构设置，非油品经营分公司更名为非油分公司（非油品经营部），改为青海销售公司直属机构。

一、非油品经营分公司领导名录（2016.1—2021.4）

总　经　理	王文月（女，藏族，2016.1—2017.7）
	李虎林（2017.8—2021.3）
常务副总经理	冯　庚（2021.1—3）
副 总 经 理	刘　璟（女，2016.1—2017.4）
	胡伟民（2016.1—8）
	史洪军（2016.1—2018.6）
	李虎林（2017.4—8）
	司海岩（2017.4—2020.12）
	余　宁（2017.10—2021.1）
	巴永峰（满族，2020.8—2021.3）
总 会 计 师	何建秀（女，2016.1—2018.10）
	李增伟（男，2018.12—2021.1）
安 全 总 监	史洪军（2016.1—2018.6）
	余　宁（2018.8—2021.1）
	冯　庚（2021.2—2021.3）

二、非油品分公司党委、纪委领导名录（2016.1—2021.3）

党 委 书 记	刘　璟（2016.1—2017.4）①
	李虎林（2017.4—8；2021.1—3）

---

① 2017年4月，刘璟调任维护稳定办公室（老干办）主任、党总支书记。

余　宁（2017.10—2021.1）①

党委副书记　王文月（2016.1—2017.7）②

李虎林（2017.8—2021.1）

党委委员　刘　璟（2016.1—2017.4）

王文月（2016.1—2017.7）

胡伟民（2016.1—8）③

史洪军（2016.1—2018.6）④

何建秀（2016.1—2018.10）⑤

李虎林（2017.4—2021.3）

司海岩（2017.4—2020.12）⑥

余　宁（2017.10—2021.1）

李增伟（2018.12—2021.1）⑦

巴永峰（2020.8—2021.3）

冯　庚（2021.1—3）

纪委书记　刘　璟（2016.1—2017.4）

李虎林（2017.4—10）

余　宁（2017.10—2021.1）

三、非油品经营分公司工会领导名录（2016.1—2021.3）

主　　席　刘　璟（2016.1—2017.4）

李虎林（2017.4—10）

余　宁（2017.10—2021.1）

---

① 2021年1月，余宁调任海南分公司副总经理、党委书记、纪委书记、工会主席。
② 2017年7月，王文月调任股份公司润滑油分公司兰州润滑油销售分公司副经理（正处级）、党委委员。
③ 2016年8月，胡伟民退出领导岗位。
④ 2018年6月，史洪军退出领导岗位。
⑤ 2018年10月，何建秀退出领导岗位。
⑥ 2020年12月，司海岩调任加油站管理处（加油卡管理中心）副处长。
⑦ 2021年1月，李增伟调任青海中油新兴能源公司党委委员。

第十二节　青海省石油总公司新兴贸易公司—青海中油新兴能源公司（2016.1—2021.4）

1979 年 11 月，青海省石油煤建公司成立青海省石油煤建公司待业青年劳动服务队，属集体性质。1982 年 12 月，青海省石油煤建公司待业青年劳动服务队更名为青海省石油煤建公司劳动服务队。1984 年 4 月，青海省石油煤建公司劳动服务队更名为青海省石油煤建公司劳动服务公司。11 月，青海省石油煤建公司劳动服务公司转为大集体企业，实行经济承包责任制。1985 年 7 月，中国石化销售公司青海石油公司把青海石油煤建公司劳务公司更名为青海省石油劳动服务公司。1992 年 8 月，青海石油公司劳动服务公司更名为青海省新兴石油贸易公司。1994 年 1 月，青海省新兴石油贸易公司更名为青海省石油总公司新兴贸易公司（以下简称新兴贸易公司）。1995 年 3 月，新兴贸易公司进行机制改革，成为集体企业性质。1998 年 7 月，新兴贸易公司划转集团公司。2001 年 2 月，新兴贸易公司机构规格明确为正处级。2002 年 12 月，新兴贸易公司并入青海石油（集团）有限公司物业管理服务中心。2004 年 7 月，青海石油（集团）有限公司更名为青海石油有限责任公司，新兴贸易公司隶属于青海石油有限责任公司。2007 年 9 月，新兴贸易公司被重新启动。2007 年 9 月，成立新兴贸易公司党委，隶属于青海销售公司党委。

截至 2015 年 12 月 31 日，新兴贸易公司机构规格为正处级，属于青海销售公司二级单位。新兴贸易公司行政领导班子由 5 人组成：奥西成任总经理，翟俊伟、谢永超、赵新仟任副总经理，吴继红任总会计师。党委由 5 人组成：翟俊伟任党委书记，吴继红、谢永超、赵新仟、奥西成任党委委员。翟俊伟任纪委书记，奥西成任工会主席。

2016 年 10 月，青海销售公司党委决定：免去吴继红的新兴贸易公司党委委员职务。青海销售公司决定：免去吴继红的新兴贸易公司总会计师职务，退出领导岗位。

2016 年 10 月，新兴贸易公司调整领导班子分工：

总经理、党委委员奥西成负责全盘工作；分管综合科。

副总经理、党委书记翟俊伟负责党委、工会和纪委工作；分管车管科。

副总经理、党委副书记赵新仟分管业务外包、物业管理工作。

总会计师、党委委员吴继红分管财务科、薪酬、内控工作。

副总经理、安全总监、党委委员谢永超分管业务科、安全、工程科工作。

截至 2016 年 12 月，新兴贸易公司领导班子由 6 人组成，机关设 4 科 1 中心：综合科、业务科、财务科、车辆管理科 4 个科室和 1 个劳务派遣中心。下设 2 个直属机构：加油设备经销部、灌装车间。在册员工 43 人。实现收入 3999.26 万元，发生商品流通费 1020.85 万元，发生 4 项费用 14.11 万元，累计实现净利润 81.65 万元。完成党支部改选，由原有 4 个党支部改选为 2 个党支部。

2017 年 1 月，青海销售公司党委决定：免去翟俊伟的新兴贸易公司党委书记、纪委书记职务。青海销售公司决定：免去翟俊伟的新兴贸易公司副总经理职务，退出领导岗位。

2017 年 2 月，青海销售公司党委决定：许胗任新兴贸易公司党委委员。青海销售公司决定：许胗任新兴贸易公司总会计师。

2017 年 3 月，青海销售公司党委决定：免去赵新仟的新兴贸易公司党委副书记职务。青海销售公司决定：免去赵新仟的新兴贸易公司副总经理职务，退出领导岗位。

2017 年 8 月，增设工程管理科，人员编制 3 人，设科长 1 名，科员 2 名。

2017 年 11 月，新兴贸易公司调整领导班子分工：

总经理、党委委员奥西成负责全盘工作，负责党委、工会和纪委工作；分管综合科、车管科及业务外包、物业管理工作。

副总经理、安全总监、党委委员谢永超分管业务科、安全、工程科工作。

截至 2017 年 12 月，新兴贸易公司在册员工 48 人，机关设 5 科 1 中心：综合科、业务科、财务科、车辆管理科、工程科 5 个科室和 1 个劳务派遣中心。下设2个直属机构：加油设备经销部、灌装车间。2017年，实现收入7213万元，发生商品流通费973万元，累计实现净利润783万元。

2018年1月，新兴贸易公司调整领导班子分工：

党委委员、总经理奥西成负责全盘工作，负责党委、工会和纪委工作；负责车管科及业务外包、物业管理工作。副总会计师负责财务、薪酬、内控工作。

党委委员、副总经理、安全总监谢永超负责业务、安全、工程工作。

2018年6月，青海销售公司党委决定：李志毅任新兴贸易公司党委委员；马桂莲任新兴贸易公司党委委员。青海销售公司决定：李志毅任新兴贸易公司副总经理，马桂莲任新兴贸易公司副总经理。

2018年8月，青海销售公司党委决定：奥西成任新兴贸易公司党委书记；王映虹任新兴贸易公司党委常务副书记、纪委书记（正处级）、工会主席。青海销售公司决定：王映虹任新兴贸易公司副总经理。

2018年8月，新兴贸易公司调整领导班子分工：

总经理、党委书记奥西成负责公司全盘工作兼党委书记；负责车管科、物业管理工作。

副总经理、党委常务副书记、纪委书记王映虹负责公司党建、工会、纪委工作；负责综合科工作。

副总经理、党委委员李志毅负责业务科、安全、工程科工作。

副总经理、党委委员马桂莲负责业务外包管理、劳务派遣、团工作、食堂管理工作。

2018年10月，青海销售公司党委决定：免去谢永超的新兴贸易公司党委委员职务。青海销售公司决定：免去谢永超的新兴贸易公司副总经理、安全总监职务，退出领导岗位。

截至2018年12月31日，新兴贸易公司在册员工64人，机关设5科1中心：综合科、业务科、财务科、车辆管理科、劳务输出科、工程科6个科室和1个劳务派遣中心。下设2个直属机构：加油设备经销部、灌装车间。2018年，实现收入8388.23万元，实现营业利润119.21万元，实际完成利润751.35万元。

2019年2月，青海省石油总公司新兴贸易公司营业住所由西宁市城西区五四西路 12 号变更为西宁市城中区创业路 108 号第 3 层 307 室。

2019 年 3 月，青海销售公司党委决定：芦玉德兼任新兴贸易公司党委委员、书记；马永梅任新兴贸易公司党委委员、副书记；马玉新任新兴贸易公司党委委员；李明周任新兴贸易公司党委委员；免去奥西成的新兴贸易公司党委书记、委员职务；免去王映虹的新兴贸易公司党委常务副书记、委员、纪委书记、工会主席职务。青海销售公司决定：芦玉德兼任新兴贸易公司董事长；马永梅任新兴贸易公司代理总经理（副处级）；马玉新任新兴贸易公司总会计师；李明周任新兴贸易公司副总经理；免去奥西成的新兴贸易公司总经理职务，退出领导岗位；免去王映虹的新兴贸易公司副总经理职务，调海东分公司工作。

2019 年 3 月，新兴贸易公司调整领导班子分工：

董事长、党委书记芦玉德主持党委工作。

代理总经理、党委副书记马永梅负责党委、行政工作；分管党委工作部。

副总经理、党委委员李志毅负责安全、工程，分管工程科、安全科。

总会计师、党委委员马玉新负责财务，分管财务科。

副总经理、党委委员李明周负责业务、车辆，分管业务科、车管科。

副总经理、党委委员马桂莲负责劳务、物业服务、后勤，分管劳务输出科、综合科。

2019 年 4 月，劳务派遣中心纳入党委工作部，由党委工作部负责具体工作。

2019 年 5 月，青海省石油总公司新兴贸易公司更名为青海中油新兴能源公司。

截至 2019 年 12 月 31 日，青海中油新兴能源公司在册员工 68 名。领导班子由 6 人组成，机关设 8 科 1 中心：综合科、党委工作部、业务科、财务科、车辆管理科、劳务输出科、工程科、安全 8 个科室和 1 个培训中心。下设 2 个直属机构：加油设备经销部、灌装车间。2019 年，实现收入 9641 万元，实现营业利润 186 万元。

2020 年 3 月，青海销售公司党委决定：李洋任青海中油新兴能源公司党委委员；王小勤任青海中油新兴能源公司党委委员、常务副书记；马桂莲任青海中油新兴能源公司纪委书记。青海销售公司决定：李洋任青海中油新兴能源公司副总经理。

2020年4月，青海中油新兴能源公司启动集体企业改制上市工作。成立合资公司青海中油青兴燃气销售有限公司，青海中油新兴能源公司认缴出资100万元，占股份50%，河南中油昆仑物流有限公司认缴出资70万元，占股份35%，北京清美建筑装饰工程有限公司认缴出资30万元，占股份15%。全资设立子公司青海中油晴锐人力资源开发有限公司，负责劳务派遣人员管理工作，注册资本200万元。合资设立青海中油景盛建设工程有限公司，注册资本1000万元，新兴公司认缴500万元，占股份50%，北京浩宏城鑫建筑工程有限公司认缴500万元，占股份50%。

2020年5月，青海销售公司党委决定：青海销售公司党委委员、副总经理、安全总监芦玉德做好集体企业改制及中油新兴能源公司上市工作。

2020年7月，青海销售公司决定：周拉任青海中油新兴能源公司党委委员、常务副书记；免去王小勤的党委委员、常务副书记职务，调加油站管理处（加油卡管理中心）工作。

2020年7月，组建设立控股公司青海中油云翰信息技术有限公司，注册资本800万元，青海中油新兴能源公司为控股方，占股51%，出资额为408万元；苏州海源创达信息技术有限公司占股49%，出资额为392万元。

2020年9月，质量检测中心改制为青海中油新兴能源公司全资子公司青海昆信质量检测技术有限公司，注册资本1000万元。

2020年10月，青海销售公司党委决定：薛萍任青海中油新兴能源公司党委委员。

2020年12月，青海销售公司党委决定：雷宏德任青海中油新兴能源公司党委委员。

2020年12月，青海中油新兴能源公司调整领导班子分工：

董事长、党委书记芦玉德主持公司工作；负责召集和组织公司党委会；组织讨论和决定公司的发展规划、经营方针、年度计划以及日常经营工作中的重大事项；签署对外经济合同。

总经理、党委副书记马永梅主持公司党委和行政全面工作；负责公司党委行政工作、安全运营及组织实施董事会决议；分管党委工作部和培训中心。

常务副书记、党委委员王小勤负责协助党委书记做好党委日常工作。

副总经理、党委委员李洋负责劳务输出业务、物业服务管理工作，分管劳务输出科。

副总经理、党委委员李志毅负责协助总经理负责公司楼宇、车辆、施工等安全环保工作；分管安全科。

总会计师、党委委员马玉新负责财务核算、内控体系、信息化建设、合规管理、清欠工作及绩效考核和薪酬分配推进；负责业务经营、车辆安全（租赁）、园林绿化、多元化业务开展；分管财务科、业务科、车管科。

副总经理、党委委员李明周负责公司投资、工程建设、网点开发；分管工程科。

党委委员、纪委书记马桂莲主持公司纪委全面工作；协助党委抓好党风廉政建设、党纪教育；分管后勤和非生产区域工作。

2020年12月，青海销售公司党委决定：芦玉德不再兼任青海中油新兴能源公司党委书记、委员职务；向军任青海中油新兴能源公司党委委员、书记。

2021年1月，青海销售公司党委决定：李增伟任青海中油新兴能源公司党委委员；免去马玉新的青海中油新兴能源公司党委委员职务，调财务处工作。青海销售公司决定：李增伟任青海中油新兴能源公司总会计师，免去马玉新的青海中油新兴能源公司总会计师职务。

2021年3月，青海销售公司党委决定：陈统业任青海中油新兴能源公司党委委员；免去李明周的青海中油新兴能源公司党委委员职务，调综合管理服务中心工作。

青海销售公司决定：陈统业任青海中油新兴能源公司副总经理，免去李明周的青海中油新兴能源公司副总经理职务。

2021年4月，青海销售公司党委决定：免去李洋的青海中油新兴能源公司党委委员职务，调玉树分公司工作。

2021年4月13日，青海中油新兴能源公司在北京产权交易所成功进行增资扩股，4月27日取得营业执照，由集体企业改制为有限责任公司，名称变更为青海中油新兴能源有限责任公司，注册资本从1000万元增加至

8088.15万元。其中合作方青海天迈建设投资有限责任公司以现金形式出资4125万元，持股比例51%，青海石油有限责任公司以原新兴公司全部股东权益3963.15万元出资，持股比例49%。双方签订委托管理协议，由青海石油有限责任公司全权经营管理，改制工作顺利完成。

一、青海省石油总公司新兴贸易公司（2016.1—2019.5）

（一）青海省石油总公司新兴贸易公司董事会（2019.3—5）

董　事　长　芦玉德（2019.3—5）

（二）青海省石油总公司新兴贸易公司行政领导名录（2016.1—2019.5）

总　经　理　奥西成（2016.1—2018.12）

马永梅（女，回族，副处级，代理，2019.3—5）

副总经理　翟俊伟（2016.1—2017.1）

王映虹（正处级，2018.8—2019.3）

谢永超（2016.1—2018.10）

赵新仟（2016.1—2017.4）

李志毅（2018.6—2019.5）

马桂莲（女，2018.6—2019.5）

李明周（2019.3—5）

总会计师　吴继红（女，正处级，2016.1—10）

许　胗（2017.2—12）

马玉新（回族，2019.3—5）

安全总监　谢永超（兼任，2016.1—2018.10）

（三）青海省石油总公司新兴贸易公司党委、纪委领导名录（2016.1—2019.5）

党委书记　翟俊伟（2016.1—2017.1）①

奥西成（2018.8—2019.3）②

芦玉德（兼任，2019.3—5）

党委常务副书记　王映虹（2018.8—2019.3）③

---

① 2017年1月，翟俊伟退出领导岗位。

② 2019年3月，奥西成退出领导岗位。

③ 2019年3月，王映虹调任海东分公司党委常务副书记、纪委书记、工会主席（正处级）。

党委副书记　赵新仟（2016.1—2017.3）[1]

马永梅（2019.3—5）

委　　　员　翟俊伟（2016.1—2017.1）

吴继红（2016.1—10）[2]

谢永超（2016.1—2018.10）[3]

赵新仟（2016.1—2017.3）

奥西成（2016.1—2019.3）

许　胗（2017.2—12）[4]

李志毅（2018.6—2019.5）

马桂莲（2018.6—2019.5）

王映虹（2018.8—2019.3）

芦玉德（2019.3—5）

马永梅（2019.3—5）

马玉新（2019.3—5）

李明周（2019.3—5）

纪 委 书 记　翟俊伟（2016.1—2017.1）

王映虹（2018.8—2019.3）

（四）青海省石油总公司新兴贸易公司工会领导名录（2016.1—2019.5）

工 会 主 席　奥西成（2016.1—2018.8）

王映虹（2018.8—2019.3）

二、青海中油新兴能源公司（2019.5—2021.4）

（一）青海中油新兴能源公司董事会（2019.3—5）

董 事 长　芦玉德（2019.5—2020.12）

（二）青海中油新兴能源公司行政领导名录（2019.5—2021.4）

总 经 理　马永梅（副处级，代理，2019.5—2021.4）

副 总 经 理　李志毅（2019.5—2021.4）

---

① 2017 年 3 月，赵新仟退出领导岗位。

② 2016 年 10 月，吴继红退出领导岗位。

③ 2018 年 10 月，谢永超退出领导岗位。

④ 2017 年 12 月，许胗调股份公司西藏销售分公司工作。

　　　　　　　　　　马桂莲（女，2019.5—12）

　　　　　　　　　　李明周（2019.5—2021.3）

　　　　　　　　　　李　洋（2020.3—2021.4）

　　　　　　　　　　陈统业（2021.3—4）

　　　总 会 计 师　马玉新（2019.5—2021.1）

　　　　　　　　　　李增伟（2021.1—4）

（三）青海中油新兴能源公司党委、纪委领导名录（2019.5—2021.4）

　　　书　　　记　芦玉德（兼任，2019.5—2020.12）

　　　　　　　　　　向　军（满族，2020.12—2021.4）

　　　常务副书记　王小勤（2020.3—7）①

　　　　　　　　　　周　拉（藏族，2020.7—2021.4）

　　　副 书 记　马永梅（2019.5—2021.4）

　　　委　　　员　芦玉德（2019.5—2020.12）

　　　　　　　　　　马永梅（2019.5—2021.4）

　　　　　　　　　　李志毅（2019.5—2021.4）

　　　　　　　　　　马玉新（2019.5—12—2021.1）②

　　　　　　　　　　李明周（2019.5—12—2021.3）③

　　　　　　　　　　马桂莲（2019.5—2021.4）

　　　　　　　　　　王小勤（2020.3—7）

　　　　　　　　　　李　洋（2020.3—2021.4）④

　　　　　　　　　　周　拉（2020.7—2021.4）

　　　　　　　　　　薛　萍（女，2020.10—2021.4）

　　　　　　　　　　向　军（2020.12—2021.4）

　　　　　　　　　　雷宏德（2020.12—2021.4）

　　　　　　　　　　李增伟（2021.1—4）

　　　　　　　　　　陈统业（2021.3—4）

---

① 2020 年 7 月，王小勤调任加油站管理处（加油卡管理中心）副处长（二级正）。

② 2021 年 1 月，马玉新调任财务处副处长。

③ 2021 年 3 月，李明周调任综合管理服务中心副主任、党委委员。

④ 2021 年 4 月，李洋调任玉树分公司常务副总经理、安全总监（二级正）、党委委员。

纪委书记 马桂莲（2020.3—2021.4）

（四）青海石油新兴能源公司工会领导名录（2019.5—2021.4）

主 席 周 拉（2020.7—2021.4）

第十三节 海南分公司（2018.12—2023.12）

2018年11月，青海销售公司决定：工程建设管理中心并入投资建设管理处；成立海北分公司、海南分公司，撤销湟源分公司；海南分公司所属辖区包括共和县、贵德县、兴海县、贵南县、同德县。

2018年12月，海南分公司为青海销售公司所属二级单位，机构规格为正处级。海南分公司内设5个职能部门，分别为业务运作部、财务部、投资建设管理部、质量安全环保部、综合办公室。青海销售公司党委决定：成立海南分公司党委，负责海南分公司所辖地区的党建和管党治党工作。海南分公司党委由5名委员组成，其中书记1人。

2018年12月，青海销售公司党委决定：雷宏德任海南分公司党委委员、书记；王海涛任海南分公司党委委员、副书记、纪委书记、工会主席；刘福云任海南分公司党委委员；王海霞任海南分公司党委委员。青海销售公司决定：雷宏德任海南分公司总经理；王海涛任海南分公司副总经理；刘福云任海南分公司副总经理、安全总监。

海南分公司领导班子分工明确如下：

总经理、党委书记雷宏德主持公司党委、行政全面工作；分管党委工作部、综合办公室。

副总经理、党委副书记、纪委书记、工会主席王海涛分管分公司党组织建设、意识形态、工会群团、维护稳定、纪检监察、油品数质量、油卡非润一体化工作；分管业务运作部。

党委委员、总会计师王海霞分管财务、合规管理、内控体系、年度预算、招投标及土地、信息运维、薪酬工作、分管财务部。

党委委员、副总经理刘福云分管投资规划、工程建设、安全环保、HSE

管理、分管质量安全环保部、投资建设管理部。

2019年5月，青海销售公司党委决定：王海涛任海南分公司工会主席。

2019年5月，海南分公司调整领导班子分工：

总经理、党委书记雷宏德主持公司党委、行政全面工作；分管：兴海片区、党委工作部。

副总经理、党委副书记、纪委书记、工会主席王海涛分管贵南片区分管公司党组织建设、工会、党群、维护稳定、纪检监察、油卡非润一体化工作；分管业务运作部。

副总经理、党委委员刘福云分管共和片区、工程、投资建设、安全环保、HSE管理工作；分管质量安全环保部、投资建设管理部。

总会计师、党委委员王海霞分管贵德片区、财务、合规管理、内控体系、年度预算、招投标、土地、信息运维工作；分管财务部。

2019年7月，根据《中国石油青海销售公司所属机构分级分类工作方案》，明确海南分公司机构层级类别为二级二类。

截至2019年12月31日，海南分公司在册员工114人，党员57人。设6个本部部门：党委工作部、综合办公室、财务部、业务运作部、投资建设管理部、质量安全环保；3个品牌发展部。

2019年，海南分公司油品总销量9.18万吨（其中零售纯枪7.72万吨，批发直销1.46万吨），非油收入1624万元，非油利润280万元，发卡3.23万张。

2020年12月，青海销售公司党委决定：免去雷宏德的海南分公司党委书记、委员职务；裴海宏任海南分公司党委委员、书记。青海销售公司决定：裴海宏任海南分公司总经理；免去雷宏德的海南分公司总经理职务，调青海中油新兴能源公司工作。

2020年12月，海南分公司调整领导分工：

总经理、党委书记裴海宏主持公司党委、行政全面工作；分管党委工作部、综合办公室。

副总经理、党委副书记、纪委书记、工会主席王海涛分管分公司党组织建设、意识形态、工会群团、维护稳定、纪检监察、油品数质量、油卡非润一体化工作、分管业务运作部。

总会计师、党委委员王海霞分管财务、合规管理、内控体系、年度预算、招投标、土地、信息运维、薪酬工作；分管财务部。

副总经理、党委委员刘福云分管投资规划、工程建设、安全环保、HSE管理工作；分管质量安全环保部、投资建设管理部。

2020年，海南分公司油品总销量11.94万吨（其中零售纯枪9.82万吨，批发直销2.12万吨），油品利润765万元，非油收入1934万元，非油利润201万元，利润总额966万元，发卡2.13万张。

2021年1月，青海销售公司党委决定：裴海宏任海南分公司党委副书记，免去海南分公司党委书记职务；余宁任海南分公司党委委员、书记、纪委书记、工会主席；免去王海涛的党委副书记、委员、纪委书记、工会主席职务。青海销售公司决定：余宁任海南分公司副总经理；免去王海涛的海南分公司副总经理职务，调海西分公司工作。

2021年1月，海南分公司调整领导班子分工：

总经理、党委副书记裴海宏主持公司党委、行政全面工作；分管业务运作部。

副总经理、党委书记、纪委书记、工会主席余宁分管分公司党组织建设、意识形态、工会群团、维护稳定、纪检监察、油品数质量工作；分管党委工作部。

总会计师、党委委员王海霞分管财务、合规管理、内控体系、年度预算、招投标、土地、信息运维、薪酬工作；分管财务部。

副总经理、党委委员刘福云分管投资规划、工程建设、安全环保、HSE管理；分管质量安全环保部、投资建设管理部。

2021年4月，青海销售公司决定：海南分公司由"五部一室"调整为"四部"，分别为：党委工作部（综合办公室）、业务经营部、财务部、投资质量安全部。公司贵南、兴海、贵德、同德4个片区，作为分公司派出机构，加挂"中国石油青海海南销售分公司×××县公司"名称，不再承担市场营销、加油站管理职能，主要负责网络开发与维护、品牌形象打造、企地关系协调、安全属地管理。调整后，分公司本部管理人员编制20人（含领导人员），其中三级正职数4人、三级副职数2人。每个片区管理人员编制2人，片区编制共8人，其中三级正职数4人。

2021 年，海南分公司油品总销量 9.72 万吨（其中零售纯枪 8.21 万吨，批发直销 1.51 万吨），油品利润 480 万元，非油收入 2117 万元，非油利润 297 万元，利润总额 777 万元，发卡 0.55 万张。

2022 年 1 月，青海销售公司党委决定：国义任海南分公司党委委员、副书记；免去裴海宏的海南分公司党委副书记、委员职务。青海销售公司决定：国义任海南分公司总经理；免去裴海宏的海南分公司总经理职务，任青海销售公司管理专家。

2022 年 1 月，海南分公司调整领导班子分工：

总经理、党委副书记国义主持公司党委、行政全面工作；分管业务运作部。

副总经理、党委书记、纪委书记、工会主席余宁分管分公司党组织建设、意识形态、工会群团、维护稳定、纪检监察、油品数质量工作；分管党委工作部。

总会计师、党委委员王海霞分管财务、合规管理、内控体系、年度预算、招投标、土地、信息运维、薪酬工作；分管财务部。

副总经理、党委委员刘福云分管投资规划、工程建设、安全环保、HSE 管理工作；分管投资质量安全部。

2022 年，海南分公司油品总销量 10.01 万吨（其中零售纯枪 8.43 万吨，批发直销 1.58 万吨），油品利润 307 万元，非油收入 2596 万元，非油利润 261 万元，利润总额 568 万元，发卡 2.32 万张。

2023 年 9 月，青海销售公司党委决定：免去余宁的海南分公司党委书记、委员、纪委书记、工会主席职务；赵维斌任海南分公司党委委员、副书记、纪委书记、工会主席；郭彦丽任海南分公司党委委员；免去王海霞的海南分公司党委委员职务。青海销售公司决定：免去余宁的海南分公司副总经理职务，调黄南分公司工作；赵维斌任海南分公司副总经理；郭彦丽任海南分公司总会计师。

免去王海霞的海南分公司总会计师职务，退出领导岗位。

2023 年 9 月，海南分公司调整领导班子成员分工：

总经理、党委副书记国义主持分公司党委、行政全面工作；分管党委工作部（综合办公室）人力资源、干部队伍建设工作。

副总经理、安全总监、党委委员刘福云协助总经理负责公司投资规划、工程建设、合资合作、安全环保、隐患整改、信息化管理；分管投资质量安全部。

副总经理、党委副书记、纪委书记、工会主席赵维斌主持公司纪委全面工作；分管党委工作部（综合办公室）党、工、团工作和数质量管理工作。

总会计师、党委委员郭彦丽协助总经理负责财务、内控、审计和合规工作；分管财务部。

2023年，海南分公司油品总销量14.66万吨（其中零售纯枪12.47万吨，批发直销2.19万吨），油品利润2154万元，非油收入3122万元，非油利润459万元，利润总额2613万元，发卡2.1万张。

截至2023年12月31日，海南分公司机构层级类别为二级二类，属于青海销售公司二级单位。海南分公司行政领导班子由4人组成：国义任总经理，刘福云任副总经理、安全总监，赵维斌任副总经理，郭彦丽任总会计师。党委由4人组成：赵维斌、国义任党委副书记，刘福云、郭彦丽任党委委员。赵维斌任纪委书记、工会主席。

2016年至2023年，海南分公司油品总销量55.5万吨（其中零售纯枪38.93万吨，批发直销16.57万吨），油品利润2492万元，非油收入11393万元，非油利润1498万元，利润总额3990万元，发卡10.33万张。

一、海南分公司行政领导名录（2018.12—2023.12）

　　总　经　理　雷宏德（2018.12—2020.12）

　　　　　　　　裴海宏（2020.12—2022.1）

　　　　　　　　国　义（2022.1—2023.12）

　　副总经理　王海涛（满族，2018.12—2021.1）

　　　　　　　　刘福云（2018.12—2023.12）

　　　　　　　　余　宁（2021.1—2023.9）

　　　　　　　　赵维斌（2023.9—12）

　　总会计师　王海霞（女，2018.12—2023.9）

　　　　　　　　郭彦丽（女，2023.9—12）

　　安全总监　刘福云（兼任，2018.12—2023.12）

二、海南分公司党委、纪委领导名录（2018.12—2023.12）

党委书记　雷宏德（2018.12—2020.12）①

　　　　　裴海宏（2020.12—2021.1）

　　　　　余　宁（2021.1—2023.9）②

党委副书记　王海涛（2018.12—2021.1）③

　　　　　裴海宏（2021.1—2022.1）④

　　　　　国　义（2022.1—2023.12）

　　　　　赵维斌（2023.9—2023.12）

党委委员　雷宏德（2018.12—2020.12）

　　　　　王海涛（2018.12—2021.1）

　　　　　王海霞（2018.12—2023.9）⑤

　　　　　刘福云（2018.12—2023.12）

　　　　　裴海宏（2020.12—2022.1）

　　　　　余　宁（2021.1—2023.9）

　　　　　国　义（2022.1—2023.12）

　　　　　郭彦丽（2023.9—2023.12）

　　　　　赵维斌（2023.9—2023.12）

纪委书记　王海涛（2018.12—2021.1）

　　　　　余　宁（2021.1—2023.9）

　　　　　赵维斌（2023.9—12）

三、海南分公司工会领导名录（2018.12—2023.12）

主　　席　王海涛（2018.12—2021.1）

　　　　　余　宁（2021.1—2023.9）

　　　　　赵维斌（2023.9—12）

---

① 2020年12月，雷宏德调任青海中油新兴能源公司党委委员。

② 2023年9月，余宁调任黄南分公司副总经理、党委副书记、纪委书记、工会主席。

③ 2021年1月，王海涛调任海西分公司副总经理、党委副书记、纪委书记、工会主席。

④ 2022年1月，裴海宏调任青海销售公司管理专家。

⑤ 2023年9月，王海霞退出领导岗位。

第十四节　海北分公司（2018.12—2023.12）

2018 年 12 月，湟源分公司撤销，成立海北分公司、海南分公司。海北分公司设置 5 个职能部门：业务运作部、财务部、投资建设管理部、质量安全环保部、综合办公室；3 个品牌发展部，18 座加油站。

2018 年 12 月，青海销售公司党委决定：成立海北分公司党委，负责海北分公司所辖地区的党建和管党治党工作。海北分公司党委由 5 名委员组成，其中书记 1 人；申海宏任海北分公司党委委员、书记，赵维斌任海北分公司党委委员、副书记、纪委书记、工会主席，张金虎任海北分公司党委委员，王宁任海北分公司党委委员。青海销售公司决定：申海宏任海北分公司总经理，赵维斌任海北分公司副总经理，张金虎任海北分公司副总经理、安全总监，王宁任海北分公司副总经理。

2019 年 1 月，海北分公司搬迁至海晏县。

2019 年 1 月，海北分公司调整领导班子分工：

总经理、党委书记申海宏负责分公司全盘工作。

副总经理、党委副书记、纪委书记、工会主席赵维斌负责党委、纪委和工会工作；分管综合办公室、党委工作部。

副总经理、安全总监、党委委员张金虎负责营运安全工作；分管质量安全环保部。

副总经理、党委委员王宁负责油卡非润工作；分管业务运作部。

2019 年 5 月，青海销售公司党委决定：赵维斌任海北分公司工会主席。

2019 年 7 月，根据《中国石油青海销售公司所属机构分级分类工作方案》，明确海北分公司机构层级类别为二级二类。

2019 年，海北分公司油品总销量 9.34 万吨（其中零售纯枪 6.28 万吨，批发直销 3.06 万吨），非油收入 1147 万元，非油利润 165 万元，发卡 5.83 万张。

2020 年，海北分公司油品总销量 8.14 万吨（其中零售纯枪 6.52 万吨，批发直销 1.62 万吨），非油收入 1393 万元，非油利润 118 万元，发卡 1.28

万张。

2020年5月，海北分公司与海北州国有资本投资运营集团有限公司合资成立中国石油海北能源发展有限公司。

2020年8月，青海省首座全资LNG刚察城西加气站于正式建成运营。

2021年1月，青海销售公司党委决定：蒋海明任海北分公司党委委员。青海销售公司决定：蒋海明任海北分公司总会计师。

2021年4月，青海销售公司决定：海北分公司由"五部一室"调整为"四部"，分别为：党委工作部（综合办公室）、业务经营部、财务部、投资质量安全部。公司刚察、祁连、门源3个片区，作为分公司派出机构，加挂"中国石油青海海北销售分公司×××县公司"名称，不再承担市场营销、加油站管理职能，主要负责网络开发与维护、品牌形象打造、企地关系协调、安全属地管理。调整后，分公司本部管理人员编制15人（含公司领导）其中三级正职数4人、三级副职数2人。每个片区管理人员编制2人，片区编制共6人，其中三级正职数3人。

2021年10月，海北分公司机关一支部、机关二支部合并为机关党支部。

2021年11月，海北分公司党委设4个党支部。

2022年1月，青海销售公司党委决定：李洋任海北分公司党委委员，免去王宁的海北分公司党委委员职务。青海销售公司决定：李洋任海北分公司常务副总经理；免去王宁的海北分公司副总经理职务，调储运分公司（仓储调运部）工作。

2021年，海北分公司油品总销量7.85万吨（其中零售纯枪6.32万吨，批发直销1.53万吨），非油收入1248万元，非油利润202万元，发卡0.61万张。

2022年3月，青海销售公司党委决定：王继中任海北分公司党委委员、副书记、纪委书记、工会主席；免去赵维斌的海北分公司党委副书记、委员、纪委书记、工会主席职务。青海销售公司决定：王继中任海北分公司副总经理；免去赵维斌的海北分公司副总经理职务，调黄南分公司工作。

2022年3月，海北分公司调整领导分工：

总经理、党委书记申海宏主持党委和行政全面工作；负责党的建设，领导班子、干部队伍、人才队伍建设，落实分公司安全环保的第一责任；分管党委工作部（综合办公室）；联系点：门源片区。

常务副总经理、党委委员李洋负责成品油、天然气、非油品经营销售、投资工程、信息化建设、加油（气）站管理、成品油市场整顿和新能源工作；落实业务范围内的安全环保直线责任；分管业务经营部、投资质量安全部；联系点：海晏片区。

副总经理、党委副书记、纪委书记、工会主席王继中协助党委书记做好党的建设日常工作，负责纪检监察、工会群团、企业文化、职工培训、职工薪酬、意识形态、维护稳定、社会统筹、机关实物资产、离退休管理工作；落实业务范围内的安全环保直线责任；协助分管党委工作部（综合办公室）；联系点：机关各部室。

副总经理、安全总监、党委委员张金虎负责油品数质量、安全环保、体系建设、节能减排等工作；落实业务范围内的安全环保直线责任；完成主要领导交办的其他任务；分管投资质量安全部；联系点：祁连片区。

总会计师、党委委员蒋海明负责财务管理、预算费用、合规管理、股权管理、内控体系等工作；落实业务范围内的安全环保直线责任，完成主要领导交办的其他任务；分管财务部；联系点：刚察片区。

2022年6月，青海销售公司党委决定：任建玲任海北分公司党委委员；免去蒋海明的海北分公司党委委员职务。青海销售公司决定：任建玲任海北分公司总会计师；免去蒋海明的海北分公司总会计师职务，调海东分公司工作。

2022年7月，海北分公司调整领导班子分工：

总经理、党委书记申海宏主持党委和行政全面工作，负责党的建设，领导班子、干部队伍、人才队伍建设；落实分公司安全环保的第一责任；分管党委工作部（综合办公室）；联系点：门源片区。

常务副总经理、党委委员李洋负责成品油、天然气、非油品经营销售；负责投资工程、信息化建设、加油（气）站管理、成品油市场整顿和新能源工作；落实业务范围内的安全环保直线责任；分管业务经营部、投资质量安全部；联系点：海晏片区。

副总经理、党委副书记、纪委书记、工会主席王继中协助党委书记做好党的建设日常工作；负责纪检监察、工会群团、企业文化、职工培训、职工薪酬、意识形态、维护稳定、社会统筹、机关实物资产、离退休管理工作；落实业务范围内的安全环保直线责任；协助分管党委工作部（综合办公室）；联系点：机关各部室。

副总经理、安全总监、党委委员张金虎负责油品数质量、安全环保、体系建设、节能减排等工作；落实业务范围内的安全环保直线责任；分管投资质量安全部；联系点：祁连片区。

总会计师、党委委员任建玲负责财务管理、预算费用、合规管理、股权管理、内控体系等工作；落实业务范围内的安全环保直线责任；分管财务部；联系点：刚察片区。

2022年，海北分公司油品总销量7.26万吨（其中零售纯枪5.73万吨，批发直销1.53万吨），非油收入1245万元，非油利润263万元，利润总额24万元，发卡1.69万张。

2023年9月，青海销售公司党委决定：刘丽丽任海北分公司党委委员；免去任建玲的海北分公司党委委员职务。青海销售公司决定：任建玲不再担任海北分公司总会计师，退出领导岗位；刘丽丽任海北分公司总会计师。

2023年9月，海北分公司调整领导班子成员分工：

总经理、党委书记申海宏主持党委和行政全面工作，负责党的建设；领导班子、干部队伍、人才队伍建设；落实分公司安全环保的第一责任；分管党委工作部（综合办公室）；联系点：门源片区。

常务副总经理、党委委员李洋负责成品油、天然气、非油品经营销售，负责投资工程、信息化建设、加油（气）站管理、成品油市场整顿和新能源工作；落实业务范围内的安全环保直线责任；分管业务经营部、投资质量安全部；联系点：海晏片区。

副总经理、党委副书记、纪委书记、工会主席王继中协助党委书记做好党的建设日常工作；负责纪检监察、工会群团、企业文化、职工培训、职工薪酬、意识形态、维护稳定、社会统筹、机关实物资产、离退休管理工作；落实业务范围内的安全环保直线责任；协助分管党委工作部（综合办公室）；联系点：机关各部室。

副总经理、安全总监、党委委员张金虎负责油品数质量、安全环保、体系建设、节能减排等工作；落实业务范围内的安全环保直线责任；分管投资质量安全部；联系点：祁连片区。

总会计师、党委委员刘丽丽负责财务管理、预算费用、合规管理、股权管理、内控体系等工作；落实业务范围内的安全环保直线责任；分管财务部。联系点：刚察片区。

2023年12月，青海销售公司党委决定：免去王继中的海北分公司党委副书记、委员、纪委书记、工会主席职务，退出领导岗位。青海销售公司决定：王继中不再担任海北分公司副总经理，退出领导岗位。

2023年，海北分公司油品总销量8.34万吨（其中零售纯枪6.96万吨，批发直销1.38万吨），油品利润82万元，非油收入1509万元，非油利润386万元，利润总额468万元，发卡1.49万张。

截至2023年12月31日，海北分公司机构层级类别为二级二类，属于青海销售公司二级单位。海北分公司行政领导班子由4人组成：申海宏任总经理，李洋任常务副总经理，张金虎任副总经理、安全总监，刘丽丽任总会计师。党委由4人组成：申海宏任党委书记，李洋、张金虎、刘丽丽任党委委员。

2016年至2023年，海北分公司油品总销量40.93万吨（其中零售纯枪31.81万吨，批发直销9.12万吨），非油收入6542万元，非油利润1134万元，发卡10.9万张。

一、海北分公司行政领导名录（2018.12—2023.12）

总　经　理　申海宏（2018.12—2023.12）

常务副总经理　李　洋（2022.1—2023.12）

副　总　经　理　赵维斌（2018.12—2022.3）

张金虎（2018.12—2023.12）

王　宁（2018.12—2022.1）

王继中（2022.3—2023.12）

总　会　计　师　蒋海明（2021.1—2022.6）

任建玲（女，2022.6—2023.9）

刘丽丽（女，2023.9—2023.12）

安　全　总　监　张金虎（兼任，2018.12—2023.12）

二、海北分公司党委、纪委领导名录（2018.12—2023.12）

　　党委书记　申海宏（2018.12—2023.12）

　　党委副书记　赵维斌（2018.12—2022.3）①

　　　　　　　　王继中（2022.3—2023.12）②

　　党委委员　申海宏（2018.12—2023.12）

　　　　　　　赵维斌（2018.12—2022.3）

　　　　　　　张金虎（2018.12—2023.12）

　　　　　　　王　宁（2018.12—2022.1）③

　　　　　　　李　洋（2022.1—2023.12）

　　　　　　　王继中（2022.3—2023.12）

　　　　　　　蒋海明（2021.1—2022.6）④

　　　　　　　任建玲（2022.6—2023.9）⑤

　　　　　　　刘丽丽（2023.9—12）

　　纪委书记　赵维斌（2018.12—2022.3）

　　　　　　　王继中（2022.3—2023.12）

三、海北分公司工会领导名录（2018.12—2023.12）

　　主　　席　赵维斌（2018.12—2022.3）

　　　　　　　王继中（2022.3—2023.12）

第十五节　调运处（仓储分公司）—储运分公司（仓储调运部）（2019.1—2021.5）

　　2019年1月，青海销售公司决定：成立仓储分公司，仓储分公司与调运处施行"两块牌子、一套人马"合署办公，称调运处（仓储分公司）；仓

---

①　2022年3月，赵维斌调任黄南分公司副总经理、党委副书记、纪委书记、工会主席。
②　2023年12月，王继中退出领导岗位。
③　2022年1月，王宁调任储运分公司（仓储调运部）曹家堡油库副主任（二级副）。
④　2022年6月，蒋海明调任海东分公司总会计师、党委委员。
⑤　2023年9月，任建玲退出领导岗位。

储安全环保处油库管理职能移交调运处（仓储分公司）管理。调运处（仓储分公司）机构规格为正处级，属于青海销售公司二级单位。设 5 个部门：资源调运部、油库管理部、办公室、调度指挥中心、兰州驻厂办。机关定员 26 人，其中 3 人属调运处编制，23 人属仓储分公司编制。调运处行政领导班子由 2 人组成：高凌峰任处长，姚永珍任副处长。

2019 年 1 月，青海销售公司党委决定：成立仓储分公司党委，曹家堡油库党总支、多巴油库党总支、格尔木油库党总支、德令哈油库党总支隶属仓储分公司党委管理。

2019 年 1 月，青海销售公司党委决定：高凌峰任仓储分公司党委委员、书记；田荣胜任仓储分公司党委委员、常务副书记、纪委书记、工会主席；冯庚任仓储分公司党委委员；姚永珍任仓储分公司党委委员；张青晓任仓储分公司党委委员；席国栋任仓储分公司党委委员。青海销售公司决定：高凌峰任仓储分公司总经理；田荣胜任调运处副处长、仓储分公司副总经理（正处级）；冯庚任仓储分公司副总经理（正处级）；姚永珍任仓储分公司副总经理、安全总监；孙福双任仓储分公司副总经理；张青晓任仓储分公司副总经理；席国栋任仓储分公司副总经理。

2019 年 1 月，调运处（储运分公司）调整领导班子分工：

处长、总经理、党委书记高凌峰主持调运处（仓储分公司）行政、党建全面工作。

副总经理、党委常务副书记、纪委书记、工会主席田荣胜主持调运处（仓储分公司）党、工、团的管理协调工作。

副总经理、安全总监、党委委员姚永珍主持调运处（仓储分公司）安全、配送、油库管理工作。

2019 年 7 月，根据《中国石油青海销售公司所属机构分级分类工作方案》，明确调运处（仓储分公司）机构层级类别为二级二类。

2020 年 4 月，青海销售公司党委决定：王海鹏任仓储分公司党委委员、书记；免去高凌峰仓储分公司党委委员、书记职务。青海销售公司决定：王海鹏任调运处处长、仓储分公司总经理；免去高凌峰的调运处处长、仓储分公司总经理职务，调质量安全环保处工作。

2020 年 4 月，调运处（仓储分公司）调整领导班子分工：

　　处长、总经理、党委书记王海鹏主持调运处（仓储分公司）行政、党建全面工作。

　　副总经理、党委常务副书记、纪委书记、工会主席田荣胜主持调运处（仓储分公司）党、工、团的管理协调工作。

　　副总经理、安全总监、党委委员姚永珍主持调运处（仓储分公司）安全、配送、油库管理工作。

　　2020年11月，青海销售公司党委决定：免去田荣胜的仓储分公司党委常务副书记、纪委书记、工会主席职务。青海销售公司决定：免去田荣胜的调运处副处长、仓储分公司副总经理职务，退出领导岗位。

　　2021年1月，青海销售公司党委决定：王海鹏任仓储分公司党委副书记，免去仓储分公司党委书记职务；吴锐任仓储分公司党委委员、书记、工会主席；免去冯庚的仓储分公司党委委员职务；岳彦任仓储分公司党委委员、纪委书记。青海销售公司决定：吴锐任仓储分公司副总经理；免去冯庚的仓储分公司副总经理职务，调非油品经营分公司工作。

　　2021年1月，调运处（储运分公司）调整领导班子分工：

　　处长、总经理、党委副书记王海鹏主持公司行政和协助党委全面工作；配合党委书记抓好分公司党工团、党风廉政建设和反腐败工作，与书记共同抓好意识形态、维稳防恐、保密工作和新闻危机管控；负责油库的生产设施设备物资采购、招投标等工作；主管部门：党委工作部（综合办公室）、质量安全工程部、生产调运部；安全环保责任联系油库：多巴油库。

　　副总经理、党委书记、工会主席吴锐对总经理负责；履行分公司党的建设、党风廉政建设和反腐败第一责任；主持公司党工团、党风廉政建设和反腐败工作，抓好意识形态、维稳防恐、保密工作和新闻危机管控；负责油库投资和工程建设以及油库信息化管理工作；分管部门：党委工作部（综合办公室）、质量安全工程部；安全环保责任联系油库：格尔木油库。

　　副总经理、安全总监、党委委员姚永珍对总经理负责，履行分公司党的建设、党风廉政建设和反腐败工作的"一岗双责"；负责检查督导联系部门和分管业务党的建设、党风廉政建设、反腐败工作和维稳防恐、保密工作、新闻危机防范；负责检查督导联系点党建工作；履行分公司健康环境安全直接领导责任；负责分公司健康安全环保业务发展规划、重大事故隐患整改计划和方案的编制；负责公司本部各类相关证照办理等工作；负责落实和完善安全环保管理制度、标准、规范，并组织指导实施；负责安全生产规章制度、奖惩方案、安全技术措施、HSE 管理体系建设；负责资源配置、调度运输；负责工程项目和承包商安全管理；分管部门：质量安全工程部、生产调运部；安全环保责任联系油库：德令哈油库。

党委委员、纪委书记岳彦对总经理负责；履行分公司党的建设、党风廉政建设和反腐败工作的"一岗双责"，落实全面从严治党监督责任；在上级和同级党委领导下负责分公司纪检监察工作；落实分公司党委和上级纪委的工作部署；负责抓好分公司党风廉政宣传教育，提出抓好党风廉政建设的建议；负责信访接待和违反党纪政纪案件查处工作，对选拔任用干部提出廉政考察意见和建议；负责合规管理、内控体系；负责抓好纪委班子自身建设；分管法律法规和合规管理工作；对所分管的纪监审计工作的安全情况负领导责任；督促各级领导和职能部门履行自己的安全职责；参与分公司"三重一大"项目监督审查；主持有关纪监事故的调查处理。主管部门：党委工作部（综合办公室）；安全环保责任联系油库：曹家堡油库。

2021 年 3 月，根据集团公司"去行政化"和销售公司大部制改革要求，青海销售公司职能部门进行调整优化，青海销售公司部分二级单位机构设置进一步规范，调运处（仓储分公司）更名为储运分公司（仓储调运部）；仓储分公司党委更名为储运分公司党委。

2021 年 3 月，青海销售公司决定：王海鹏任仓储分公司总经理；吴锐任仓储分公司副总经理；姚永珍任仓储分公司副总经理；孙福双任仓储分公司副总经理；席国栋任仓储分公司副总经理；张青晓任仓储分公司副总经理。

2021 年 5 月，青海销售公司决定：同意仓储分公司为直属单位。

一、调运处（仓储分公司）（2019.1—2021.3）

（一）调运处领导名录（2019.1—2021.3）

> 处　　　　长　　高凌峰（2019.1—2020.4）
>
> 　　　　　　　　王海鹏（2020.4—2021.3）
>
> 副　　处　　长　　姚永珍（藏族，2019.1—2021.3）

（二）仓储分公司领导名录（2019.1—2021.3）

总　　经　　理　高凌峰（2019.1—2020.4）

王海鹏（2020.4—2021.3）

副　总　经　理　田荣胜（2019.1—2020.11）

冯　庚（正处级，2019.1—2021.1）

姚永珍（2019.1—2021.3）

孙福双（2019.1—2021.3）

张青晓（2019.1—2021.3）

席国栋（2019.1—2021.3）

吴　锐（苗族，2021.1—3）

安　全　总　监　姚永珍（兼任，2019.1—2021.3）

（三）仓储分公司党委、纪委领导名录（2019.1—2021.3）

党　委　书　记　高凌峰（2019.1—2020.4）①

王海鹏（2020.4—2021.1）

吴　锐（2021.1—3）

党委常务副书记　田荣胜（2019.1—2020.11）②

党　委　副　书　记　王海鹏（2021.1—3）

党　委　委　员　高凌峰（2019.1—2020.4）

田荣胜（2019.1—2020.11）

冯　庚（2019.1—2021.1）③

姚永珍（2019.1—2021.3）

张青晓（2019.1—2021.3）

席国栋（2019.1—2021.3）

王海鹏（2020.4—2021.3）

吴　锐（2021.1—3）

岳　彦（女，2021.1—3）

纪　委　书　记　田荣胜（2019.1—2020.11）

①　2020年4月，高凌峰调任质量安全环保处处长。

②　2020年11月，田荣胜退出领导岗位。

③　2021年1月，冯庚调任非油品经营分公司常务副总经理（二级正）、党委委员。

岳　彦（2021.1—3）

（四）仓储分公司工会领导名录（2019.1—2021.3）

主　　　席　田荣胜（2019.1—2020.11）

吴　锐（2021.1—3）

二、储运分公司（仓储调运部）（2021.3—5）①

（一）储运分公司行政领导名录（2021.3—5）

总　经　理　王海鹏（2021.3—5）

副 总 经 理　姚永珍（2021.3—5）

孙福双（2021.3—5）

张青晓（2021.3—5）

席国栋（2021.3—5）

吴　锐（2021.3—5）

（二）储运分公司党委、纪委领导名录（2021.3—5）

党 委 书 记　吴　锐（2021.3—5）

党委副书记　王海鹏（2021.3—5）

党 委 委 员　吴　锐（2021.3—5）

王海鹏（2021.3—5）

姚永珍（2021.3—5）

张青晓（2021.3—5）

席国栋（2021.3—5）

岳　彦（2021.3—5）

纪 委 书 记　岳　彦（2021.3—5）

（三）储运分公司工会领导名录（2019.1—2021.3）

主　　　席　吴　锐（2021.3—5）

---

① 仓储调运部只挂牌子、承担职能，无相关领导任命。

三、调运处（仓储分公司）—储运分公司（仓储调运部）所属单位

（一）多巴油库（副处级，2019.1—7；2019.7—2021.5）

1. 多巴油库行政领导名录（2019.1—2021.5）

　　主　　　任　冯　庚（兼任，2019.1—2021.1）

　　　　　　　　席国栋（兼任，2021.1—5）

　　副　主　任　陶凤顺（2019.1—2020.5）

　　　　　　　　岳　彦（2019.1—2021.1）

　　　　　　　　杨登才（2021.3—5）

　　　　　　　　张广太（2021.3—5）

2. 多巴油库党总支领导名录（2019.1—2021.5）

　　书　　　记　冯　庚（兼任，2019.1—2021.1）

　　　　　　　　席国栋（兼任，2021.1—5）

　　委　　　员　冯　庚（2019.1—2021.1）

　　　　　　　　席国栋（2021.1—5）

　　　　　　　　张广太（2019.1—2021.5）

　　　　　　　　陶凤顺（2019.1—2020.5）

　　　　　　　　岳　彦（2019.1—2021.1）

（二）曹家堡油库（副处级，2019.1—7；2019.7—2021.5）

1. 曹家堡油库行政领导名录（2019.1—2021.5）

　　主　　　任　孙福双（兼任，2019.1—2021.5）

　　副　主　任　岳　彦（2016.1—2019.1）

　　　　　　　　陶凤顺（2020.5—2021.5）

2. 曹家堡油库党总支领导名录（2019.1—2021.5）

　　书　　　记　孙福双（2019.1—2021.5）

　　常务副书记　白立新（2019.1—2020.5）①

（三）格尔木油库（副处级，2019.1—7；2019.7—2021.5）

1. 格尔木油库行政领导名录（2019.1—2021.5）

　　主　　　任　张青晓（兼任，2019.1—2021.5）

---

① 2020年5月，白立新退出领导岗位。

2. 格尔木油库党总支领导名录（2019.1—2021.5）

　　书　　记　张青晓（兼任，2019.1—2021.5）

（四）德令哈油库（副处级，2019.1—7；2019.7—2021.5）

1. 德令哈油库行政领导名录（2019.1—2021.5）

　　主　　任　席国栋（兼任，2019.1—2021.1）

　　副 主 任　黄勇祥（2019.5—2021.5）

2. 德令哈油库党总支领导名录（2019.1—2021.5）

　　书　　记　席国栋（兼任，2019.1—2021.1）

第十六节　综合管理服务中心（2021.3—2023.12）

　　2021 年 3 月，青海销售公司对部分二级单位机构设置进一步规范，后勤管理中心（安居工程建设项目部、维护稳定办公室、老干办）更名为综合管理服务中心。后勤管理中心党委更名为综合管理服务中心党委。综合管理服务中心机构层级类别为二级三类，属于青海销售公司二级单位。

　　2021 年 3 月，青海销售公司党委决定：杨华胜任综合管理服务中心党委委员、书记；李建军任综合管理服务中心党委委员、副书记；李明周任综合管理服务中心党委委员。青海销售公司决定：李建军任综合管理服务中心主任，李明周任综合管理服务中心副主任。

　　2021 年 4 月，青海销售公司决定：综合管理服务中心内设 3 个职能部门，分别为党委工作部（综合办公室）、后勤服务部、车辆管理部。管理岗编制 15 人，其中三级正职数 3 人，三级副职数 2 人。其他操作服务岗位编制 17 人。

　　2021 年 6 月，青海销售公司党委决定：恒庆贤兼任综合管理服务中心党委委员、书记、纪委书记、工会主席；免去杨华胜的综合管理服务中心党委书记、委员、纪委书记、工会主席职务，调海东分公司工作。

　　2021 年 9 月，根据股份公司《关于成品油销售企业大部制改革方案有关事项的批复》，明确综合管理服务中心为二级单位。

　　2022 年 6 月，青海销售公司党委决定：熊建忠任综合管理服务中心党委委员。青海销售公司决定：熊建忠任综合管理服务中心副主任、安全总监；免去李建军的综合管理服务中心安全总监职务。

2023年5月，青海销售公司党委决定：免去熊建忠的综合管理服务中心党委委员职务。青海销售公司决定：熊建忠不再担任综合管理服务中心副主任、安全总监，退出领导岗位。

截至2023年12月31日，综合管理服务中心机构层级类别为二级三类，属于青海销售公司二级单位。在册员工30人，其中管理人员15人，操作人员15人，中级职称的8人，技师4人。综合管理服务中心党委下设党支部2个，党员36人，其中在职党员27人。

行政领导班子由2人组成：李建军任主任，李明周任副主任。党委由3人组成：恒庆贤任党委书记，李建军任党委副书记，李明周任党委委员。恒庆贤任纪委书记、工会主席。

一、综合管理服务中心行政领导名录（2021.3—2023.12）

主　　任　李建军（2021.3—2023.12）

副 主 任　李明周（2021.3—2023.12）

　　　　　熊建忠（2022.6—2023.5）

安 全 总 监　李建军（兼任，2021.3—2022.6）

　　　　　熊建忠（兼任，2022.6—2023.5）

二、综合管理服务中心党委、纪委领导名录（2021.3—2023.12）

党 委 书 记　杨华胜（2021.3—6）[①]

　　　　　恒庆贤（2021.6—2023.12）

党委副书记　李建军（2021.3—2023.12）

党 委 委 员　杨华胜（2021.4—6）

　　　　　恒庆贤（2021.6—2023.12）

　　　　　李明周（2021.3—2023.12）

　　　　　熊建忠（2022.6—2023.5）[②]

纪 委 书 记　杨华胜（2021.3—2021.6）

① 2021年6月，杨华胜调任海东分公司总经理、党委书记。
② 2023年5月，熊建忠退出领导岗位。

恒庆贤（2021.6—2023.12）

三、综合管理服务中心工会领导名录（2021.3—2023.12）

主　　　席　杨华胜（2021.3—6）

　　　　　　恒庆贤（2021.6—2023.12）

第五章　合资公司

2018 年 12 月，青海销售公司与青海省交控能源有限公司组建合资公司青海中油交通能源有限公司，股权占比各 50%。

2019 年 11 月，青海销售公司与青海平盛工程有限公司组建合资公司青海中油平盛能源有限公司，股权占比各 50%。

2020 年 1 月，青海销售公司与湟中兴关商贸有限公司组建合资公司青海拓关能源有限公司，股权占比：我方 51%、对方 49%。

2020 年 4 月，青海销售公司与青海贝正实业有限公司组建合资公司青海中油贝正实业有限公司，股权占比：我方 40%、对方 60%。

2020 年 5 月，青海销售公司与海北州国有资本投资运营集团有限公司组建合资公司中国石油海北能源发展有限公司，股权占比各 50%。

2020 年 7 月，青海省石化产品质量监督检验中心改制为青海昆信质量检测技术有限公司，由青海中油新兴能源有限责任公司 100% 控股。

2020 年 9 月，青海中油润德能源有限公司、青海中油天迈产业运营有限公司成立，为合资公司。

2020 年 10 月，青海销售公司与中园加油站有限公司组建合资公司玉树中油互惠能源有限公司，股权占比各 50%。

2021 年 1 月，青海销售公司与青海沱沱河能源有限公司组建合资公司青海中油沱沱河燃气有限公司，股权占比各 50%。

2021 年 3 月，青海销售公司与青海智驿服务区经营管理有限公司组建合资公司青海智驿中油能源有限公司，股权占比：我方 45%、对方 55%。

2021 年 4 月，青海中油新兴能源公司完成厂办大集体改制，青海石油有限责任公司与青海天迈建设投资有限责任公司组建合资公司青海中油新兴能源有限责任公司，股权占比：我方 49%、对方 51%。

2021 年 5 月，青海销售公司与青海喜庆文化会展有限责任公司组建合资公司青海中油丽凯能源有限公司，股权占比各 50%。

2021 年 7 月，杂多中油杂曲有限公司、青海中油衡泰能源有限公司成立，为合资公司。

2022 年 4 月，青海中油交通能源有限公司更名为青海中油青新能源有限公司。

2023 年 4 月，青海智驿中油能源有限公司更名为青海交控中油能源有限公司。

2023 年 10 月，青海中油瀚海能源有限公司清算注销。

截至 2023 年 12 月 31 日，青海销售公司有合资公司 13 个：青海中油新兴能源有限责任公司、青海中油青新能源有限公司、青海中油平盛能源有限公司、青海拓关能源有限公司、青海中油贝正实业有限公司、中国石油海北能源发展有限公司、青海中油天迈产业运营有限公司、玉树中油互惠能源有限公司、青海中油沱沱河燃气有限公司、青海交控中油能源有限公司、青海中油辛元能源有限公司、杂多中油杂曲有限公司、青海中油衡泰能源有限公司。

第一节　青海中油交通能源有限公司——青海中油青新能源有限公司（2018.12—2023.12）

2018 年 12 月，青海销售公司与青海省交通厅下属的青海交通一卡通有限公司合资成立青海中油交通能源有限公司，注册资本金 4900 万元，我方股权占比 50%。党组织关系隶属于青海销售公司机关党委。

2022 年 4 月，由于交通厅下属企业改制成立交控集团，青海交通一卡通有限公司将股权转让至青海中油新兴能源有限责任公司，青海中油交通能源有限公司更名为青海中油青新能源有限公司。

一、青海中油交通能源有限公司（2018.12—2022.4）

（一）青海中油交通能源有限公司董事会（2018.12—2022.4）

董　事　长　李　玲（女，股东方，2018.12—2020.7）

董其海（股东方，2020.7—2021.6）

才让昂秀（股东方，2021.6—2022.4）

董　　　事　李　玲（2018.12—2020.7）

张　存（2018.12—2020.6）

马红波（股东方，2018.12—2019.6）

马　杰（股东方，2019.6—2022.4）

董其海（2020.7—2021.6）

才让昂秀（2021.6—2022.4）

（二）青海中油交通能源有限公司监事（2018.12—2022.4）

监　　　事　赵生明（2018.12—2022.4）

（三）青海中油交通能源有限公司行政领导名录（2018.12—2022.4）

总　经　理　张　存（2018.12—2020.7）

张　松（2020.7—2022.4）

二、青海中油青新能源有限公司（2022.4—2023.12）

（一）青海中油青新能源有限公司董事会（2022.4—2023.12）

董　事　长　李增伟（2022.4—2023.12）

董　　　事　李增伟（2022.4—2023.12）

王鹏飞（股东方，2022.4—2023.12）

（二）青海中油青新能源有限公司监事（2022.4—2023.12）

监　　　事　赵生明（2022.4—2023.12）

（三）青海中油青新能源有限公司行政领导名录（2022.4—2023.12）

总　经　理　张　松（2022.4—2023.12）

第二节　青海中油平盛能源有限公司
（2019.11—2023.12）

2019 年 11 月，青海中油平盛能源有限公司注册成立，是青海销售公司组建的第一家企民合资项目，注册资本金 4996 万元，我方股权占比 50%。通过组建该企业成功开发小水桥加油站。党组织关系隶属于青海销售公司机关党委。

2021 年 4 月，扩建小水桥加气站。

一、青海中油平盛能源有限公司董事会（2019.11—2023.12）

董　事　长　郑明安（股东方，2019.11—2023.12）

董　　　事　张　存（2019.11—2023.12）

　　　　　　陈　霖（股东方，2019.11—2023.12）

二、青海中油平盛能源有限公司监事（2019.11—2023.12）

监　　　事　李承隆（2019.11—2023.12）

三、青海中油平盛能源有限公司行政领导名录（2019.11—2023.12）

总　经　理　张　存（2019.11—2023.12）

第三节　青海拓关能源有限公司（2020.1—2023.12）

2020 年 1 月，青海拓关能源有限公司注册成立，合资方为湟中兴关商贸有限公司（村集体企业），为青海销售公司第一家扶贫产业合资项目，注册资本金 1285.66 万元，我方股权占比 51%。党组织关系隶属于青海销售西宁分公司党委。

执 行 董 事　张文炜（2020.1—8）

　　　　　　张　静（2020.8—2023.12）

监　　　事　李青发（股东方，2020.1—2023.12）

总　经　理　（空缺）

第四节　青海中油贝正实业有限公司
（2020.4—2023.12）

2020 年 4 月青海中油贝正实业有限公司注册成立，注册资本金 3300 万元，我方股权占比 40%。通过组建该企业成功开发玉树市三座加油站。党组织关系隶属于青海销售公司机关党委。

一、青海中油贝正实业有限公司董事会（2020.4—2023.12）

董　事　长　马　义（股东方，2020.4—2023.12）

董　　　事　马　义（2020.4—2023.12）

　　　　　　包忠军（2020.4—2021.4）

　　　　　　马晓文（股东方，2020.4—2023.12）

二、青海中油贝正实业有限公司监事（2020.4—2023.12）

监　　　事　马剑辉（股东方，2020.4—2023.12）

三、青海中油贝正实业有限公司行政领导名录（2020.4—2023.12）

总　经　理　包忠军（2020.4—2023.12）

第五节　中国石油海北能源发展有限公司
（2020.5—2023.12）

2020 年 5 月，中国石油海北能源发展有限公司注册成立，合资方为海北州国有资本投资运营集团有限公司，注册资本金 3000 万元，我方股权占比 50%，该企业组建拟开发海北州旅游综合服务体。党组织关系隶属于青海销售海北分公司党委。

一、中国石油海北能源发展有限公司董事会（2020.5—2023.12）

董　事　长　李　军（股东方，2020.5—2023.12）

董　　　事　李　军（2020.5—2023.12）

　　　　　　申海宏（2020.5—2023.12）

　　　　　　杨爱民（2020.5—2023.12）

　　　　　　徐晓鹏（股东方，2020.5—2023.12）

　　　　　　朱兴贵（2020.5—2023.12）

二、中国石油海北能源发展有限公司监事会（2020.5—2023.12）

主　　　席　（空缺）

监　　　事　那旭青（股东方，2020.5—2023.12）

刘宏年（股东方，2020.5—2023.12）

张　宁（股东方，2020.5—2023.12）

何生龙（2020.5—2023.12）

张　玮（2020.5—2023.12）

三、中国石油海北能源发展有限公司行政领导名录（2020.5—2023.12）

总　经　理　申海宏（2020.5—2023.12）

第六节　青海中油润德能源有限公司
（2020.9—2022.6）

2020年9月，青海销售公司与青海润德商贸有限公司组建的合资公司青海中油润德能源有限公司注册成立，注册资本金3000万元，股权占比各50%。党组织关系隶属于青海销售西宁分公司党委。

2022年6月，青海中油润德能源有限公司注销。

执 行 董 事　邱军剑（2020.9—2022.6）

监　　　事　赵现红（股东方，2020.9—2022.6）

总　经　理　王建峰（股东方，2020.9—2022.6）

第七节　青海中油天迈产业运营有限公司
（2020.9—2023.12）

2020年9月，青海中油天迈产业运营有限公司注册成立，合资方为青海天迈建设投资有限责任公司，注册资本金4000万元，我方股权占比50%。该企业与西宁市城西区财政局下属的投资公司合资组建，拟通过城投平台在西宁市城西区开发加油站。党组织关系隶属于西宁分公司党委。

执 行 董 事　国　义（2020.9—2023.3）

沈峻宏（2023.3—12）

监　　　　事　王宝奇（股东方，2020.9—2023.12）

总　经　理　国　义（2020.9—2022.6）

　　　　　　　沈峻宏（2022.6—2023.12）

第八节　玉树中油互惠能源有限公司
（2020.10—2023.12）

2020年10月，玉树中油互惠能源有限公司注册成立，合资方为中园加油站有限公司（民营企业），注册资本金400万元，我方股权占比50%。通过组建该企业成功开发玉树中园加油站。党组织关系隶属于玉树分公司党委。

一、玉树中油互惠能源有限公司董事会（2020.10—2023.12）

董　事　长　马俊英（股东方，2020.10—2023.12）

副 董 事 长　陈永祥（2020.10—2023.12）

董　　　　事　马俊英（2020.10—2023.12）

　　　　　　　陈永祥（2020.10—2023.12）

　　　　　　　王贤萍（2020.10—2023.12）

二、玉树中油互惠能源有限公司监事会（2020.10—2023.12）

监　　　　事　马文涛（股东方，2020.10—2023.12）

三、玉树中油互惠能源有限公司行政领导名录（2020.10—2023.12）

总　经　理　陈永祥（2020.10—2023.12）

第九节　青海中油沱沱河燃气有限公司（2021.1—2023.12）

2021年1月青海中油沱沱河燃气有限公司注册成立，合资方为青海沱沱河能源有限公司（民营企业），注册资本金2564万元，我方股权占比50%，拟合资开发沱沱河加气站。党组织关系隶属于格尔木分公司党委。

2022年9月，青海销售分公司批复：同意对青海中油沱沱河燃气有限公司进行清算注销。

2023 年 11 月，青海销售分公司批复同意：将青海中油沱沱河燃气有限公司处置方式从清算注销变更为我方减资退出。

执 行 董 事　刘桂梅（股东方，2021.1—2023.12）

监　　　　事　颜　荣（股东方，2021.1—2023.12）

总 经 理　陈昆鹏（2021.1—2023.12）

第十节　青海智驿中油能源有限公司——青海交控中油能源有限公司（2021.3—2023.12）

2021 年 3 月，青海智驿中油能源有限公司注册成立，注册资本金 1000 万元，我方股权占比 45%。党组织关系隶属于青海销售公司机关党委。

2023 年 4 月，因合资方内部职能调整，更名为青海交控中油能源有限公司。

一、青海智驿中油能源有限公司（2021.3—2023.4）

（一）青海智驿中油能源有限公司董事会（2021.3—2023.4）

董 事 长　申海庆（股东方，2021.3—4）

　　　　　　李　玲（女，股东方，2021.4—2023.4）

监　　　　事　申海庆（2021.3—4）

　　　　　　邱军剑（2021.3—2023.4）

　　　　　　徐　蕾（股东方，2021.3—7）

　　　　　　李　玲（2021.4—2023.4）

　　　　　　冉旭东（股东方，2021.7—2023.4）

（二）青海智驿中油能源有限公司监事（2021.3—2023.4）

监　　　　事　金　睿（股东方，2021.3—7）

　　　　　　马红波（股东方，2021.7—2023.4）

（三）青海智驿中油能源有限公司行政领导名录（2021.3—2023.4）

总 经 理　邱军剑（2021.3—2023.4）

二、青海交控中油能源有限公司（2023.4—2023.12）

（一）青海交控中油能源有限公司董事会（2023.4—2023.12）

董　事　长　陶　越（股东方，2023.4—12）

董　　　事　邱军剑（2023.4—9）

陶　越（2023.4—12）

李亚萍（股东方，2023.4—12）

（二）青海交控中油能源有限公司监事（2023.4—12）

监　　　事　马红波（2023.4—12）

（三）青海交控中油能源有限公司行政领导名录（2023.4—12）

总　经　理　邱军剑（2023.4—12）

第十一节　青海中油辛元能源有限公司
（2021.3—2023.12）

2021年3月，青海中油辛元能源有限公司注册成立，合资方为青海泰恩能源有限公司（民营企业），注册资本金1000万元，我方股权占比50%。党组织关系隶属于青海销售公司机关党委。

2023年11月，启动清算注销。

一、青海中油辛元能源有限公司董事会（2021.3—2023.12）

董　事　长　马俊义（股东方，2021.3—2023.12）

董　　　事　马俊义（2021.3—2023.12）

包忠军（2021.3—8）

周　拉（2021.8—2023.12）

马文杰（股东方，2021.3—2023.12）

二、青海中油辛元能源有限公司监事（2021.3—2023.12）

监　　　事　马永红（女，2021.3—2023.12）

三、青海中油辛元能源有限公司行政领导名录（2021.3—2023.12）

　　总　经　理　包忠军（2021.3—8）

　　　　　　　　周　拉（2021.8—2023.12）

第十二节　青海中油瀚海能源有限公司
（2021.3—2023.10）

2021 年 3 月，设立青海中油瀚海能源有限公司，注册资本金 100 万元人民币。2023 年 10 月完成清算注销。党组织关系隶属于黄南分公司党委。

一、青海中油瀚海能源有限公司董事会（2021.3—2023.10）

　　董　事　长　韩维良（股东方，2021.3—2023.10）

　　董　　　事　韩维良（2021.3—2023.10）

　　　　　　　　齐延伟（2021.3—2023.10）

　　　　　　　　马　勇（股东方，2021.3—2023.10）

二、青海中油瀚海能源有限公司监事（2021.3—2023.10）

　　监　　　事　郭彦丽（女，2021.3—2023.10）

三、青海中油瀚海能源有限公司行政领导名录（2021.3—2023.10）

　　总　经　理　齐延伟（2021.3—2023.12）

第十三节　青海中油新兴能源有限责任公司
（2021.4—2023.12）

2021 年 4 月，青海中油新兴能源公司增资扩股，公司由集体企业改制为有限责任公司，注册资本 8088.15 万元。合作方持股比例 51%，青海石油有限责任公司持股比例 49%，由青海石油有限责任公司全权经营管理。

2021 年 4 月，青海销售公司党委决定：中共青海中油新兴能源有限责任公司委员会由 9 人组成，向军任党委书记，马永梅任党委副书记，周拉任党委常务副书记，马桂莲任纪委书记。

2021 年 5，青海销售公司决定：青海中油新兴能源有限责任公司总会计师职务变更为财务总监，不再另行任命。

2021 年 6 月，青海销售公司党委决定：增补刘立岩为青海中油新兴能源有限责任公司党委委员；孙秀花任青海中油新兴能源有限责任公司党委委员；李增伟任青海中油新兴能源有限责任公司党委副书记；王创业任青海中油新兴能源有限责任公司党委委员；免去周拉的青海中油新兴能源有限责任公司党委委员、常务副书记职务，调青海中油辛元能源有限公司工作；免去马永梅的青海中油新兴能源有限责任公司党委委员、副书记职务，调市场营销部工作；免去薛萍的青海中油新兴能源有限责任公司党委委员职务，退出领导岗位。青海销售公司决定：推荐李增伟为青海中油新兴能源有限责任公司总经理人选，不再担任青海中油新兴能源有限责任公司财务总监职务；推荐王创业为青海中油新兴能源有限责任公司财务总监；免去马永梅的总经理职务。

2021 年 6 月，中油新兴能源有限责任公司领导班子分工：

董事长、党委书记向军负责公司全面工作，主持党委、董事会工作；负责召集和组织公司党委会，组织讨论和决定公司的发展规划、经营方针、年度计划以及日常经营工作中的重大事项。分管党委工作部（纪委办公室）。

总经理、党委副书记李增伟负责贯彻落实公司党委、董事会决议决定，对董事长负责，负责公司全面工作。负责新兴能源公司日常工作的经营管理及多元化业务经营。分管业务运作部、非油品事业部。联系单位为青海中油丁香食品有限公司。党委委员、管理专家负责油品事业部日常工作。分管油品事业部。联系单位为青海兴能成品油销售有限公司、青海中油交通能源有限公司。

副总经理、安全总监、党委委员李志毅协助主要领导负责公司安全环保工作。分管质量安全环保部、青海昆信质量检测技术有限公司。联系单位为青海中油青兴燃气销售有限公司。

党委委员、纪委书记马桂莲负责公司党风廉政建设和反腐败工作，负责纪检监察工作和公司党委巡察日常工作。负责公司工会日常工作、思想政治、信访维稳、离退休职工、后勤和非生产区域等管理工作。联系单位为河南分公司。

党委委员孙秀花负责劳务输出业务、物业服务管理工作。分管青海中油晴锐人力资源开发有限公司。联系单位为西藏分公司。

副总经理、党委委员陈统业负责公司投资、工程建设（含新能源）、网点开发。分管投资工程部（招投标办公室）、油气事业部（分公司）。联系单位为茫崖分公司、青海中油景盛建设工程有限公司。

副总经理、党委委员刘立岩负责消防设施设备供应、维修、市场开拓及安全协会工作。分管消防事业部、青海青祥保安服务有限公司、青海昆弘文化传媒有限公司。

财务总监、党委委员王创业负责财务核算、内控体系、信息化建设、合规管理、清欠工作及绩效考核和薪酬分配。负责分公司、子公司、合资公司的财务合规管理。分管财务部。联系单位为北京分公司、青海中油云翰信息技术有限公司。

青海中油新兴能源有限责任公司本部设5个管理部门，分别为党委工作部、人力资源部、业务运行管理部、投资工程管理部、计划财务部。新组建成立油品事业部（含31座加油站、1座油库）、非油品事业部、安全培训部、消防事业部4个经营实体。青海青祥保安服务有限公司、青海中油晴锐人力资源开发有限公司、青海昆信质量检测技术有限公司、青海昆弘文化传媒有限公司、青海中油好客食品有限公司、青海中油昆宁消防安全技术服务有限公司6个全资子公司。青海中油景盛建设工程有限公司、青海中油青兴燃气销售有限公司、青海中油云翰信息技术有限公司、青海中油丁香食品有限公司、青海兴能成品油销售有限公司、山东中油昆悦能源有限责任公司6个合资公司。青海中油新兴能源有限责任公司西藏分公司、河南分公司、油气分公司、茫崖分公司、北京分公司5个分公司。青海中油新兴能源有限责任公司党委下设4个党支部，共有党员96人，有专兼职党务工作者25人。

2022年6月，根据业务发展，注销河南分公司、北京分公司。

2022年6月，青海销售公司党委决定：免去孙秀花的青海中油新兴能源有限责任公司党委委员职务，退出领导岗位。

2022年8月，注销西藏分公司。将对外投资股权企业青海中油云翰信息技术有限公司、青海中油景盛建设工程有限公司、青海中油丁香食品有限公司、青海中油青兴燃气销售有限公司、青海兴能成品油销售有限公司、青海中油青新能源有限公司、山东中油昆悦能源有限责任公司进行清理处置。

截至 2022 年 12 月，中油新兴能源有限责任公司领导班子分工如下：

董事长、党委书记向军负责公司全面工作，主持党委、董事会工作；负责召集和组织公司党委会，组织讨论和决定公司的发展规划、经营方针、年度计划以及日常经营工作中的重大事项。分管综合管理部 [党委办公室、董（监）事会办公室、纪委办公室]。

总经理、党委副书记李增伟负责贯彻落实公司党委、董事会决议决定，对董事长负责，负责公司全面工作。负责新兴能源公司日常工作的经营管理及多元化业务经营。分管生产经营管理部、非油品事业部。联系单位为青海中油丁香食品有限公司。

管理专家、党委委员雷宏德负责油品事业部日常工作。分管油品事业部。联系单位为青海兴能成品油销售有限公司、青海中油交通能源有限公司。

副总经理、安全总监、党委委员李志毅协助主要领导负责公司安全环保工作。分管质量安全环保部、青海昆信质量检测技术有限公司。联系单位：青海中油青兴燃气销售有限公司。

党委委员、纪委书记马桂莲协助主要领导负责公司党风廉政建设和反腐败工作，负责纪检监察工作和公司党委巡察日常工作。负责公司工会日常工作、思想政治、信访维稳、离退休职工、后勤和非生产区域等管理工作。联系单位为河南分公司。

党委委员孙秀花负责劳务输出业务、物业服务管理工作。分管青海中油晴锐人力资源开发有限公司。联系单位为西藏分公司。

党委委员、副总经理陈统业协助主要领导负责公司投资、工程建设（含新能源）、网点开发。分管投资工程部（招投标办公室）、油气事业部（分公司）、化工项目组。联系单位为茫崖分公司、青海中油景盛建设工程有限公司。

副总经理、党委委员刘立岩负责消防设施设备供应、维修、市场开拓及安全协会工作。分管消防事业部、花土沟油田服务项目组、青海青祥保安服务有限公司、青海昆弘文化传媒有限公司。

财务总监、党委委员王创业负责财务核算、内控体系、信息化建设、合规管理、清欠工作及绩效考核和薪酬分配。负责分公司、子公司、合资公司的财务合规管理。分管财务部。联系单位为北京分公司、青海中油云翰信息技术有限公司。

青海中油新兴能源有限责任公司本部设综合管理部［党委办公室、董（监）事会办公室、纪委办公室］、质量安全环保部、生产经营管理部、投资工程部、财务部 5 个管理部门。运营中心和会计核算中心两个经营运行及服务机构。油品事业部、非油品事业部、油气事业部、消防事业部四个经营实体。成立化工项目组。通过股权收购青海中油交通能源有限公司成立青海中油青新能源有限公司。青海中油新兴能源有限责任公司河南分公司、北京分公司两家分公司分别于 2022 年 6 月 24 日和 2022 年 7 月 15 日完成注销。设 4 个党支部，共有党员 101 人，有专兼职党务工作者 25 人。

2023 年 9 月，青海销售公司党委决定：刘艳春任青海中油新兴能源有限责任公司党委委员。

2023 年 11 月，青海销售公司党委决定：免去马桂莲的青海中油新兴能源有限责任公司党委委员、纪委书记职务，退出领导岗位。

2023 年 12 月，中油新兴能源有限责任公司调整领导班子分工：

董事长、党委书记向军负责公司全面工作，主持党委、董事会工作；负责召集和组织公司党委会，组织讨论和决定公司的发展规划、经营方针、年度计划以及日常经营工作中的重大事项。分管综合管理部 [党委办公室、董（监）事会办公室、纪委办公室]。联系单位：化工项目组。

总经理、党委副书记李增伟负责贯彻落实公司党委、董事会决议决定，对董事长负责，负责公司全面工作。负责新兴能源公司日常工作的经营管理及多元化业务经营。暂时代理财务总监，协助主要领导负责财务核算、内控体系、信息化建设、合规管理、清欠工作及绩效考核和薪酬分配。负责分公司、子公司、合资公司的财务合规管理。分管生产经营管理部、财务部。联系单位：油气事业部。

管理专家、党委委员雷宏德负责油品事业部日常工作。分管油品事业部。

副总经理、党委委员、安全总监李志毅负责公司安全环保工作。分管质量安全环保部、青海昆信质量检测技术有限公司。

副总经理、党委委员陈统业负责公司投资、工程建设（含新能源）、网点开发、非油商品经营销售。分管投资工程部（招投标办公室）、油气事业部（分公司）、化工项目组。联系单位：青海中油好客食品有限公司、新兴超市。

副总经理、党委委员刘立岩负责消防设施设备供应、维修、市场开拓及安全协会工作。分管青海中油昆宁消防安全技术服务有限公司、花土沟油田服务项目组、青海青祥保安服务有限公司。

截至2023年12月31日，青海中油新兴能源有限责任公司本部设综合管理部[党委办公室、董（监）事会办公室、纪委办公室]、质量安全环保部、生产经营管理部、投资工程部、财务部5个管理部门，运营中心和会计核算中心2个经营运行及服务机构，油品事业部、非油品事业部、油气事业部、消防事业部4个经营实体，化工和危险货物管理2个项目组。在册员工150人，其中：管理人员129人、操作人员21人；高级职称4人、中级职称27人；高级技师2人、技师2人。青海中油新兴能源有限责任公司党委下设党支部4个，党员96人，其中在职党员87人。2023年累计实现收入4.7亿元，实现营业利润542万元。

一、青海中油新兴能源有限责任公司董事会（2021.4—2023.12）

董　事　长　向　军（2021.4—2023.12）

董　　　事　向　军（2021.4—2023.12）

芦　婷（女，股东方，2021.4—2023.12）

陈统业（2021.4—2023.12）

王发民（股东方，2021.4—2023.12）

马永梅（女，2021.4—2022.4）

韩如海（股东方，2021.4—2023.12）

谭启皓（股东方，2021.4—2022.4）

李增伟（2021.4—2023.12）

刘立岩（股东方，2021.4—2023.12）

王创业（2022.4—2023.12）

任庆华（股东方，2022.4—2023.12）

二、青海中油新兴能源有限责任公司监事会（2021.4—2023.12）

主　　　　席　李亚敏（股东方，2021.4—2023.12）

监　　　　事　李亚敏（2021.4—2023.12）

贾生英（股东方，2021.4—2023.12）

周　拉（2021.4—2023.12）

三、青海中油新兴能源有限责任公司行政领导名录（2021.4—2023.12）

总　　经　　理　马永梅（2021.4—2021.6）

李增伟（2021.6—2023.12）

副　总　经　理　陈统业（2021.4—2023.12）

总　会　计　师　李增伟（2021.4—5）

王创业（2021.6—2022.9）①

财　务　总　监　李增伟（2021.5—6；2022.9—2023.12）

安　全　总　监　李志毅（2021.4—2023.12）

四、青海中油新兴能源有限责任公司党委、纪委领导名录（2021.4—2023.12）

党　委　书　记　向　军（2021.4—2023.12）

党委常务副书记　周　拉（2021.4—2021.6）②

党　委　副　书　记　马永梅（2021.4—2021.6）③

李增伟（2021.6—2023.12）

党　委　委　员　向　军（2021.4—2023.12）

马桂莲（2021.4—2023.11）④

周　拉（2021.4—2021.6）

雷宏德（2021.4—2023.12）

---

① 2022 年 9 月，王创业赴股份公司天津销售分公司挂职，由李增伟兼任财务总监。

② 2021 年 6 月，周拉调任青海中油辛元能源有限公司执行董事、总经理。

③ 2021 年 6 月，马永梅调任市场营销部副主任（二级正）。

④ 2023 年 11 月，马桂莲退出领导岗位。

李增伟（2021.4—2023.12）

陈统业（2021.4—2023.12）

马永梅（2021.4—2021.6）

薛　萍（女，2021.4—2021.6）①

李志毅（2021.4—2023.12）

孙秀花（女，2021.6—2022.6）②

王创业（2021.6—2023.12）

刘立岩（2021.6—2023.12）

刘艳春（2023.9—2023.12）

纪 委 书 记 马桂莲（2021.4—2023.11）

五、青海中油新兴能源有限责任公司工会（2021.4—2023.12）

主　　席　周　拉（2021.4—6）

马桂莲（2021.11—2023.11）

第十四节　青海中油丽凯能源有限公司
（2021.5—2023.6）

2021 年 5 月，青海中油丽凯能源有限公司注册成立。党组织关系隶属于格尔木分公司党委。

2023 年 6 月，完成清算注销。

一、青海中油丽凯能源有限公司董事会（2021.5—2023.6）

董 事 长 包天丽（女，股东方，2021.5—2023.6）

董　　　事 包天丽（2021.5—2023.6）

李　茹（女，2021.5—2023.6）

朱　虹（女，股东方，2021.5—2023.6）

---

① 2021 年 6 月，薛萍退出领导岗位。

② 2022 年 6 月，孙秀花退出领导岗位。

二、青海中油丽凯能源有限公司监事（2021.5—2023.6）

　　监　　　事　王国庆（2021.5—2023.6）

三、青海中油丽凯能源有限公司行政领导名录（2021.5—2023.6）

　　总　经　理　李　茹（2021.5—2023.6）

第十五节　杂多中油杂曲有限公司
（2021.7—2023.12）

　　2021年7月，杂多中油杂曲有限公司组建成立，合资方为杂多县扶贫产业投资管理有限公司（国有企业），是青海销售公司第二家扶贫产业合资项目，注册资本金324万元，我方股权占比7.4%（享受20%权益），通过组建该企业成功开发玉树杂多扶贫加油站。党组织关系隶属于青海销售玉树分公司党委。

一、杂多中油杂曲有限公司董事会（2021.7—2023.12）

　　董　事　长　南　周（股东方，2021.7—2023.12）

　　董　　　事　南　周（2021.7—2023.12）

　　　　　　　　彭　刚（2021.7—2023.12）

二、杂多中油杂曲有限公司监事（2021.7—2023.12）

　　监　　　事　马永红（2021.7—2023.12）

三、杂多中油杂曲有限公司行政领导名录（2021.7—2023.12）

　　总　经　理　彭　刚（2021.7—2023.12）

第十六节　青海中油衡泰能源有限公司
（2021.7—2023.12）

2021年7月，青海中油衡泰能源有限公司注册成立，合资方为海西衡泰工贸有限公司（民营企业），注册资本金800万元，我方股权占比40%，通过组建该企业成功开发马海加油站。党组织关系隶属于青海销售海西分公司党委。

一、青海中油衡泰能源有限公司董事会（2021.7—2023.12）

董　事　长　闫海霞（股东方，2021.7—2023.12）

董　　　事　闫海霞（2021.7—2023.12）

　　　　　　谢光仁（股东方，2021.7—2023.12）

　　　　　　张成政（2021.7—2023.12）

二、青海中油衡泰能源有限公司监事（2021.7—2023.12）

监　　　事　路　霞（女，2021.7—2023.12）

三、青海中油衡泰能源有限公司行政领导名录（2021.7—2023.12）

总　经　理　刘明明（2021.7—2023.12）

第六章　附录

第一节　青海销售公司组织机构框架图

一、2016年1月组织机构框架图

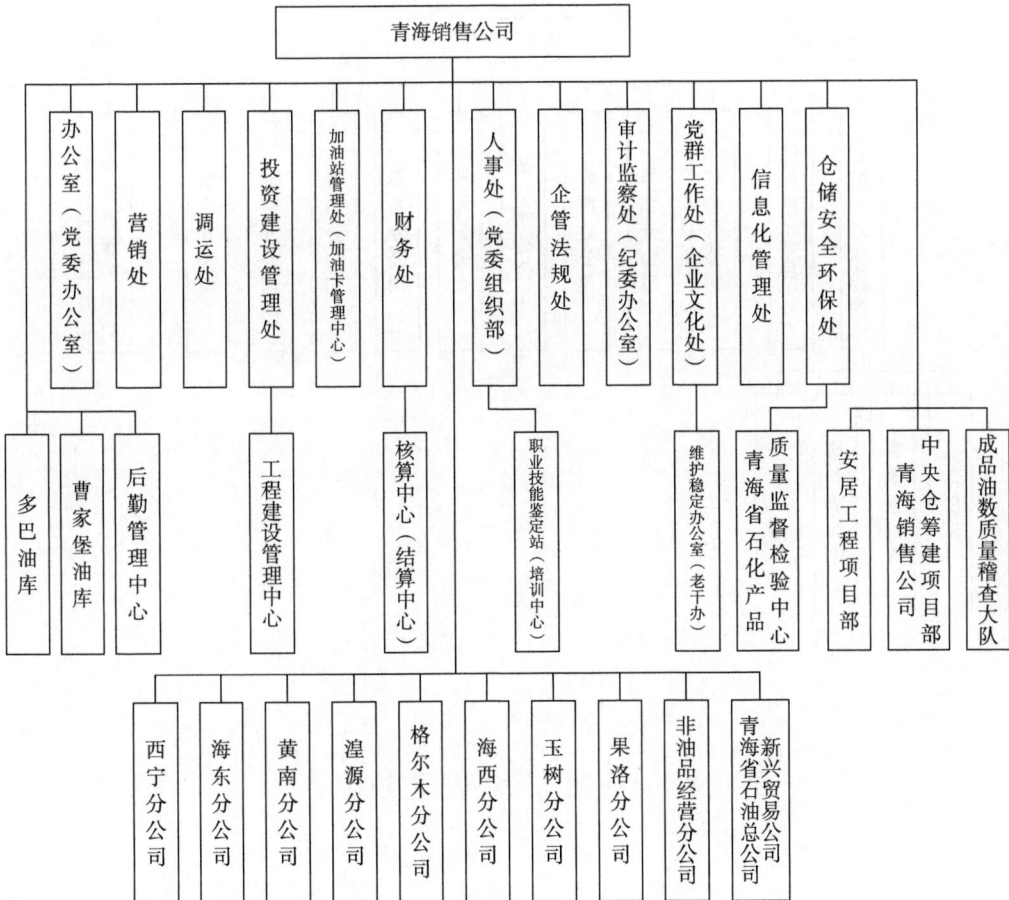

青海销售公司

- 办公室（党委办公室）
  - 多巴油库
  - 曹家堡油库
  - 后勤管理中心
- 营销处
- 调运处
- 投资建设管理处
  - 工程建设管理中心
- 加油站管理处（加油卡管理中心）
- 财务处
  - 核算中心（结算中心）
- 人事处（党委组织部）
  - 职业技能鉴定站（培训中心）
- 企管法规处
- 审计监察处（纪委办公室）
- 党群工作处（企业文化处）
  - 维护稳定办公室（老干办）
  - 青海省石化产品质量监督检验中心
- 信息化管理处
  - 安居工程项目部
- 仓储安全环保处
  - 中央仓筹建项目部青海销售公司
  - 成品油数质量稽查大队

- 西宁分公司
- 海东分公司
- 黄南分公司
- 湟源分公司
- 格尔木分公司
- 海西分公司
- 玉树分公司
- 果洛分公司
- 非油品经营分公司
- 青海省石油总公司新兴贸易公司

二、2023 年 12 月组织机构框架图

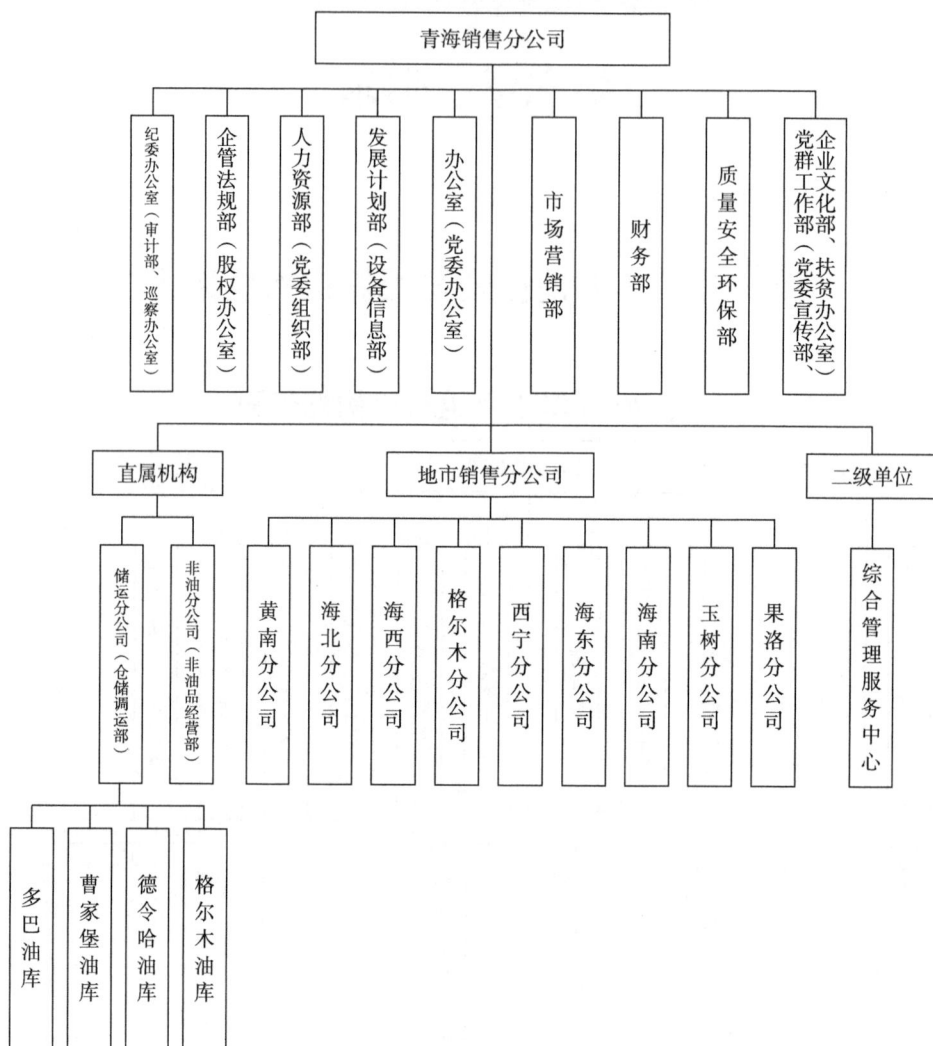

青海销售分公司

纪委办公室（审计部、巡察办公室）

企管法规部（股权办公室）

人力资源部（党委组织部）

发展计划部（设备信息部）

办公室（党委办公室）

市场营销部

财务部

质量安全环保部

企业文化部、扶贫办公室（党群工作部、党委宣传部）

直属机构

储运分公司（仓储调运部）

非油分公司（非油品经营部）

多巴油库

曹家堡油库

德令哈油库

格尔木油库

地市销售分公司

黄南分公司

海北分公司

海西分公司

格尔木分公司

西宁分公司

海东分公司

海南分公司

玉树分公司

果洛分公司

二级单位

综合管理服务中心

第二节 青海销售公司本部部门沿革图

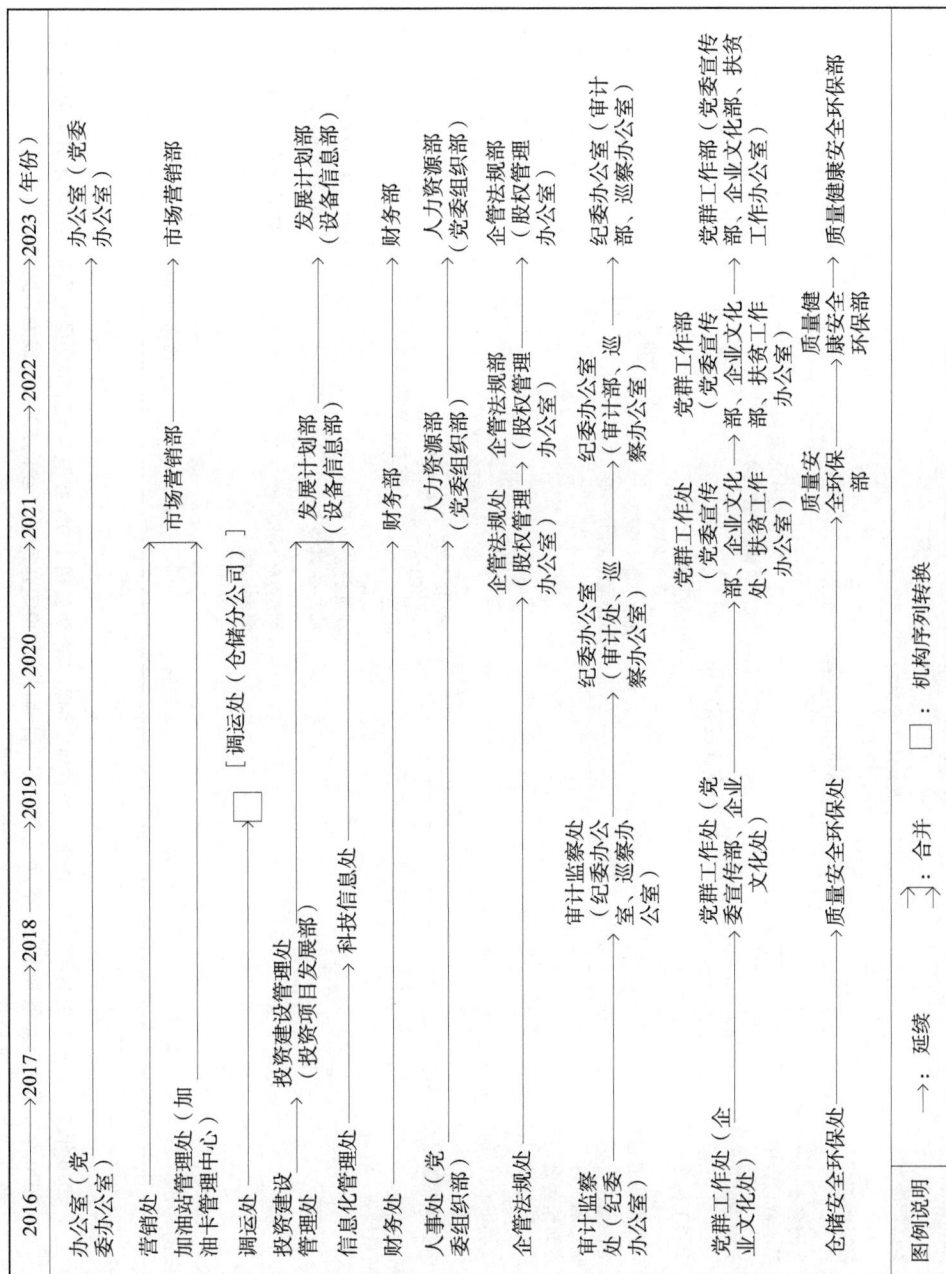

2016 →2017 →2018 →2019 →2020 →2021 →2022 →2023（年份）

- 办公室（党委办公室）→ 办公室（党委办公室）
- 营销处 → 市场营销部 → 市场营销部
- 加油站管理处（加油卡管理中心）
- 调运处 → [调运处（仓储分公司）]
- 投资建设管理处（投资项目发展部）→ 投资建设管理处 → 发展计划部（设备信息部）→ 发展计划部（设备信息部）
- 信息化管理处 → 科技信息处
- 财务处 → 财务部 → 财务部
- 人事处（党委组织部）→ 人力资源部（党委组织部）→ 人力资源部（党委组织部）
- 企管法规处 → 企管法规处（股权管理办公室）→ 企管法规部（股权管理办公室）
- 审计监察处（纪委办公室、巡察办公室）→ 纪委办公室（审计处、巡察办公室）→ 纪委办公室（审计部、巡察办公室）
- 党群工作处（党委宣传部、企业文化处）→ 党群工作处（党委宣传部、企业文化、扶贫工作办公室）→ 党群工作部（党委宣传部、企业文化、扶贫工作办公室）→ 党群工作部（党委宣传部、企业文化部、扶贫工作办公室）
- 仓储安全环保处 → 质量安全环保处 → 质量健康安全环保部 → 质量健康安全环保部

图例说明：　→ ：延续　⇒ ：合并　□ ：机构序列转换

第三节 青海销售公司直属、附属、非常设机构沿革图

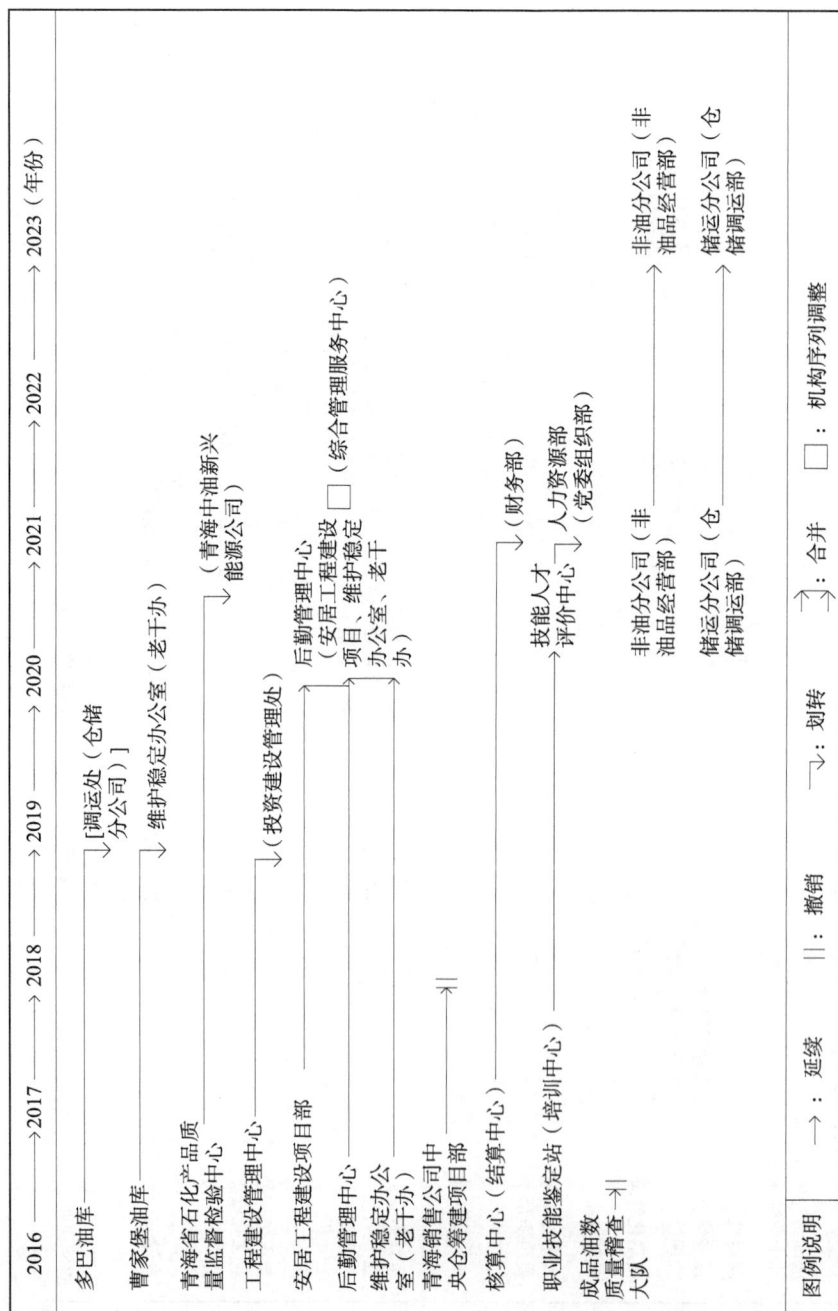

2016 → 2017 → 2018 → 2019 → 2020 → 2021 → 2022 → 2023（年份）

多巴油库 ——［调运处（仓储分公司）］

曹家堡油库 —— 维护稳定办公室（老干办）

青海省石化产品质量监督检验中心 ——（青海中油新兴能源公司）

工程建设管理中心 ——（投资建设管理处）

安居工程建设项目部

后勤管理中心 —— 后勤管理中心（安居工程建设项目、维护稳定办公室、老干办）□（综合管理服务中心）

维护稳定办公室（老干办）

青海销售公司中央仓筹建项目部

核算中心（结算中心）——（财务部）

职业技能鉴定站（培训中心）—— 技能人才评价中心 —— 人力资源部（党委组织部）

成品油数质量精查大队 —— 非油分公司（非油品经营部）→ 非油分公司（非油品经营部）

储运分公司（仓储调运部）→ 储运分公司（仓储调运部）

图例说明
→：延续　＝：撤销　↱：划转　↗：合并　□：机构序列调整

2020年7月，质量监督检验中心，由青海中油新兴能源公司100%控股，成立青海昆信质量检测技术有限公司。
2020年4月，后勤管理中心、安居工程建设项目部、维护稳定综合办公室（老干办）合并成为后勤管理中心。
2018年1月，撤销临时机构中央仓筹建项目部。
2021年3月，核算中心撤销。

第四节 青海销售公司所属二级单位机构沿革图

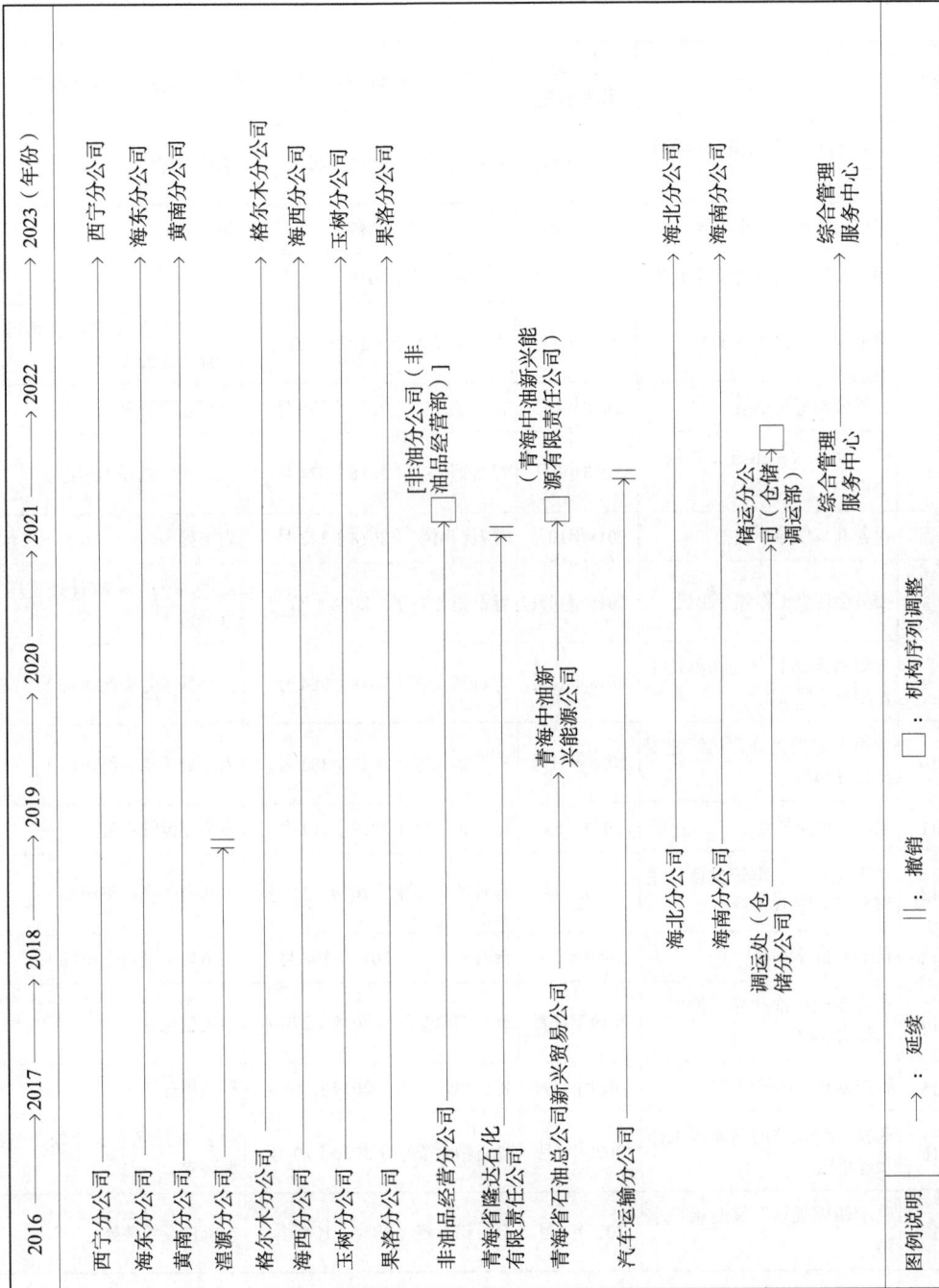

2016	→2017	→2018	→2019	→2020	→2021	→2022	→2023（年份）
							西宁分公司
							海东分公司
							黄南分公司
湟源分公司			‖				
							格尔木分公司
							海西分公司
							玉树分公司
							果洛分公司
非油品经营分公司					□[非油分公司（非油品经营部）]		
青海省隆达石化有限责任公司					‖		
青海省石油总公司新兴贸易公司			青海中油新兴能源有限公司		□（青海中油新兴能源有限责任公司）		
汽车运输分公司					‖		
海北分公司							海北分公司
海南分公司							海南分公司
调运处（仓储分公司）					□储运分公司（仓储调运部）		
					综合管理服务中心		综合管理服务中心

图例说明	→：延续	‖：撤销	□：机构序列调整

第五节 青海销售公司非常设领导机构简况

序号	机构名称	成立或调整日期	文件编号	具体工作职能部门
1	多巴油库隐患改造项目领导小组	2017年8月	青石销人字〔2017〕40号	多巴油库
2	年度预算编制工作领导小组	2017年8月	青石销财字〔2017〕270号	财务处
3	油卡非润营销决策领导小组	2018年1月	青石销营销〔2018〕127号	营销处
4	维稳信访工作领导小组	2018年5月	青石销党委字〔2018〕43号	党群工作处（党委宣传部、企业文化处）
5	合资公司筹建小组	2018年8月	青石销人字〔2018〕298号	投资建设管理处
6	三项制度改革推进工作领导小组	2018年9月	青石销人字〔2018〕324号	人事处（党委组织部）
7	财务共享领导小组	2018年10月	青石销财字〔2018〕342号	财务处
8	委员会巡察工作领导小组	2018年10月	青石销党委字〔2018〕79号	纪委办公室（审计处、巡察办公室）
9	青海海南销售分公司筹建工作领导小组	2018年11月	青石销人字〔2018〕384号	人事处（党委组织部）
10	青海海北销售分公司筹建工作领导小组	2018年11月	青石销人字〔2018〕383号	人事处（党委组织部）
11	战略发展委员会	2019年5月	青石销人字〔2019〕112号	投资建设管理处
12	"不忘初心、牢记使命"主题教育领导小组	2019年6月	青石销党委字〔2019〕52号	人事处（党委组织部）
13	再就业指导中心	2019年7月	青石销人字〔2019〕198号	人事处（党委组织部）
14	信息系统标准化应用推广工作领导小组	2019年10月	青石销信息字〔2019〕270号	科技信息处
15	科技创新工作领导小组	2019年11月	青石销信息字〔2019〕284号	科技信息处
16	巡视巡察反馈问题整改工作领导小组	2020年3月	青石销党委字〔2020〕20号	纪委办公室（审计处、巡察办公室）
17	"十四五规划"编制领导小组	2020年5月	青石销投建〔2020〕104号	投资建设管理处

序号	机构名称	成立或调整日期	文件编号	具体工作职能部门
18	石油博物馆筹建工作领导小组	2020年5月	青石销人字〔2020〕102号	党群工作处（党委宣传部、企业文化处）
19	质量监督检验中心改制领导小组	2020年5月	青石销人字〔2020〕103号	质量安全环保处
20	体系融合工作领导小组	2020年7月	青石销企管字〔2020〕156号	企管法规处
21	网络安全领导小组	2020年8月	信息字〔2020〕2号	科技信息处
22	违规经营投资追究工作领导小组	2020年11月	青石销审计字〔2020〕264号	纪委办公室（审计处、巡察办公室）
23	党外人士建言献策工作室	2021年3月	青石销党委字〔2021〕16号	党群工作处（党委宣传部、企业文化处、扶贫办公室）
24	统一战线工作领导小组	2021年3月	青石销党委字〔2021〕17号	党群工作处（党委宣传部、企业文化处、扶贫办公室）
25	党风廉政建设和反腐败工作协调领导小组	2021年3月	青石销党委字〔2021〕19号	纪委办公室（审计处、巡察办公室）
26	党史学习教育巡回指导组	2021年3月	青石销党委字〔2021〕30号	人事处（党委组织部）
27	绿化委员会	2021年4月	青石销人字〔2021〕89号	质量安全环保处
28	网络开发工作推进小组	2021年5月	青石销计划〔2021〕150号	发展计划部（设备信息部）
29	数字化转型、智能化发展领导小组	2021年11月	青石销计划〔2021〕332号	发展计划部（设备信息部）
30	网络安全工作领导小组	2021年11月	青石销计划〔2021〕338号	发展计划部（设备信息部）
31	油库建设项目指挥部及项目部	2022年4月	青石销计划〔2022〕105号	发展计划部（设备信息部）
32	内部违规处理工作领导小组	2022年8月	青石销党委字〔2022〕68号	人力资源部（党委组织部）
33	青海销售公司委员会审计工作领导小组	2023年3月	青石销党委字〔2023〕7号	纪委办公室（审计部、巡察办公室）
34	关心下一代工作委员会	2023年12月	青石销党群〔2023〕297号	党群工作部（党委宣传部、企业文化部、扶贫办公室）

第六节 青海销售公司所属加油站目录

截至 2023 年 12 月 31 日

序号	加油站名称	经营性质	站经理	营业场地	所属分公司
1	西宁五四加油站	自营	杨红霞	西宁市五四大街 7 号	西宁分公司
2	海鑫加油站	自营	王 浩	西宁市经济技术开发区甘河工业园区海鑫大道甘东三路	西宁分公司
3	清水河加油站	自营	薛海琴	西宁市城中区南川工业园区同安路 179 号	西宁分公司
4	锦川加油站	自营	沈 冬	西宁市湟中区上新庄镇刘小庄村锦川大道 234 号	西宁分公司
5	彭家寨加油站	自营	任 文	西宁市 109 国道彭家寨村	西宁分公司
6	南山路加油站	自营	敬 华	西宁市城中区南山路 59 号	西宁分公司
7	八一路加油站	自营	张运丽	西宁市八一东路 32 号	西宁分公司
8	德令哈路加油站	自营	张 玉	西宁市德令哈路 165 号	西宁分公司
9	西宁水磨加油站	自营	常文静	西宁市南川东路（省机床锻造厂家属院南侧）	西宁分公司
10	西宁城南加油站	自营	谢菲菲	西宁市城中区城南新区	西宁分公司
11	西宁经济技术开发区加油站	自营	张 瑞	西宁经济技术开发区	西宁分公司
12	西宁六一桥加油站	自营	王富安	西宁市城中区南川东路	西宁分公司
13	西宁中庄加油站	自营	杨占菊	西宁市城东区互助东路 393 号	西宁分公司
14	西宁韵家口加油站	自营	黄玲玲	西宁市互助东路韵家口收费站出	西宁分公司
15	西宁互助路加油站	自营	叶艳君	西宁市城东区互助东路 14 号	西宁分公司
16	西宁果洛加油站	自营	李明兰	西宁市城中区南川东路 151 号	西宁分公司
17	西宁峡口加油站	自营	李正燕	西宁市八一路小峡口	西宁分公司
18	西宁东出口加油站	自营	刘 坤	西宁市经济技术开发区峡口路杨沟湾村	西宁分公司
19	杨家庄加油站	自营	文占荣	西宁市城东区德令哈路 1 号	西宁分公司
20	西宁三其加油站	自营	刘晓燕	西宁市城北区柴达木路 481 号	西宁分公司

序号	加油站名称	经营性质	站经理	营业场地	所属分公司
21	西宁海湖桥加油站	自营	虎延兰	西宁市城北区柴达木路 25 号	西宁分公司
22	西宁新纪元加油站	自营	冶春玲	西宁市城北区柴达木路	西宁分公司
23	西宁严小加油站	自营	赵彩霞	西宁市城北区柴达木路严小村	西宁分公司
24	西宁祁连路加油站	自营	高茉莉	西宁市城北区祁连路 46 号付 2 号	西宁分公司
25	丽群加油站	自营	杜晓琴	西宁市城北区柴达木路 15 公里处	西宁分公司
26	生物园加油站	自营	钟立朝	西宁市青海生物科技产业园海湖大道	西宁分公司
27	世纪行加油站	自营	粟 玲	西宁市城北区柴达木路	西宁分公司
28	宁大加油站	自营	陕梦婕	西宁市城北区二十里铺镇宁大公路 9 千米处（宁张公路西侧）	西宁分公司
29	马坊加油站	自营	马永承	西宁市柴达木路 84 号	西宁分公司
30	西宁北出口加油站	自营	刘桂芳	西宁市小桥大街 238 号	西宁分公司
31	西宁公司石头磊加油站	自营	常 亮	西宁市城北区廿里铺镇金溢路	西宁分公司
32	排洪渠加油站	自营	常 亮	西宁市城北区廿里铺镇排洪渠路	西宁分公司
33	南山东路加油加气站	自营	田兴芳	西宁市城东区南山东路 134 号	西宁分公司
34	光华路加油站	自营	颜有花	西宁市城西区海晏路延伸段与光华路交叉口东南角 100 米处	西宁分公司
35	美丽水街加油站	自营	奥 茸	西宁市城北区湟水路与美丽水街交叉处	西宁分公司
36	湟源大华加油站	自营	刘卫民	西宁市湟源县大华乡	西宁分公司
37	湟源巴燕加油站	自营	刘生福	西宁市湟源县巴燕乡巴燕村	西宁分公司
38	湟源申中加油站	自营	王静宇	西宁市湟源县申中乡口子村	西宁分公司
39	湟源东关加油站	自营	贾永梅	西宁市湟源县青藏路	西宁分公司
40	湟源汇源加油站	自营	贾春芳	西宁市湟源县董家庄村（青藏路 118 号）	西宁分公司
41	湟源董家庄加油站	自营	张启红	西宁市湟源县城郊乡董家庄村	西宁分公司
42	湟源茶汉素加油站	自营	张成礼	西宁市湟源县和平乡茶汉素村	西宁分公司
43	湟源日月加油站	自营	张成礼	西宁市湟源县日月乡兔尔干村	西宁分公司
44	大通城关加油站	自营	李 铭	西宁市大通县宁张公路 51 千米处	西宁分公司
45	大通第六加油站	自营	刘 萍	西宁市大通县宁张公路 40 千米处	西宁分公司
46	大通桥头加油站	自营	杨海霞	西宁市大通县桥头镇解放南路 195 号	西宁分公司

续表

序号	加油站名称	经营性质	站经理	营业场地	所属分公司
47	大通销售分公司新城加油站	自营	陈国凤	西宁市大通县宁张公路 32 千米处	西宁分公司
48	大通奔驰加油站	自营	杜生艳	西宁市大通县宁张公路 28 千米处	西宁分公司
49	大通长宁加油站	自营	马青英	西宁市大通县宁张公路 20 千米处	西宁分公司
50	大通后子河加油站	自营	高海旺	西宁市大通县宁张公路 16 千米处	西宁分公司
51	大通东峡加油站	自营	文敨顺	西宁市大通县东峡衙门庄村	西宁分公司
52	平大湟加油站	自营	周珠章	西宁市大通县景阳镇山城村	西宁分公司
53	大通越隆加油站	自营	陈生顺	西宁市大通县景阳镇甘树湾村	西宁分公司
54	北环加油站	自营	王满桂	西宁市湟中县蓝色在北环	西宁分公司
55	多巴加油站	自营	钱　升	西宁市湟中县多巴镇新墩村	西宁分公司
56	湟中上新庄工业园区加油站	自营	曹海琴	西宁市湟中县上新庄镇河滩村	西宁分公司
57	西宁飞天加油站	自营	马修祥	西宁市湟中县多巴镇新墩村（109 国道 1983 千米处）	西宁分公司
58	湟中国寺营加油站	自营	史可洁	西宁市湟中县多巴镇国寺营村	西宁分公司
59	湟中湟大加油站	自营	丁宜佳	西宁市湟中县多巴镇二村	西宁分公司
60	李家庄加油站	自营	何　毅	西宁市湟中县汉东乡李家庄村	西宁分公司
61	甘河滩加油站	自营	孙　斌	西宁市经济技术开发区甘河工业园区	西宁分公司
62	湟中第二加油站	自营	马晓春	西宁市湟中县鲁沙尔镇通宁路	西宁分公司
63	湟中拦隆口加油站	自营	杨海超	西宁市湟中县拦隆口镇上鲁尔村	西宁分公司
64	西宁电脑加油站	自营	田婧婧	西宁市湟中县西堡镇佐署村（109 国道阴山堂）	西宁分公司
65	西宁西北加油站	自营	钟立国	西宁市湟中县西堡镇佐署村	西宁分公司
66	湟中李家山金娥加油站	合资	李文芹	西宁市湟中县李家山镇甘家村	西宁分公司
67	同安路加油站	自营	刘青年	西宁市城中区同安路延伸段	西宁分公司
68	上新庄加油站	自营	曹国斌	西宁市湟中县上新庄镇上新庄村	西宁分公司
69	东出口加油站	自营	魏玉霞	格尔木昆仑经济开发区青藏公路南侧	格尔木分公司
70	长江路北加油站	自营	雷月艳	格尔木市开发区长江路以北	格尔木分公司

序号	加油站名称	经营性质	站经理	营业场地	所属分公司
71	长江路北加气站	自营	雷月艳	格尔木市开发区长江路以北（长江路北加油站东侧）	格尔木分公司
72	大格勒加油站	自营	甘永海	格尔木市大格勒乡 109 国道北侧	格尔木分公司
73	大格勒加气站	自营	甘永海	格尔木市大格勒乡 109 国道北侧（大格勒加油站北侧）	格尔木分公司
74	盐桥中路加油站	自营	张允光	格尔木市盐桥路与柴达木路交汇处	格尔木分公司
75	黄河路加油站	自营	纪宗桂	格尔木市黄河东路 1 号	格尔木分公司
76	通宁加油站	自营	哈俊喜	格尔木市通宁路 215 号	格尔木分公司
77	泰山加油站	自营	程　军	格尔木市八一路与泰山路交汇处西南角	格尔木分公司
78	开发区加气站	自营	范　魁	格尔木市黄河东路北侧（昆仑能源液场院内）	格尔木分公司
79	西大滩加油站	自营	颜世秀	格尔木市西大滩	格尔木分公司
80	滨河路加油站	自营	王　丽	格尔木市黄河西路与滨河路交叉口	格尔木分公司
81	柴达木加油站	自营	赵亚亚	格尔木市中山路 42 号与黄河路交汇处西南角	格尔木分公司
82	沱沱河加油站	自营	杨启章	格尔木市 109 国道 K3229 千米处	格尔木分公司
83	昆仑山口加油站	自营	张皖青	格尔木市南山口	格尔木分公司
84	南山口加油站	自营	李　霞	格尔木市南山口 109 国道西侧	格尔木分公司
85	南郊加油站	自营	马　洁	格尔木市盐桥南路	格尔木分公司
86	天路加油站	自营	本欢召	格尔木市盐桥南路 54 号	格尔木分公司
87	长江路南加油站	自营	谢万措	格尔木市长江路南侧	格尔木分公司
88	长江路南加气站	自营	谢万措	格尔木市长江路南侧（长江路南加油站西侧）	格尔木分公司
89	长江路物流园加油站	自营	李梦琪	格尔木市长江路与 109 国道交汇处东南角	格尔木分公司
90	长江路物流园加气站	自营	李梦琪	格尔木市长江路与 109 国道交汇处东南角（龙云国际物流园西侧）	格尔木分公司
91	大干沟加油站	合作	先巴才让	格尔木市大干沟 109 国道 2795 千米处	格尔木分公司
92	不冻泉加油站	自营	祁进山	玉树市曲麻莱县曲麻河不冻泉	格尔木分公司
93	郭勒木德镇加油站	自营	桑　青	格尔木市格茫公路与察格高速公路交汇处	格尔木分公司

续表

序号	加油站名称	经营性质	站经理	营业场地	所属分公司
94	郭勒木德镇加气站	自营	桑青	格尔木市格茫公路与察格高速公路交汇处（郭勒木德镇加油站东侧）	格尔木分公司
95	达布逊加气站	自营	谢得全	格尔木市达布逊物流园内（达布逊加油站东侧）	格尔木分公司
96	达布逊加油站	自营	谢得全	格尔木市达布逊物流园内	格尔木分公司
97	盐湖发展加油站	自营	白国祥	格尔木市察尔汗盐湖发展大道 500 米处	格尔木分公司
98	涩北加油站	自营	陈晓清	格尔木市省道 315 国道与涩北气田 827 公路交汇处	格尔木分公司
99	西台加油站	自营	山秀兰	格尔木市 315 国道 900 千米界碑处	格尔木分公司
100	甘森加油站	自营	钟发辛	格尔木市格茫公路泵站东侧 260 千米处	格尔木分公司
101	西出口加油站	自营	张菊红	格尔木市格茫公路 11 千米处	格尔木分公司
102	交通街加油站	自营	刘钦红	格尔木市盐桥北路与交通街交汇处	格尔木分公司
103	小岛加油站	自营	颜吉元	格尔木市格尔木小岛知青路 74 号	格尔木分公司
104	北郊加油站	自营	祝春年	格尔木市盐桥北路 8 号	格尔木分公司
105	金属镁加油站	自营	白国祥	格尔木市察尔汗盐湖（金属镁工业园）	格尔木分公司
106	察尔汗加气站	自营	李东	格尔木市察尔汗镇盐湖钾肥发展大道北侧（中石油加油站北侧）	格尔木分公司
107	察尔汗路加油站	自营	—	格尔木市察尔汗路与星源路交汇处	格尔木分公司
108	金泰加油站	自营	—	格尔木市金峰路与泰山路交汇处东南角	格尔木分公司
109	史纳加油站	自营	赵海燕	海东市民和县川口镇史纳村	海东分公司
110	巴州加油站	自营	田军杰	海东市民和县巴州镇巴二村	海东分公司
111	马场垣加油站	自营	马晓红	海东市民和县马场垣乡团结村	海东分公司
112	祥海加油站	自营	李娟	海东市民和县川口镇享堂村	海东分公司
113	民和县加油站	自营	贺蕊	海东市民和县川口镇红卫村湟水桥头	海东分公司
114	官亭加油站	自营	刘应太	海东市民和县官亭镇黄河大桥东 50 米	海东分公司
115	米拉湾加油站	自营	李玉青	海东市民和县川口镇山城村	海东分公司
116	民福加油站	自营	苟海俊	海东市民和回族土族自治县松树乡杨家店	海东分公司
117	征程加油站	租赁	马芝香	海东市民和县总堡乡街道	海东分公司
118	平安中心站	自营	王美玲	海东市平安区兰青路 484 号	海东分公司

续表

序号	加油站名称	经营性质	站经理	营业场地	所属分公司
119	平茂加油站	自营	赵 明	海东市平安区平安镇东村	海东分公司
120	瑶房加油站	自营	付 翠	海东市平安区平安镇化隆路	海东分公司
121	沈家站加油站	自营	董雪莲	海东市平安区平安镇沈家村	海东分公司
122	三鑫加油站	自营	魏永晶	海东工业园区平西经济区二号路南侧	海东分公司
123	曹家堡服务区加油站	自营	朱旭亮	海东市互助县曹家堡服务区京藏高速1791千米处	海东分公司
124	曹家堡服务区加气站	自营	朱旭亮	海东市互助县曹家堡服务区京藏高速1791千米处	海东分公司
125	中关村加油站	自营	刘 瑾	海东市平安区河湟新区中关西路南北连接线高架桥道路东侧	海东分公司
126	平西加油站	租赁	陶存花	海东市平安区海东工业园区唐藩大道123号	海东分公司
127	高寨加油站	自营	刘 强	海东市平安区河湟新区高寨大街与瞿坛路交叉处（东北侧）	海东分公司
128	物流园加油站	自营	刘 强	海东市平安区工业园区	海东分公司
129	威远加油站	自营	王有芳	海东市互助县威远镇班加湾	海东分公司
130	东和加油站	自营	赵国珍	海东市互助县东和乡新庄村	海东分公司
131	松德加油站	自营	周义华	海东市互助县丹麻镇松德村	海东分公司
132	东环加油站	自营	杨得旭	海东市互助县威远镇兰家村	海东分公司
133	互助五峰加油站	自营	林松山	海东市互助县五峰乡上马村	海东分公司
134	北环加油站	自营	刘 维	海东市互助县威远镇崖头村	海东分公司
135	沙塘川加油站	自营	甘晓莲	海东市互助县塘川镇新元村	海东分公司
136	乐都第二加油站	自营	章海霞	海东市乐都区碾伯镇水磨营	海东分公司
137	乐都第三加油站	自营	周华香	海东市乐都区碾伯镇文化街101号	海东分公司
138	滨河路加油站	自营	刘国正	海东市乐都区岗沟街道滨河路29号	海东分公司
139	朝阳大道加油站	自营	袁海莲	海东市乐都区碾伯街道引胜路与朝阳大道交汇处	海东分公司
140	瞿县加油站	自营	王文勇	海东市乐都区瞿昙镇徐家台村	海东分公司
141	引胜加油站	自营	余亚军	海东市乐都区寿乐镇熊家湾村	海东分公司

续表

序号	加油站名称	经营性质	站经理	营业场地	所属分公司
142	老鸦峡加油站	自营	张红霞	海东市乐都区高庙镇老鸦峡村 126 号	海东分公司
143	循化县城加油站	自营	尕藏扎西	海东市循化县积石镇东门北街 103 号	海东分公司
144	城西加油站	自营	加羊吉	海东市循化县积石镇线尕拉村	海东分公司
145	街子加油站	自营	张丰福	海东市循化县循同公路 200 米处	海东分公司
146	白庄加油站	自营	吴 忠	海东市循化县白庄乡下白庄村	海东分公司
147	西沟坪北加油站	自营	李建忠	海东市循化县积石镇西沟村	海东分公司
148	西沟坪南加油站	自营	李建忠	海东市循化县积石镇西沟村	海东分公司
149	尕庄加油站	自营	何振义	海东市循化县积石镇城东尕庄	海东分公司
150	巴燕镇加油站	自营	陈文兴	海东市化隆县巴燕镇南环路口	海东分公司
151	多巴加油站	自营	曹建国	海东市化隆县牙什尕镇	海东分公司
152	交汇处加油站	自营	毛文栋	海东市化隆县巴燕镇南环路口	海东分公司
153	平化加油站	自营	谢双春	海东市化隆县扎巴镇阿岱村	海东分公司
154	甘都加油站	自营	王统泰	海东市化隆县甘都镇牙路乎村	海东分公司
155	阿李加油站	租赁	马薇娜	海东市化隆县扎巴镇阿岱村 1.5 千米处	海东分公司
156	群科东出口加油站	自营	赵秀梅	海东市化隆县群科新区甲东环路与新区大道交汇处	海东分公司
157	交通路加油站	自营	赵 辉	海西州乌兰县交通路	海西分公司
158	乌兰察汗诺加油站	自营	党国顺	海西州乌兰县察汉诺	海西分公司
159	乌兰经营部茶卡加油站	自营	崔志强	海西州乌兰县茶卡镇	海西分公司
160	乌兰经营部柯柯加油站	自营	李成新	海西州乌兰县柯柯镇	海西分公司
161	乌兰高速公路服务区南加油站	合资	杨玉祥	海西州乌兰县高速服务区	海西分公司
162	乌兰高速公路服务区北加油站	合资	杨玉祥	海西州乌兰县高速服务区	海西分公司
163	茶卡高速公路服务区南加油站	合资	杨占仓	海西州乌兰县茶卡高速公路服务区	海西分公司
164	茶卡高速公路服务区北加油站	合资	杨占仓	海西州乌兰县茶卡高速公路服务区	海西分公司
165	茶卡盐湖加油站	自营	董宝龙	海西州乌兰县茶卡镇 109 国道南侧	海西分公司

序号	加油站名称	经营性质	站经理	营业场地	所属分公司
166	大柴旦加油站	自营	杨国福	海西州大柴旦镇东出口	海西分公司
167	大柴旦西出口加油站	自营	杨国福	海西州大柴旦镇温泉路	海西分公司
168	鱼卡高速公路服务区加油站南站	合资	许国龙	海西州大柴旦镇鱼卡高速公路服务区南侧	海西分公司
169	鱼卡高速公路服务区加油站北站	合资	许国龙	海西州大柴旦镇鱼卡高速公路服务区北侧	海西分公司
170	饮马峡高速公路服务区加油站南站	合资	杨学东	海西州大柴旦饮马峡高速公路服务区	海西分公司
171	饮马峡高速公路服务区加油站北站	合资	杨学东	海西州大柴旦饮马峡高速公路服务区	海西分公司
172	大柴旦锡铁山高速公路服务区东加油站	合资	石文成	海西州大柴旦行委锡铁山高速公路服务区	海西分公司
173	大柴旦锡铁山高速公路服务区西加油站	合资	石文成	海西州大柴旦行委锡铁山高速公路服务区	海西分公司
174	大柴旦东出口加气站	自营	杨国福	海西州大柴旦镇东出口	海西分公司
175	大柴旦鱼卡加气站	自营	李积才	海西州大柴旦镇鱼卡收费站以东3千米处	海西分公司
176	天木路加油站	自营	李兵林	海西州天峻县天木路	海西分公司
177	天棚路加油站	自营	申月昌	海西州天峻县新源天棚路	海西分公司
178	天峻阳康加油站	自营	苏尕桑尖措	海西州天峻县阳康乡天木公路64千米加700米处	海西分公司
179	天峻木里加油站	自营	汪元来	海西州天峻县木里镇一社	海西分公司
180	北出口加油站	自营	马 坚	海西州天峻县北侧布哈河桥旁	海西分公司
181	都兰加油站	自营	马尚青	海西州都兰县察汗乌苏镇解放街36号	海西分公司
182	都兰胜利加油站	自营	马尚青	海西州都兰县察汗乌苏镇解放街	海西分公司
183	都兰夏日哈加油站	自营	赵春莲	海西州都兰县夏日哈镇	海西分公司
184	都兰鸿运加油站	自营	曹珍妮	海西州都兰县香日德镇东小街45号	海西分公司
185	天峻天棚货场加气站	自营	申月昌	海西州天峻县315国道218千米加260米处	海西分公司
186	都兰诺木洪加油站	自营	张 萍	海西州都兰县总家政诺木洪（109国道2589千米减150米处）	海西分公司

续表

序号	加油站名称	经营性质	站经理	营业场地	所属分公司
187	伊克高里加油站	自营	韩 燕	海西州都兰县巴隆乡 109 国道 2484 千米加 800 米处	海西分公司
188	都兰服务区东侧加油站	合资	祝显全	海西州都兰县茶格高速公路 2230 千米加 700 米东	海西分公司
189	都兰服务区西侧加油站	合资	祝显全	海西州都兰县茶格高速公路 2230 千米加 700 米西	海西分公司
190	香日德桥头加油站	自营	曹珍妮	海西州都兰县香日德镇桥头	海西分公司
191	都兰沟里服务区南加油站	自营	闫国寿	海西州都兰县小沟里乡沟里服务区南侧	海西分公司
192	都兰沟里服务区北加油站	自营	闫国寿	海西州都兰县小沟里乡沟里服务区北侧	海西分公司
193	冷湖团结路加油站	自营	蒙 根	海西州茫崖市冷湖镇团结路 111 号	海西分公司
194	花土沟油城加油站	自营	蔡延军	海西州茫崖市花土沟镇 315 国道 1220 千米处	海西分公司
195	花土沟西城加油站	自营	蔡延军	海西州茫崖市花土沟镇 315 国道 1262 千米处	海西分公司
196	格茫加油站	自营	张国平	海西州茫崖市花土沟镇国道 315 线 1110 千米加 500 米处	海西分公司
197	一里坪加油站	自营	张国平	海西州茫崖市国道 315 线 979 千米加 200 米处	海西分公司
198	花土沟加油站	自营	向占松	海西州茫崖市花土沟镇创业路 154 号	海西分公司
199	大浪滩加油站	自营	董多杰	海西州茫崖市大浪滩矿区	海西分公司
200	花土沟前进路加油站	自营	梁 斌	海西州茫崖市花土沟前进路 92 号	海西分公司
201	茫崖西驿加气站	自营	尹尕让才旦	海西州茫崖市花土沟镇公安检查站向西 500 米处	海西分公司
202	花土沟国道加气站	自营	党高峰	海西州茫崖市花土沟镇 315 国道茫崖段 1218 千米处	海西分公司
203	长江路加油站	自营	朱文萍	海西州德令哈市长江路 23 号	海西分公司
204	昆仑路加油站	自营	张宁海	海西州德令哈市西出口	海西分公司
205	青新路加油站	自营	刘于清	海西州德令哈市柴达木西路	海西分公司
206	怀头他拉高速公路服务区南站	合资	马小龙	海西州德令哈市怀头他拉镇高速路服务区东 500 米	海西分公司

序号	加油站名称	经营性质	站经理	营业场地	所属分公司
207	怀头他拉高速公路服务区北站	自营	马小龙	海西州德令哈市怀头他拉镇高速路服务区东 500 米	海西分公司
208	都兰西路加油站	自营	蒋玉霞	海西州德令哈市都兰西路	海西分公司
209	环城路加油站	自营	蒋玉霞	海西州德令哈市工业园石灰窑以西 315 国道以北	海西分公司
210	陶哈路加油站	自营	张宁海	海西州德令哈市陶哈路以北	海西分公司
211	柴达木东路加油站	自营	刘于清	海西州德令哈柴达木东路与环城北路交汇处	海西分公司
212	黄河路加油站	自营	朱文萍	海西州德令哈市格尔木东路以南	海西分公司
213	新区加油站	自营	刘于清	海西州德令哈市陶斯图路与都兰路交汇处	海西分公司
214	环城东路加气站	自营	成儒家	海西州德令哈市环城东路以北	海西分公司
215	东门加油站	自营	杨振武	海北州门源县浩门镇东大街 88 号	海北分公司
216	门源白水河加油站	自营	郭永元	海北州门源县青石咀镇 227 国道宁张公路 131 千米处	海北分公司
217	门源东川加油站	自营	解延春	海北州门源县东川镇孔家庄村东川镇政府斜对面	海北分公司
218	门源西郊加油站	自营	乔忠虎	海北州门源县浩门镇西郊生物园区处	海北分公司
219	门源西门加油站	自营	路　鹏	海北州门源县浩门镇西关街 164 号	海北分公司
220	门源皇城加油站	合资	张海花	海北州门源县皇城乡政府西 300 米处	海北分公司
221	门源花海加油站	自营	童宪福	海北州门源县青石咀镇国道 227 线 198 千米处西侧	海北分公司
222	祁连城东加油站	自营	王文霞	海北州祁连县八宝镇林场路 12 号	海北分公司
223	祁连城西加油站	自营	张海梅	海北州祁连县八宝镇八宝西路 312 号	海北分公司
224	祁连峨堡加油站	自营	潘吉云	海北州祁连县峨堡镇国道 227 北侧	海北分公司
225	祁连扎麻什加油站	自营	黄慧霞	海北州祁连县扎麻什乡 213 国道南侧	海北分公司
226	刚察城东加油站	自营	郭海英	海北州刚察县沙柳河镇东大街 2 号	海北分公司
227	刚察城西加油站	自营	莫虎山	海北州刚察县西大街 212 千米加 400 米处	海北分公司
228	刚察哈尔盖加油站	自营	张　松	海北州刚察县哈尔盖乡塘渠村 315 国道北侧	海北分公司

续表

序号	加油站名称	经营性质	站经理	营业场地	所属分公司
229	刚察热水加油站	合资	铁进柱	海北州刚察县热水工业园区处	海北分公司
230	西海加油站	自营	马宝梅	海北州海晏县西海镇环湖东路路口	海北分公司
231	银滩加油站	自营	晁　伟	海北州海晏县三角城镇原银滩乡政府	海北分公司
232	城西加油站	自营	何　霞	海北州海晏县三角城镇西海大街73号	海北分公司
233	金滩加油站	合资	朱兴成	海北州海晏县金滩乡315国道下行线南侧	海北分公司
234	祁连峨堡加气站	自营	潘吉云	海北州祁连县峨堡镇国道227北侧	海北分公司
235	城西加气站	自营	莫虎山	海北州刚察县西大街212千米加400米处	海北分公司
236	塔秀加油站	自营	李文良	海南州贵南县塔秀乡达芒村	海南分公司
237	城西加油站	自营	余庭鑫	海南州贵南县曲布藏路1号	海南分公司
238	森多加油站	自营	杨有梁	海南州贵南县黄沙头	海南分公司
239	过马营加油站	自营	何明芳	海南州贵南县过马营镇友谊路1号	海南分公司
240	巴滩加油站	自营	斗本加	海南州同德县巴滩	海南分公司
241	同德县城加油站	自营	谢宗义	海南州同德县东大街36号	海南分公司
242	郭拉加油站	自营	杨　军	青海省海南州贵德县河阴镇西街241号	海南分公司
243	河西加油站	自营	张　静	青海省海南州贵德县河西镇西街	海南分公司
244	河东加油站	自营	宋小霞	青海省海南州贵德县河东乡	海南分公司
245	贵德华西加油站	自营	司德才	海南州贵德县尕让乡席笈滩村（省道西久公路129千米处）	海南分公司
246	青海湖加油站	自营	王　伟	海南州共和县江西沟乡二郎剑景区	海南分公司
247	大水桥加油站	自营	郑有云	海南州共和县黑马河乡加隆村	海南分公司
248	黑马河加油站	自营	郑有云	海南州共和县黑马河乡南路	海南分公司
249	江西沟加油站	自营	王　伟	海南州共和县江西沟镇109国道2127千米处	海南分公司
250	倒淌河加油站	自营	尹炳龙	海南州共和县倒淌河镇	海南分公司
251	共和服务区北加油站	自营	徐　虹	海南州共和县恰卜恰镇西香卡尕寺村	海南分公司
252	共和服务区南加油站	自营	白玉霞	海南州共和县恰卜恰镇西香卡尕寺村	海南分公司
253	共和第三加油站	自营	贾俊峰	海南州共和县恰卜恰镇绿洲南路	海南分公司

序号	加油站名称	经营性质	站经理	营业场地	所属分公司
254	共和第二加油站	自营	代明礼	海南州共和县恰卜恰镇环城北路4号	海南分公司
255	次汗素加油站	自营	祁香青	海南州共和县次汗素村	海南分公司
256	龙羊峡加油站	自营	保长福	海南州共和县龙羊峡镇	海南分公司
257	第一综合能源加油站	自营	赵文霞	海南州共和县恰卜恰镇环城东路东台街8号	海南分公司
258	北大街加油站	自营	裴生英	海南州兴海县子科滩镇兴同公路25千米处	海南分公司
259	河卡加油站	自营	田索南才让	海南州兴海县河卡镇214国道57号	海南分公司
260	温泉高速服务区北加油站	自营	杜晓强	海南州兴海县G0613共玉高速温泉服务区北	海南分公司
261	温泉高速服务区南加油站	自营	席亚鹏	海南州兴海县G0613共玉高速温泉服务区南	海南分公司
262	东大街加油站	自营	薛心交	海南州兴海县子科滩镇东大街16号	海南分公司
263	五道河高速服务区北侧加油站	自营	华泽加	海南州兴海县G0613共玉高速五道河服务区北	海南分公司
264	温泉高速服务区南侧加油站	自营	三旦尖措	海南州兴海县G0613共玉高速五道河服务区南	海南分公司
265	兴海温泉加油站	自营	魏莲太	海南州兴海县温泉乡214国道温泉街	海南分公司
266	保安停车区东加油站	自营	沈玉华	黄南州同仁市保安镇牙同高速东	黄南分公司
267	保安停车区西加油站	自营	李春元	黄南州同仁市保安镇牙同高速西	黄南分公司
268	阿赛高速同仁北出口加油站	自营	马继福	黄南州同仁市隆务镇年都乎河以北	黄南分公司
269	河南县加油站	自营	郭跃世	黄南州河南县优干宁镇阿赛公路边	黄南分公司
270	互助滩加油站	自营	陈玉芳	黄南州同仁市保安镇互助滩	黄南分公司
271	第二加油站	自营	韩玉珍	黄南州同仁市隆务镇夏琼北路26号	黄南分公司
272	县城加油站	自营	张万成	黄南州尖扎县马克唐镇人民街139号	黄南分公司
273	杨家村西加油站	自营	冶永梅	黄南州尖扎县康扬镇红卫二队	黄南分公司
274	李家峡加油站	自营	侯进军	黄南州尖扎县李家峡牛滩	黄南分公司
275	牙同高速年都乎出入口加油站	自营	李云梅	黄南州同仁市年都乎乡郭麻日村	黄南分公司

续表

序号	加油站名称	经营性质	站经理	营业场地	所属分公司
276	泽库司么村加油站	租赁	马正清	黄南州泽库县和日镇司么村泽同公路旁	黄南分公司
277	泽库加油站	自营	张宝得	黄南州泽库县泽曲镇环城东路	黄南分公司
278	泽库县第二加油站	自营	张宝山	黄南州泽库县泽曲镇恰科日乡阿赛公路边	黄南分公司
279	当洛乡加油站	自营	—	果洛州玛沁县当洛乡 S219 花达公路 154 千米加 280 米处南侧	果洛分公司
280	班玛加油站	自营	谢禄明	果洛州班玛县赛来塘镇	果洛分公司
281	达日加油站	自营	谢祥福	果洛州达日县西久公路 575 千米加 100 米处东侧	果洛分公司
282	大武加油站	自营	丁　萍	果洛州玛沁县大武镇黄河路	果洛分公司
283	当洛路加油站	自营	谢　热	果洛州玛沁县昌大公路	果洛分公司
284	甘德加油站	自营	阿吉录	果洛州甘德县柯曲镇 G227 国道 885 千米加 700 米处南侧	果洛分公司
285	格滩加油站	自营	周　云	果洛州玛沁县大武镇西久公路 417 千米加 300 米处	果洛分公司
286	花石峡服务区上行线加油站	自营	薛振元	果洛州玛多县共玉高速花石峡服务区	果洛分公司
287	花石峡服务区下行线加油站	自营	薛振元	果洛州玛多县共玉高速花石峡服务区	果洛分公司
288	花石峡停车区上行线加油站	自营	王生龙	果洛州玛多县花石峡镇花石峡停车区	果洛分公司
289	花石峡停车区下行线加油站	自营	王生龙	果洛州玛多县花石峡镇花石峡停车区	果洛分公司
290	黄河沿上行线加油站	自营	沈启云	果洛州玛多县黄河沿服务区	果洛分公司
291	黄河沿下行线加油站	自营	沈启云	果洛州玛多县黄河沿服务区	果洛分公司
292	江千乡加油站停业	自营	吴忠生	果洛州甘德县青珍乡	果洛分公司
293	久治加油站	自营	余海花	果洛州久治县智青松多镇南环路	果洛分公司
294	军功加油站	自营	罗　加	果洛州玛沁县拉加镇滨河路西侧（新桥头南侧 100 米处）	果洛分公司
295	玛多加油站	自营	唐　杰	果洛州玛多三岔路口	果洛分公司
296	玛可河林区加油站	自营	杨德臻	果洛州班玛县灯塔乡班玛林业局	果洛分公司

序号	加油站名称	经营性质	站经理	营业场地	所属分公司
297	玛沁加油站	自营	芦光成	果洛州玛沁县大武镇雪山路	果洛分公司
298	门堂上行线加油站	租赁	李英海	果洛州久治县门堂乡门堂服务区	果洛分公司
299	门堂下行线加油站	租赁	李英海	果洛州久治县门堂乡门堂服务区	果洛分公司
300	三岔口加油站	自营	马秉强	果洛州玛沁县大武站南环路与西久公路交叉处	果洛分公司
301	上贡麻加油站（收购）	自营	吴占科	青海省果洛州甘德县上贡麻乡	果洛分公司
302	雪山加油站	自营	应晓峰	果洛州玛多县花石峡镇	果洛分公司
303	结古加油站	自营	王贤萍	玉树州玉树市结古镇扎曲路浦马巷	玉树分公司
304	新寨加油站	自营	西拉文毛	玉树州玉树市结古镇新寨村嘉哪岭卡巷98号	玉树分公司
305	赛马场加油站	自营	周发红	玉树州玉树市结古镇赛马场赛青达巷23号	玉树分公司
306	囊谦加油站	自营	索南文德	玉树州囊谦县香达镇214国道旁	玉树分公司
307	治多加油站	自营	李生果	玉树州治多县加吉博洛镇治曲街157号	玉树分公司
308	曲麻莱加油站	自营	江永拉措	玉树州曲麻莱县约改镇长江路173号	玉树分公司
309	清水河加油站	自营	范宗英	玉树州称多县清水河镇	玉树分公司
310	歇武加油站	自营	丁增成林	玉树州称多县歇武镇	玉树分公司
311	杂多加油站	自营	久梅文西	玉树州杂多县老城区	玉树分公司
312	清水河北站	自营	范宗英	玉树州称多县清水河镇共玉高速649千米处	玉树分公司
313	清水河南站	自营	范宗英	玉树州称多县清水河镇共玉高速649千米处	玉树分公司
314	杂多扶贫加油站	合资	彭　刚	玉树州杂多县新城区	玉树分公司
315	称多加油站	自营	丁　扎	玉树州称多县称文镇上庄村卡安社区178号	玉树分公司

第七节 青海销售公司先进集体和先进个人名单

一、获行业、上级及地方主要荣誉的先进集体

序号	获奖年份	颁奖单位	获奖单位/部门	颁奖单位
1	2016	文明示范窗口	果洛分公司	果洛州政府
2	2016	消费者满意单位	同德经营部	青海省消费者委员会 海南州工商局
3	2016	青海省安全生产先进企业	黄南分公司	黄南州安全生产监督管理局
4	2016	青海省消防工作先进单位	海西分公司	海西州消防支队
5	2016	安全生产先进单位	海西分公司	海西州安监局
6	2016	2016年度消防工作先进单位	海西分公司	海西州消防支队
7	2016	安全生产工作先进单位	格尔木分公司	格尔木市政府
8	2017	全市脱贫攻坚工作优秀定点帮扶企业	海东分公司	海东市委市政府
9	2019	全省青年就业见习基地	青海中油新兴能源公司	共青团青海省委
10	2020	全国工人先锋号	西宁分公司彭家寨加油站	中华全国总工会
11	2020	全省五四红旗团委	青海销售公司团委	共青团青海省委
12	2020	青年文明号	海北分公司西海加油站	共青团青海省委
13	2020	青年文明号	海东分公司曹家堡服务区加油站	共青团青海省委
14	2022	2021年度全州社零指标优秀企业	玉树分公司	玉树州工业商务和信息化局
15	2022	安全生产工作先进企业	玉树分公司	玉树州安全生产委员会
16	2022	安全生产工作先进企业	海北分公司	青海省安全生产委员会
17	2022	青海省消防安全工作先进单位	质量安全环保部	青海省消防安全委员会
18	2022	青海高原工人先锋号	格尔木分公司南山口加油站	青海省总工会
19	2022	平安企业	格尔木分公司察尔汗加油站	格尔木市公安局察尔汗派出所

续表

序号	获奖年份	颁奖单位	获奖单位/部门	颁奖单位
20	2022	先进管理企业	海东分公司化隆片区	化隆县工业商务和信息化局
21	2022	安全生产先进单位	海东分公司乐都片区	乐都区商务局
22	2022	消防工作先进单位	海东分公司循化片区	海东市消防安全委员会
23	2022	重大灾害联勤联动保障单位	海东分公司化隆片区	化隆县消防救援大队
24	2022	消防宣传工作先进单位	海东分公司化隆片区	化隆县消防安全委员会
25	2022	消防工作先进单位	海东分公司乐都片区	海东市乐都区消防安全委员会
26	2022	微型消防站比武竞赛优秀组织奖	海东分公司循化片区	循化撒拉族自治县人民政府
27	2022	无疫企业	海东分公司循化片区	循化县新型冠状病毒肺炎疫情防控处置工作指挥部
28	2022	商贸流通服务业优秀企业	海东分公司互助片区	互助土族自治县商务局党组
29	2022	2022年度国土绿化先进集体	综合管理服务中心	青海省商贸林林家崖绿化工程办公室
30	2022	2021年度全州优秀商贸企业	黄南分公司	黄南州工业商务和信息化局
31	2022	支持地方经济发展优秀单位	黄南分公司	中共黄南州委、黄南州人民政府
32	2022	平安企业	达不逊加油站	青海省格尔木市公安局察尔汗分局
33	2022	2021年度全州社零指标优秀企业	玉树分公司	玉树州工业商务和信息化局
34	2022	安全生产工作先进企业	玉树分公司	玉树州安全生产委员会
35	2022	2021年度夏季3·15消费维权活动诚信示范企业	玉树分公司	玉树州市场监督管理局 玉树州文明办
36	2023	全国工人先锋号	格尔木南山口加油站	中华全国总工会
37	2023	青海省工人先锋号	海西分公司油城加油站	青海省总工会
38	2023	全省模范职工之家	果洛分公司工会委员会	青海省总工会

二、获行业、上级及地方主要荣誉的先进个人

序号	获奖年份	颁奖单位	荣誉称号	获奖个人	所在单位
1	2016	青海省总工会	第19届五四青年奖章	杜晓琴	果洛分公司
2	2016	团中央、人力资源和社会保障部	全国青年岗位能手	薛琳娜	西宁分公司
3	2016	青海省总工会	青海省职工职业道德建设"十佳个人"	胡艳梅	格尔木分公司
4	2016	集团公司	优秀共产党员	申海宏	湟源分公司
5	2016	集团公司	优秀党务工作者	孙尚云	党群工作处
6	2016	销售公司	十大感动人物	杜晓琴	果洛分公司
7	2016	集团公司	优秀共青团员	刘晓英	海东分公司
8	2016	集团公司	优秀共青团干部	李 春	西宁分公司
9	2016	销售公司	百名功勋站经理	宋 斌	汇源加油站
10	2016	销售公司	百名明星站经理	武海斌	西宁分公司
11	2016	集团公司	维稳先进个人	茹青宁	仓储安全环保处
12	2016	集团公司	维稳先进个人	马少军	维护稳定办公室
13	2016	集团公司	离退休职工信息系统应用管理和统计工作先进个人	李梦娥	维护稳定办公室
14	2016	集团公司	第三届"石油健康老人"	李方有	维护稳定办公室
15	2016	集团公司	十大感动人物	杜晓琴	果洛分公司
16	2016	集团公司	百名功勋加油站经理	宋 斌	湟源分公司
17	2016	集团公司	百名明星加油站经理	李兵林	海西分公司
18	2016	集团公司	百名明星加油站经理	武海斌	西宁分公司
19	2016	集团公司	百名明星加油站经理	薛林娜	西宁分公司
20	2016	集团公司	优秀共产党员	申海宏	湟源分公司
21	2016	集团公司	优秀党务工作者	孙尚云	党群工作处（企业文化处）
22	2016	集团公司	百名功勋加油站经理	宋 斌	湟源分公司
23	2016	集团公司	百名明星加油站经理	李兵林	海西分公司
24	2016	集团公司	百名明星加油站经理	武海斌	西宁分公司
25	2016	集团公司	百名明星加油站经理	薛林娜	西宁分公司

续表

序号	获奖年份	颁奖单位	荣誉称号	获奖个人	所在单位
26	2017	集团公司	优秀青年	薛琳娜	西宁分公司
27	2017	集团公司	油品销售"卓越贡献奖"	常河琴	营销处
28	2017	集团公司	油品销售"数据淘金高手"	王玉梅	营销处
29	2017	集团公司	油品销售"营销能人"	赵 凯	海西分公司
30	2017	集团公司	油品销售"运作组织专家"	王小勤	调运处
31	2017	集团公司	油品销售"运作组织专家"	向 军	营销处
32	2017	集团公司	2017年度安全生产先进个人	杨小兰	西宁分公司
33	2017	青海省总工会	全国五一巾帼标兵	杜晓琴	果洛分公司
34	2018	集团公司	2018年度质量管理先进个人	汪 燕	质量安全环保处
35	2019	集团公司	2019年度质量管理先进个人	杜 建	青海省石油产品质量监督检测中心
36	2019	集团公司	2019年度HSE管理体系审核先进个人（优秀审核员）	黄永强	质量安全环保处
37	2019	集团公司	2019年度HSE管理体系审核先进个人（先进审核员）	方 宁	调运处（仓储分公司）
38	2019	集团公司	2019年度HSE管理体系审核先进个人（先进审核员）	聂文庆	质量安全环保处
39	2019	集团公司	2019年度HSE管理体系审核先进个人（先进审核员）	王海鹏	质量安全环保处
40	2020	集团公司	优秀共产党员	才仁吉藏	玉树分公司
41	2020	集团公司	优秀共产党员	孙玲玲	青海中油新兴能源有限公司
42	2020	集团公司	优秀党务工作者	刘建平	党群工作处（党委宣传部、企业文化处）
43	2021	集团公司	先进工作者	颜世秀	格尔木分公司
44	2021	集团公司	先进工作者	才仁吉藏	玉树分公司
45	2021	集团公司	QHSE先进个人	穆世杰	海南分公司
46	2021	集团公司	QHSE先进个人	康玉祥	西宁分公司
47	2021	集团公司	QHSE先进个人	刘志远	格尔木分公司
48	2021	集团公司	QHSE先进个人	吕旭东	发展计划部（设备信息部）
49	2022	青海省安全生产委员会	安全生产工作先进个人	张 静	西宁分公司

续表

序号	获奖年份	颁奖单位	荣誉称号	获奖个人	所在单位
50	2022	集团公司	巾帼建功先进个人	杨红霞	西宁分公司
51	2022	集团公司团委	优秀团员	罗莹娜	西宁分公司
52	2022	集团公司	2021年度先进工作者	颜世秀	格尔木分公司
53	2022	格尔木市公安局察尔汗派出所	安全生产先进个人	白国祥	格尔木分公司
54	2022	集团公司质量健康安全环保部	QHSE先进个人	刘志远	格尔木分公司
55	2022	集团公司	2021年度先进工作者	才仁吉藏	玉树分公司
56	2022	集团公司团委	优秀团干部	刘金玉	玉树分公司
57	2022	集团公司	QHSE先进个人	穆世杰	海南分公司
58	2022	同德县消防安全委员会	2021年度消防工作先进个人	谢宗义	海南分公司
59	2022	青海省安全生产委员会	安全生产工作先进个人	杨华胜	海东分公司
60	2022	中共海东市委、海东市人民政府	海东市劳动模范	杨华胜	海东分公司
61	2022	化隆县消防安全委员会	消防宣传先进个人	马薇娜	海东分公司
62	2022	化隆县消防安全委员会	消防宣传先进个人	张兰英	海东分公司
63	2022	果洛州统计局	2021年度批发零售贸易业统计先进个人	魏建珍	果洛分公司
64	2022	乌兰县消防安全委员会	2022年"119"消防先进个人	李小平	海西分公司
65	2022	格尔木市公安局察尔汗分局	安全生产先进个人	谢得全	青海中油新兴能源有限责任公司
66	2022	集团公司	2021年度优秀网评员	赵程皇	党群工作部（党委宣传部、企业文化部、扶贫办公室）
67	2022	集团公司	优秀党建成果研究	赵玉洁	纪委办公室（审计部、巡察办公室）
68	2022	集团公司	"十四五"规划工作先进个人	王慧琼	发展计划部（设备信息部）
69	2022	集团公司	2021年度综合统计工作先进个人	朱娜	发展计划部（设备信息部）
70	2022	集团公司	2021年度综合统计工作先进个人	刘玥廷	发展计划部（设备信息部）

续表

序号	获奖年份	颁奖单位	荣誉称号	获奖个人	所在单位
71	2022	集团公司	先进个人	吕旭东	发展计划部（设备信息部）
72	2022	集团公司	先进工作者	朱旭亮	海东分公司
73	2022	集团公司	先进工作者	刘明明	海西分公司
74	2022	集团公司	QHSE 先进个人	吕旭东	发展计划部（设备信息部）
75	2022	集团公司	2021 年度综合统计工作先进个人	王玉梅	市场营销部
76	2022	集团公司	2021 年度综合统计工作先进个人	史文涛	市场营销部
77	2022	集团公司	人事档案专项审核先进个人	李 春	人力资源部（党委组织部）
78	2022	集团公司	人事档案专项审核先进个人	李秋燕	西宁分公司
79	2022	集团公司	QHSE 先进个人	康玉祥	质量健康安全环保部
80	2022	玉树州总工会、共青团玉树州委、玉树州妇联、玉树州残联、玉树州科协、玉树州红十字会	光荣志愿者	刘金玉	玉树分公司
81	2022	玉树州总工会、共青团玉树州委、玉树州妇联、玉树州残联、玉树州科协、玉树州红十字会	光荣志愿者	土丁才文	玉树分公司
82	2022	玉树州总工会、共青团玉树州委、玉树州妇联、玉树州残联、玉树州科协、玉树州红十字会	光荣志愿者	西拉文毛	玉树分公司
83	2022	玉树州总工会、共青团玉树州委、玉树州妇联、玉树州残联、玉树州科协、玉树州红十字会	光荣志愿者	江永拉措	玉树分公司

序号	获奖年份	颁奖单位	荣誉称号	获奖个人	所在单位
84	2022	玉树州总工会、共青团玉树州委、玉树州妇联、玉树州残联、玉树州科协、玉树州红十字会	光荣志愿者	陈永凯	玉树分公司
85	2022	共青团青海省委	青海省共青团疫情防控"最美青年志愿者"	刘金玉	玉树分公司
86	2023	集团公司质量健康安全环保部	2022 年度 QHSE 先进个人	王国庆	格尔木分公司
87	2023	集团公司质量健康安全环保部	2022 年度 QHSE 先进个人	汪　燕	质量健康安全环保部
88	2023	集团公司质量健康安全环保部	2022 年度 QHSE 先进个人	范青燕	储运分公司
89	2023	集团公司综合管理部	2022 年度先进个人	高　强	市场营销部
90	2023	集团公司人力资源部	"十三五"技能人才培养开发工作先进个人	李　栋	人力资源部（党委组织部）
91	2023	集团公司综合管理部	2022 年度先进个人	刘明明	海西分公司
92	2023	集团公司综合管理部	2022 年度先进个人	朱旭亮	海东分公司
93	2023	青海省总工会	绿色家庭	赵文霞	海南分公司
94	2023	青海省总工会	绿色家庭	贺罗藏家	果洛分公司
95	2023	集团公司	感动石油人物	颜世秀	格尔木分公司
96	2023	青海省总工会、中共青海省直属机关工作委员会、青海省体育局	"中国梦·劳动美—凝心铸魂跟党走　团结奋斗新征程"省垣职工游泳比赛青年女子组 50 米自由泳第二名	温　馨	海东分公司
97	2023	集团公司	政策研究先进个人	高国鹏	办公室（党委办公室）
98	2023	集团公司	"十四五"规划先进个人	王慧琼	发展计划部（设备信息部）
99	2023	集团公司	"十四五"规划优秀成果奖	李　敏	发展计划部（设备信息部）
100	2023	集团公司	"十四五"规划优秀成果奖	朱　娜	发展计划部（设备信息部）

续表

序号	获奖年份	颁奖单位	荣誉称号	获奖个人	所在单位
101	2023	集团公司	2020—2022年度投资管理先进个人	朱 娜	发展计划部（设备信息部）
102	2023	集团公司	2022年度综合统计工作先进个人	朱 娜	发展计划部（设备信息部）
103	2023	集团公司	2022年度综合统计工作先进个人	刘玥廷	发展计划部（设备信息部）
104	2023	集团公司生产经营管理部	集团公司生产经营先进个人	高 强	市场营销部
105	2023	集团公司	"十四五"规划优秀成果奖	司海岩	市场营销部
106	2023	集团公司	"十四五"规划优秀成果奖	张 程	市场营销部
107	2023	集团公司发展计划部	综合统计先进工作者	张 程	市场营销部
108	2023	集团公司发展计划部	综合统计先进工作者	史文涛	市场营销部
109	2023	销售公司	"喜迎二十大"先进个人	丁 明	市场营销部

三、获青海销售公司级主要荣誉的先进集体

序号	授予年份	荣誉称号	获奖单位/部门
1	2016	先进单位	西宁分公司
2	2016	先进单位	黄南分公司
3	2016	先进单位	非油品经营分公司
4	2016	先进单位	多巴油库
5	2016	先进处室	加油站管理处
6	2016	先进处室	仓储安全环保处
7	2016	先进处室	投资与建设管理处
8	2017	先进单位	玉树分公司
9	2017	先进单位	曹家堡油库
10	2017	先进单位	海东分公司
11	2017	先进单位	非油品经营分公司
12	2017	先进处室	加油站管理处（加油卡管理中心）
13	2017	先进处室	工程建设管理中心

续表

序号	授予年份	荣誉称号	获奖单位/部门
14	2017	先进处室	财务处
15	2017	先进处室	投资建设管理中心
16	2018	先进单位	黄南分公司
17	2018	先进单位	玉树分公司
18	2018	先进单位	非油品经营公司
19	2018	先进单位	多巴油库
20	2018	先进处室	加油站管理处
21	2018	先进处室	投资建设管理处
22	2018	先进处室	党群工作处
23	2018	先进处室	调运处
24	2018	先进集体	西宁分公司加油站管理科
25	2018	先进集体	西宁分公司门源管理团队
26	2018	先进集体	西宁分公司马坊加油站
27	2018	先进集体	海东分公司业务运作部
28	2018	先进集体	海东分公司循化经营部
29	2018	先进集体	海东分公司东环加油站
30	2018	先进集体	海北分公司安全科
31	2018	先进集体	海北分公司综合事务科
32	2018	先进集体	海南分公司海南经营部
33	2018	先进集体	格尔木分公司格尔木质检站
34	2018	先进集体	格尔木分公司市场营销科
35	2018	先进集体	格尔木分公司茫崖前进路加油站
36	2018	先进集体	海西分公司质量安全工程部
37	2018	先进集体	海西分公司德令哈油库现场一班组
38	2018	先进集体	海西分公司怀头他拉北侧加油站
39	2018	先进集体	黄南分公司安全科
40	2018	先进集体	黄南分公司兴海温泉服务区北加油站

续表

序号	授予年份	荣誉称号	获奖单位/部门
41	2018	先进集体	果洛分公司投资工程项目部
42	2018	先进集体	果洛分公司久治加油站
43	2018	先进集体	玉树分公司结古加油站
44	2018	先进集体	玉树分公司综合管理办公室
45	2018	先进集体	非油品经营公司市场开发部
46	2018	先进集体	曹家堡油库仓储业务科
47	2018	先进集体	多巴油库安全设备科
48	2018	先进集体	新贸公司财务科
49	2018	先进集体	后勤管理中心水电管理科
50	2019	先进单位	海东分公司
51	2019	先进单位	果洛分公司
52	2019	先进单位	玉树分公司
53	2019	先进单位	海北分公司
54	2019	先进处室	加油站管理处（加油卡管理中心）
55	2019	先进处室	投资建设管理处
56	2019	先进处室	党群工作处（党委宣传部、企业文化处）
57	2019	先进处室	质量安全环保处
58	2020	先进单位	西宁分公司
59	2020	先进单位	格尔木分公司
60	2020	先进单位	海东分公司
61	2020	先进单位	海南分公司
62	2020	先进处室	营销处
63	2020	先进处室	投资建设管理处
64	2020	先进处室	加油站管理处（加油卡管理中心）
65	2020	先进处室	党群工作处（党委宣传部、企业文化处）
66	2020	安全生产先进单位	西宁分公司
67	2020	安全生产先进单位	海西分公司

续表

序号	授予年份	荣誉称号	获奖单位/部门
68	2020	安全生产先进集体	海南分公司次汗素加油站
69	2020	安全生产先进集体	海东分公司循化投资与品牌发展部县城站
70	2020	安全生产先进集体	格尔木分公司南山口加油站
71	2020	数质量先进单位	仓储分公司多巴油库
72	2020	数质量先进单位	海北分公司
73	2021	先进单位	海东分公司
74	2021	先进单位	西宁分公司
75	2021	先进单位	格尔木分公司
76	2021	先进单位	海西分公司
77	2021	先进单位	青海中油新兴能源有限公司
78	2021	先进部室	人力资源部（党委组织部）
79	2021	先进部室	市场营销部
80	2021	先进部室	发展计划部（设备信息部）
81	2021	红旗加油站	西宁分公司德令哈加油站
82	2021	红旗加油站	西宁分公司光华路加油站
83	2021	红旗加油站	西宁分公司上新庄工业园区加油站
84	2021	红旗加油站	海东分公司平安曹家堡服务区加油站
85	2021	红旗加油站	海东分公司民和官亭加油站
86	2021	红旗加油站	格尔木分公司长江路南加油站
87	2021	红旗加油站	格尔木分公司夏日哈木加油站
88	2021	红旗加油站	海西分公司长江路加油站
89	2021	红旗加油站	海西分公司陶哈路加油站
90	2021	红旗加油站	海南分公司贵南森多站
91	2021	红旗加油站	海南分公司兴海东大街站
92	2021	红旗加油站	海北分公司西海加油站
93	2021	红旗加油站	黄南分公司第二加油站
94	2021	红旗加油站	果洛分公司军功加油站

续表

序号	授予年份	荣誉称号	获奖单位/部门
95	2021	红旗加油站	玉树分公司杂多扶贫加油站
96	2021	QHSE先进单位	格尔木分公司
97	2021	QHSE先进集体	西宁分公司五四加油站
98	2021	QHSE先进集体	海东分公司平安中心加油站
99	2021	QHSE先进集体	黄南分公司年度乎加油站
100	2021	QHSE先进集体	果洛分公司玛多加油站
101	2022	先进单位	海东分公司
102	2022	先进单位	西宁分公司
103	2022	先进单位	格尔木分公司
104	2022	先进单位	海西分公司
105	2022	先进单位	青海中油新兴能源有限责任公司
106	2022	先进部室	市场营销部
107	2022	先进部室	人力资源部（党委组织部）
108	2022	先进部室	办公室（党委办公室）
109	2022	红旗加油站	西宁分公司北出口加油站
110	2022	红旗加油站	西宁分公司大通第六加油站
111	2022	红旗加油站	西宁分公司湟中第二加油站
112	2022	红旗加油站	西宁分公司大华加油站
113	2022	红旗加油站	西宁分公司彭家寨加油站
114	2022	红旗加油站	格尔木分公司涩北加油站
115	2022	红旗加油站	格尔木分公司郭镇加油站
116	2022	红旗加油站	格尔木分公司长江路南加油站
117	2022	红旗加油站	海西分公司油城加油站
118	2022	红旗加油站	海西分公司长江路加油站
119	2022	红旗加油站	海西分公司柴达木东路加油站
120	2022	红旗加油站	海东分公司曹家堡服务区加油（气）站
121	2022	红旗加油站	海东分公司互助沙塘川加油站

序号	授予年份	荣誉称号	获奖单位/部门
122	2022	红旗加油站	海东分公司循化县站
123	2022	红旗加油站	海南分公司共和第二加油站
124	2022	红旗加油站	海南分公司同德县城加油站
125	2022	红旗加油站	海北分公司门源花海加油站
126	2022	红旗加油站	黄南分公司河南县加油站
127	2022	红旗加油站	果洛分公司玛多加油站
128	2022	红旗加油站	玉树分公司清水河加油站
129	2022	QHSE先进单位	海西分公司
130	2022	QHSE先进单位	西宁分公司
131	2022	QHSE先进集体	格尔木分公司郭镇加油站
132	2022	QHSE先进集体	海东分公司民和官亭加油站
133	2022	QHSE先进集体	果洛分公司三岔口加油站
134	2022	QHSE先进集体	综合管理服务中心
135	2023	先进单位	格尔木分公司
136	2023	先进单位	海东分公司
137	2023	先进单位	海南分公司
138	2023	先进单位	果洛分公司
139	2023	先进单位	新兴能源公司
140	2023	先进部室	市场营销部
141	2023	先进部室	发展计划部
142	2023	先进部室	人力资源部（党委组织部）
143	2023	红旗加油站	西宁分公司上新庄工业园加油站
144	2023	红旗加油站	西宁分公司马坊加油站
145	2023	红旗加油站	西宁分公司德令哈加油站
146	2023	红旗加油站	西宁分公司彭家寨加油站
147	2023	红旗加油站	海东分公司曹家堡服务区加油站
148	2023	红旗加油站	海东分公司互助东环加油站

续表

序号	授予年份	荣誉称号	获奖单位/部门
149	2023	红旗加油站	格尔木分公司泰山加油站
150	2023	红旗加油站	格尔木分公司长江南加油站
151	2023	红旗加油站	海西分公司陶哈路加油站
152	2023	红旗加油站	海西分公司鱼卡加气站
153	2023	红旗加油站	海北分公司祁连峨堡加油站
154	2023	红旗加油站	海南分公司共和次汗素加油站
155	2023	红旗加油站	黄南分公司年都乎加油站
156	2023	红旗加油站	果洛分公司花石峡服务区对站
157	2023	红旗加油站	玉树分公司结古加油站
158	2023	QHSE先进单位	格尔木分公司
159	2023	QHSE先进单位	果洛分公司
160	2023	QHSE先进单位	玉树分公司
161	2023	QHSE先进单位	海北分公司
162	2023	QHSE先进单位	非油分公司
163	2023	QHSE先进单位	青海中油新兴能源有限责任公司
164	2023	QHSE先进集体	格尔木分公司投资质量安全部
165	2023	QHSE先进集体	格尔木分公司察尔汗加气站
166	2023	QHSE先进集体	海东分公司米拉湾加油站同德县站
167	2023	QHSE先进集体	海东分公司循化白庄加油站
168	2023	QHSE先进集体	海西分公司投资质量安全部
169	2023	QHSE先进集体	海西分公司都兰片区
170	2023	QHSE先进集体	黄南分公司尖扎县城站
171	2023	QHSE先进集体	玉树分公司赛马场加油站
172	2023	QHSE先进集体	西宁分公司董家庄加油站
173	2023	QHSE先进集体	西宁分公司城南加油站
174	2023	QHSE先进集体	西宁分公司大通片区
175	2023	QHSE先进集体	果洛分公司玛多加油站

续表

序号	授予年份	荣誉称号	获奖单位/部门
176	2023	QHSE先进集体	曹家堡油库二班
177	2023	QHSE先进集体	格尔木油库二班
178	2023	QHSE先进集体	油气分公司
179	2023	QHSE先进集体	西海加油站

四、获青海销售公司级主要荣誉的先进个人

序号	授予年份	荣誉称号	获奖个人	所属单位
1	2016	十大金花	才仁吉藏	玉树分公司
2	2016	十大金花	杜晓琴	果洛分公司
3	2016	十大金花	薛琳娜	西宁分公司
4	2016	十大金花	宋霞	西宁分公司
5	2016	十大金花	刘萍	湟源分公司
6	2016	十大金花	文正玲	海东分公司
7	2016	十大金花	胡艳梅	格尔木分公司
8	2016	十大金花	王莉	德令哈油库
9	2016	十大金花	谢宗青	黄南分公司
10	2016	十大金花	范青燕	多巴油库
11	2016	十大银花	蔡瑞云	西宁分公司
12	2016	十大银花	刘萍	湟源分公司
13	2016	十大银花	马萍	海西分公司
14	2016	十大银花	周华香	海东分公司
15	2016	十大银花	陈海贞	格尔木公司
16	2016	十大银花	张启红	果洛分公司
17	2016	十大银花	才仁永措	玉树分公司
18	2016	十大银花	彭毛吉	黄南分公司
19	2016	十大银花	刘巧如	非油品经营分公司
20	2016	十大银花	何英	曹家堡油库

续表

序号	授予年份	荣誉称号	获奖个人	所属单位
21	2016	十大金牌加油员	李红妍	西宁分公司
22	2016	十大金牌加油员	金玉梅	格尔木分公司
23	2016	十大金牌加油员	李背存	海西分公司
24	2016	十大金牌加油员	程青亮	海东分公司
25	2016	十大金牌加油员	史明菊	湟源分公司
26	2016	十大金牌加油员	薛才让卓么	黄南分公司
27	2016	十大金牌加油员	张洪莲	玉树分公司
28	2016	十大金牌加油员	张启红	果洛分公司
29	2016	十大金牌加油员	胥晓燕	非油品经营分公司
30	2016	十大金牌加油员	辛小飞	曹家堡油库
31	2016	十大银牌加油员	徐焕君	西宁分公司
32	2016	十大银牌加油员	常礼芬	西宁分公司
33	2016	十大银牌加油员	杨亚红	格尔木分公司
34	2016	十大银牌加油员	许国龙	海西分公司
35	2016	十大银牌加油员	把余秀	海东分公司
36	2016	十大银牌加油员	刘敬平	湟源分公司
37	2016	十大银牌加油员	熊国莲	黄南分公司
38	2016	十大银牌加油员	看卓永吉	玉树分公司
39	2016	十大银牌加油员	马秉强	果洛分公司
40	2016	十大银牌加油员	王淑义	多巴油库
41	2016	先进个人	王锦玺	调运处
42	2016	先进个人	徐 锋	青海省石油产品质量监督检测中心
43	2016	先进个人	严 斌	工程建设管理中心
44	2016	先进个人	党海勇	信息化管理处
45	2016	先进个人	王创业	财务处
46	2016	先进个人	郭宝祥	办公室（党委办公室）
47	2016	先进个人	张 盖	人事处（党委组织部）

序号	授予年份	荣誉称号	获奖个人	所属单位
48	2016	先进个人	张　慧	营销管理处
49	2016	先进个人	马成英	加油站管理处
50	2016	先进个人	赵程皇	党群工作处
51	2016	先进个人	朱　娜	投资与建设管理处
52	2016	先进个人	邢利华	企管法规处
53	2016	先进个人	薛　茹	安居工程项目部
54	2016	先进个人	贾国晨	审计监察处
55	2016	先进个人	张孟娥	维护稳定办公室
56	2016	先进个人	王　伟	西宁分公司
57	2016	先进个人	管伟新	西宁分公司
58	2016	先进个人	芦熙奕	西宁分公司
59	2016	先进个人	田小花	西宁分公司
60	2016	先进个人	井含扬	西宁分公司
61	2016	先进个人	戴晓艳	西宁分公司
62	2016	先进个人	杨银林	西宁分公司
63	2016	先进个人	马绍娟	西宁分公司
64	2016	先进个人	李有梅	西宁分公司
65	2016	先进个人	杜生艳	西宁分公司
66	2016	先进个人	郭永萍	西宁分公司
67	2016	先进个人	赵桂英	西宁分公司
68	2016	先进个人	李海林	西宁分公司
69	2016	先进个人	刘海英	西宁分公司
70	2016	先进个人	刘晓燕	西宁分公司
71	2016	先进个人	张迎花	西宁分公司
72	2016	先进个人	徐焕君	西宁分公司
73	2016	先进个人	李努义	黄南分公司
74	2016	先进个人	郭跃世	黄南分公司

续表

序号	授予年份	荣誉称号	获奖个人	所属单位
75	2016	先进个人	王连英	黄南分公司
76	2016	先进个人	杜　建	格尔木分公司
77	2016	先进个人	韩天祥	格尔木分公司
78	2016	先进个人	纪宗桂	格尔木分公司
79	2016	先进个人	袁丰年	格尔木分公司
80	2016	先进个人	甘永海	格尔木分公司
81	2016	先进个人	谢万措	格尔木分公司
82	2016	先进个人	颜吉元	格尔木分公司
83	2016	先进个人	熊丽芳	格尔木分公司
84	2016	先进个人	童成程	格尔木分公司
85	2016	先进个人	祁学清	格尔木分公司
86	2016	先进个人	程志荣	海东分公司
87	2016	先进个人	张渊博	海东分公司
88	2016	先进个人	党双鱼	海东分公司
89	2016	先进个人	马登明	海东分公司
90	2016	先进个人	周华香	海东分公司
91	2016	先进个人	吴　忠	海东分公司
92	2016	先进个人	米冬梅	海东分公司
93	2016	先进个人	孙有菊	海东分公司
94	2016	先进个人	罗瑞莲	海东分公司
95	2016	先进个人	周贤宏	多巴油库
96	2016	先进个人	李淑霞	多巴油库
97	2016	先进个人	丁增成林	玉树分公司
98	2016	先进个人	索南永吉	玉树分公司
99	2016	先进个人	阿　毛	玉树分公司
100	2016	先进个人	宋芝林	非油品经营分公司
101	2016	先进个人	王爱华	非油品经营分公司

续表

序号	授予年份	荣誉称号	获奖个人	所属单位
102	2016	先进个人	樊海荣	非油品经营分公司
103	2016	先进个人	赵翠华	湟源分公司
104	2016	先进个人	朱兴贵	湟源分公司
105	2016	先进个人	詹秀玲	湟源分公司
106	2016	先进个人	白晓卿	湟源分公司
107	2016	先进个人	莫虎山	湟源分公司
108	2016	先进个人	何玉英	湟源分公司
109	2016	先进个人	祁香青	湟源分公司
110	2016	先进个人	李 洁	湟源分公司
111	2016	先进个人	谢菲菲	湟源分公司
112	2016	先进个人	贾桂霞	曹家堡油库
113	2016	先进个人	蔡瑞玲	曹家堡油库
114	2016	先进个人	柳霞霞	海西分公司
115	2016	先进个人	关顺财	海西分公司
116	2016	先进个人	章海玲	海西分公司
117	2016	先进个人	马小龙	海西分公司
118	2016	先进个人	吉生菊	海西分公司
119	2016	先进个人	殷亨月	海西分公司
120	2016	先进个人	沈国英	海西分公司
121	2016	先进个人	申大春	海西分公司
122	2016	先进个人	王 莉	海西分公司
123	2016	先进个人	王 建	海西分公司
124	2016	先进个人	赵永霞	后勤管理中心
125	2016	先进个人	郭玉龙	后勤管理中心
126	2016	先进个人	杨 超	青海省石油总公司新兴贸易公司
127	2016	先进个人	将青龙	青海省石油总公司新兴贸易公司
128	2016	先进个人	熊 军	果洛分公司

续表

序号	授予年份	荣誉称号	获奖个人	所属单位
129	2016	先进个人	鲍延明	果洛分公司
130	2016	先进个人	张启红	果洛分公司
131	2016	十佳复转军人	薛林娜	西宁分公司
132	2016	十佳复转军人	宋 斌	湟源分公司
133	2016	十佳复转军人	李丽娜	海东分公司
134	2016	十佳复转军人	恒庆贤	海西分公司
135	2016	十佳复转军人	窦 超	格尔木分公司
136	2016	十佳复转军人	齐延伟	黄南分公司
137	2016	十佳复转军人	赵令军	玉树分公司
138	2016	十佳复转军人	卓 宏	非油品经营分公司
139	2016	十佳复转军人	杨建宏	后勤管理中心
140	2016	十佳复转军人	孙永超	青海销售公司
141	2016	优秀复转军人	邱军剑	西宁分公司
142	2016	优秀复转军人	司德才	湟源分公司
143	2016	优秀复转军人	张树新	海东分公司
144	2016	优秀复转军人	杨占仓	海西分公司
145	2016	优秀复转军人	李艳华	格尔木分公司
146	2016	优秀复转军人	贺成军	果洛分公司
147	2016	优秀复转军人	葛宗禄	多巴油库
148	2016	优秀复转军人	徐 杰	曹家堡油库
149	2016	优秀复转军人	张 华	青海省石油总公司新兴贸易公司
150	2016	优秀复转军人	刘文玺	离退休党支部
151	2017	先进个人	智 蕴	办公室（党委办公室）
152	2017	先进个人	顾 艳	人事处（党委组织部）
153	2017	先进个人	陈统业	企管法规处
154	2017	先进个人	赵玉洁	审计监察处（纪委办公室）
155	2017	先进个人	刘 卉	党群工作处（企业文化处）

续表

序号	授予年份	荣誉称号	获奖个人	所属单位
156	2017	先进个人	王瑞钦	信息化管理处
157	2017	先进个人	周晓英	安居工程建设管理处
158	2017	先进个人	马延侠	质量安全环保处
159	2017	先进个人	秘文霞	质量安全环保处
160	2017	先进个人	朱　莉	财务处
161	2017	先进个人	王创业	财务处
162	2017	先进个人	李渭华	工程建设管理中心
163	2017	先进个人	李　帅	加油站管理处
164	2017	先进个人	郭文华	维护稳定办公室（老干办）
165	2017	先进个人	王锦玺	调运处
166	2017	先进个人	张晓相	调运处
167	2017	先进个人	朱　娜	投资建设管理处
168	2017	先进个人	邵　莉	营销处
169	2017	先进个人	张　慧	营销处
170	2017	先进个人	杨文艳	西宁分公司
171	2017	先进个人	李　江	西宁分公司
172	2017	先进个人	阔　森	西宁分公司
173	2017	先进个人	杨建萍	西宁分公司
174	2017	先进个人	杨鑫宇	西宁分公司
175	2017	先进个人	王　伟	西宁分公司
176	2017	先进个人	赵雅青	西宁分公司
177	2017	先进个人	刘晓燕	西宁分公司
178	2017	先进个人	马洪莲	西宁分公司
179	2017	先进个人	葛恩来	西宁分公司
180	2017	先进个人	王雪坤	西宁分公司
181	2017	先进个人	文啟顺	西宁分公司
182	2017	先进个人	高海霞	西宁分公司

续表

序号	授予年份	荣誉称号	获奖个人	所属单位
183	2017	先进个人	李明兰	西宁分公司
184	2017	先进个人	朱光秀	西宁分公司
185	2017	先进个人	李　超	西宁分公司
186	2017	先进个人	贾春琴	西宁分公司
187	2017	先进个人	曹建国	海东分公司
188	2017	先进个人	甘晓莲	海东分公司
189	2017	先进个人	周花香	海东分公司
190	2017	先进个人	潘亚琼	海东分公司
191	2017	先进个人	樊万磊	海东分公司
192	2017	先进个人	刘应太	海东分公司
193	2017	先进个人	杨荣婷	海东分公司
194	2017	先进个人	赵　明	海东分公司
195	2017	先进个人	黄充艳	海东分公司
196	2017	先进个人	张瑞瑞	格尔木分公司
197	2017	先进个人	李　霞	格尔木分公司
198	2017	先进个人	王亚平	格尔木分公司
199	2017	先进个人	白国祥	格尔木分公司
200	2017	先进个人	周吉君	格尔木分公司
201	2017	先进个人	爱木其	格尔木分公司
202	2017	先进个人	颜吉元	格尔木分公司
203	2017	先进个人	杨成林	格尔木分公司
204	2017	先进个人	次仁扎西	格尔木分公司
205	2017	先进个人	李生梅	格尔木分公司
206	2017	先进个人	马　亮	湟源分公司
207	2017	先进个人	魏　霞	湟源分公司
208	2017	先进个人	肖宏亮	湟源分公司
209	2017	先进个人	山发宏	湟源分公司

续表

序号	授予年份	荣誉称号	获奖个人	所属单位
210	2017	先进个人	李德贵	湟源分公司
211	2017	先进个人	边梦希	湟源分公司
212	2017	先进个人	熊　杰	湟源分公司
213	2017	先进个人	史明菊	湟源分公司
214	2017	先进个人	蒲顺敏	湟源分公司
215	2017	先进个人	杜红升	海西分公司
216	2017	先进个人	马玉兰	海西分公司
217	2017	先进个人	姜秋月	海西分公司
218	2017	先进个人	刘卫刚	海西分公司
219	2017	先进个人	崔文林	海西分公司
220	2017	先进个人	柳霞霞	海西分公司
221	2017	先进个人	史可柏	海西分公司
222	2017	先进个人	许发轩	海西分公司
223	2017	先进个人	钟　洪	海西分公司
224	2017	先进个人	段宝升	海西分公司
225	2017	先进个人	刘福云	黄南分公司
226	2017	先进个人	鲍同芳	黄南分公司
227	2017	先进个人	孟朝华	黄南分公司
228	2017	先进个人	李茂林	果洛分公司
229	2017	先进个人	张　栋	果洛分公司
230	2017	先进个人	英毛措	果洛分公司
231	2017	先进个人	关　巍	玉树分公司
232	2017	先进个人	索南永吉	玉树分公司
233	2017	先进个人	然　丁	玉树分公司
234	2017	先进个人	辛小飞	曹家堡油库
235	2017	先进个人	郝海宁	曹家堡油库
236	2017	先进个人	张　军	多巴油库

序号	授予年份	荣誉称号	获奖个人	所属单位
237	2017	先进个人	刘　鹏	多巴油库
238	2017	先进个人	付向泰	青海省石油总公司新兴贸易公司
239	2017	先进个人	陈　虹	青海省石油总公司新兴贸易公司
240	2017	先进个人	韩富帮	后勤管理中心
241	2017	先进个人	季　强	后勤管理中心
242	2017	先进个人	黄江华	非油品经营分公司
243	2017	先进个人	刘海元	非油品经营分公司
244	2017	先进个人	程　诚	非油品经营分公司
245	2018	先进个人	钱海珠	西宁分公司
246	2018	先进个人	李红霞	西宁分公司
247	2018	先进个人	付鸿燕	西宁分公司
248	2018	先进个人	常文静	西宁分公司
249	2018	先进个人	陈　浩	西宁分公司
250	2018	先进个人	李成林	西宁分公司
251	2018	先进个人	沈　萍	西宁分公司
252	2018	先进个人	罗全帮	西宁分公司
253	2018	先进个人	陈国凤	西宁分公司
254	2018	先进个人	张　明	西宁分公司
255	2018	先进个人	王海青	西宁分公司
256	2018	先进个人	何文娟	西宁分公司
257	2018	先进个人	郭建荣	西宁分公司
258	2018	先进个人	杨鑫宇	西宁分公司
259	2018	先进个人	李红妍	西宁分公司
260	2018	先进个人	哈玉平	西宁分公司
261	2018	先进个人	包青秀	西宁分公司
262	2018	先进个人	文占荣	西宁分公司
263	2018	先进个人	胡中威	西宁分公司

续表

序号	授予年份	荣誉称号	获奖个人	所属单位
264	2018	先进个人	李　威	湟源分公司
265	2018	先进个人	孙姚农	湟源分公司
266	2018	先进个人	王微清扬	湟源分公司
267	2018	先进个人	龚永芳	湟源分公司
268	2018	先进个人	朱前宜	湟源分公司
269	2018	先进个人	朱兴贵	湟源分公司
270	2018	先进个人	杨振武	湟源分公司
271	2018	先进个人	张　松	湟源分公司
272	2018	先进个人	李　洁	西宁分公司
273	2018	先进个人	白　磊	西宁分公司
274	2018	先进个人	吴春英	海东分公司
275	2018	先进个人	贺丽娟	海东分公司
276	2018	先进个人	王存强	海东分公司
277	2018	先进个人	马文霞	海东分公司
278	2018	先进个人	杨晓红	海东分公司
279	2018	先进个人	周义华	海东分公司
280	2018	先进个人	刘应太	海东分公司
281	2018	先进个人	马有华	海东分公司
282	2018	先进个人	刘小玲	海东分公司
283	2018	先进个人	达文花	非油品经营分公司
284	2018	先进个人	窦　超	格尔木分公司
285	2018	先进个人	钟发辛	格尔木分公司
286	2018	先进个人	杜玉娟	格尔木分公司
287	2018	先进个人	安玉麒	格尔木分公司
288	2018	先进个人	班红梅	格尔木分公司
289	2018	先进个人	胡艳梅	格尔木分公司
290	2018	先进个人	孙利强	格尔木分公司

续表

序号	授予年份	荣誉称号	获奖个人	所属单位
291	2018	先进个人	贡长梅	格尔木分公司
292	2018	先进个人	张渊丽	格尔木分公司
293	2018	先进个人	祁巧玲	格尔木分公司
294	2018	先进个人	曹顺成	格尔木分公司
295	2018	先进个人	连东升	格尔木分公司
296	2018	先进个人	王海梅	格尔木分公司
297	2018	先进个人	李彦辉	格尔木分公司
298	2018	先进个人	柳江莉	海西分公司
299	2018	先进个人	申月昌	海西分公司
300	2018	先进个人	恒翔翔	海西分公司
301	2018	先进个人	潘玉平	海西分公司
302	2018	先进个人	孙有德	海西分公司
303	2018	先进个人	张宁海	海西分公司
304	2018	先进个人	马炳花	黄南分公司
305	2018	先进个人	鲁生方	黄南分公司
306	2018	先进个人	叶毛加	黄南分公司
307	2018	先进个人	魏娇娇	黄南分公司
308	2018	先进个人	靳永梅	果洛分公司
309	2018	先进个人	杨 军	果洛分公司
310	2018	先进个人	李永芳	果洛分公司
311	2018	先进个人	古昌金	玉树分公司
312	2018	先进个人	江永拉措	玉树分公司
313	2018	先进个人	丁 扎	玉树分公司
314	2018	先进个人	胥晓燕	非油品经营分公司
315	2018	先进个人	程 诚	非油品经营分公司
316	2018	先进个人	范青燕	多巴油库
317	2018	先进个人	贺晓兰	后勤管理中心

续表

序号	授予年份	荣誉称号	获奖个人	所属单位
318	2018	先进个人	马 珺	青海省石油总公司新兴贸易公司
319	2018	先进个人	辛小飞	曹家堡油库
320	2018	先进个人	茹青宁	质量安全环保处
321	2018	先进个人	赵玉洁	审计监察处
322	2018	先进个人	许 勇	企管法规处
323	2018	先进个人	杨建宏	后勤服务中心
324	2018	先进个人	周晓英	投资建设管理处
325	2018	先进个人	李承隆	投资工程处
326	2019	优秀员工	刘国庆	西宁分公司
327	2019	优秀员工	虎延兰	西宁分公司
328	2019	优秀员工	张燕娟	西宁分公司
329	2019	优秀员工	马永承	西宁分公司
330	2019	优秀员工	贾永梅	西宁分公司
331	2019	优秀员工	李玉芬	西宁分公司
332	2019	优秀员工	祁造存	西宁分公司
333	2019	优秀员工	陈国凤	西宁分公司
334	2019	优秀员工	石玉章	西宁分公司
335	2019	优秀员工	汪李忠	西宁分公司
336	2019	优秀员工	张 玉	西宁分公司
337	2019	优秀员工	来 程	西宁分公司
338	2019	优秀员工	孙军红	西宁分公司
339	2019	优秀员工	刘 媛	西宁分公司
340	2019	优秀员工	薛林娜	西宁分公司
341	2019	优秀员工	韩 云	西宁分公司
342	2019	优秀员工	加羊朋措	海南分公司
343	2019	优秀员工	徐 虹	海南分公司
344	2019	优秀员工	何明芳	海南分公司

续表

序号	授予年份	荣誉称号	获奖个人	所属单位
345	2019	优秀员工	宋 娜	海南分公司
346	2019	优秀员工	乔浩华	海南分公司
347	2019	优秀员工	白玉霞	海南分公司
348	2019	优秀员工	解统秀	格尔木分公司
349	2019	优秀员工	祁巧玲	格尔木分公司
350	2019	优秀员工	李 蔚	格尔木分公司
351	2019	优秀员工	张瑞瑞	格尔木分公司
352	2019	优秀员工	程 军	格尔木分公司
353	2019	优秀员工	赵玉凤	格尔木分公司
354	2019	优秀员工	张文贵	格尔木分公司
355	2019	优秀员工	冯中华	格尔木分公司
356	2019	优秀员工	莫文秀	格尔木分公司
357	2019	优秀员工	马国红	格尔木分公司
358	2019	优秀员工	雷 震	仓储分公司
359	2019	优秀员工	岳凯顺	仓储分公司
360	2019	优秀员工	景红革	仓储分公司
361	2019	优秀员工	王 建	仓储分公司
362	2019	优秀员工	陈 辉	仓储分公司
363	2019	优秀员工	张 军	仓储分公司
364	2019	优秀员工	李永莲	仓储分公司
365	2019	优秀员工	牛卫斌	仓储分公司
366	2019	优秀员工	闫海莲	仓储分公司
367	2019	优秀员工	杨登才	仓储分公司
368	2019	优秀员工	刘雅娟	非油品经营分公司
369	2019	优秀员工	王 艳	非油品经营分公司
370	2019	优秀员工	刘巧如	非油品经营分公司
371	2019	优秀员工	周海文	青海中油新兴能源公司

续表

序号	授予年份	荣誉称号	获奖个人	所属单位
372	2019	优秀员工	周 昀	青海中油新兴能源公司
373	2019	优秀员工	王志才	玉树分公司
374	2019	优秀员工	扎西永藏	玉树分公司
375	2019	优秀员工	昂文巴措	玉树分公司
376	2019	优秀员工	梁永亮	玉树分公司
377	2019	优秀员工	师海山	海北分公司
378	2019	优秀员工	李 顺	海北分公司
379	2019	优秀员工	赵志强	海北分公司
380	2019	优秀员工	沈 韬	海北分公司
381	2019	优秀员工	边梦希	海北分公司
382	2019	优秀员工	苟智军	海北分公司
383	2019	优秀员工	负爱华	黄南分公司
384	2019	优秀员工	完么措	黄南分公司
385	2019	优秀员工	拉毛加	黄南分公司
386	2019	优秀员工	巴桑卓玛	海西分公司
387	2019	优秀员工	李彦辉	海西分公司
388	2019	优秀员工	杨秀梅	海西分公司
389	2019	优秀员工	刘卫刚	海西分公司
390	2019	优秀员工	董多杰	海西分公司
391	2019	优秀员工	唐民军	海西分公司
392	2019	优秀员工	马永敏	海西分公司
393	2019	优秀员工	段有山	海西分公司
394	2019	优秀员工	张玉鹤	海西分公司
395	2019	优秀员工	来德英	海西分公司
396	2019	优秀员工	贺晓兰	青海中油交通能源有限公司
397	2019	优秀员工	李月菊	海东分公司
398	2019	优秀员工	韩淑清	海东分公司

续表

序号	授予年份	荣誉称号	获奖个人	所属单位
399	2019	优秀员工	解双春	海东分公司
400	2019	优秀员工	章海霞	海东分公司
401	2019	优秀员工	李成芳	海东分公司
402	2019	优秀员工	黄秀芳	海东分公司
403	2019	优秀员工	马淑娟	海东分公司
404	2019	优秀员工	赵 明	海东分公司
405	2019	优秀员工	李茂林	果洛分公司
406	2019	优秀员工	陈文兴	果洛分公司
407	2019	优秀员工	罗 加	果洛分公司
408	2020	优秀员工	刘 坤	西宁分公司
409	2020	优秀员工	鄂德忠	西宁分公司
410	2020	优秀员工	李 蓉	西宁分公司
411	2020	优秀员工	杨银琳	西宁分公司
412	2020	优秀员工	余 华	西宁分公司
413	2020	优秀员工	周珠章	西宁分公司
414	2020	优秀员工	祁红英	西宁分公司
415	2020	优秀员工	张 玉	西宁分公司
416	2020	优秀员工	李正燕	西宁分公司
417	2020	优秀员工	敬 华	西宁分公司
418	2020	优秀员工	蔡瑞云	西宁分公司
419	2020	优秀员工	赵中秀	西宁分公司
420	2020	优秀员工	陈秀娟	西宁分公司
421	2020	优秀员工	黄玲玲	西宁分公司
422	2020	优秀员工	沈峻宏	西宁分公司
423	2020	优秀员工	路 霞	海西分公司
424	2020	优秀员工	赵 辉	海西分公司
425	2020	优秀员工	韩世宝	海西分公司

续表

序号	授予年份	荣誉称号	获奖个人	所属单位
426	2020	优秀员工	申大春	海西分公司
427	2020	优秀员工	杨国福	海西分公司
428	2020	优秀员工	李长莲	海西分公司
429	2020	优秀员工	马丽娟	海西分公司
430	2020	优秀员工	刘芙蓉	海西分公司
431	2020	优秀员工	张成政	海西分公司
432	2020	优秀员工	祁之祥	海西分公司
433	2020	优秀员工	金 鑫	海东分公司
434	2020	优秀员工	刘 瑾	海东分公司
435	2020	优秀员工	毛文栋	海东分公司
436	2020	优秀员工	文 秀	海东分公司
437	2020	优秀员工	余 丽	海东分公司
438	2020	优秀员工	韩淑清	海东分公司
439	2020	优秀员工	罗瑞莲	海东分公司
440	2020	优秀员工	周义华	海东分公司
441	2020	优秀员工	宋小霞	海南分公司
442	2020	优秀员工	王永昌	海南分公司
443	2020	优秀员工	祁香青	海南分公司
444	2020	优秀员工	陈占全	海南分公司
445	2020	优秀员工	马炳花	海南分公司
446	2020	优秀员工	穆世杰	海南分公司
447	2020	优秀员工	赵维斌	海北分公司
448	2020	优秀员工	朱前宜	海北分公司
449	2020	优秀员工	朱兴贵	海北分公司
450	2020	优秀员工	王文霞	海北分公司
451	2020	优秀员工	徐国英	海北分公司
452	2020	优秀员工	赵春禄	海北分公司

续表

序号	授予年份	荣誉称号	获奖个人	所属单位
453	2020	优秀员工	白玛拉措	玉树分公司
454	2020	优秀员工	昂文巴措	玉树分公司
455	2020	优秀员工	才 巴	玉树分公司
456	2020	优秀员工	鲍延明	果洛分公司
457	2020	优秀员工	罗 加	果洛分公司
458	2020	优秀员工	熊 军	果洛分公司
459	2020	优秀员工	杨南拉	黄南分公司
460	2020	优秀员工	冶永梅	黄南分公司
461	2020	优秀员工	穆羊措	黄南分公司
462	2020	优秀员工	熊伟兴	非油品经营分公司
463	2020	优秀员工	田占婷	非油品经营分公司
464	2020	优秀员工	高丽利	非油品经营分公司
465	2020	优秀员工	同志高	仓储分公司
466	2020	优秀员工	辛小飞	仓储分公司
467	2020	优秀员工	蒲春斌	仓储分公司
468	2020	优秀员工	纪宗斌	仓储分公司
469	2020	优秀员工	窦 超	仓储分公司
470	2020	优秀员工	李永莲	仓储分公司
471	2020	优秀员工	张绍源	仓储分公司
472	2020	优秀员工	甄建华	仓储分公司
473	2020	优秀员工	马 斌	仓储分公司
474	2020	优秀员工	吴昌丽	后勤管理中心
475	2020	优秀员工	靳培思	后勤管理中心
476	2020	优秀员工	马秋霞	青海中油新兴能源公司
477	2020	优秀员工	辛鹏元	青海中油新兴能源公司
478	2020	优秀员工	马玉兰	青海中油互惠能源有限公司
479	2020	优秀员工	周发红	青海中油贝正实业有限公司

续表

序号	授予年份	荣誉称号	获奖个人	所属单位
480	2020	优秀员工	谷　晶	青海中油平盛能源有限公司
481	2020	优秀员工	王玉芹	青海中油交通能源有限公司
482	2020	优秀员工	巴永峰	非油品经营分公司
483	2020	"十佳"服务明星	胡　鹏	投资建设管理处
484	2020	"十佳"服务明星	王小勤	加油站管理处（加油卡管理中心）
485	2020	"十佳"服务明星	孟翠芬	财务处
486	2020	"十佳"服务明星	高国鹏	办公室（党委办公室）
487	2020	"十佳"服务明星	郭　峰	营销处
488	2020	"十佳"服务明星	杨鑫宇	办公室（党委办公室）
489	2020	"十佳"服务明星	荣　惠	人事处（党委组织部）
490	2020	"十佳"服务明星	孙莎莎	纪委办公室（审计处、巡察办公室）
491	2020	"十佳"服务明星	齐慧东	科技信息处
492	2020	安全生产先进个人	黄玉龙	西宁分公司
493	2020	安全生产先进个人	黄玲玲	西宁分公司
494	2020	安全生产先进个人	李云梅	黄南分公司
495	2020	安全生产先进个人	段宝升	海西分公司
496	2020	安全生产先进个人	谢禄明	果洛分公司
497	2020	安全生产先进个人	马　亮	海南分公司
498	2020	安全生产先进个人	李亚玲	海东分公司
499	2020	安全生产先进个人	范青燕	仓储分公司
500	2020	安全生产先进个人	刘志远	格尔木分公司
501	2020	安全生产先进个人	黄江华	非油品经营分公司
502	2020	安全生产先进个人	弋西求占	玉树分公司
503	2020	安全生产先进个人	赵志强	海北分公司
504	2021	优秀加油站经理	任　文	西宁分公司
505	2021	优秀加油站经理	刘　坤	西宁分公司
506	2021	优秀加油站经理	钟立朝	西宁分公司

续表

序号	授予年份	荣誉称号	获奖个人	所属单位
507	2021	优秀加油站经理	张运丽	西宁分公司
508	2021	优秀加油站经理	马修祥	西宁分公司
509	2021	优秀加油站经理	李正燕	西宁分公司
510	2021	优秀加油站经理	文占荣	西宁分公司
511	2021	优秀加油站经理	杨得旭	海东分公司
512	2021	优秀加油站经理	赵秀梅	海东分公司
513	2021	优秀加油站经理	尕藏扎西	海东分公司
514	2021	优秀加油站经理	赵海燕	海东分公司
515	2021	优秀加油站经理	马占良	海西分公司
516	2021	优秀加油站经理	赵 辉	海西分公司
517	2021	优秀加油站经理	蔡延军	海西分公司
518	2021	优秀加油站经理	谢万措	格尔木分公司
519	2021	优秀加油站经理	纪宗桂	格尔木分公司
520	2021	优秀加油站经理	程 军	格尔木分公司
521	2021	优秀加油站经理	尹炳龙	海南分公司
522	2021	优秀加油站经理	何明芳	海南分公司
523	2021	优秀加油站经理	张 静	海南分公司
524	2021	优秀加油站经理	银措卓玛	海北分公司
525	2021	优秀加油站经理	童宪福	海北分公司
526	2021	优秀加油站经理	王贤萍	玉树分公司
527	2021	优秀加油站经理	谢禄明	果洛分公司
528	2021	优秀加油站经理	张万成	黄南分公司
529	2021	优秀员工	韩永弟	西宁分公司
530	2021	优秀员工	沈 冬	西宁分公司
531	2021	优秀员工	王贤英	西宁分公司
532	2021	优秀员工	李 雪	西宁分公司
533	2021	优秀员工	周永虎	西宁分公司

续表

序号	授予年份	荣誉称号	获奖个人	所属单位
534	2021	优秀员工	蒲顺敏	西宁分公司
535	2021	优秀员工	石生平	西宁分公司
536	2021	优秀员工	虎延兰	西宁分公司
537	2021	优秀员工	王玉霞	西宁分公司
538	2021	优秀员工	王露锦	西宁分公司
539	2021	优秀员工	张燕娟	西宁分公司
540	2021	优秀员工	薄晓琴	西宁分公司
541	2021	优秀员工	李红妍	西宁分公司
542	2021	优秀员工	哈玉平	西宁分公司
543	2021	优秀员工	赵桂英	西宁分公司
544	2021	优秀员工	李永秀	西宁分公司
545	2021	优秀员工	邓成英	海东分公司
546	2021	优秀员工	曹晓琴	海东分公司
547	2021	优秀员工	袁海莲	海东分公司
548	2021	优秀员工	马芝香	海东分公司
549	2021	优秀员工	李建忠	海东分公司
550	2021	优秀员工	罗瑞莲	海东分公司
551	2021	优秀员工	李长鹏	格尔木分公司
552	2021	优秀员工	张桂香	格尔木分公司
553	2021	优秀员工	王存兰	格尔木分公司
554	2021	优秀员工	赵亚亚	格尔木分公司
555	2021	优秀员工	贾长梅	格尔木分公司
556	2021	优秀员工	汪元来	海西分公司
557	2021	优秀员工	张守年	海西分公司
558	2021	优秀员工	巴桑卓玛	海西分公司
559	2021	优秀员工	许国龙	海西分公司
560	2021	优秀员工	杨发英	海西分公司

序号	授予年份	荣誉称号	获奖个人	所属单位
561	2021	优秀员工	韩　燕	海西分公司
562	2021	优秀员工	彭毛吉	海南分公司
563	2021	优秀员工	何玉英	海南分公司
564	2021	优秀员工	李雪芳	海北分公司
565	2021	优秀员工	马生云	海北分公司
566	2021	优秀员工	杨振武	海北分公司
567	2021	优秀员工	陈宗贵	黄南分公司
568	2021	优秀员工	贺洛桑加	果洛分公司
569	2021	优秀员工	桑周卓尕	玉树分公司
570	2021	优秀员工	景红革	储运分公司
571	2021	优秀员工	沈德宏	储运分公司
572	2021	优秀员工	窦　超	储运分公司
573	2021	优秀员工	李生梅	储运分公司
574	2021	优秀员工	王淑义	储运分公司
575	2021	优秀员工	袁永鹏	储运分公司
576	2021	优秀员工	崔宇芳	储运分公司
577	2021	优秀员工	蔡　娟	储运分公司
578	2021	优秀员工	田占婷	非油分公司
579	2021	服务明星	谭　婧	西宁分公司
580	2021	服务明星	张　雪	西宁分公司
581	2021	服务明星	汪宜澍	西宁分公司
582	2021	服务明星	张思璐	海东分公司
583	2021	服务明星	马玉兰	海东分公司
584	2021	服务明星	潘亚琼	海东分公司
585	2021	服务明星	姚常兰	格尔木分公司
586	2021	服务明星	李艳敏	格尔木分公司
587	2021	服务明星	段有山	海西分公司

续表

序号	授予年份	荣誉称号	获奖个人	所属单位
588	2021	服务明星	李　烘	海西分公司
589	2021	服务明星	白文山	海南分公司
590	2021	服务明星	苏玉娟	海南分公司
591	2021	服务明星	王微清扬	海北分公司
592	2021	服务明星	赵志强	海北分公司
593	2021	服务明星	陈海平	黄南分公司
594	2021	服务明星	杨　青	果洛分公司
595	2021	服务明星	更尕卓玛	玉树分公司
596	2021	服务明星	周　婷	储运分公司
597	2021	服务明星	王　艳	非油分公司
598	2021	服务明星	王景博	综合管理服务中心
599	2021	服务明星	胡丽娟	综合管理服务中心
600	2021	服务明星	张　勇	质量安全环保部
601	2021	服务明星	李翰铖	办公室（党委办公室）
602	2021	服务明星	严　斌	发展计划部（设备信息部）
603	2021	服务明星	关嫄嫄	纪委办公室（审计部、巡察办公室）
604	2021	服务明星	李明伟	市场营销部
605	2021	服务明星	钟　琛	财务部
606	2021	服务明星	董海利	人力资源部（党委组织部）
607	2021	服务明星	陈占斌	企管法规部（股权办公室）
608	2021	服务明星	王　韦	西宁分公司
609	2021	QHSE先进个人	杨红霞	西宁分公司
610	2021	QHSE先进个人	杨　艳	西宁分公司
611	2021	QHSE先进个人	马永承	西宁分公司
612	2021	QHSE先进个人	刘　萍	西宁分公司
613	2021	QHSE先进个人	曹海琴	西宁分公司
614	2021	QHSE先进个人	黄秀芳	海东分公司

续表

序号	授予年份	荣誉称号	获奖个人	所属单位
615	2021	QHSE先进个人	尕藏扎西	海东分公司
616	2021	QHSE先进个人	刘应太	海东分公司
617	2021	QHSE先进个人	刘志远	格尔木分公司
618	2021	QHSE先进个人	张皖青	格尔木分公司
619	2021	QHSE先进个人	方向智	格尔木分公司
620	2021	QHSE先进个人	马尚青	海西分公司
621	2021	QHSE先进个人	许国龙	海西分公司
622	2021	QHSE先进个人	来德英	海西分公司
623	2021	QHSE先进个人	余庭鑫	海南分公司
624	2021	QHSE先进个人	穆世杰	海南分公司
625	2021	QHSE先进个人	李 威	海北分公司
626	2021	QHSE先进个人	铁进柱	海北分公司
627	2021	QHSE先进个人	海毅杰	黄南分公司
628	2021	QHSE先进个人	蒋仙园	果洛分公司
629	2021	QHSE先进个人	关 巍	玉树分公司
630	2021	QHSE先进个人	范青燕	储运分公司
631	2021	QHSE先进个人	唐泽军	储运分公司
632	2021	QHSE先进个人	雷有福	储运分公司
633	2021	QHSE先进个人	秦 臻	财务部
634	2021	QHSE先进个人	巴永峰	非油分公司（非油品经营部）
635	2021	QHSE先进个人	黄永强	储运分公司（仓储调运部）
636	2021	QHSE先进个人	王庆丰	综合管理服务中心
637	2021	QHSE先进个人	齐慧东	发展计划部（设备信息部）
638	2021	QHSE先进个人	张 慧	市场营销部
639	2021	QHSE先进个人	曹秀琴	党群工作部（党委宣传部、企业文化部、扶贫办公室）
640	2021	QHSE先进个人	李献勇	质量安全环保部

续表

序号	授予年份	荣誉称号	获奖个人	所属单位
641	2022	优秀加油站经理	高茉莉	西宁分公司
642	2022	优秀加油站经理	李正燕	西宁分公司
643	2022	优秀加油站经理	李 蓉	西宁分公司
644	2022	优秀加油站经理	贾永梅	西宁分公司
645	2022	优秀加油站经理	钱 升	西宁分公司
646	2022	优秀加油站经理	文啟顺	西宁分公司
647	2022	优秀加油站经理	谢菲菲	西宁分公司
648	2022	优秀加油站经理	桑 青	格尔木分公司
649	2022	优秀加油站经理	雷月艳	格尔木分公司
650	2022	优秀加油站经理	李 霞	格尔木分公司
651	2022	优秀加油站经理	朱旭亮	海东分公司
652	2022	优秀加油站经理	曹建国	海东分公司
653	2022	优秀加油站经理	甘晓莲	海东分公司
654	2022	优秀加油站经理	贺 蕊	海东分公司
655	2022	优秀加油站经理	朱文萍	海西分公司
656	2022	优秀加油站经理	马占良	海西分公司
657	2022	优秀加油站经理	梁 斌	海西分公司
658	2022	优秀加油站经理	田索南才让	海南分公司
659	2022	优秀加油站经理	宋小霞	海南分公司
660	2022	优秀加油站经理	潘吉云	海北分公司
661	2022	优秀加油站经理	铁进柱	海北分公司
662	2022	优秀加油站经理	冶永梅	黄南分公司
663	2022	优秀加油站经理	熊 军	果洛分公司
664	2022	优秀加油站经理	余海花	果洛分公司
665	2022	优秀加油站经理	周发红	玉树分公司
666	2022	优秀员工	王 鹏	西宁分公司
667	2022	优秀员工	陈德英	西宁分公司

续表

序号	授予年份	荣誉称号	获奖个人	所属单位
668	2022	优秀员工	杨晓伶	西宁分公司
669	2022	优秀员工	胡 鹏	西宁分公司
670	2022	优秀员工	刘海军	西宁分公司
671	2022	优秀员工	丁宜佳	西宁分公司
672	2022	优秀员工	李 超	西宁分公司
673	2022	优秀员工	赵小彦	西宁分公司
674	2022	优秀员工	杨海超	西宁分公司
675	2022	优秀员工	赵桂英	西宁分公司
676	2022	优秀员工	李文艳	西宁分公司
677	2022	优秀员工	贺玉霞	西宁分公司
678	2022	优秀员工	段小莲	西宁分公司
679	2022	优秀员工	蒲 燕	西宁分公司
680	2022	优秀员工	王玉霞	西宁分公司
681	2022	优秀员工	许应红	海东分公司
682	2022	优秀员工	李碧婷	海东分公司
683	2022	优秀员工	赵国珍	海东分公司
684	2022	优秀员工	加羊吉	海东分公司
685	2022	优秀员工	赵秀梅	海东分公司
686	2022	优秀员工	赵 明	海东分公司
687	2022	优秀员工	张桂香	格尔木分公司
688	2022	优秀员工	杨海莲	格尔木分公司
689	2022	优秀员工	金玉梅	格尔木分公司
690	2022	优秀员工	山秀兰	格尔木分公司
691	2022	优秀员工	赵四海	格尔木分公司
692	2022	优秀员工	崔文林	海西分公司
693	2022	优秀员工	李长莲	海西分公司
694	2022	优秀员工	李静霞	海西分公司

续表

序号	授予年份	荣誉称号	获奖个人	所属单位
695	2022	优秀员工	张庆寿	海西分公司
696	2022	优秀员工	赵 蓉	海西分公司
697	2022	优秀员工	赵金玉	海西分公司
698	2022	优秀员工	李 玲	海南分公司
699	2022	优秀员工	余庭鑫	海南分公司
700	2022	优秀员工	贾俊峰	海南分公司
701	2022	优秀员工	张 伟	海北分公司
702	2022	优秀员工	代 宏	海北分公司
703	2022	优秀员工	熊国莲	黄南分公司
704	2022	优秀员工	德乾卓玛	果洛分公司
705	2022	优秀员工	伊全慧	果洛分公司
706	2022	优秀员工	史可玲	玉树分公司
707	2022	优秀员工	索南永吉	玉树分公司
708	2022	优秀员工	方 瀛	非油分公司
709	2022	优秀员工	赵晓倩	储运分公司（仓储调运部）
710	2022	优秀员工	李 强	储运分公司（仓储调运部）
711	2022	优秀员工	文占科	储运分公司（仓储调运部）
712	2022	优秀员工	刘 鹏	储运分公司（仓储调运部）
713	2022	优秀员工	李占才	储运分公司（仓储调运部）
714	2022	优秀员工	连 昱	储运分公司（仓储调运部）
715	2022	优秀员工	芦 娟	储运分公司（仓储调运部）
716	2022	服务明星	贺玉珍	西宁分公司
717	2022	服务明星	李江龙	西宁分公司
718	2022	服务明星	韩 云	西宁分公司
719	2022	服务明星	冯中华	格尔木分公司
720	2022	服务明星	方向智	格尔木分公司
721	2022	服务明星	张海云	格尔木分公司

序号	授予年份	荣誉称号	获奖个人	所属单位
722	2022	服务明星	王 丽	海东分公司
723	2022	服务明星	黄秀芳	海东分公司
724	2022	服务明星	戴 锐	海东分公司
725	2022	服务明星	杨秀梅	海西分公司
726	2022	服务明星	唐民军	海西分公司
727	2022	服务明星	张文香	海西分公司
728	2022	服务明星	王晓芳	海北分公司
729	2022	服务明星	李盛兰	海南分公司
730	2022	服务明星	马炳花	海南分公司
731	2022	服务明星	王锦玺	储运分公司
732	2022	服务明星	鲍延明	果洛分公司
733	2022	服务明星	井发旺	玉树分公司
734	2022	服务明星	海毅杰	黄南分公司
735	2022	服务明星	樊海荣	非油分公司
736	2022	服务明星	徐 非	综合管理服务中心
737	2022	服务明星	司海岩	市场营销部
738	2022	服务明星	周崇秋	质量健康安全环保部
739	2022	服务明星	王慧琼	发展计划部（设备信息部）
740	2022	服务明星	王亚婷	财务部
741	2022	服务明星	邢利华	企管法规部（股权办公室）
742	2022	服务明星	李 春	人力资源部（党委组织部）
743	2022	服务明星	赵玉洁	纪委办公室（审计部、巡察办公室）
744	2022	服务明星	李翰铖	办公室（党委办公室）
745	2022	服务明星	曹秀琴	党群工作部（党委宣传部、企业文化部、扶贫办公室）
746	2022	QHSE先进个人	唐晓强	西宁分公司
747	2022	QHSE先进个人	贾春芳	西宁分公司

续表

序号	授予年份	荣誉称号	获奖个人	所属单位
748	2022	QHSE先进个人	李　铭	西宁分公司
749	2022	QHSE先进个人	任　文	西宁分公司
750	2022	QHSE先进个人	马　鹏	西宁分公司
751	2022	QHSE先进个人	秦　路	海东分公司
752	2022	QHSE先进个人	刘　维	海东分公司
753	2022	QHSE先进个人	张延年	海东分公司
754	2022	QHSE先进个人	徐　辉	海西分公司
755	2022	QHSE先进个人	赵　辉	海西分公司
756	2022	QHSE先进个人	刘卫刚	海西分公司
757	2022	QHSE先进个人	张皖青	格尔木分公司
758	2022	QHSE先进个人	冯　娟	格尔木分公司
759	2022	QHSE先进个人	李梦琪	格尔木分公司
760	2022	QHSE先进个人	莫虎山	海北分公司
761	2022	QHSE先进个人	朱前宜	海北分公司
762	2022	QHSE先进个人	白晓卿	海北分公司
763	2022	QHSE先进个人	穆世杰	海南分公司
764	2022	QHSE先进个人	韩玉珍	黄南分公司
765	2022	QHSE先进个人	关　巍	玉树分公司
766	2022	QHSE先进个人	刘艳春	果洛分公司
767	2022	QHSE先进个人	范青燕	储运分公司
768	2022	QHSE先进个人	李永莲	储运分公司
769	2022	QHSE先进个人	石振华	储运分公司
770	2022	QHSE先进个人	孙玲玲	青海中油新兴能源有限责任公司
771	2022	QHSE先进个人	段亚强	青海中油新兴能源有限责任公司
772	2022	QHSE先进个人	王　鹏	青海中油新兴能源有限责任公司
773	2022	QHSE先进个人	李吉才	非油分公司（非油品经营部）
774	2022	QHSE先进个人	汪　燕	质量健康安全环保部

序号	授予年份	荣誉称号	获奖个人	所属单位
775	2022	QHSE先进个人	李 栋	人力资源部（党委组织部）
776	2022	QHSE先进个人	赵程皇	党群工作部（党委宣传部、企业文化部、扶贫办公室）
777	2022	QHSE先进个人	姚永珍	储运分公司（仓储调运部）
778	2022	QHSE先进个人	张 程	市场营销部
779	2022	QHSE先进个人	马生明	发展计划部（设备信息部）
780	2022	QHSE先进个人	贺晓兰	综合管理服务中心
781	2022	QHSE先进个人	朱 莉	财务部
782	2023	优秀加油站经理	丁宜佳	西宁分公司
783	2023	优秀加油站经理	任 文	西宁分公司
784	2023	优秀加油站经理	杜生艳	西宁分公司
785	2023	优秀加油站经理	贾永梅	西宁分公司
786	2023	优秀加油站经理	谢菲菲	西宁分公司
787	2023	优秀加油站经理	刘 坤	西宁分公司
788	2023	优秀加油站经理	马永承	西宁分公司
789	2023	优秀加油站经理	刘应太	海东分公司
790	2023	优秀加油站经理	甘晓莲	海东分公司
791	2023	优秀加油站经理	马薇娜	海东分公司
792	2023	优秀加油站经理	尕藏扎西	海东分公司
793	2023	优秀加油站经理	李梦琪	格尔木分公司
794	2023	优秀加油站经理	雷月艳	格尔木分公司
795	2023	优秀加油站经理	张富杰	海西分公司
796	2023	优秀加油站经理	李兵林	海西分公司
797	2023	优秀加油站经理	杨国福	海西分公司
798	2023	优秀加油站经理	尹炳龙	海南分公司
799	2023	优秀加油站经理	裴生英	海南分公司
800	2023	优秀加油站经理	谢宗义	海南分公司

续表

序号	授予年份	荣誉称号	获奖个人	所属单位
801	2023	优秀加油站经理	童宪福	海北分公司
802	2023	优秀加油站经理	杨振武	海北分公司
803	2023	优秀加油站经理	韩玉珍	黄南分公司
804	2023	优秀加油站经理	马秉强	果洛分公司
805	2023	优秀加油站经理	余海花	果洛分公司
806	2023	优秀加油站经理	范宗英	玉树分公司
807	2023	优秀员工	马生权	西宁分公司
808	2023	优秀员工	哈玉萍	西宁分公司
809	2023	优秀员工	张占成	西宁分公司
810	2023	优秀员工	马秀莲	西宁分公司
811	2023	优秀员工	祁红英	西宁分公司
812	2023	优秀员工	刘有鸿	西宁分公司
813	2023	优秀员工	李　玲	西宁分公司
814	2023	优秀员工	蒲顺敏	西宁分公司
815	2023	优秀员工	郭启青	西宁分公司
816	2023	优秀员工	李　雪	西宁分公司
817	2023	优秀员工	周永虎	西宁分公司
818	2023	优秀员工	任海滨	西宁分公司
819	2023	优秀员工	李燕婷	西宁分公司
820	2023	优秀员工	段小莲	西宁分公司
821	2023	优秀员工	张　鑫	西宁分公司
822	2023	优秀员工	杨晓伶	西宁分公司
823	2023	优秀员工	赵秀梅	海东分公司
824	2023	优秀员工	刘国正	海东分公司
825	2023	优秀员工	刘　维	海东分公司
826	2023	优秀员工	赵　明	海东分公司
827	2023	优秀员工	周华香	海东分公司

续表

序号	授予年份	荣誉称号	获奖个人	所属单位
828	2023	优秀员工	李玉青	海东分公司
829	2023	优秀员工	王美玲	海东分公司
830	2023	优秀员工	程月珠	格尔木分公司
831	2023	优秀员工	金玉梅	格尔木分公司
832	2023	优秀员工	马永林	格尔木分公司
833	2023	优秀员工	窦增兰	格尔木分公司
834	2023	优秀员工	许国芬	格尔木分公司
835	2023	优秀员工	靳 青	海西分公司
836	2023	优秀员工	李玉香	海西分公司
837	2023	优秀员工	李长莲	海西分公司
838	2023	优秀员工	巴桑卓玛	海西分公司
839	2023	优秀员工	张庆寿	海西分公司
840	2023	优秀员工	马得海	海西分公司
841	2023	优秀员工	白玉霞	海南分公司
842	2023	优秀员工	何克鑫	海南分公司
843	2023	优秀员工	张 静	海南分公司
844	2023	优秀员工	马生云	海北分公司
845	2023	优秀员工	贾雯婷	海北分公司
846	2023	优秀员工	熊国莲	黄南分公司
847	2023	优秀员工	贺罗藏家	果洛分公司
848	2023	优秀员工	谢禄昕	果洛分公司
849	2023	优秀员工	更尕卓玛	玉树分公司
850	2023	优秀员工	张 翀	玉树分公司
851	2023	优秀员工	卓 宏	非油分公司（非油品经营部）
852	2023	优秀员工	李淑霞	储运分公司（仓储调运部）
853	2023	优秀员工	张 军	储运分公司（仓储调运部）
854	2023	优秀员工	岳凯顺	储运分公司（仓储调运部）

续表

序号	授予年份	荣誉称号	获奖个人	所属单位
855	2023	优秀员工	康 伟	储运分公司（仓储调运部）
856	2023	优秀员工	李占才	储运分公司（仓储调运部）
857	2023	服务明星	康晓强	西宁分公司
858	2023	服务明星	芦蕴琛	西宁分公司
859	2023	服务明星	马颖超	西宁分公司
860	2023	服务明星	张志国	海东分公司
861	2023	服务明星	戴 锐	海东分公司
862	2023	服务明星	马淑娟	海东分公司
863	2023	服务明星	张海云	格尔木分公司
864	2023	服务明星	祁巧玲	格尔木分公司
865	2023	服务明星	解统秀	格尔木分公司
866	2023	服务明星	袁延良	海西分公司
867	2023	服务明星	李 烘	海西分公司
868	2023	服务明星	唐民军	海西分公司
869	2023	服务明星	李 帅	海南分公司
870	2023	服务明星	朱 凯	海南分公司
871	2023	服务明星	王晓芳	海北分公司
872	2023	服务明星	张万伟	黄南分公司
873	2023	服务明星	鲍延明	果洛分公司
874	2023	服务明星	白玛拉措	玉树分公司
875	2023	服务明星	王 娟	非油分公司
876	2023	服务明星	王锦玺	储运分公司（仓储调运部）
877	2023	服务明星	靳培思	综合管理服务中心
878	2023	服务明星	王玉梅	市场营销部
879	2023	服务明星	严 斌	发展计划部（设备信息部）
880	2023	服务明星	孙莎莎	纪委办公室（审计部、巡察办公室）
881	2023	服务明星	陈占斌	企管法规部（股权办公室）

续表

序号	授予年份	荣誉称号	获奖个人	所属单位
882	2023	服务明星	吴发祥	质量健康安全环保部
883	2023	服务明星	李　栋	人力资源部（党委组织部）
884	2023	服务明星	刘　卉	党群工作部（党委宣传部、企业文化部、扶贫办公室）
885	2023	服务明星	钟　琛	财务部
886	2023	服务明星	智　蕴	办公室（党委办公室）
887	2023	QHSE先进个人	刘志远	格尔木分公司
888	2023	QHSE先进个人	张皖青	格尔木分公司
889	2023	QHSE先进个人	张允光	格尔木分公司
890	2023	QHSE先进个人	黄秀芳	海东分公司
891	2023	QHSE先进个人	文正玲	海东分公司
892	2023	QHSE先进个人	张红霞	海东分公司
893	2023	QHSE先进个人	才洛太	海南分公司
894	2023	QHSE先进个人	余庭鑫	海南分公司
895	2023	QHSE先进个人	段宝升	海西分公司
896	2023	QHSE先进个人	赵　辉	海西分公司
897	2023	QHSE先进个人	姚　瑛	海西分公司
898	2023	QHSE先进个人	杨海波	黄南分公司
899	2023	QHSE先进个人	韩玉珍	黄南分公司
900	2023	QHSE先进个人	关　巍	玉树分公司
901	2023	QHSE先进个人	刘志祥	玉树分公司
902	2023	QHSE先进个人	沈　冬	西宁分公司
903	2023	QHSE先进个人	贾春芳	西宁分公司
904	2023	QHSE先进个人	钟立朝	西宁分公司
905	2023	QHSE先进个人	高茉莉	西宁分公司
906	2023	QHSE先进个人	冶春玲	西宁分公司
907	2023	QHSE先进个人	赵志强	海北分公司

序号	授予年份	荣誉称号	获奖个人	所属单位
908	2023	QHSE先进个人	何　霞	海北分公司
909	2023	QHSE先进个人	蒋仙元	果洛分公司
910	2023	QHSE先进个人	鲍延明	果洛分公司
911	2023	QHSE先进个人	韩生梅	储运分公司
912	2023	QHSE先进个人	宋　娜	储运分公司
913	2023	QHSE先进个人	蔡　娟	储运分公司
914	2023	QHSE先进个人	窦　超	储运分公司
915	2023	QHSE先进个人	赵晓倩	储运分公司
916	2023	QHSE先进个人	赵令军	综合管理服务中心
917	2023	QHSE先进个人	李吉才	非油分公司（非油品经营部）
918	2023	QHSE先进个人	刘雅娟	非油分公司（非油品经营部）
919	2023	QHSE先进个人	曹秀琴	党群工作部（党委宣传部、企业文化部、扶贫办公室）
920	2023	QHSE先进个人	邵　莉	市场营销部
921	2023	QHSE先进个人	牛志刚	发展计划部（设备信息部）
922	2023	QHSE先进个人	张　盖	人力资源部（党委组织部）
923	2023	QHSE先进个人	陈　晨	质量健康安全环保部
924	2023	QHSE先进个人	周崇秋	质量健康安全环保部
925	2023	QHSE先进个人	张文政	青海中油新兴能源有限责任公司
926	2023	QHSE先进个人	聂文庆	青海中油新兴能源有限责任公司
927	2023	优秀审核员	康玉祥	质量健康安全环保部
928	2023	优秀审核员	张　勇	质量健康安全环保部
929	2023	优秀审核员	马生明	发展计划部（设备信息部）
930	2023	优秀审核员	吕旭东	发展计划部（设备信息部）
931	2023	优秀审核员	黄海东	发展计划部（设备信息部）
932	2023	优秀审核员	袁永鹏	储运分公司（仓储调运部）
933	2023	优秀审核员	张绍源	储运分公司（仓储调运部）

续表

序号	授予年份	荣誉称号	获奖个人	所属单位
934	2023	优秀审核员	李占才	储运分公司（仓储调运部）
935	2023	优秀审核员	卜 君	西宁分公司
936	2023	优秀审核员	刘 瑾	海东分公司
937	2023	优秀审核员	刘 维	海东分公司
938	2023	优秀审核员	何 颖	海北分公司
939	2023	优秀审核员	关 巍	玉树分公司
940	2023	优秀审核员	朱 玮	格尔木分公司
941	2023	优秀审核员	高海庆	格尔木分公司
942	2023	优秀审核员	贺成军	青海中油新兴能源有限责任公司

五、获青海销售公司党委级主要荣誉的先进集体

序号	授予年份	获奖名称	获奖单位
1	2016	先进党支部	西宁分公司机关党支部
2	2016	先进党支部	西宁分公司湟中经营部党支部
3	2016	先进党支部	海东分公司机关党支部
4	2016	先进党支部	西宁分公司民和经营部党支部
5	2016	先进党支部	湟源分公司贵德经营部党支部
6	2016	先进党支部	湟源分公司海北经营部党支部
7	2016	先进党支部	海西分公司都兰经营部党支部
8	2016	先进党支部	海西分公司德令哈油库第二党支部
9	2016	先进党支部	格尔木分公司第二党支部
10	2016	先进党支部	格尔木分公司机关党支部
11	2016	先进党支部	格尔木分公司油库生产运行党支部
12	2016	先进党支部	黄南分公司尖扎经营部党支部
13	2016	先进党支部	果洛分公司第二党支部
14	2016	先进党支部	玉树分公司第一党支部
15	2016	先进党支部	非油品经营公司中央仓党支部

序号	授予年份	获奖名称	获奖单位
16	2016	先进党支部	后勤管理服务中心第一党支部
17	2016	先进党支部	青海省石油总公司新兴贸易公司第二党支部
18	2016	先进党支部	多巴油库第一党支部
19	2016	先进党支部	曹家堡油库第一党支部
20	2016	先进党支部	机关第五党支部
21	2016	先进党支部	离退休党总支小桥党支部
22	2017	先进党委	玉树分公司党委
23	2017	先进党总支	多巴油库党总支
24	2017	先进党支部	西宁分公司城北党支部
25	2017	先进党支部	西宁分公司机关第一支部
26	2017	先进党支部	海东分公司乐都经营部党支部
27	2017	先进党支部	海东分公司乐都经营部党支部
28	2017	先进党支部	湟源分公司贵德经营部党支部
29	2017	先进党支部	湟源分公司第二党支部
30	2017	先进党支部	海西分公司都兰经营部党支部
31	2017	先进党支部	海西分公司天峻经营部党支部
32	2017	先进党支部	格尔木分公司察尔汗经营部党支部
33	2017	先进党支部	格尔木分公司油库机关党支部
34	2017	先进党支部	黄南分公司机关党支部
35	2017	先进党支部	果洛分公司第二党支部
36	2017	先进党支部	玉树分公司第一党支部
37	2017	先进党支部	非油品经营分公司中央仓党支部
38	2017	先进党支部	后勤管理服务中心第二党支部
39	2017	先进党支部	青海省石油总公司新兴贸易公司第二党支部
40	2017	先进党支部	多巴油库第一党支部
41	2017	先进党支部	曹家堡油库第二党支部
42	2017	先进党支部	机关第三党支部

续表

序号	授予年份	获奖名称	获奖单位
43	2017	先进党支部	离退休党总支小桥党支部
44	2018	先进党委（党总支）	西宁分公司党委
45	2018	先进党委（党总支）	曹家堡油库党总支
46	2018	先进党支部	西宁分公司机关第一支部
47	2018	先进党支部	西宁分公司门源经营部党支部
48	2018	先进党支部	海东分公司循化经营部党支部
49	2018	先进党支部	海东分公司民和经营部党支部
50	2018	先进党支部	湟源分公司海南党支部
51	2018	先进党支部	海西分公司乌兰经营部党支部
52	2018	先进党支部	海西分公司油库第一党支部
53	2018	先进党支部	格尔木分公司机关党支部
54	2018	先进党支部	格尔木分公司油库一线党支部
55	2018	先进党支部	黄南分公司机关党支部
56	2018	先进党支部	果洛分公司第一党支部
57	2018	先进党支部	玉树分公司第一党支部
58	2018	先进党支部	非油品经营分公司第一党支部
59	2018	先进党支部	后勤管理中心第一党支部
60	2018	先进党支部	青海省石油总公司新兴贸易公司第一党支部
61	2018	先进党支部	多巴油库第二党支部
62	2018	先进党支部	曹家堡油库第一党支部
63	2018	先进党支部	机关第一党支部
64	2018	先进党支部	机关第四党支部
65	2018	先进党支部	离退休党总支杨家寨党支部
66	2019	先进党委	西宁分公司党委
67	2019	先进党委	海东分公司党委
68	2019	先进党委	果洛分公司党委
69	2019	先进党委	机关党委

续表

序号	授予年份	获奖名称	获奖单位
70	2019	先进党支部	西宁分公司加油站党支部
71	2019	先进党支部	湟源党支部
72	2019	先进党支部	海东分公司互助党支部
73	2019	先进党支部	海西分公司机关第二党支部
74	2019	先进党支部	格尔木分公司机关党支部
75	2019	先进党支部	海南分公司机关党支部
76	2019	先进党支部	海北分公司刚察党支部
77	2019	先进党支部	黄南分公司联合党支部
78	2019	先进党支部	果洛分公司第二党支部
79	2019	先进党支部	玉树分公司第二党支部
80	2019	先进党支部	非油品经营分公司第二党支部
81	2019	先进党支部	仓储分公司德令哈油库第二党支部
82	2019	先进党支部	曹家堡油库第二党支部
83	2019	先进党支部	后勤管理中心第一党支部
84	2019	先进党支部	离退休小桥党支部
85	2019	先进党支部	青海中油新兴能源公司第一党支部
86	2019	先进党支部	机关第一党支部
87	2021	先进党委	海西分公司党委
88	2021	先进党委	海东分公司党委
89	2021	先进党委	格尔木分公司党委
90	2021	先进党支部	海西分公司德令哈党支部
91	2021	先进党支部	海北分公司海晏党支部
92	2021	先进党支部	海南分公司贵德党支部
93	2021	先进党支部	果洛分公司玛沁片区党支部
94	2021	先进党支部	黄南分公司联合党支部
95	2021	先进党支部	玉树分公司第一党支部
96	2021	先进党支部	非油分公司第一党支部

序号	授予年份	获奖名称	获奖单位
97	2021	先进党支部	储运分公司格尔木油库党支部
98	2021	先进党支部	青海中油新兴能源有限责任公司第三党支部
99	2021	先进党支部	机关第四党支部
100	2022	先进党委	海西分公司党委
101	2022	先进党委	海东分公司党委
102	2022	先进党委	格尔木分公司党委
103	2022	先进党支部	西宁分公司加油站党支部
104	2022	先进党支部	西宁分公司湟中党支部
105	2022	先进党支部	海东分公司化隆党支部
106	2022	先进党支部	格尔木分公司机关党支部
107	2022	先进党支部	海西分公司乌兰党支部
108	2022	先进党支部	海北分公司机关第一党支部
109	2022	先进党支部	玉树分公司第二党支部
110	2022	先进党支部	非油分公司第三党支部
111	2022	先进党支部	储运分公司曹家堡油库党支部
112	2022	先进党支部	综合管理服务中心党委第一党支部
113	2022	先进党支部	综合管理服务中心党委第二党支部
114	2022	先进党支部	海南分公司贵德党支部
115	2022	先进党支部	果洛分公司第二党支部
116	2022	先进党支部	黄南分公司联合党支部
117	2022	先进党支部	中油新兴能源有限责任公司第一党支部
118	2022	先进党支部	机关第一党支部
119	2022	先进党支部	机关第二党支部
120	2022	先进党支部	机关第五党支部
121	2022	抗击新冠疫情"党员突击队"	西宁分公司党委
122	2022	抗击新冠疫情"党员突击队"	海北分公司党委
123	2022	抗击新冠疫情"党员突击队"	综合管理服务中心党委

续表

序号	授予年份	获奖名称	获奖单位
124	2022	抗震救灾"党员突击队"	果洛分公司党委
125	2023	先进党委	海东分公司党委
126	2023	先进党委	格尔木分公司党委
127	2023	先进党委	果洛分公司党委
128	2023	先进党委	青海中油新兴能源有限责任公司党委
129	2023	先进党支部	西宁分公司大通党支部
130	2023	先进党支部	海西分公司长江路加油站党支部
131	2023	先进党支部	海南分公司共和党支部
132	2023	先进党支部	海北分公司海晏党支部
133	2023	先进党支部	黄南分公司联合党支部
134	2023	先进党支部	玉树分公司第二党支部
135	2023	先进党支部	非油分公司第二党支部
136	2023	先进党支部	综合管理服务中心第一党支部
137	2023	先进党支部	机关第四党支部

六、获青海销售公司党委级主要荣誉的先进个人

序号	授予年份	获奖名称	姓名	所在单位
1	2016	优秀党员	孙晓钰	西宁分公司
2	2016	优秀党员	张文炜	西宁分公司
3	2016	优秀党员	武海斌	西宁分公司
4	2016	优秀党员	杨文艳	西宁分公司
5	2016	优秀党员	陈国凤	西宁分公司
6	2016	优秀党员	师海山	西宁分公司
7	2016	优秀党员	曹建国	海东分公司
8	2016	优秀党员	刘海良	海东分公司
9	2016	优秀党员	沈学忠	海东分公司

续表

序号	授予年份	获奖名称	姓名	所在单位
10	2016	优秀党员	赵翠花	湟源分公司
11	2016	优秀党员	刘 萍	湟源分公司
12	2016	优秀党员	郭海英	湟源分公司
13	2016	优秀党员	朱兴贵	湟源分公司
14	2016	优秀党员	胡艳梅	格尔木分公司
15	2016	优秀党员	鲜芙蓉	格尔木分公司
16	2016	优秀党员	何明芳	黄南分公司
17	2016	优秀党员	杜晓琴	果洛分公司
18	2016	优秀党员	李生果	玉树分公司
19	2016	优秀党员	司海岩	非油品经营分公司
20	2016	优秀党员	李明周	后勤管理中心
21	2016	优秀党员	陈景萍	青海石油总公司新兴贸易公司
22	2016	优秀党员	蒲春斌	多巴油库
23	2016	优秀党员	苑风山	曹家堡油库
24	2016	优秀党员	孙莎莎	审计监察处（纪委办公室）
25	2016	优秀党员	牛志刚	工程建设管理中心
26	2016	优秀党员	郭彦丽	加油站管理处（加油卡管理中心）
27	2016	优秀党员	李承隆	投资建设管理处
28	2016	优秀党员	孙 琪	离退休党总支
29	2016	优秀党员	丁庭义	离退休党总支
30	2016	优秀党员	赵秋花	离退休党总支
31	2016	优秀党员	兰玉印	离退休党总支
32	2016	优秀党务工作者	李 春	西宁分公司
33	2016	优秀党务工作者	程志荣	海东分公司
34	2016	优秀党务工作者	马元宏	湟源分公司
35	2016	优秀党务工作者	路 霞	海西分公司

序号	授予年份	获奖名称	姓名	所在单位
36	2016	优秀党务工作者	王国庆	格尔木分公司
37	2016	优秀党务工作者	才洛太	黄南分公司
38	2016	优秀党务工作者	李茂林	果洛分公司
39	2016	优秀党务工作者	马永红	玉树分公司
40	2016	优秀党务工作者	张彩霞	非油品经营分公司
41	2016	优秀党务工作者	赵 弋	后勤管理中心
42	2016	优秀党务工作者	蒋青龙	青海省石油总公司新兴贸易公司
43	2016	优秀党务工作者	谢文燕	多巴油库
44	2016	优秀党务工作者	田 丽	曹家堡油库
45	2016	优秀党务工作者	赵程皇	党群工作处
46	2016	优秀党务工作者	任 昕	离退休党总支
47	2017	优秀共产党员	陈淑琴	西宁分公司
48	2017	优秀共产党员	高茉莉	西宁分公司
49	2017	优秀共产党员	罗永花	西宁分公司
50	2017	优秀共产党员	杜 垚	西宁分公司
51	2017	优秀共产党员	马秀兰	西宁分公司
52	2017	优秀共产党员	王 伟	西宁分公司
53	2017	优秀共产党员	李思海	海东分公司
54	2017	优秀共产党员	奥 江	海东分公司
55	2017	优秀共产党员	马丽花	海东分公司
56	2017	优秀共产党员	申海宏	湟源分公司
57	2017	优秀共产党员	鄂德忠	湟源分公司
58	2017	优秀共产党员	马 亮	湟源分公司
59	2017	优秀共产党员	杨爱民	湟源分公司
60	2017	优秀共产党员	孙 斌	湟源分公司
61	2017	优秀共产党员	黄小英	海西分公司

续表

序号	授予年份	获奖名称	姓名	所在单位
62	2017	优秀共产党员	贾世强	海西分公司
63	2017	优秀共产党员	史海生	海西分公司
64	2017	优秀共产党员	姚常兰	格尔木分公司
65	2017	优秀共产党员	拜延民	格尔木分公司
66	2017	优秀共产党员	雷宏德	黄南分公司
67	2017	优秀共产党员	刘福云	黄南分公司
68	2017	优秀共产党员	李茂林	果洛分公司
69	2017	优秀共产党员	赵令军	玉树分公司
70	2017	优秀共产党员	任昭安	非油品经营分公司
71	2017	优秀共产党员	李明周	后勤管理中心
72	2017	优秀共产党员	林　为	青海省石油总公司新兴贸易公司
73	2017	优秀共产党员	张　军	多巴油库
74	2017	优秀共产党员	李红力	曹家堡油库
75	2017	优秀共产党员	陈统业	企管法规处
76	2017	优秀共产党员	李　敏	信息化管理处
77	2017	优秀共产党员	张　存	投资建设管理处
78	2017	优秀共产党员	任建玲	财务处
79	2017	优秀共产党员	裴海宏	加油站管理处（加油卡管理中心）
80	2017	优秀共产党员	刘文玺	离退休党总支
81	2017	优秀共产党员	兰玉印	离退休党总支
82	2017	优秀共产党员	何松茂	离退休党总支
83	2017	优秀共产党员	李社运	离退休党总支
84	2017	优秀党务工作者	魏臻文	西宁分公司
85	2017	优秀党务工作者	李　春	西宁分公司
86	2017	优秀党务工作者	张思璐	海东分公司
87	2017	优秀党务工作者	马元宏	湟源分公司

序号	授予年份	获奖名称	姓名	所在单位
88	2017	优秀党务工作者	周丽娜	海西分公司
89	2017	优秀党务工作者	孙玲玲	格尔木分公司
90	2017	优秀党务工作者	更藏措	黄南分公司
91	2017	优秀党务工作者	王攀林	果洛分公司
92	2017	优秀党务工作者	马永红	玉树分公司
93	2017	优秀党务工作者	马明霞	非油品经营分公司
94	2017	优秀党务工作者	赵 弋	后勤管理中心
95	2017	优秀党务工作者	陈景萍	青海省石油总公司新兴贸易公司
96	2017	优秀党务工作者	谢文燕	多巴油库
97	2017	优秀党务工作者	崔宇芳	曹家堡油库
98	2017	优秀党务工作者	杨晓光	仓储安全环保处
99	2017	优秀党务工作者	季洪如	离退休党总支
100	2018	感动青海销售人物	颜世秀	格尔木分公司
101	2018	感动青海销售人物	孙玲玲	仓储分公司格尔木油库
102	2018	优秀共产党员	李 雪	西宁分公司
103	2018	优秀共产党员	马淑敏	西宁分公司
104	2018	优秀共产党员	师海山	西宁分公司
105	2018	优秀共产党员	吴凯歌	西宁分公司
106	2018	优秀共产党员	武海斌	西宁分公司
107	2018	优秀共产党员	张颖超	西宁分公司
108	2018	优秀共产党员	何有新	海东分公司
109	2018	优秀共产党员	张晓军	海东分公司
110	2018	优秀共产党员	朱旭亮	海东分公司
111	2018	优秀共产党员	何生龙	湟源分公司
112	2018	优秀共产党员	何 毅	湟源分公司
113	2018	优秀共产党员	刘 萍	湟源分公司

序号	授予年份	获奖名称	姓名	所在单位
114	2018	优秀共产党员	吴 军	湟源分公司
115	2018	优秀共产党员	王世兰	海西分公司
116	2018	优秀共产党员	徐 辉	海西分公司
117	2018	优秀共产党员	朱文萍	海西分公司
118	2018	优秀共产党员	王惠言	格尔木分公司
119	2018	优秀共产党员	刘钦红	格尔木分公司
120	2018	优秀共产党员	才洛太	黄南分公司
121	2018	优秀共产党员	李茂林	果洛分公司
122	2018	优秀共产党员	李生果	玉树分公司
123	2018	优秀共产党员	司海岩	非油品经营分公司
124	2018	优秀共产党员	程跃武	后勤管理中心
125	2018	优秀共产党员	张 华	青海省石油总公司新兴贸易公司
126	2018	优秀共产党员	蒲春斌	多巴油库
127	2018	优秀党务工作者	沈俊红	西宁分公司
128	2018	优秀党务工作者	孙秀花	海东分公司
129	2018	优秀党务工作者	曹 红	湟源分公司
130	2018	优秀党务工作者	路 霞	海西分公司
131	2018	优秀党务工作者	李 茹	格尔木公司
132	2018	优秀党务工作者	更藏措	黄南分公司
133	2018	优秀党务工作者	徐 峰	果洛分公司
134	2018	优秀党务工作者	安燕燕	玉树分公司
135	2018	优秀党务工作者	樊海荣	非油品经营分公司
136	2018	优秀党务工作者	赵 弋	后勤管理中心
137	2018	优秀党务工作者	马桂莲	青海省石油总公司新兴贸易公司
138	2018	优秀党务工作者	张青晓	多巴油库
139	2018	优秀党务工作者	崔宇芳	曹家堡油库

续表

序号	授予年份	获奖名称	姓名	所在单位
140	2018	优秀党务工作者	刘文艺	办公室（党委办公室）
141	2018	优秀党务工作者	刘 璟	离退休党总支
142	2019	优秀共产党员	刚 伟	西宁分公司
143	2019	优秀共产党员	宋国庆	西宁分公司
144	2019	优秀共产党员	杨红霞	西宁分公司
145	2019	优秀共产党员	余 华	西宁分公司
146	2019	优秀共产党员	刘海良	海东分公司
147	2019	优秀共产党员	马丽花	海东分公司
148	2019	优秀共产党员	张春治	海西分公司
149	2019	优秀共产党员	汪元来	海西分公司
150	2019	优秀共产党员	王国庆	格尔木分公司
151	2019	优秀共产党员	王雪兰	格尔木分公司
152	2019	优秀共产党员	朱文新	海南分公司
153	2019	优秀共产党员	朱兴贵	海北分公司
154	2019	优秀共产党员	杨应平	黄南分公司
155	2019	优秀共产党员	蒋仙圆	果洛分公司
156	2019	优秀共产党员	关 巍	玉树分公司
157	2019	优秀共产党员	王 艳	非油品经营分公司
158	2019	优秀共产党员	张 瑷	仓储分公司
159	2019	优秀共产党员	郭永贤	仓储分公司
160	2019	优秀共产党员	景红革	仓储分公司
161	2019	优秀共产党员	王惠言	仓储分公司
162	2019	优秀共产党员	李友民	后勤管理中心
163	2019	优秀共产党员	丁廷义	后勤管理中心
164	2019	优秀共产党员	李社运	后勤管理中心
165	2019	优秀共产党员	刘 璟	后勤管理中心

续表

序号	授予年份	获奖名称	姓名	所在单位
166	2019	优秀共产党员	杨建宏	后勤管理中心
167	2019	优秀共产党员	蒋青龙	青海中油新兴能源公司
168	2019	优秀共产党员	杨鑫宇	办公室（党委办公室）
169	2019	优秀共产党员	李丽娜	党群工作处（企业文化处、党委宣传部）
170	2019	优秀共产党员	李 帅	加油站管理处（加油卡管理中心）
171	2019	优秀共产党员	周晓英	投资建设管理处
172	2019	优秀党务工作者	季洪如	离退休党总支
173	2019	优秀党务工作者	孙军红	西宁分公司
174	2019	优秀党务工作者	张志国	海东分公司
175	2019	优秀党务工作者	解统秀	格尔木分公司
176	2019	优秀党务工作者	路 霞	海西分公司
177	2019	优秀党务工作者	杨研博	海南分公司
178	2019	优秀党务工作者	唐 英	海北分公司
179	2019	优秀党务工作者	更藏措	黄南分公司
180	2019	优秀党务工作者	徐 峰	果洛分公司
181	2019	优秀党务工作者	马永红	玉树分公司
182	2019	优秀党务工作者	郭宝祥	非油品经营分公司
183	2019	优秀党务工作者	赵 弋	仓储分公司
184	2019	优秀党务工作者	靳培思	后勤管理中心
185	2019	优秀党务工作者	孙 琪	后勤管理中心
186	2019	优秀党务工作者	杜 垚	青海中油新兴能源公司
187	2019	优秀党务工作者	陈统业	企管法规处
188	2019	优秀党务工作者	刘文艺	办公室（党委办公室）
189	2019	优秀纪检干部	肖文洁	西宁分公司
190	2019	优秀纪检干部	王国庆	格尔木分公司
191	2019	优秀纪检干部	鄂德忠	西宁分公司

序号	授予年份	获奖名称	姓名	所在单位
192	2019	优秀纪检干部	张慧俊	海西分公司
193	2020	优秀共产党员	杜生艳	西宁分公司
194	2020	优秀共产党员	贾永梅	西宁分公司
195	2020	优秀共产党员	朱旭亮	海东分公司
196	2020	优秀共产党员	叶伟	格尔木分公司
197	2020	优秀共产党员	张宁海	海西分公司
198	2020	优秀共产党员	陈明	海北分公司
199	2020	优秀共产党员	李茂林	果洛分公司
200	2020	优秀共产党员	赵海军	玉树分公司
201	2020	优秀共产党员	李岚	非油品经营分公司
202	2020	优秀共产党员	王锦玺	仓储分公司
203	2020	优秀共产党员	王毅	仓储分公司多巴油库
204	2020	优秀共产党员	鲍海梅	海西分公司
205	2020	优秀共产党员	杨雷	后勤管理中心
206	2020	优秀共产党员	赵友华	后勤管理中心
207	2020	优秀共产党员	董英伟	海南分公司
208	2020	优秀共产党员	马鑫	黄南分公司
209	2020	优秀共产党员	马永梅	青海中油新兴能源公司
210	2020	优秀共产党员	罗玉芬	青海中油平盛能源有限公司
211	2020	优秀共产党员	许慧	财务部
212	2020	优秀共产党员	张盖	人事处（党委组织部）
213	2020	优秀党务工作者	贺玉珍	西宁分公司
214	2020	优秀党务工作者	赵艳秋	海东分公司
215	2020	优秀党务工作者	姚常兰	格尔木分公司
216	2020	优秀党务工作者	袁延良	海西分公司
217	2020	优秀党务工作者	李雪芳	海北分公司

序号	授予年份	获奖名称	姓名	所在单位
218	2020	优秀党务工作者	宋学娟	果洛分公司
219	2020	优秀党务工作者	马永红	玉树分公司
220	2020	优秀党务工作者	卓　宏	非油品经营分公司
221	2020	优秀党务工作者	陈小兵	仓储分公司
222	2020	优秀党务工作者	吴昌丽	后勤管理中心
223	2020	优秀党务工作者	苏玉娟	海南分公司
224	2020	优秀党务工作者	更藏措	黄南分公司
225	2020	优秀党务工作者	曹　红	青海中油新兴能源公司
226	2020	优秀党务工作者	李明伟	加油站管理处（加油卡管理中心）
227	2020	优秀党务工作者	赵玉洁	纪委办公室（审计处、巡察办公室）
228	2020	优秀党务工作者	周晓英	投资建设管理处
229	2021	优秀共产党员	杨红霞	西宁分公司
230	2021	优秀共产党员	张　龙	西宁分公司
231	2021	优秀共产党员	钱　升	西宁分公司
232	2021	优秀共产党员	甘晓莲	海东分公司
233	2021	优秀共产党员	胡艳梅	格尔木分公司
234	2021	优秀共产党员	朱文萍	海西分公司
235	2021	优秀共产党员	童宪福	海北分公司
236	2021	优秀共产党员	李努义	海南分公司
237	2021	优秀共产党员	蒋仙圆	果洛分公司
238	2021	优秀共产党员	陈海平	黄南分公司
239	2021	优秀共产党员	彭　刚	玉树分公司
240	2021	优秀共产党员	黄江华	非油分公司（非油品经营部）
241	2021	优秀共产党员	王锦玺	储运分公司（仓储调运部）
242	2021	优秀共产党员	蒲春斌	储运分公司（仓储调运部）
243	2021	优秀共产党员	陈统业	青海中油新兴能源有限责任公司

序号	授予年份	获奖名称	姓名	所在单位
244	2021	优秀共产党员	奥 江	青海中油新兴能源有限责任公司
245	2021	优秀共产党员	智 蕴	办公室（党委办公室）
246	2021	优秀共产党员	马生明	发展计划部（设备信息部）
247	2021	优秀共产党员	赵令军	综合管理服务中心
248	2021	优秀共产党员	郭星荣	青海智驿中油能源有限公司
249	2021	优秀党务工作者	武海斌	西宁分公司
250	2021	优秀党务工作者	张思璐	海东分公司
251	2021	优秀党务工作者	解统秀	格尔木分公司
252	2021	优秀党务工作者	路 霞	海西分公司
253	2021	优秀党务工作者	王微清扬	海北分公司
254	2021	优秀党务工作者	李 帅	海南分公司
255	2021	优秀党务工作者	闫允青	果洛分公司
256	2021	优秀党务工作者	更藏措	黄南分公司
257	2021	优秀党务工作者	马永红	玉树分公司
258	2021	优秀党务工作者	王 艳	非油分公司（非油品经营部）
259	2021	优秀党务工作者	崔宇芳	储运分公司（仓储调运部）
260	2021	优秀党务工作者	周丽娜	青海中油新兴能源有限责任公司
261	2021	优秀党务工作者	王 韦	西宁分公司
262	2021	优秀党务工作者	崔 翔	综合管理服务中心
263	2023	优秀共产党员	杨红霞	西宁分公司
264	2023	优秀共产党员	任 文	西宁分公司
265	2023	优秀共产党员	贺玉珍	西宁分公司
266	2023	优秀共产党员	王满桂	西宁分公司
267	2023	优秀共产党员	汪 渊	海东分公司
268	2023	优秀共产党员	刘应太	海东分公司
269	2023	优秀共产党员	唐民军	海西分公司
270	2023	优秀共产党员	马全华	格尔木分公司

续表

序号	授予年份	获奖名称	姓名	所在单位
271	2023	优秀共产党员	陈占全	海南分公司
272	2023	优秀共产党员	李　威	海北分公司
273	2023	优秀共产党员	杨海波	黄南分公司
274	2023	优秀共产党员	尼　智	果洛分公司
275	2023	优秀共产党员	白玛拉措	玉树分公司
276	2023	优秀共产党员	刘生林	非油分公司（非油品经营部）
277	2023	优秀共产党员	郝海宁	储运分公司（仓储调运部）
278	2023	优秀共产党员	吴建军	综合管理服务中心
279	2023	优秀共产党员	党海勇	发展计划部（设备信息部）
280	2023	优秀共产党员	高国鹏	办公室（党委办公室）
281	2023	优秀共产党员	孙玲玲	青海中油新兴能源有限责任公司
282	2023	优秀共产党员	季　强	青海中油新兴能源有限责任公司
283	2023	优秀党务工作者	王　韦	西宁分公司
284	2023	优秀党务工作者	张思璐	海东分公司
285	2023	优秀党务工作者	袁延良	海西分公司
286	2023	优秀党务工作者	方向智	格尔木分公司
287	2023	优秀党务工作者	何　磊	海南分公司
288	2023	优秀党务工作者	王微清扬	海北分公司
289	2023	优秀党务工作者	海毅杰	黄南分公司
290	2023	优秀党务工作者	闫允青	果洛分公司
291	2023	优秀党务工作者	王贤萍	玉树分公司
292	2023	优秀党务工作者	郭宝祥	非油分公司（非油品经营部）
293	2023	优秀党务工作者	李红力	储运分公司（仓储调运部）
294	2023	优秀党务工作者	徐　非	综合管理服务中心
295	2023	优秀党务工作者	刘　卉	党群工作部（党委宣传部、企业文化部、扶贫办公室）
296	2023	优秀党务工作者	马桂莲	青海中油新兴能源有限责任公司

第八节　青海销售公司历年晋升高级专业技术职务
任职资格人员名单

序号	姓名	职称类别	任职资格资历起算日
1	宋健强	高级工程师	2015年12月
2	胡 鹏	高级经济师	2014年12月
3	芦玉德	高级会计师	2004年5月
		高级经济师	2008年12月
4	钟光金	高级政工师	2022年12月
		高级会计师	2018年2月
5	佘伟军	高级经济师	2013年12月
6	李 勇	高级工程师	2017年12月
7	王慧琼	高级政工师	2011年12月
8	杨增哲	高级会计师	2012年12月
9	付 荣	高级经济师	2015年12月
10	肖文洁	高级工程师	2015年12月
11	岳 彦	高级政工师	2015年12月
12	程志荣	高级政工师	2019年12月
13	张爱民	高级政工师	2020年12月
14	魏臻文	高级政工师	2020年12月
15	周晓英	高级政工师	2020年12月
16	顾 艳	高级政工师	2020年12月
17	曹秀琴	高级政工师	2020年12月
18	孙玲玲	高级工程师	2020年12月
19	王 超	高级工程师	2020年12月
20	恒庆贤	高级政工师	2021年12月

续表

序号	姓名	职称类别	任职资格资历起算日
21	孙军红	高级政工师	2021年12月
22	张盖	高级政工师	2021年12月
23	曹红	高级经济师	2021年12月
24	吕旭东	高级工程师	2021年12月
25	朱娜	高级工程师	2021年12月
26	林为	高级工程师	2021年12月
27	李献勇	高级工程师	2021年12月
28	董海利	高级政工师	2022年12月
29	荣惠	高级政工师	2022年12月
30	刘卉	高级政工师	2022年12月
31	刘晓梅	高级政工师	2022年12月
32	严斌	高级工程师	2022年12月
33	黄海东	高级工程师	2022年12月
34	刘玉彬	高级政工师	2023年12月
35	孟翠芬	高级会计师	2023年12月

第九节　青海销售公司历年晋升技师、高级技师职业技能等级人员名单

截至 2023 年 12 月 31 日

序号	单位	姓名	职业工种	职业技能等级	确认时间
1	西宁分公司	杨红霞	加油站操作员	高级技师	2021年
2	西宁分公司	刘萍	加油站操作员	高级技师	2020年
3	西宁分公司	李雪	加油站操作员	高级技师	2021年
4	西宁分公司	张启红	加油站操作员	高级技师	2023年
5	西宁分公司	黄玲玲	加油站操作员	技师	2023年

序号	单位	姓名	职业工种	职业技能等级	确认时间
6	西宁分公司	张瑞	加油站操作员	技师	2023年
7	西宁分公司	贾春琴	加油站操作员	技师	2023年
8	西宁分公司	高茉莉	加油站操作员	技师	2023年
9	西宁分公司	敬华	加油站操作员	技师	2023年
10	西宁分公司	何涛	加油站操作员	技师	2023年
11	西宁分公司	陕梦捷	加油站操作员	技师	2023年
12	西宁分公司	任文	加油站操作员	技师	2023年
13	西宁分公司	高海霞	加油站操作员	技师	2023年
14	西宁分公司	贾春芳	加油站操作员	技师	2023年
15	西宁分公司	史正红	加油站操作员	技师	2023年
16	西宁分公司	田兴芳	加油站操作员	技师	2023年
17	西宁分公司	郅丽辉	加油站操作员	技师	2023年
18	西宁分公司	马永承	加油站操作员	技师	2023年
19	西宁分公司	冶春玲	加油站操作员	技师	2023年
20	西宁分公司	田婧婧	加油站操作员	技师	2023年
21	西宁分公司	虎延兰	加油站操作员	技师	2023年
22	西宁分公司	常文静	加油站操作员	技师	2023年
23	西宁分公司	钟立朝	加油站操作员	技师	2023年
24	海东分公司	马薇娜	加油站操作员	高级技师	2023年
25	海东分公司	甘晓莲	加油站操作员	高级技师	2023年
26	海东分公司	张玲	加油站操作员	技师	2023年
27	海东分公司	马芝香	加油站操作员	技师	2023年
28	海东分公司	刘应太	加油站操作员	技师	2023年
29	海东分公司	李娟	加油站操作员	技师	2023年
30	海东分公司	潘亚琼	加油站操作员	技师	2023年
31	海东分公司	马倩	加油站操作员	技师	2023年
32	海东分公司	马乾文	加油站操作员	技师	2023年

续表

序号	单位	姓名	职业工种	职业技能等级	确认时间
33	海东分公司	余 丽	加油站操作员	技师	2023年
34	海东分公司	李玉青	加油站操作员	技师	2023年
35	海东分公司	余亚军	加油站操作员	技师	2023年
36	海西分公司	杨学东	加油站操作员	技师	2023年
37	海西分公司	赵 辉	加油站操作员	技师	2023年
38	海西分公司	杨占仓	加油站操作员	技师	2023年
39	格尔木分公司	马全华	加油站操作员	技师	2020年
40	格尔木分公司	谢万措	加油站操作员	技师	2023年
41	格尔木分公司	周 芬	加油站操作员	技师	2023年
42	海南分公司	马 亮	加油站操作员	高级技师	2021年
43	海北分公司	朱兴贵	加油站操作员	技师	2020年
44	海北分公司	朱兴成	加油站操作员	技师	2023年
45	海北分公司	马生云	加油站操作员	技师	2023年
46	果洛分公司	余海花	加油站操作员	技师	2023年
47	果洛分公司	谢祥福	加油站操作员	技师	2023年
48	果洛分公司	马秉强	加油站操作员	技师	2023年
49	玉树分公司	才仁吉藏	加油站操作员	技师	2023年
50	玉树分公司	王贤萍	加油站操作员	技师	2023年
51	储运分公司（仓储调运部）	李东滨	油品计量工	技师	2023年
52	储运分公司（仓储调运部）	杜 建	油品分析工	技师	2023年
53	储运分公司（仓储调运部）	蔡红彦	油品分析工	技师	2023年
54	储运分公司（仓储调运部）	陈海贞	油品分析工	技师	2023年
55	储运分公司（仓储调运部）	张小平	油品分析工	技师	2023年
56	储运分公司（仓储调运部）	锁小咪	油品分析工	技师	2023年
57	储运分公司（仓储调运部）	李弘亮	油品计量工	技师	2023年
58	储运分公司（仓储调运部）	张 军	油品储运调和工	技师	2023年
59	储运分公司（仓储调运部）	范增梅	油品分析工	技师	2023年

续表

序号	单位	姓名	职业工种	职业技能等级	确认时间
60	储运分公司（仓储调运部）	田　昶	油品储运调和工	技师	2023年
61	储运分公司（仓储调运部）	颜方毅	油品计量工	技师	2023年
62	储运分公司（仓储调运部）	沈德宏	油品计量工	技师	2023年
63	青海中油新兴能源有限责任公司	孙玲玲	油品分析工	高级技师	2015年
64	青海中油新兴能源有限责任公司	薛瑞瑞	加油站操作员	高技级师	2021年
65	青海中油新兴能源有限责任公司	杨研博	加油站操作员	技师	2023年
66	青海中油新兴能源有限责任公司	宋　霞	加油站操作员	技师	2023年

第十节　青海销售公司党委所属党组织及党员人数统计表

截至 2023 年 12 月 31 日

序号	党组织名称		党员人数	党员总数
1	机关党委	机关第一党支部	12	99
2		机关第二党支部	15	
3		机关第三党支部	20	
4		机关第四党支部	28	
5		机关第五党支部	24	

序号	党组织名称		党员人数	党员总数
6	西宁分公司党委	西宁分公司加油站第一党支部	42	174
7		西宁分公司加油站第二党支部	44	
8		西宁分公司加油站第三党支部	27	
9		西宁分公司大通党支部	24	
10		西宁分公司湟中党支部	24	
11		西宁分公司湟源党支部	13	
12	海东分公司党委	海东分公司化隆党支部	11	81
13		海东分公司民和党支部	12	
14		海东分公司乐都党支部	17	
15		海东分公司互助党支部	14	
16		海东分公司循化党支部	7	
17		海东分公司平安党支部	20	
18	格尔木分公司党委	格尔木分公司西城党支部	20	56
19		格尔木分公司东城党支部	21	
20		格尔木分公司察尔汗党支部	15	
21	海西分公司党委	海西分公司乌兰党支部	13	71
22		海西分公司都兰党支部	12	
23		海西分公司德令哈党支部	17	
24		海西分公司天峻党支部	11	
25		海西分公司柴旦党支部	11	
26		海西分公司茫崖党支部	7	
27	海南分公司党支部	海南分公司共和党支部	19	51
28		海南分公司兴海党支部	9	
29		海南分公司贵南党支部	13	
30		海南分公司贵德党支部	10	

续表

序号	党组织名称		党员人数	党员总数
31	海北分公司党委	海北分公司海晏支部委员会	26	56
32		海北分公司祁连支部委员会	5	
33		海北分公司刚察支部委员会	13	
34		海北分公司门源支部委员会	12	
35	黄南分公司党委	黄南分公司联合党支部	26	26
36	玉树分公司党委	玉树分公司第一支部	15	33
37		玉树分公司第二支部	18	
38	果洛分公司党委	果洛分公司达日片区党支部	13	29
39		果洛分公司玛沁片区党支部	16	
40	新兴能源公司党委	新兴能源公司第一党支部	31	101
41		新兴能源公司第二党支部	35	
42		青海昆信质量检测技术有限公司党支部	14	
43		新兴能源公司第四党支部	21	
44	综合管理服务中心党委	综合管理服务中心第一党支部	17	35
45		综合管理服务中心第二党支部	18	
46	非油分公司党委	非油分公司第一党支部	17	38
47		非油分公司第二党支部	19	
48	储运分公司党委	储运分公司机关党支部	19	107
49		储运分公司曹家堡油库党支部	30	
50		储运分公司多巴油库党支部	22	
51		储运分公司格尔木油库党支部	20	
52		储运分公司德令哈油库党支部	16	

第十一节 青海销售公司"两代表一委员"名单

序号	姓名	性别	当选时间	当选职务
1	虎仁山	男	2017年4月	中共青海省第十三次代表大会代表
2	才仁吉藏	女	2017年5月	中共第十九次全国代表大会代表
3	杨华胜	男	2021年8月	中国人民政治协商会议海东市第三届委员会委员
4	裴海宏	男	2021年8月	青海省海南藏族自治州第十五届人民代表大会代表
5	宋健强	男	2022年4月	中共青海省第十四次代表大会代表
6	国义	男	2022年12月	青海省海南藏族自治州第十五届人民代表大会代表

第十二节 青海销售公司所属二级单位本部部门 主要领导情况简明表

一、西宁分公司

序号		部门名称	职务名称	姓名	任职时间
一	1	综合事务科（2016.1—2018.12）	科长	孙军红	兼任，2016.1—2018.12
	2	综合办公室（2018.12—2019.4）	主任	孙军红	2018.12—2019.4
	3	党委工作部（组织人事部）（2019.4—2021.5）		孙军红	2019.4—2021.5
	4	党委工作部（综合办公室）（2021.5—2023.12）		孙军红	2021.5—2023.12

续表

序号		部门名称	职务名称	姓名	任职时间
二	1	加油站管理科（2016.1—2018.12）	主任	李江龙	2016.1—8
	2	非油业务科（2016.1—2018.12）	科长	聂　军	2016.1—2018.12
	3	市场营销科（2016.1—2018.12）	科长	夏来源	2016.1—9
	4			沈俊红	2016.9—2018.12
	5	业务运作部（2018.12—2021.5）	主任	国　义	2018.12—2019.1
	6			薛林娜	2020.1—2021.5
	7	业务经营部（2021.5—2023.12）		薛林娜	2021.5—2023.12
三	1	财务资产科（2016.1—2018.12）	科长	蒋海明	2016.1—2017.10
	2			贾树梅	副科级，2016.1—2018.12
	3	财务部（2018.12—2021.5）	部长	史　进	2019.1—2020.12
	4			贾树梅	副科级，2020.12—2021.3
	5			李重娥	副科级，2021.3—5
	6	财务部（2021.5—2023.12）	主任	李重娥	2021.5—2023.12
四	1	质量安全科（2016.1—2018.12）	科长	杨晓兰	2016.1—2018.5
	2			汪李忠	2018.5—11
	3			武海斌	2018.11—12
	4	质量安全环保部（2018.12—2021.5）	部长	武海斌	2018.12—2021.5
	5	工程管理中心（2016.1—2018.12）	科长	刘　军	2016.1—2018.12
	6	投资建设管理部（2018.12—2021.5）	部长	康玉祥	2018.12—2021.5
	7	投资质量安全部（2121.5—2023.12）	主任	康玉祥	2021.5—2022.2
	8			李献勇	2022.2—2023.2
	9			汪李忠	2023.2—2023.12

二、海东分公司

序号		部门名称	职务名称	姓名	任职时间
一	1	综合事务科（2016.1—2017.7）	科长	张志国	2016.1—4
	2			孙秀花	兼任，2016.4—2017.7
	3	行政后勤纪检监察部 （2017.7—2021.4）	科长	孙秀花	兼任，2017.7—2019.8
	4			赵艳秋	挂职负责人，2019.8—2021.4
	5	党委工作部（综合办公室） （2021.4—2023.12）	主任	张志国	2021.4—2023.12
二	1	财务科（2016.1—2017.7）	科长	李丽	2016.1—2017.6
	2	财务部（2017.7—2023.12）	主任	胥红艳	2017.7—2019.12
	3			戴锐	2021.4—2023.12
三	1	市场营销科（2016.1—2017.7）	科长	张龙（兼任，2016.1—2017.2）
	2			杜浩（负责人，2017.2—7）
	3	非油业务科（2016.1—2017.7）	科长	张龙（兼任，2016.1—2017.2）
	4			梅宏霞（负责人，女，2017.2—7）
	5	加油站管理科（2016.1—2017.7）	科长	郭星荣（负责人，女，2016.1—4）
	6			缑彬（2016.4—2017.7）
	7	客户服务中心（2017.7—2019.12）	主任	缑彬（2017.7—2019.12）
	8	业务运作部（2017.7—2021.4）	主任	杜浩（2017.7—2021.2）
	9			陈华文（2021.2—4）
	10	业务经营部（2021.4—2023.12）	主任	陈华文（2021.4—2023.12）
四	1	质量安全环保科（2016.1—2017.7）	科长	陈统业	2016.1—4
	2			张志国	2016.4—2017.7
	3	质量安全工程部（2017.7—2021.4）	主任	张志国	2017.7—2019.5
	4			汪渊	2019.5—2020.3
	5			赵治杰	2020.4—2021.4
	6	投资质量安全环保部 （2021.4—2023.12）		汪渊	2021.4—2023.12

三、格尔木分公司

序号		部门名称	职务名称	姓名	任职时间
一	1	综合事务科（2016.1—2019.4）	科长	王国庆	2016.1—2019.4
	2	综合办公室（2019.4—2021.4）	科长	熊增发	2019.4—2021.4
	3	党委工作部（2019.4—2021.4）	主任	拜延民	2019.4—2021.4
	4	党委工作部（综合办公室）（2021.4—2023.12）	主任	熊增发	2021.4—2023.12
二	1	财务科（2016.1—2021.4）	科长	叶 伟	2016.1—2021.4
	2	财务部（2021.4—2023.12）	主任	叶 伟	2021.4—2021.12
三	1	加油站管理科（2016.1—2019.4）	科长	拜延民	2016.1—4
	2		科长	张贵东	2016.4—2017.12
	3		负责人	胡艳梅	2017.12—2019.4
	4	非油业务科（2016.1—2019.4）	科长	李 茹	2016.1—2018.10
	5		负责人	胡艳梅	兼任，2018.10—2019.4
	6	市场营销科（2016.1—2019.4）	科长	巴永峰	2016.1—4
	7			拜延民	2016.4—2019.4
	8	业务运作部（2019.4—2021.4）	主任	胡艳梅	2019.4—2021.4
	9	业务经营部（2021.4—2023.12）	主任	胡艳梅	2021.4—2023.12
四	1	质量安全科（2016.1—2019.4）	科长	汪 渊	2016.1—2018.7
	2		科长	徐 斌	2018.7—2019.4
	3	质量安全环保部（2019.4—2021.4）	主任	徐 斌	2019.4—2021.4
	4	投资管理科（2018.8—2021.4）	科长	陈昆鹏	2018.8—2021.4
	5	投资质量安全部（2021.4—2023.12）	主任	陈昆鹏	2021.4—2022.12
	6		主任	方向智	2023.1—12

四、湟源分公司

序号		部门名称	职务名称	姓名	任职时间
一	1	综合事务科（2016.1—2018.12）	科长	袁贵花	2016.1—2018.12
二	1	财务科（2016.1—2018.12）	科长	梁月梅	2016.1—9
	2			张青峰	2016.9—2018.12
三	1	市场营销科（2016.1—2018.12）	科长	李晓飞	2016.1—4
	2			陈 明	2016.4—2017.7
	3			张 静	2017.7—2018.12
四	1	加油站管理科（2016.1—2018.12）	科长	张 静	2016.1—2017.3
	2			张 玮	2017.3—7
	3			闫 龙	2017.7—2018.3
	4			马 亮	2018.3—2018.6
	5			黄馥莉	2018.7—2018.8
	6			徐长永	2018.9—2018.12
五	1	质量安全科（2016.1—2018.12）	科长	王发福	2016.1—6
	2			黄晶明	2016.6—2017.3
	3			陈 明	2017.3—2018.12
六	1	非油业务科（2016.1—2017.12）	科长	张青峰	2016.1—9
	2			张爱民	兼任，2016.9—2017.12

五、海西分公司

序号		部门名称	职务名称	姓名	任职时间
一	1	综合事务科（2016.1—2016.6）	科长	浦 英	2016.1—6
	2	行政后勤纪检监察部（2016.7—2018.7）	主任	浦 英	2016.6—12
	3	党委工作部（组织人事部）（2018.7—2021.3）		路 霞	2018.7—2021.3
	4	综合办公室（2019.5—2021.3）	主任	李鸿泰	2019.5—2021.3
	5	党委工作部（综合办公室）（2021.3—2023.12）		路 霞	2021.3—2023.12
二	1	财务科（2016.1—2016.6）	科长	徐梦园	2016.1—6
	2	财务部（2016.6—2021.3）	主任	徐梦园	副科级，2016.6—2018.12
	3			党海红	负责人，2018.12—2021.3
	4	财务部（2021.3—2023.12）		赵 诚	2021.3—2023.12
三	1	加油站管理科（2016.1—2016.6）	科长	赵生智	2016.1—6
	2	非油业务科（2016.1—2016.7）	科长	边 疆	2016.1—6
	3	市场营销科（2016.1—2016.6）	科长	赵 凯	2016.1—6
	4	业务运作部（2016.6—2021.3）	主任	赵 凯	2016.6—2018.12
	5			赵生智	2018.1—2021.3
	6	业务经营部（2021.3—2023.12）		赵生智	2021.3—2023.12
四	1	质量安全科（2016.1—2016.6）	科长	季卫红	2016.1—6
	2	质量安全工程部（2016.6—12）	主任	季卫红	2016.6—12
	3	质量安全环保部（2018.12—2021.3）	主任	赵 凯	2018.12—2021.3
	4	投资建设管理部（2018.12—2021.3）	主任	刘明明	2018.12—2021.3
	5	投资质量安全部（2021.3—2023.12）	主任	刘明明	20121.3—2023.12

六、果洛分公司

序号		部门名称	职务名称	姓名	任职时间
一	1	行政后勤纪检监察部（2016.1—2018.12）	科长	李茂林	2016.1—2017.4
	2		副科长	王攀林	2017.4—2018.12
	3			徐 峰	2018.5—2018.12
	4	综合办公室（2018.12—2021.3）	副科长	王攀林	2018.12—2019.8
	5			徐 峰	2018.12—2019.4
	6			徐 峰	兼任，2019.4—2021.3
	7			林 为	挂职，2020.6—2021.3
	8	党委工作部（2019.4—2021.3）	副科长	徐 峰	2019.4—2021.3
	9	党委工作部（综合办公室）（2021.3—2023.12）	副主任	徐 峰	2021.3—2022.4
	10		主任	徐 峰	2022.4—2023.12
二	1	财务科（2016.1—2021.3）	负责人	赵 诚	2016.1—2016.7
	2		副科长	赵 诚	2016.7—2018.7
	3		科长	赵 诚	2018.7—2018.12
	4			赵 诚	2018.12—2020.7
	5			刘玉彬	2020.7—2020.10
	6			史 进	2020.10—2021.3
	7	财务部（2021.3—2023.12）	主任	史 进	2021.3—2022.4
	8		副主任	金 鑫	2022.4—2023.12
三	1	业务科（2016.1—2018.12）	副科长	侯智毅	2016.1—2018.4
	2		副科长	靳永梅	2018.5—2018.12
	3	业务运作部（2018.12—2021.3）	副科长	靳永梅	2018.12—2020.6
	4	业务经营部（2021.3—2023.12）	主任	靳永梅	2021.3—2022.3
	5		副主任	张 栋	2022.4—2023.12
四	1	质量安全环保科（2016.1—2021.3）	副科长	张 华	2016.1—2020.6
	2		科长	张 华	2020.6—2021.3
	3	投资建设管理部（2017.4—2021.3）	科长	李茂林	2017.4—2018.12
	4		副科长	蒋仙圆	2018.5—2020.6
	5		科长	蒋仙圆	2020.6—2021.3
	6	投资质量安全部（2021.3—2023.12）	主任	蒋仙圆	2021.3—2023.12

七、海北分公司

序号		部门名称	职务名称	姓名	任职时间
一	1	综合办公室（2018.12—2021.3）	科长	袁贵花	2018.12—2021.3
	2	党委工作部（2018.12—2021.3）	主任	袁贵花	2018.12—2021.3
	3	党委工作部（综合办公室）（2021.3—2023.12）	主任	陈 明	2021.3—2022.1
	4			袁贵花	代理，2022.1—9
	5		副主任	杨绪礼	2022.9—2023.3
	6		主任	张 玮	2023.3—12
二	1	财务部（2018.12—2023.12）	主任	张青峰	2018.12—2021.3
三	1	业务运作部（2018.12—2021.3）	主任	张 玮	2018.12—2021.3
	2	业务经营部（2021.3—2023.12）		张 玮	2021.3—2023.3
	3		副主任	杨绪礼	2023.3—12
四	1	质量安全环保部（2018.12—2021.3）	主任	陈 明	2018.12—2021.3
	2	投资建设管理部（2018.12—2021.3）	主任	何生龙	2019.1—2020.9
	3			刘 军	2020.9—2021.3
	4	投资质量安全部（2021.3—2023.12）	主任	杨爱民	2021.3—2023.12

八、海南分公司

序号		部门名称	职务名称	姓名	任职时间
一	1	综合办公室（2018.12—2021.3）	主任	杨研博	2018.12—2021.3
	2	党委工作部（2018.12—2021.3）		宋 娜	2018.12—2020.3
	3			何 荣	2020.03—2021.3
	4	党委工作部（综合办公室）（2021.3—2023.12）		李 帅	2021.03—2023.12
二	1	财务部（2018.12—2023.12）	主任	朱 凯	三级副，2018.12—2022.4；三级副，临时负责，2022.4—2023.12
三	1	业务运作部（2018.12—2021.3）	主任	何 荣	2018.12—2020.3
	2			宋 娜	2020.3—2021.3
	3	业务经营部（2021.3—2023.12）		陈占全	2021.3—2023.12

续表

序号		部门名称	职务名称	姓名	任职时间
四	1	质量安全环保部（2018.12—2021.3）	主任	马建钰	2018.12—2020.7
	2			穆世杰	临时负责，2020.7—2021.3
	3	投资建设管理部（2018.12—2021.3）		乔浩华	2018.12—2021.3
	4	投资质量安全部（2021.3—2023.12）		穆世杰	2021.3—2023.12

九、玉树分公司

序号		部门名称	职务名称	姓名	任职时间
一	1	综合科（2016.1—2019.4）	科长	马永红	2016.1—2019.4
	2	综合办公室（2019.4—2021.4）	科长	马永红	2019.4—2021.4
	3	党委办公室（2019.4—2021.4）			
	4	党委工作部（综合办公室）（2021.4—2023.12）	主任	马永红	2021.4—2023.12
二	1	财务科（2016.1—2019.4）	科长	胥红艳	负责人，2016.1—4
	2			桑周卓尕	负责人，2016.4—2019.4
	3	财务资产部（2019.4—2021.4）		桑周卓尕	副科级，2019.4—2021.4
	4	财务部（2021.4—2023.12）	主任	桑周卓尕	2021.4—2023.12
三	1	加油站管理科（2016.1—2019.4）	科长	杨玮潮	2016.1—2019.4
	2	业务科（2016.1—2019.4）	科长	陈永祥	2016.1—2019.4
	3	业务运作部（2019.4—2021.4）	科长	陈永祥	2019.4—8
	4			冯瑞娟	副科级，2019.8—2021.4
	5	业务经营部（2021.4—2023.12）	主任	冯瑞娟	2021.4—2023.12
四	1	安全科（2016.1—2019.4）	科长	赵海军	2016.1—2019.4
	2	质量安全环保部（2019.4—2021.4）	科长	赵海军	2019.4—2021.4
	3	投资建设部（2019.4—2021.4）	科长	古昌金	副科级，2019.4—2021.4
	4	投资质量安全部（2021.4—2023.12）	主任	赵海军	2021.4—2023.12

十、黄南分公司

序号		部门名称	职务名称	姓名	任职时间
一	1	综合事务科（2016.1—2019.4）	科长	樊有霞	2016.1—2019.4
	2	党委工作部（2019.4—2021.3）	科长	樊有霞	2019.4—2021.3
	3	综合办公室（2019.4—2021.3）	科长	石振华	2019.3—8
	4		科长	黄 鹏	兼任，2019.8—2021.3
	5	党委工作部（综合办公室）（2021.3—2023.12）	主任	樊有霞	2019.3—2022.12
二	1	财务科（2016.1—2019.4）	科长	黄 鹏	2016.1—2019.4
	2	财务部（2019.4—2023.12）	主任	黄 鹏	2019.4—2023.12
三	1	业务运作部（2016.1—2021.3）	科长	何 荣	2016.1—2018.12
	2		科长	马海英	2019.3—2021.3
	3	业务经营部（2021.3—2023.12）	主任	马 鑫	2021.3—2023.12
四	1	质量安全科（2016.1—2019.4）	科长	乔浩华	2016.1—2018.12
	2			陈海平	2018.12—2019.4
	3	质量安全环保部（2019.4—2021.3）	科长	陈海平	2019.4—2021.3
	4	投资建设管理部（2019.4—2021.3）	科长	杨海波	2019.4—2021.3
	5	投资质量安全部（2021.3—2023.12）	主任	杨海波	2021.3—2023.12

十一、综合管理服务中心

序号	部门名称	主要职务	姓名	任职时间
一	党委工作部（综合办公室）（2021.3—2023.12）	主任	赵令军	2021.3—2023.12
二	后勤服务部（2021.3—2023.12）	主任	靳培思	2021.3—2023.12
三	车辆管理部（2021.3—2023.12）	主任	杨 雷	2021.3—2023.12

第七章 组织人事大事纪要及重要文件目录

第一节 组织人事大事纪要

二〇一六年

2016 年 1 月 6 日 青海销售公司决定，调整领导班子成员及总经理助理、副总师的工作分工。总经理、党委副书记刘星国主持行政全面工作，负责营销工作；分管人事处（党委组织部）、营销处。党委书记、纪委书记、工会主席、副总经理虎仁山主持党委全面工作，负责纪检、工会、审计、维护稳定工作；分管办公室（党委办公室）、党群工作处（企业文化处）、审计监察处（纪委办公室）、维护稳定办公室（老干办）。总会计师、党委委员马光元协助总经理分管精细化管理、信息化建设和清欠工作，负责年度预算、会计核算、物资采购工作；分管财务处、信息化管理处、核算中心、青海石油有限责任公司。副总经理、党委委员孙永超协助总经理分管投资和工程建设工作，负责中央仓项目工作；分管投资建设管理处、工程建设管理中心。副总经理、党委委员朱长青协助总经理分管内控体系，负责加油站管理、非油品业务、招投标管理工作；分管企管法规处、加油站管理处（加油卡管理中心）、非油品经营分公司。副总经理、安全总监、党委委员王昊协助总经理分管 HSE、调运和安居工程工作，负责安全环保、节能减排和油品数质量工作；分管调运处、仓储安全环保处、质量监督检验中心、安居工程建设项目部。总经理助理王浩协助副总经理朱长青管理非油品业务工作。总经理助理芦玉德协助总经理刘星国管理油品营销工作。副总经济师王水权协助副总经理王昊管理物流优化和油品调运工作。副总经济师刘西仑协助副总经理王昊管理安居工程建设工作。副总经济师任永红协助副总经理朱长青管理内

控体系和招投标管理工作。工会副主席刘建平协助党委书记虎仁山管理党务和群团工作。【青石销人字〔2016〕6号】

2016年1月12日 青海销售公司决定：王涛任中国石油青海销售公司工程建设管理中心主任；申海宏任中国石油青海湟源销售分公司总经理；周拉任中国石油青海格尔木销售分公司总经理；冯庚任中国石油青海玉树销售分公司总经理；孙福双任中国石油青海销售公司维护稳定办公室（老干办）主任；马玉新任中国石油青海西宁销售分公司总会计师；赵维斌任中国石油青海海东销售分公司副总经理；尹桂莉任中国石油青海销售公司财务处副处长。免去：谢洪明的中国石油青海销售公司工程建设管理中心主任职务；王涛的中国石油青海格尔木销售分公司总经理职务；孙福双的中国石油青海湟源销售分公司总经理职务；周拉的中国石油青海玉树销售分公司总经理职务；冯庚的中国石油青海玉树销售分公司副总经理职务；申海宏的中国石油青海销售公司仓储安全环保处副处长（正处级）职务；马玉新的中国石油青海果洛销售分公司总会计师职务；赵维斌的中国石油青海玉树销售分公司副总经理职务；尹桂莉的中国石油青海西宁销售分公司总会计师职务。【青石销人字〔2016〕11号】

2016年1月13日 青海销售公司党委决定：申海宏任中共中国石油青海湟源销售分公司党委副书记；周拉任中共中国石油青海格尔木销售分公司党委副书记；冯庚任中共中国石油青海玉树销售分公司党委副书记；孙福双任中共中国石油青海销售公司离退休党总支书记；马玉新任中共中国石油青海西宁销售分公司委员会委员；赵维斌任中共中国石油青海海东销售分公司委员会委员。免去：冯庚的中共中国石油青海玉树销售分公司党委书记、纪委书记职务；王涛的中共中国石油青海格尔木销售分公司党委副书记职务；孙福双的中共中国石油青海湟源销售分公司党委副书记职务；周拉的中共中国石油青海玉树销售分公司党委副书记职务；尹桂莉的中共中国石油青海西宁销售分公司委员会委员职务；马玉新的中共中国石油青海果洛销售分公司委员会委员职务；赵维斌的中共中国石油青海玉树销售分公司委员会委员职务。【青石销党字〔2016〕2号】

2016年1月14日 青海销售公司决定，调整投资管理委员会成员。主任：分管投资工作副总经理；成员：投资建设管理处、工程建设管理中心、营销处、财务处、加油站管理处、仓储安全环保处、企管法规处、信息化管理处、非油品经营公司负责人；监察部门：审计监察处。【青石销投建〔2016〕7号】

2016年2月15日 青海销售公司决定：李增伟任中国石油青海果洛销售分公司副总会计师。免去：李增伟的中国石油青海玉树销售分公司副总会计师职务。【青石销人字〔2016〕27号】

2016年2月15日 青海销售公司决定：刘鹏书任中国石油青海果洛销售分公司副总经理；山长胜任中国石油青海玉树销售分公司副总经理；马永梅任中国石油青海西宁销售分公司副总经理；黄粮任中国石油青海西宁销售分公司副总经理；巴永峰任中国石油青海格尔木销售分公司副总经理。免去：刘鹏书的中国石油青海西宁销售分公司副总经理职务；山长胜的中国石油青海销售公司财务处副处长职务；马永梅的中国石油青海西宁销售分公司总经理助理职务；黄粮的中国石油青海销售公司营销处市场科科长职务。【青石销人字〔2016〕26号】

2016年2月16日 青海销售公司党委决定：刘鹏书任中共中国石油青海果洛销售分公司委员会党委书记、纪委书记；山长胜任中共中国石油青海玉树销售分公司委员会党委书记、纪委书记；马永梅任中共中国石油青海西宁销售分公司委员会委员；黄粮任中共中国石油青海西宁销售分公司委员会委员；巴永峰任中共中国石油青海格尔木销售分公司委员会委员。免去：刘鹏书的中共中国石油青海西宁销售分公司委员会委员职务。【青石销党〔2016〕3号】

2016年2月16日 青海销售公司党委决定：李志毅任中共中国石油青海格尔木销售分公司委员会委员。【青石销党〔2016〕5号】

2016年2月17日 青海销售公司决定，调整地市公司组织机构设置：地市公司（不含所属油库）机关部门按"四部一中心""四部"方式设置。"四部一中心"模式：业务运作部（油卡非润一体化）、质量安全工程部、财务部、行政后勤纪检监察部、客户服务中心。"四部"模式：业务运作部（油卡非润一体化）、质量安全工程部、财务部、行政后勤纪检监察部。地市公司处级助理干部原则上兼任机关科室负责人。地市公司经营部定编：经营部主要职责为客户维护与加油站现场管理，县经营部增加与地方关系协调，其他事务逐步移交分公司统一管理。经营部人员在 3 人以内（含 3 人），设经理兼党支部书记 1 人；4 至 5 人，设经理兼党支部书记 1 人，副经理 1 人。地市公司加油站定编：加油站主要岗位设置：加油站设经理、副经理、综合管理岗、加油（气）岗等岗位。加油站劳动定员：加油站劳动定员由成品油和非油业务两部分构成，加油站油品定员主要参考上年度汽柴油日均销售量、日均交易笔数、非油日均交易额等指标综合确定。油库定编情况：库容 5 万立方米以下的油库定编不超过 45 人。【青石销人字〔2016〕30 号】

2016 年 2 月 17 日　青海销售公司决定：免去常河琴的中国石油青海销售公司营销处副处长（正处级）职务。【青石销人字〔2016〕35 号】

2016 年 2 月 29 日　青海销售公司决定：杜萍任中国石油青海销售公司副总会计师兼财务处处长；胡鹏任中国石油青海销售公司总经理助理兼办公室（党委办公室）主任。【青石销人字〔2016〕34 号】

2016 年 3 月 2 日　青海销售公司决定：李志毅兼任中国石油青海格尔木销售分公司副总经理，负责格尔木分公司网络开发建设工作。【青石销人字〔2016〕45 号】

2016 年 3 月 11 日　青海销售公司决定：张金虎任中国石油青海格尔木销售分公司副总经理兼格尔木油库主任。免去：张金虎的中国石油青海格尔木销售分公司格尔木油库副主任职务；王宁兼任的中国石油青海格尔木销售分公司格尔木油库主任职务。【青石销人字〔2016〕54 号】

2016 年 3 月 14 日　青海销售公司党委决定：张金虎任中共中国石油青海格尔木销售分公司委员会委员、中共中国石油青海格尔木销售分公司格尔木油库总支部委员会书记；免去王宁的中共中国石油青海格尔木销售分公司格尔木油库总支部委员会书记职务。【青石销党〔2016〕7 号】

2016 年 3 月 30 日　经研究并商得青海省委同意，股份公司决定：芦玉德任青海销售公司副总经理；王昊任青海销售公司安全总监；免去孙永超的青海销售公司安全总监职务。【石油任〔2016〕66 号】

2016 年 3 月 30 日　经研究并征得青海省委同意，集团公司党组决定：芦玉德任青海销售公司党委委员。【中油党组〔2016〕47 号】

2016 年 5 月 9 日　中共青海省委同意：芦玉德任青海销售公司副总经理；王昊任青海销售公司安全总监；免去孙永超的青海销售公司安全总监职务。【青石销人字〔2016〕113 号】

2016 年 5 月 24 日　青海销售公司决定：调整领导班子成员及总经理助理、副总师的工作分工。总经理、党委副书记刘星国主持公司行政全面工作；联系处室：人事处（党委组织部）、财务处、审计监察处（纪委办公室）。党委书记、纪委书记、工会主席、副总经理虎仁山主持公司党委全面工作，负责公司纪检、工会、审计、维护稳定工作；分管：办公室（党委办公室）、党群工作处（企业文化处）、人事处（党委组织部）、审计监察处（纪委办公室）、维护稳定办公室（老干办）。总会计师、党委委员马光元协助总经理分管合规管理、内控体系和清欠工作，负责年度预算、会计核算、物资采购、招投标工作；分管：财务处、结算中心、企管法规处、青海石油有限责任公司。副总经理、党委委员孙永超协助总经理分管投资和工程建设工作，负责投资规划的制定、工程项目的实施和中央仓项目工作；分管：投资建设管理处、工程建设管理中心。副总经理、党委委员朱长青协助总经理分管公司科技规划和信息化工作，负责加油站管理、非油品业务、信息系统建设与运维等工作；分管：加油站管理处（加油卡管理中心）、信息化管理处、非油品经营公司。副总经理、安全总监、党委委员王昊协助总经理分管HSE工作，负责安全环保、节能减排、油品数质量、安居工程和后勤工作；分管：仓储安全环保处、质量监督检验中心、安居工程建设项目部、后勤管理中心。副总经理、党委委员芦玉德协助总经理分管营销、调运工作，负责营销战略规划的制定、市场监测与分析、客户经理队伍建设、资源计划落实和承运商管理等工作；分管：营销处、调运处。总经理助理王浩协助副总经理朱长青管理非油品业务工作。副总会计师杜萍协助总会计师马光元管理财务和资产工作。总经理助理胡鹏协助总经理刘星国、党委书记虎仁山管理办公室（党委办公室）工作。副总经济师王水权协助副总经理芦玉德管理物流优化和油品调运工作。副总经济师刘西仑协助副总经理王昊管理安居工程建设工作。副总经济师任永红协助总会计师马光元管理内控体系、招投标和物资采购工作。工会副主席刘建平协助党委书记虎仁山管理党务、群团和新闻舆情工作。【青石销人字〔2016〕127 号】

2016年8月4日 青海销售公司决定：向军任中国石油青海销售公司营销处处长；包忠军任中国石油青海销售公司投资建设管理处副处长；张松任中国石油青海销售公司工程建设管理中心副主任（副处级）。免去：向军的中国石油青海销售公司营销处副处长职务；包忠军的中国石油青海销售公司投资建设管理处处长助理职务；张松的中国石油青海销售公司工程建设管理中心工程管理科科长职务。【青石销人字〔2016〕204号】

2016年8月4日 青海销售公司决定：成立投资项目发展部。下设8个项目部，分别为西宁项目部、湟源项目部、海东项目部、海西项目部、格尔木项目部、黄南项目部、果洛项目部、玉树项目部。项目部业务由投资项目发展部统一管理，对上负责，项目部人员的业绩考核权归投资项目发展部。各二级单位负责项目部人员的考勤等日常管理。【青石销人字〔2016〕203号】

2016年8月31日 青海销售公司党委决定：免去胡伟民的中共中国石油青海销售分公司非油品经营公司委员会委员职务。【青石销党〔2016〕5号】

2016年8月31日 青海销售公司决定：免去胡伟民的中国石油青海销售公司非油品经营公司副总经理职务。【青石销人字〔2016〕235号】

2016年10月31日 青海销售公司党委决定：免去吴继红的中共青海省石油总公司新兴贸易公司委员会委员职务。【青石销党〔2016〕34号】

2016年10月31日 青海石油有限责任公司决定：免去吴继红的青海省石油总公司新兴贸易公司总会计师职务，办理转岗手续。【青石有限人字〔2016〕1号】

2016年12月13日 股份公司决定：孙永超退休。【石油人事〔2016〕351号】

2016年12月20日 青海销售公司决定：免去李海红的中国石油青海销售公司后勤管理中心副总经理、安全总监职务。【青石销人字〔2016〕293号】

2016 年 12 月 30 日　青海销售公司决定：免去李海东的中国石油青海湟源销售分公司副总经理职务；孙尚云的中国石油青海销售公司党群工作处副处长职务。【青石销人字〔2016〕300 号】

二〇一七年

2017 年 1 月 12 日　青海销售公司党委决定：徐红艳因在 2010 年至 2015 年期间未履行总会计师岗位职责，违反廉洁自律有关规定和财经纪律，对于湟源分公司私设"小金库"和使用、占用"小金库"款项的行为，负有不可推卸的主要领导责任，给予开除党籍处分。【青石销党〔2017〕4 号】

2017 年 1 月 12 日　青海销售公司决定：徐红艳因在 2010 年至 2015 年期间未履行总会计师岗位职责，违反廉洁自律有关规定和财经纪律，对于湟源分公司私设"小金库"和使用、占用"小金库"款项的行为，负有不可推卸的主要领导责任，给予徐红艳行政撤职，留用察看一年处分。【青石销监察〔2017〕14 号】

2017 年 1 月 21 日　青海销售公司召开 2017 年工作会议，总经理刘星国作题为《着力提质增效　持续深化改革　不断开创公司稳健发展新局面》的行政工作报告；党委书记虎仁山作题为《坚持从严治党　凝聚发展动力　为青海销售稳健发展提供坚强的组织保障》的党委工作报告。

2017 年 1 月 24 日　青海销售公司决定：赵维斌任中国石油青海湟源销售分公司副总经理，免去赵维斌的中国石油青海海东销售分公司副总经理职务。【青石销人字〔2017〕58 号】

2017 年 1 月 26 日　青海销售公司党委决定：免去翟俊伟的中共青海省石油总公司新兴贸易公司委员会党委书记、纪委书记职务。【青石销党〔2017〕7 号】

2017 年 1 月 26 日　青海销售公司决定：免去翟俊伟的中共青海省石油总公司新兴贸易公司副总经理职务。【青石有限人字〔2017〕1 号】

2017 年 2 月 7 日 青海销售公司决定，调整领导班子成员及总经理助理工作分工。总经理、党委副书记刘星国主持公司行政全面工作；联系处室：人事处（党委组织部）、财务处、审计监察处（纪委办公室）。党委书记、纪委书记、工会主席、副总经理虎仁山主持公司党委全面工作，负责公司组织建设、纪检、工会、审计和维护稳定工作；分管：办公室（党委办公室）、党群工作处（企业文化处）、人事处（党委组织部）、审计监察处（纪委办公室）、维护稳定办公室（老干办）。总会计师、党委委员马光元对总经理负责，并履行"一岗双责"责任，分管合规管理、内控体系和清欠工作，负责年度预算、会计核算、物资采购、招投标工作；分管：财务处、结算中心、企管法规处、青海石油有限责任公司。副总经理、党委委员朱长青对总经理负责，并履行"一岗双责"责任，分管公司科技规划和信息化工作，负责加油站管理、非油品业务、信息系统建设与运维等工作；分管：加油站管理处（加油卡管理中心）、信息化管理处、非油品经营公司。副总经理、安全总监、党委委员王昊对总经理负责，并履行"一岗双责"责任，分管投资、工程建设和 HSE 工作，负责投资规划的制定、工程项目的实施、安全环保、节能减排、油品数质量、安居工程和中央仓项目工作；分管：投资建设管理处、工程建设管理中心、仓储安全环保处、安居工程建设项目部。副总经理、党委委员芦玉德对总经理负责，并履行"一岗双责"责任，分管营销、调运工作，负责营销战略规划的制定、市场监测与分析、客户经理队伍建设、资源计划落实和承运商管理等工作；分管：营销处、调运处。原副总经理、党委委员孙永超协助总经理做好与青海省交通一卡通有限公司合作后续相关工作，并及时与副总经理王昊做好沟通，协调共同推进项目的落地，不再分管其他部门。总经理助理王浩协助总经理管理后勤、矿区服务工作；分管：后勤管理中心。副总会计师杜萍协助总会计师马光元管理财务和资产工作。总经理助理胡鹏协助总经理刘星国、党委书记虎仁山工作，主持办公室（党委办公室）工作。副总经济师王水权协助副总经理芦玉德管理物流优化和油品调运工作。副总经济师刘西仑协助副总经理王昊管理安居工程建设工作。副总经济师任永红协助总会计师马光元管理内控体系、法律、合规管理、招投标和物资采购工作。工会副主席刘建平协助党委书记虎仁山管理党务、群团和新闻舆情工作。【青石销人字〔2017〕33 号】

2017 年 2 月 13 日 青海销售公司党委决定：赵维斌任中共中国石油青海湟源销售分公司委员会委员，免去赵维斌的中共中国石油青海海东销售分公司委员会委员职务。【青石销党〔2017〕7 号】

2017 年 2 月 13 日 青海销售公司党委决定：王慧琼任中共中国石油青海销售分公司机关党委书记（正处级）；杨增哲任中共中国石油青海海西销售分公司党委副书记；恒庆贤任中共中国石油青海海东销售分公司党委副书记；刘鹏书任中共中国石油青海果洛销售分公司党委副书记；郑淑红任中共中国石油青海格尔木销售分公司委员会委员；武允明任中共中国石油青海海东销售分公司委员会委员；贾存艳任中共中国石油青海黄南销售分公司委员会委员；梁永亮任中共中国石油青海玉树销售分公司委员会委员。免去：郭兆健的中共中国石油青海格尔木销售分公司党委书记、纪委书记职务；刘鹏书的中共中国石油青海果洛销售分公司党委书记、纪委书记职务；恒庆贤的中共中国石油青海海西销售分公司党委副书记职务；王慧琼的中共中国石油青海海东销售分公司党委副书记职务；杨增哲的中共中国石油青海果洛销售分公司党委副书记职务；郑淑红的中共中国石油青海海西销售分公司委员会委员职务；贾存艳的中共中国石油青海海东销售分公司委员会委员职务；武允明的中共中国石油青海黄南销售分公司委员会委员职务；杨华胜的中共中国石油青海玉树销售分公司委员会委员职务；许胯的中共中国石油青海格尔木销售分公司委员会委员职务。【青石销党〔2017〕13 号】

2017 年 2 月 13 日 青海销售公司党委决定：许胯任中共青海省石油总公司新兴贸易公司委员会委员。【青石销党〔2017〕14 号】

2017 年 2 月 13 日 青海销售公司决定：恒庆贤任中国石油青海海东销售分公司总经理；杨增哲任中国石油青海海西销售分公司总经理；刘鹏书任中国石油青海果洛销售分公司总经理；郭兆健任中国石油青海销售公司审计监察处调研员（正处级）；王慧琼任中国石油青海销售公司党群工作处副处长（正处级）；郑淑红任中国石油青海格尔木销售分公司总会计师；武允明任中国石油青海海东销售分公司总会计师；王春江任中国石油青海湟源销售分公司总会计师；贾存艳任中国石油青海黄南销售分公司总会计师；梁永

亮任中国石油青海玉树销售分公司副总经理；杨华胜任中国石油青海销售公司办公室（党委办公室）副主任；文琴任中国石油青海海西销售分公司副总会计师。免去：恒庆贤的中国石油青海海西销售分公司总经理职务；王慧琼的中国石油青海海东销售分公司总经理职务；杨增哲的中国石油青海果洛销售分公司总经理职务；郭兆健的中国石油青海格尔木销售分公司副总经理职务；刘鹏书的中国石油青海果洛销售分公司副总经理职务；许胗的中国石油青海格尔木销售分公司总会计师职务；郑淑红的中国石油青海海西销售分公司总会计师职务；贾存艳的中国石油青海海东销售分公司总会计师职务；王春江的中国石油青海湟源销售分公司副总经理职务；武允明的中国石油青海黄南销售分公司总会计师职务；杨华胜的中国石油青海玉树销售分公司副总经理职务；梁永亮的中国石油青海销售公司质检中心副主任职务；文琴的中国石油青海格尔木销售分公司副总会计师职务。【青石销人字〔2017〕59 号】

2017 年 3 月 29 日　青海销售公司党委决定：王映虹任中共中国石油青海格尔木销售分公司党委书记、纪委书记；窦鹏远任中共中国石油青海果洛销售分公司党委书记、纪委书记；田荣胜任中共中国石油青海销售公司曹家堡油库党总支书记；邱军剑任中共中国石油青海西宁销售分公司委员会委员；李增伟任中共中国石油青海果洛销售分公司委员会委员。免去：王映虹的中共中国石油青海曹家堡油库党总支书记职务；茹青宁的中共中国石油青海销售公司质量监督检查站党委委员职务。【青石销党〔2017〕26 号】

2017 年 3 月 29 日　青海销售公司决定：茹青宁任中国石油青海销售公司安全副总监兼任仓储安全环保处处长，质检中心主任、安全总监；田荣胜任中国石油青海销售公司曹家堡油库主任（正处级）；王海鹏任中国石油青海销售公司多巴油库主任（正处级）；王映虹任中国石油青海格尔木销售分公司副总经理；窦鹏远任中国石油青海果洛销售分公司副总经理；邱军剑任中国石油青海西宁销售分公司副总经理；李增伟任中国石油青海果洛销售分公司总会计师；赵海军任中国石油青海玉树销售分公司总经理助理。免去：田荣胜的中国石油青海销售公司工程建设管理中心副主任职务；窦鹏远的中国石油青海销售公司人事处（组织部）副处长职务；王映虹的中国石油青海销售曹家堡油库主任职务；邱军剑的中国石油青海西宁销售分公司安全副总监职务；李增伟的中国石油青海果洛销售分公司副总会计师职务。【青石销人字〔2017〕106 号】

2017 年 3 月 29 日　青海销售公司党委决定：免去赵新仟的中共中国石油青海格尔木销售分公司党委副书记职务。【青石销党〔2017〕27 号】

2017 年 4 月 12 日　青海销售公司党委决定：刘璟任中共中国石油青海销售公司维护稳定办公室（老干办）党总支书记。免去：刘璟的中共中国石油青海销售公司非油品经营公司党委书记、纪委书记职务；黄粮的中共中国石油青海西宁销售分公司党委委员职务。【青石销党〔2017〕34 号】

2017 年 4 月 12 日　青海销售公司决定：刘璟任中国石油青海销售公司维护稳定办公室（老干办）主任；孙福双任中国石油青海西宁销售分公司副总经理；黄粮任中国石油青海销售公司营销处副处长；免去：孙福双的中国石油青海销售公司维护稳定办公室（老干办）主任职务；刘璟的中国石油青海销售公司非油品经营公司副总经理职务；黄粮的中国石油青海西宁销售分公司副总经理职务。【青石销人字〔2017〕137 号】

2017 年 4 月 18 日　青海销售公司决定：李虎林任中国石油青海销售公司非油品经营公司副总经理；司海岩任中国石油青海销售公司非油品经营公司副总经理。免去：李虎林的中国石油青海海西销售分公司副总经理职务；司海岩的中国石油青海销售公司非油品经营公司总经理助理职务。【青石销人字〔2017〕127 号】

2017 年 4 月 19 日　青海销售公司党委决定：李虎林任中共中国石油青海销售公司非油品经营公司党委书记、纪委书记；司海岩任中共中国石油青海销售公司非油品经营公司委员会委员。免去：李虎林的中共中国石油青海海西销售分公司委员会委员职务。【青石销党字〔2017〕35 号】

2017 年 6 月 15 日　股份公司决定：马光元退休。【石油人事〔2017〕138 号】

2017 年 7 月 21 日　青海销售公司决定：撤销投资建设管理处土地管理

科，其人员和业务划归财务处管理。调整后，投资建设管理处科级机构 2 个，人员编制 7 人。财务处增设科级机构 1 个，人员编制增加 1 人，调整后，财务处（不含核算中心）科级机构 4 个，人员编制 9 人（不含副总会计师）。【青石销人字〔2017〕248 号】

2017 年 7 月 26 日　青海销售公司决定：免去张建基的中国石油青海销售公司信息化管理处副处长（正处级）职务。【青石销人字〔2017〕237 号】

2017 年 8 月 2 日　青海销售公司决定：财务处处长杜萍代为处理公司总会计师职权范围内的财务、合规管理、内控体系和清欠工作，负责年度预算、会计核算、物资采购、招投标工作；免去王文月非油品经营公司总经理、隆达石化有限责任公司经理、汽车运输公司经理等职务，接收单位另有任用；李虎林任非油品经营公司总经理、隆达石化有限责任公司经理、汽车运输公司经理职务，负责行政、党委全盘工作，免去李虎林的非油品经营公司副总经理职务；杨华胜任湟源分公司副总经理，免去杨华胜的办公室（党委办公室）副主任职务。【青石销人字〔2017〕258 号】

2017 年 8 月 7 日　青海销售公司党委决定：杨华胜任中共中国石油青海湟源销售分公司委员会委员。免去：王文月的中共中国石油青海销售公司非油品经营公司委员会副书记职务【青石销党〔2017〕49 号】

2017 年 10 月 11 日　青海销售公司党委决定：杨增哲任中共中国石油青海海西销售分公司党委书记，余宁任中共中国石油青海销售公司非油品经营公司党委书记、纪委书记，李虎林任中共中国石油青海销售公司非油品经营公司党委副书记，吴锐任中共中国石油青海海西销售分公司党委副书记、纪委书记，熊建忠任中共中国石油青海海东销售分公司委员会委员。免去：余宁的中共中国石油青海海西销售公司党委书记、纪委书记职务，李虎林的中共中国石油青海销售公司非油品经营公司党委书记职务，杨增哲的中共中国石油青海海西销售分公司党委副书记职务，吴锐的中共中国石油青海海东销售分公司委员会委员职务，熊建忠的中共中国石油青海湟源销售分公司委员会委员职务，王宁的中共中国石油青海格尔木销售分公司委员会委员职务【青石销党〔2017〕57 号】

2017年10月11日 青海销售公司党委决定免去：高玉英的中共中国石油青海销售公司后勤管理中心党委书记、纪委书记职务，尚丽群的中共中国石油青海西宁销售分公司委员会委员职务。【青石销党〔2017〕58号】

2017年10月11日 青海销售公司决定，免去：高玉英的中国石油青海销售公司后勤管理中心副总经理职务；尚丽群的中国石油青海西宁销售分公司副总经理职务；常永庆的中国石油青海海西销售分公司德令哈油库副主任职务。【青石销人字〔2017〕336号】

2017年10月11日 青海销售公司决定：余宁任中国石油青海销售公司非油品经营公司副总经理，王春江任中国石油青海湟源销售分公司副总经理，熊建忠任中国石油青海海东销售分公司副总经理，王宁任中国石油青海销售公司多巴油库副主任，吴锐任中国石油青海海西销售分公司副总经理。免去：余宁的中国石油青海海西销售分公司副总经理职务，王春江的中国石油青海湟源销售分公司总会计师职务，熊建忠的中国石油青海湟源销售分公司副总经理职务，王宁的中国石油青海格尔木销售分公司副总经理、安全总监职务，吴锐的中国石油青海海东销售分公司副总经理职务。【青石销人字〔2017〕337号】

2017年11月30日 青海销售公司决定：李明周任中国石油青海销售公司后勤管理中心副总经理职务，程志荣任中国石油青海果洛销售分公司副总经理职务，文琴任中国石油青海海西销售分公司总会计师职务，王海霞任中国石油青海玉树销售分公司总会计师职务，于钦刚任中国石油青海销售公司工程管理中心副主任职务。免去：李明周的中国石油青海销售公司后勤管理中心总经理助理职务，程志荣的中国石油青海海东销售分公司总经理助理职务，文琴的中国石油青海海西销售分公司副总会计师职务。王海霞的中国石油青海玉树销售分公司副总会计师职务，于钦刚的中国石油青海销售公司中央仓筹建项目部副经理职务。【青石销人字〔2017〕396号】

2017年11月30日 青海石油有限责任公司决定：任建玲任青海省石油总公司新兴贸易公司副总会计师。【青石有限人字〔2017〕3号】

2017年11月 经研究并商得中共青海省委同意，集团公司党组决定：杜萍任青海销售公司党委委员。股份公司决定：杜萍任青海销售公司总会计

师。【中油党组〔2017〕242 号】【石油任〔2017〕298 号】

2017 年 12 月 18 日　青海销售公司党委决定：免去许胪的中共青海省石油总公司新兴贸易公司委员会委员职务。【青石销党〔2017〕70 号】

2017 年 12 月 18 日　青海销售公司决定：免去窦鹏远的中国石油果洛销售分公司副总经理职务，接收单位另有任用。【青石销人字〔2017〕420 号】

2017 年 12 月　经研究并征得中共青海省委同意，集团公司党组决定：李彦龙任青海销售公司党委委员、纪委书记，免去虎仁山青海销售公司纪委书记职务。【中油党组〔2017〕297 号】

二〇一八年

2018 年 1 月 3 日　青海销售公司党委决定：恒庆贤任中共中国石油青海西宁销售分公司党委书记，免去恒庆贤的中共中国石油青海海东销售分公司党委副书记职务；魏臻文任中共中国石油青海海东销售分公司党委副书记，免去魏臻文的中共中国石油青海西宁销售分公司党委书记、纪委书记职务。【青石销党〔2018〕7 号】

2018 年 1 月 3 日　青海销售公司决定：恒庆贤任中国石油青海西宁销售分公司总经理，免去恒庆贤的中国石油青海海东销售分公司总经理职务；魏臻文任中国石油青海海东销售分公司总经理，免去魏臻文的中国石油青海西宁销售分公司副总经理职务。【青石销人字〔2018〕6 号】

2018 年 1 月 8 日　青海销售公司决定：撤销中央仓筹建项目部。原中央仓筹建项目部借调人员和资料存档等收尾工作划归工程建设管理中心统一管理。【青石销人字〔2018〕4 号】

2018 年 1 月 10 日　青海销售公司决定：信息化管理处更名为科技信息处。相关职能：根据集团公司信息化建设发展要求，负责公司信息化建设规划、指导、培训及管理；贯彻执行集团公司有关科技工作的方针、政策和法规，制定企业科研工作的规章制度及信息化建设方面相关制度；负责集团公司信息化建设项目的推广及相关技术引进、配合、指导及培训工作；负责公司科研项目的申报、立项、经费管理、科技服务及管理工作；负责公司科技成果的认定、登记、统计、归档等工作，组织申报公司及二级单位科技成果奖励；依据公司业务发展需要，负责牵头相应信息系统的可行性研究、立项、组织开发与推广；依据公司业绩考核规定，负责公司信息化工作的考核实施及处室人员的绩效考核；负责公司信息系统设备的统一采购、配备及资产管理以及公司相关核心设备的维护与管理；负责公司视频会议系统的建设管理、使用协调与核心维护；协助办公室（党委办公室）做好普通密码机的设备管理与辅助运行工作；加强信息系统安全教育及管理，协助开展多领域多层面的信息系统应用；完成公司领导交办的其他事项。【青石销人字〔2018〕5 号】

2018 年 1 月 10 日 青海销售公司决定，公司领导班子成员及总经理助理、副总师工作分工调整。总经理、党委副书记刘星国主持公司行政全面工作。分管：办公室、人事处；联系处室：财务处、审计监察处（纪委办公室）。联系单位：海东分公司、湟源分公司。党委书记、工会主席、副总经理虎仁山主持公司党委全面工作，负责党的路线、方针、政策的贯彻执行，负责公司党组织建设、工会、党群和维护稳定等工作；分管：党群工作处（企业文化处）、党委办公室、党委组织部、维护稳定办公室（老干办）；联系处室：审计监察处（纪委办公室）。联系单位：西宁分公司。党委委员、副总经理朱长青对总经理负责，并履行"一岗双责"责任；分管公司"油卡非润"一体化、科技规划和信息化工作；负责营销战略规划的制定、市场监测与分析、客户经理队伍建设、加油站管理（加油卡管理）、非油品业务、信息系统建设与运维等工作；分管：营销处、加油站管理处（加油卡管理中心）、非油品经营公司、科技信息处；联系单位：海西分公司。党委委员、副总经理王昊对总经理负责，并履行"一岗双责"责任。分管投资、工程建设工作，负责投资规划的制定、工程项目的实施和安居工程工作；分管：投资处、工程建设管理中心、安居工程建设项目部；联系单位：黄南分公司。党委委员、副总经理、安全总监芦玉德对总经理负责，并履行"一岗双责"责任。分管调运、HSE 管理、后勤管理等工作，负责资源计划落实、承运商管理、安全环保、节能减排、油品数质量、油库管理、后勤管理等工作；分管：调运处、仓储安全环保处、后勤管理中心；联系单位：果洛分公司。

党委委员、总会计师杜萍：对总经理负责，并履行"一岗双责"责任，分管合规管理、内控体系和清欠工作，负责年度预算、会计核算、物资采购、招投标工作；分管：财务处、结算中心、企管法规处、青海石油有限责任公司；联系单位：玉树分公司。党委委员、纪委书记李彦龙主持公司纪委全面工作，并履行"一岗双责"责任，负责纪检监察、党内与行政监督等方面工作。履行党风廉政建设监督责任；分管：审计监察处（纪委办公室）；联系单位：格尔木分公司。总经理助理王浩协助副总经理朱长青工作。总经理助理胡鹏协助总经理刘星国工作，主持办公室（党委办公室）工作。副总经济师王水权协助副总经理芦玉德管理物流优化和油品调运工作。副总经济师刘西仑协助副总经理王昊管理安居工程建设工作。副总经济师任永红协助总会计师杜萍管理内控体系、法律、合规管理、招投标和物资采购工作。工会副主席刘建平协助党委书记虎仁山管理党务、群团和新闻舆情工作。安全副总监茹青宁协助安全总监、副总经理芦玉德管理 HSE、安全环保、节能减排、油品数质量和油库管理工作。【青石销人字〔2018〕8 号】

2018 年 2 月 1 日 青海销售公司召开 2018 年工作会议，总经理刘星国作题为《顺应新时代 把握新机遇 实现新跨越 奋力开创公司高质量发展新局面》的行政工作报告；党委书记虎仁山作题为《坚持融入中心 提高党建质量 为青海销售公司高质量发展提供坚强保障》的党委工作报告。

2018 年 2 月 27 日 青海销售公司党委决定，免去杜萍同志机关党委委员职务。【青石销党委字〔2018〕21 号】

2018 年 3 月 19 日 青海销售公司决定，免去于钦刚的中国石油青海销售公司工程管理中心副主任职务。【青石销人字〔2018〕152 号】

2018 年 4 月 3 日 经研究并商得中共青海省委同意，集团公司党组决定：刘星国同志任青海销售公司党委书记；免去虎仁山同志的青海销售公司党委书记、委员、工会主席职务，退休。【中油党组〔2018〕40 号】

2018 年 4 月 3 日 经研究并商得中共青海省委同意，股份公司决定：芦玉德任青海销售公司安全总监，免去虎仁山的青海销售公司副总经理职务，

免去王昊青海销售公司安全总监职务。【石油任〔2018〕91号】

2018年4月 明确党委领导班子成员分工。党委书记刘星国全面负责公司党的建设、党风廉政建设和反腐败工作，推进群工团工作、意识形态工作，抓好维稳防恐、保密工作和新闻危机管控；检查督导责任区党的建设；责任区：机关党委、湟源分公司。党委委员朱长青履行公司党的建设、党风廉政建设和反腐败工作"一岗双责"责任；负责检查督导责任区党的建设、党风廉政建设和反腐败工作及企业文化建设、维稳防恐、保密和新闻危机防范等工作落实情况；责任区："油卡非润"一体化、科技规划和信息化专业线，西宁分公司、非油品经营公司。党委委员王昊履行公司党的建设、党风廉政建设和反腐败工作"一岗双责"责任；负责检查督导责任区党的建设、党风廉政建设和反腐败工作及企业文化建设、维稳防恐、保密和新闻危机防范等工作落实情况；责任区：投资、工程建设专业线，海西分公司、黄南分公司。党委委员芦玉德履行公司党的建设、党风廉政建设和反腐败工作"一岗双责"责任；负责检查督导责任区党的建设、党风廉政建设和反腐败工作及企业文化建设、维稳防恐、保密和新闻危机防范等工作落实情况；责任区：调运、HSE管理、后勤管理专业线，果洛分公司、多巴油库、曹家堡油库、后勤管理中心。党委委员杜萍履行公司党的建设、党风廉政建设和反腐败工作"一岗双责"责任；负责检查督导责任区党的建设、党风廉政建设和反腐败工作及企业文化建设、维稳防恐、保密和新闻危机防范等工作落实情况；责任区：财务、合规管理、内控体系专业线，玉树分公司、新贸公司。党委委员、纪委书记李彦龙履行公司党的建设、党风廉政建设和反腐败工作"一岗双责"责任；负责检查督导责任区党的建设、党风廉政建设和反腐败工作及企业文化建设、维稳防恐、保密和新闻危机防范等工作落实情况，同时履行全面从严治党监督责任；责任区：纪检监察、党内与行政监督专业线，海东分公司、格尔木分公司。

2018年4月18日 青海销售公司决定：免去安德忠的中国石油青海湟源销售分公司副总经理、安全总监职务。【青石销人字〔2018〕195号】

2018年4月18日 青海销售公司党委决定：免去安德忠同志的中共中国石油青海湟源销售分公司委员会委员职务。【青石销党委字〔2018〕35号】

2018年4月25日 青海销售公司党委决定：对党委委员职责进行分工。党委书记刘星国全面负责公司党的建设、党风廉政建设和反腐败工作，推进群工团工作、意识形态工作，抓好维稳防恐、保密工作和新闻危机管控；检查督导责任区党的建设；责任区：机关党委、湟源分公司。党委委员朱长青、王昊、芦玉德、杜萍、李彦龙：履行公司党的建设、党风廉政建设和反腐败工作"一岗双责"责任；负责检查督导责任区党的建设、党风廉政建设和反腐败工作及企业文化建设、维稳防恐、保密和新闻危机防范等工作落实情况。李彦龙同志作为纪委书记，同时履行全面从严治党监督责任。朱长青同志责任区："油卡非润"一体化、科技规划和信息化专业线，西宁分公司、非油品经营公司。王昊同志责任区：投资、工程建设专业线，海西分公司、黄南分公司。芦玉德同志责任区：调运、HSE管理、后勤管理专业线，果洛分公司、多巴油库、曹家堡油库、后勤管理中心。杜萍同志责任区：财务、合规管理、内控体系专业线，玉树分公司、新贸公司。李彦龙同志责任区：纪检监察、党内与行政监督专业线，海东分公司、格尔木分公司。【青石销党委字〔2018〕36号】

2018年4月25日 青海销售公司党委决定：公司党委部门设置调整：设置党委办公室，党委办公室与办公室合署办公；设置党委组织部，党委组织部与人事处合署办公；设置党委宣传部，党委宣传部与党群工作处合署办公；设置纪委办公室，纪委办公室与审计监察处合署办公；设置巡察办公室，巡察办公室与审计监察处合署办公；各二级单位要坚持"专兼结合"的原则，设置专兼职党务、纪检机构和党务、纪检干事岗位，至少配备1名专职工作人员。【青石销党委字〔2018〕37号】

2018年6月5日 青海销售公司党委决定：李志毅同志任青海省石油总公司新兴贸易公司党委委员，马桂莲同志任青海省石油总公司新兴贸易公司党委委员。【青石销党委字〔2018〕49号】

2018年6月5日 青海销售公司党委决定：杨华胜同志任中国石油青海玉树销售分公司党委书记，免去杨华胜同志的中国石油青海湟源销售分公司党委委员职务；吴锐同志任中国石油青海西宁销售分公司党委常务副书记、纪委书记（正处级），免去吴锐同志的中国石油青海海西销售分公司党委副书记、纪委书记职务；李洋同志任中国石油青海海西销售分公司党委常务副书记、纪委书记（正处级）；裴海宏同志任中国石油青海玉树销售分公司党委常务副书记、纪委书记（正处级）；张金虎同志任中国石油青海湟源销售分公司党委委员，免去张金虎的中国石油青海格尔木销售分公司党委委员、格尔木油库党总支书记职务；张爱民同志任中国石油青海湟源销售分公司党委委员；席国栋同志任中国石油青海海西销售分公司党委委员兼德令哈油库党总支书记；刘福云同志任中国石油青海黄南销售分公司党委委员；王飞同志任中国石油青海果洛销售分公司党委委员，免去山长胜同志的中国石油青海玉树销售分公司党委书记、纪委书记职务；免去冯庚同志的中国石油青海玉树销售分公司党委副书记职务；免去李志毅同志的中国石油青海格尔木销售分公司党委委员职务；免去姚永珍同志的中国石油青海果洛销售分公司党委委员职务；免去常海生同志的中国石油青海海西销售分公司德令哈油库党总支书记职务。【青石销党委字〔2018〕50号】

2018年6月5日　青海销售公司决定：机关处室、附属及临时机构科室设置调整。办公室（党委办公室）：设置机要管理科、文秘科、综合管理科。人事处（党委组织部）：设置薪酬管理科、劳动管理科、干部管理科、组织科。财务处（含核算中心）：设置预算分析科、综合税价科、成本费用科、会计核算科、资金管理科、稽核稽查科、资产管理科。营销处：设置计划销售科、综合统计科、市场科、客户管理科。调运处：设置调运科、配送科、兰州办事处。加油站管理处（加油卡管理中心）：设置加油卡管理中心、零售管理科、设备管理科、现场管理科。仓储安全环保处（含质检中心）：设置安全环保管理科、质量计量管理科、油库管理科、综合业务科、检验检定科、标准化信息科。投资建设管理处：设置规划计划科、造价管理科。科技信息处：设置系统建设科、运维管理科。党群工作处（党委宣传部）：设置党建科、群团工作科（团委）。企管法规处：设置内控管理科（法律事务部）、物采中心（招投标办公室）。审计监察处（纪委办公室、巡察办公室）：设置纪检监察科、审计科、审理科。工程管理中心：设置工程管理科、现场管理科。维护稳定工作办公室：设置综合科。安居工程建设项目部：暂设综合管理科、现场管理科。【青石销人字〔2018〕233号】

2018年6月5日　青海销售公司决定：免去王浩的中国石油青海销售公

司总经理助理职务，转任非领导职务。【青石销人字〔2018〕234 号】

2018 年 6 月 5 日　青海销售公司决定：孙科技任中国石油青海格尔木销售分公司安全总监，熊建忠任中国石油青海海东销售分公司安全总监，赵维斌任中国石油青海湟源销售分公司安全总监，程志荣任中国石油青海果洛销售分公司安全总监，免去姚永珍的中国石油青海果洛销售分公司安全总监职务，王宁任中国石油青海销售公司多巴油库安全总监，免去杨登才的中国石油青海销售公司多巴油库安全总监职务。【青石销人字〔2018〕235 号】

2018 年 6 月 5 日　青海销售公司决定：任永红任中国石油青海销售公司总经理助理兼企管法规处处长，免去任永红的中国石油青海销售公司副总经济师职务；刘建平任中国石油青海销售公司总经理助理兼工会副主席、党群工作处（党委宣传部、企业文化处）处长。【青石销人字〔2018〕236 号】

2018 年 6 月 5 日　青海销售公司决定：山长胜任中国石油青海销售公司财务处处长，免去山长胜的中国石油青海玉树分公司副总经理职务；薛萍任中国石油青海销售公司巡察办公室主任（正处级）兼审计监察处（纪委办公室）副处长；冯庚任中国石油青海销售公司仓储安全环保处副处长（正处级），免去冯庚的中国石油青海玉树销售分公司总经理职务；杨华胜任中国石油青海玉树销售分公司总经理，免去杨华胜的中国石油青海湟源销售分公司副总经理职务；吴锐任中国石油青海西宁销售分公司副总经理，免去吴锐的中国石油青海海西销售分公司副总经理职务；裴海宏任中国石油青海玉树销售分公司副总经理，免去裴海宏的中国石油青海销售公司加油站管理处（加油卡管理中心）副处长职务；王小勤任中国石油青海销售公司加油站管理处（加油卡管理中心）副处长，免去王小勤的中国石油青海销售公司调运处副处长职务；姚永珍任中国石油青海销售公司调运处副处长，免去姚永珍的中国石油青海果洛销售分公司副总经理职务；张金虎任中国石油青海湟源销售分公司副总经理，免去张金虎的中国石油青海格尔木销售分公司副总经理兼格尔木油库主任职务；张爱民任中国石油青海湟源销售分公司副总经理，免去张爱民的中国石油青海销售公司团委副书记职务；王飞任中国石油青海果洛销售分公司副总经理，免去王飞的中国石油青海销售公司调运处调运科科长职务；席国栋任中国石油青海海西销售分公司副总经理兼德令哈油库主任，免去席国栋的中国石油青海海西销售分公司德令哈油库安全副总监职务；刘福云任中国石油青海黄南销售分公司副总经理，免去刘福云的中国石油青海黄南销售分公司总经理助理职务；免去李志毅的中国石油青海销售公司投资建设管理处副处长兼中国石油青海格尔木销售分公司副总经理职务【青石销人字〔2018〕237 号】

2018 年 6 月 6 日　青海销售公司决定：党群工作处、企管法规处组织机构优化：党群工作处（党委宣传部、企业文化处）设党建科、群团工作科（团委）、宣传科，企管法规处设内控管理科、法律事务科、物采中心（招投标办公室）。【青石销人字〔2018〕240 号】

2018 年 6 月 13 日　青海销售公司决定：调整领导班子成员及总经理助理、副总师工作分工。总经理、党委书记刘星国主持公司行政和党委全面工作；分管：办公室（党委办公室）、人事处（党委组织部）、党群工作处（党委宣传部、企业文化处）、维护稳定办公室（老干办）；联系处室：财务处、审计监察处（纪委办公室、巡察办公室）；联系单位：湟源分公司。党委委员、副总经理朱长青对总经理负责，并履行"一岗双责"责任；分管公司"油卡非润"一体化、科技规划和信息化工作，负责营销战略规划的制定、市场监测与分析、客户经理队伍建设、加油站管理（加油卡管理）、非油品业务、科技规划、信息系统建设与运维等工作；分管：营销处、加油站管理处（加油卡管理中心）、科技信息处、非油品经营公司；联系单位：西宁分公司、非油品经营公司。党委委员、副总经理王昊对总经理负责，并履行"一岗双责"责任；分管投资、工程建设工作，负责投资规划的制定、工程项目的实施和安居工程工作；分管：投资处、工程建设管理中心、安居工程建设项目部；联系单位：海西分公司、黄南分公司。党委委员、副总经理、安全总监芦玉德对总经理负责，并履行"一岗双责"责任；分管调运、HSE管理、后勤管理等工作，负责资源计划落实、承运商管理、安全环保、节能减排、油品数质量、油库管理、后勤管理等工作；分管：调运处、仓储安全环保处、后勤管理中心；联系单位：果洛分公司、多巴油库、曹家堡油库。党委委员、总会计师杜萍对总经理负责，并履行"一岗双责"责任；分管合规管理、内控体系和清欠工作，负责年度预算、会计核算、物资采购、招投标工作；分管：财务处、结算中心、企管法规处；联系单位：玉树分公司、青海石油有限责任公司。党委委员、纪委书记李彦龙：主持公司纪委全面工作，并履行"一岗双责"责任；负责纪检监察、党内与行政监督等方面工作，履行党风廉政建设监督责任；分管：审计监察处（纪委办公室、巡察办公室）。联系单位：海东分公司、格尔木分公司。总经理助理胡鹏协助总经理、党委书记刘星国工作，主持办公室（党委办公室）工作。总经理助理任永红协助总会计师杜萍管理内控体系、法律、合规管理、招投标和物资采购工作，主持企管法规处工作。总经理助理、工会副主席刘建平协助党委书记、总经理刘星国管理党务、群团、新闻舆情、工会及稳定工作，主持党群工作处（党委宣传部、企业文化处）工作。副总经济师王水权协助副总经理芦玉德管理物流优化和油品调运工作。副总经济师刘西仑协助副总经理王昊管理安居工程建设工作。安全副总监茹青宁协助安全总监、副总经理芦玉德管理 HSE、安全环保、节能减排、油品数质量和油库管理工作。【青石销人字〔2018〕245 号】

2018 年 6 月 19 日　青海销售公司决定：免去史洪军的中国石油青海销售公司非油品经营公司副总经理、安全总监职务。【青石销人字〔2018〕247 号】

2018 年 6 月 19 日　青海销售公司党委决定：免去史洪军同志的中共中国石油青海销售公司非油品经营公司委员会委员职务。【青石销党委字〔2018〕55 号】

2018 年 7 月 9 日　集团公司财务部函复：同意拟任山长胜同志为财务处处长意见。【财务函〔2018〕88 号】

2018 年 8 月 15 日　青海销售公司决定：郑淑红任中国石油青海海西销售分公司总会计师，免去郑淑红的中国石油青海格尔木销售分公司总会计师职务；文琴任中国石油青海格尔木销售分公司总会计师，免去文琴的中国石油青海海西销售分公司总会计师职务；张金虎兼任中国石油青海湟源销售分公司安全总监；席国栋兼任中国石油青海海西销售分公司安全总监；免去王映虹的中国石油青海格尔木销售分公司副总经理职务；免去孙科技的中国石油青海格尔木销售分公司安全总监职务。【青石销人字〔2018〕292 号】

2018 年 8 月 18 日　青海销售公司党委决定：周拉同志任中国石油青海

格尔木销售分公司党委书记；孙科技同志任中国石油青海格尔木销售分公司党委副书记、纪委书记；文琴同志任中国石油青海格尔木销售分公司党委委员，免去文琴同志的中国石油青海海西销售分公司党委委员职务；郑淑红同志任中国石油青海海西销售分公司党委委员，免去郑淑红同志的中国石油青海格尔木销售分公司党委委员职务；免去王映虹同志的中国石油青海格尔木销售分公司党委书记、纪委书记职务。【青石销党委字〔2018〕69号】

2018年8月20日　青海销售公司决定：王映虹任青海石油总公司新兴贸易公司副总经理。【青石有限人字〔2018〕3号】

2018年8月20日　青海销售公司党委决定：奥西成任青海石油总公司新兴贸易公司党委书记，王映虹任青海石油总公司新兴贸易公司党委常务副书记、纪委书记（正处级）。【青石销党委字〔2018〕68号】

2018年8月20日　青海销售公司决定：任永红兼任中国石油青海销售公司总法律顾问。【青石销人字〔2018〕293号】

2018年8月20日　青海销售公司党委决定：周拉同志任中国石油青海格尔木销售分公司党委书记；孙科技同志任中国石油青海格尔木销售分公司党委副书记、纪委书记；文琴同志任中国石油青海格尔木销售分公司党委委员，免去文琴同志的中国石油青海海西销售分公司党委委员职务；郑淑红同志任中国石油青海海西销售分公司党委委员，免去郑淑红同志的中国石油青海格尔木销售分公司党委委员职务；免去王映虹同志的中国石油青海格尔木销售分公司党委书记、纪委书记职务。【青石销党委字〔2018〕69号】

2018年8月20日　青海销售公司党委决定：向军任中国石油青海西宁销售分公司党委委员、书记，免去恒庆贤的中国石油青海西宁销售分公司党委书记、委员职务。【青石销党委字〔2018〕70号】

2018年8月20日　青海销售公司决定：恒庆贤任中国石油青海销售公司营销处处长，免去恒庆贤的中国石油青海西宁销售分公司总经理职务；向军任中国石油青海西宁销售分公司总经理；免去向军的中国石油青海销售公司营销处处长职务；张存兼任中国石油青海销售公司合资公司筹建小组组长职务。【青石销人字〔2018〕297号】

2018年9月18日　青海销售公司决定免去：郭兆健的中国石油青海销

售公司审计监察处（纪委办公室、巡察办公室）调研员职务，王庆萍的中国石油青海销售公司财务处副处长、结算中心主任职务，张连强的中国石油青海海东销售分公司副总经理职务。以上3人退出领导岗位时间为2018年8月。【青石销人字〔2018〕316号】

2018年10月3日 青海销售公司党委决定：高凌峰任中国石油青海销售公司后勤管理中心党委委员、书记，刘鹏书任中国石油青海果洛销售分公司党委委员、书记。【青石销党委字〔2018〕77号】

2018年10月3日 青海销售公司决定：维护稳定工作办公室（老干办）设综合科、离退休党建科。【青石销人字〔2018〕327号】

2018年10月12日 经研究并商得中共青海省委同意，集团公司党组决定：张海云同志任青海销售公司党委委员、书记，郑国玉同志任青海销售公司党委委员、常务副书记、工会主席，免去刘星国同志的青海销售公司党委书记、委员职务，另有任用。【中油党组〔2018〕165号】

2018年10月12日 经研究并商得中共青海省委同意，股份公司决定：张海云任青海销售公司总经理；免去刘星国的青海销售公司总经理职务，另有任用。【石油任〔2018〕257号】

2018年10月12日 经研究并商得中共青海省委同意，集团公司决定：张海云任青海石油有限责任公司执行董事、总经理，免去刘星国的青海石油有限责任公司执行董事、总经理职务。【中油任〔2018〕440号】

2018年10月15日 青海销售公司决定免去：贾存艳的中国石油青海黄南销售分公司总会计师职务，何建秀的中国石油青海销售公司非油品经营公司总会计师职务。【青石销人字〔2018〕338号】

2018年10月15日 青海销售公司党委决定免去：贾存艳的中共中国石油青海黄南销售分公司委员会委员职务，何建秀的中共中国石油青海销售公司非油品经营公司委员会委员职务。【青石销党委字〔2018〕83号】

2018年10月15日 青海销售公司党委决定免去：谢永超的中共青海省石油总公司新兴贸易公司委员会委员职务。【青石销党委字〔2018〕82号】

2018 年 11 月 27 日　青海销售公司党委决定：王涛任中共中国石油青海销售公司机关党委书记，免去王慧琼的中共中国石油青海销售公司机关党委书记职务。【青石销党委字〔2018〕93 号】

2018 年 11 月 28 日　青海销售公司决定：按照青海省的行政区域调整设置地市公司：原以行政区域设置的海东、玉树、果洛 3 家分公司不做调整；对西宁、湟源、黄南、格尔木、海西 5 家分公司管辖的区县按照行政区域进行调整，具体为按行政区域成立海北分公司、海南分公司，按照行政区域调整西宁、黄南分公司管辖范围，将花土沟行委设立的经营部从格尔木分公司调整至海西分公司管辖。对地市公司经营部做如下优化：将地市公司非驻地经营部进行职能转制，更名为"投资与品牌发展部"，对内作为地市公司派驻机构，延伸机关管理幅度，对外称县石油公司，方便与政府开展协调沟通工作，主要进行网点建设、市场开发、联系地方政府、辖区市场环境净化与品牌建设、加油站日常检维修、加油站监管及党组织建设工作等全责性服务协调工作；撤销市区（州府）所在地经营部，转制后的投资与品牌发展部将加油站人财物、账表册等管理职责移交地市公司，下放加油站管理自主权，转制、撤销经营部出现的冗余人员由各地市公司自行优化调配。【青石销人字〔2018〕382 号】

2018 年 11 月 28 日　青海销售公司决定：工程建设管理中心并入投资建设管理处；成立海北分公司、海南分公司，撤销湟源分公司。【青石销人字〔2018〕385 号】

2018 年 11 月 27 日　青海销售公司决定：王涛任中国石油青海销售公司党群工作处副处长（正处级），免去王涛的中国石油青海销售公司工程建设管理中心主任职务；王慧琼任中国石油青海销售公司投资建设管理处副处长（正处级），免去王慧琼的中国石油青海销售公司党群工作处副处长职务；张松任中国石油青海销售公司投资建设管理处副处长，免去张松的中国石油青海销售公司工程建设管理中心副主任职务。【青石销人字〔2018〕386 号】

2018 年 11 月 27 日　青海销售公司决定：高凌峰任中国石油青海销售公司调运处处长，免去高凌峰的中国石油青海销售公司后勤管理中心总经理职务；冯庚任中国石油青海销售公司多巴油库主任（正处级），免去冯庚的仓储安全环保处副处长职务；王海鹏任中国石油青海销售公司仓储安全环保处处长，免去王海鹏的多巴油库主任职务；李建军任中国石油青海销售公司后勤管理中心副总经理，免去李建军的中国石油青海销售公司办公室（党委办公室）副主任职务；免去刘西仑的中国石油青海销售公司副总经济师职务；免去王水权的中国石油青海销售公司副总经济师兼调运处处长职务；免去茹青宁的中国石油青海销售公司安全副总监兼仓储安全环保处处长、质检中心主任职务。【青石销人字〔2018〕399号】

2018年11月27日 青海销售公司党委决定：冯庚任中共中国石油青海销售公司多巴油库党总支书记，李建军任中共中国石油青海销售公司后勤管理中心党委委员，免去高凌峰的中共中国石油青海销售公司后勤管理中心党委书记职务，免去王海鹏的中共中国石油青海销售公司多巴油库党总支书记职务。【青石销党委字〔2018〕95号】

2018年12月11日 青海销售公司党委决定：冯庚任中共中国石油青海销售公司多巴油库党总支书记，李建军任中共中国石油青海销售公司后勤管理中心党委委员，免去高凌峰的中共中国石油青海销售公司后勤管理中心党委书记职务，免去王海鹏的中共中国石油青海销售公司多巴油库党总支书记职务。【青石销党委字〔2018〕95号】

2018年12月11日 青海销售公司决定：聘任刘西仑为中国石油青海销售公司技术专家（享受总经理助理待遇），聘任王水权为中国石油青海销售公司技术专家（享受总经理助理待遇），聘任茹青宁为中国石油青海销售公司技术专家（享受总经理助理待遇）。【青石销人字〔2018〕398号】

2018年12月20日 青海销售公司决定：成立中国石油天然气股份有限公司青海海北销售分公司，为中国石油青海销售公司的二级机构序列，机构规格为正处级；内设5个职能部门，分别为业务运作部、财务部、投资建设管理部、质量安全环保部、综合办公室。【青石销人字〔2018〕408号】

2018年12月20日 青海销售公司决定：成立中国石油天然气股份有限公司青海海南销售分公司，为中国石油青海销售公司的二级机构序列，机构规格为正处级；内设5个职能部门，分别为业务运作部、财务部、投资建设管理部、质量安全环保部、综合办公室。【青石销人字〔2018〕409号】

2018年12月20日 青海销售公司党委决定：成立中共中国石油天然气

股份有限公司青海海北销售分公司委员会，海北分公司党委负责海北分公司所辖地区的党建和管党治党工作。海北分公司党委由 5 名委员组成，其中书记 1 人。【青石销党委字〔2018〕97 号】

2018 年 12 月 20 日　青海销售公司党委决定：成立中共中国石油天然气股份有限公司青海海南销售分公司委员会，海南分公司党委负责海南分公司所辖地区的党建和管党治党工作。海南分公司党委由 5 名委员组成，其中书记 1 人。【青石销党委字〔2018〕98 号】

2018 年 12 月 20 日　青海销售公司决定：中国石油青海黄南销售分公司机关根据"四部一室"方式设置，分别是：业务运作部、财务部、投资建设管理部、质量安全环保部、综合办公室。【青石销人字〔2018〕410 号】

2018 年 12 月 24 日　青海销售公司决定免去：赵生明的中国石油青海销售公司审计监察处处长职务，马少军的中国石油青海销售公司维护稳定办公室（老干办）副主任职务，李文奇的青海省隆达石化有限公司副经理职务。【青石销人字〔2018〕417 号】

2018 年 12 月 25 日　青海销售公司决定：胡鹏兼任中国石油青海销售公司投资建设管理处处长；申海宏任中国石油青海海北销售分公司总经理。免去申海宏的中国石油青海湟源销售分公司总经理职务；雷宏德任中国石油青海海南销售分公司总经理，免去雷宏德的中国石油青海黄南销售分公司总经理职务；齐延伟任中国石油青海黄南销售分公司总经理，免去齐延伟的中国石油青海黄南销售分公司副总经理职务；赵维斌任中国石油青海海北销售分公司副总经理，免去赵维斌的中国石油青海湟源销售分公司副总经理职务；张金虎任中国石油青海海北销售分公司副总经理、安全总监，免去张金虎的中国石油青海湟源销售分公司副总经理、安全总监职务；王宁任中国石油青海海北销售分公司副总经理，免去王宁的中国石油青海销售公司多巴油库副主任、安全总监职务；王小勤任中国石油青海黄南销售分公司副总经理、安全总监，免去王小勤的中国石油青海销售公司加油站管理处副处长职务；刘丽丽任中国石油青海黄南销售分公司总会计师，免去刘丽丽的中国石油青海销售公司安居工程项目部副主任职务；王海涛任中国石油青海海南销售分公司副总经理，免去王海涛的中国石油青海黄南销售分公司副总经理职务；刘福云任中国石油青海海南销售分公司副总经理、安全总监，免去刘福云的中国石油青海黄南销售分公司副总经理职务；王海霞任中国石油青海海南销售分公司总会计师，免去王海霞的中国石油青海玉树销售分公司总会计师职务；陶凤顺任中国石油青海销售公司多巴油库副主任，免去陶凤顺的中国石油青海玉树销售分公司副总经理、安全总监职务；李增伟任中国石油青海销售公司非油品经营分公司总会计师，免去李增伟的中国石油青海果洛销售分公司总会计师职务；张爱民任中国石油青海销售公司党群工作处副处长，免去张爱民的中国石油青海湟源销售分公司副总经理职务；免去海寿山的中国石油青海黄南销售分公司安全总监职务。【青石销人字〔2018〕418号】

2018年12月25日 青海销售公司党委决定：申海宏任中国石油青海海北销售分公司党委委员、书记，免去申海宏的中国石油青海湟源销售分公司党委副书记、委员职务；赵维斌任中国石油青海海北销售分公司党委委员、副书记、纪委书记、工会主席，免去赵维斌的中国石油青海湟源销售分公司党委委员职务；张金虎任中国石油青海海北销售分公司党委委员，免去张金虎的中国石油青海湟源销售分公司党委委员职务；王宁任中国石油青海海北销售分公司党委委员；海寿山任中国石油青海黄南销售分公司党委副书记、纪委书记、工会主席；王小勤任中国石油青海黄南销售分公司党委委员；刘丽丽任中国石油青海黄南销售分公司党委委员。雷宏德任中国石油青海海南销售分公司党委委员、书记；免去雷宏德的中国石油青海黄南销售分公司党委副书记、委员职务；王海涛任中国石油青海海南销售分公司党委委员、副书记、纪委书记、工会主席，免去王海涛的中国石油青海黄南销售分公司党委委员职务；刘福云任中国石油青海海南销售分公司党委委员，免去刘福云的中国石油青海黄南销售分公司党委委员职务；王海霞任中国石油青海海南销售分公司党委委员，免去王海霞的中国石油青海玉树销售分公司党委委员职务；李增伟任中国石油青海销售公司非油品经营分公司党委委员，免去李增伟中国石油青海果洛销售分公司党委委员职务；张爱民任中国石油青海销售公司团委书记，免去张爱民的中国石油青海湟源销售分公司党委委员职务；免去王春江的中国石油青海湟源销售分公司党委委员、书记、纪委书记职务；免去陶凤顺的中国石油青海玉树销售分公司党委委员职务；免去齐延伟的中国石油青海黄南销售分公司纪委书记职务。【青石销党委字〔2018〕

100 号】

2018 年 12 月 25 日　青海销售公司决定：推荐张存为青海中油交通能源有限公司总经理人选，免去张存的中国石油青海销售公司投资建设管理处处长、合资公司筹建小组组长职务；推荐王春江为青海中油交通能源有限公司财务总监人选，免去王春江的中国石油青海湟源销售分公司副总经理职务。【青石销人字〔2018〕420 号】

二〇一九年

2019 年 1 月 4 日　经研究并商得中共青海省委同意，集团公司党组决定：王金德同志任青海销售公司党委委员、纪委书记；免去李彦龙同志的青海销售公司党委委员、纪委书记职务，另有任用。【中油党组〔2019〕38 号】

2019 年 1 月 13 日　优化调整仓储调运管理体制：仓储安全环保处更名为质量安全环保处，将其油库管理职能移交调运处（仓储分公司）管理，质量安全环保处及附属机构编制定员保持不变。调整所属油库隶属关系：成立仓储分公司，仓储分公司与调运处实行"两块牌子、一套人马"合署办公，调运处（仓储分公司）履行机关处室和二级单位职责；现阶段仓储分公司部门职能暂由机关各相关部门代管，仓储分公司各项业务整体平稳后确需增加部门和人员编制的另行研究确定；公司所属曹家堡油库、多巴油库、格尔木油库、德令哈油库划归调运处（仓储分公司）管理。格尔木、海西分公司不再履行格尔木油库、德令哈油库管理职能，四座油库机构层级为副处级；海西分公司德令哈油库、格尔木分公司格尔木油库分别更名为"中国石油天然气股份有限公司青海销售公司德令哈油库""中国石油天然气股份有限公司青海销售公司格尔木库"。理顺仓储分公司党组织关系：成立仓储分公司党委，负责仓储分公司党委所属党组织管党治党工作，四座油库党总支直接隶属于仓储分公司党委；仓储分公司班子设党委书记、总经理（由调运处处长兼任），党委常务副书记、纪委书记、工会主席，党委委员、副总经理、安全总监（由调运处副处长、各油库主任兼任）。优化油库与分公司的关系：油库主任兼任所属地区分公司党委委员（即：曹家堡油库主任兼任海东分公司党委委员；多巴油库主任兼任西宁分公司党委委员；德令哈油库主任兼任海西分公司党委委员；格尔木油库主任兼任格尔木分公司党委委员）。油库迎接国家、地方等重要业务和安全检查工作由所在地地市公司牵头负责协调。优化工资管控机制：省公司对仓储分公司实施工资总额管理，仓储分公司根据所属四个油库用工总量、人均劳效、油品周转量进行分级分类管理，仓储分公司对油库实施工资总额包干，增人不增资，减人不减资。激发油库人力资源活力：仓储分公司负责所属油库的员工统一调配管理工作，油库科级干部由仓储分公司党委研究、选拔、任用；油库副主任采取公开竞聘，公司人事处牵头考察，仓储分公司党委会同研究，报公司党委会备案方式选任。油库主任、副主任岗位明确为副处级、处级助理干部。现阶段已在岗位的正处级、副处级干部职级保持不变。优化小额配送业务：现有分公司小额配送车辆、司乘人员统一划归仓储分公司管理调配。为确保小额配送车辆响应及时，逐步建立小额配送车辆有偿使用机制，小额配送业务执行内部结算，施行滚动预算。具体使用方式和细则由仓储分公司与各分公司共同协商确定。仓储分公司和各油库要建立相应管理机制，量化相关人员工效收入考核，确保为分公司提供优质服务。【青石销人字〔2019〕1号】

2019年1月13日 青海销售公司决定：裴海宏任中国石油青海果洛销售分公司党委委员、书记，免去裴海宏的中国石油青海玉树销售分公司党委常务副书记、纪委书记、委员职务；高凌峰任中国石油青海销售公司仓储分公司党委委员、书记；田荣胜任中国石油青海销售公司仓储分公司党委委员、党委常务副书记、纪委书记、工会主席，免去田荣胜的中国石油青海销售公司曹家堡油库党总支书记职务；冯庚任中国石油青海销售公司仓储分公司党委委员、中国石油青海西宁销售分公司党委委员；姚永珍任中国石油青海销售公司仓储分公司党委委员；张青晓任中国石油青海销售公司仓储分公司党委委员、中国石油青海格尔木销售分公司党委委员；席国栋任中国石油青海销售公司仓储分公司党委委员；白立新任中国石油青海销售公司曹家堡油库党总支常务副书记（副处级）；免去刘鹏书的中国石油青海果洛销售分公司党委书记、委员职务；免去程志荣的中国石油青海果洛销售分公司党委委员职务；免去李建军的中国石油青海销售公司后勤管理中心党委委员职务；免去李明周的中国石油青海销售公司后勤管理中心党委委员职务。【青

石销党委字〔2019〕5号】

2019年1月13日　青海销售公司决定：刘鹏书任中国石油青海销售公司办公室（党委办公室）主任，免去刘鹏书的中国石油青海果洛销售分公司总经理职务；王海鹏任中国石油青海销售公司质量安全环保处处长，免去王海鹏的中国石油青海销售公司仓储安全环保处处长职务；裴海宏任中国石油青海果洛销售分公司总经理，免去裴海宏的中国石油青海玉树销售分公司副总经理职务；高凌峰任中国石油青海销售公司仓储分公司总经理；田荣胜任中国石油青海销售公司调运处副处长兼仓储分公司副总经理（正处级）；冯庚任中国石油青海销售公司仓储分公司副总经理（正处级）；姚永珍任中国石油青海销售公司仓储分公司副总经理、安全总监；孙福双任中国石油青海销售公司仓储分公司副总经理兼曹家堡油库主任、中国石油青海海东销售分公司副总经理，免去孙福双的中国石油青海西宁销售分公司副总经理职务；张青晓任中国石油青海销售公司仓储分公司副总经理兼格尔木油库主任，免去张青晓的中国石油青海销售公司多巴油库副主任职务；席国栋任中国石油青海销售公司仓储分公司副总经理，免去席国栋的中国石油青海海西销售分公司副总经理、安全总监职务；岳彦任中国石油青海销售公司多巴油库副主任（副处级），免去岳彦的中国石油青海销售公司曹家堡油库副主任职务；程志荣任中国石油青海销售公司办公室（党委办公室）副主任，免去程志荣的中国石油青海果洛销售分公司副总经理、安全总监职务；常海生任中国石油青海海西销售分公司安全总监；王飞任中国石油青海果洛销售分公司安全总监；免去胡鹏的中国石油青海销售公司办公室（党委办公室）主任职务。

【青石销人字〔2019〕6号】

2019年1月13日　青海销售公司决定：成立仓储分公司，成立中国石油青海销售公司仓储分公司，仓储分公司与调运处施行"两块牌子、一套人马"合署办公，简称调运处（仓储分公司）；调整仓储安全环保管理职能，仓储安全环保处更名为质量安全环保处，其油库管理职能移交调运处（仓储分公司）管理，质量安全环保处及附属机构编制定员保持不变；调整后勤管理中心管理层级，后勤管理中心划归办公室（党委办公室）统一管理，机构规格暂不调整，相关职责保持不变。【青石销人字〔2019〕7号】

2019年1月13日　青海销售公司党委决定：成立中共中国石油青海销

售公司仓储分公司委员会。中共中国石油青海销售公司曹家堡油库党总支委员会、中共中国石油青海销售公司多巴油库党总支委员会、中共中国石油青海销售公司格尔木油库党总支委员会、中共中国石油青海销售公司德令哈油库党总支委员会隶属于中共中国石油青海销售公司仓储分公司委员会管理。撤销中共中国石油青海销售公司后勤管理中心委员会，成立后勤管理中心党支部，划归机关党委统一管理。【青石销党委字〔2019〕6号】

2019年1月23日 青海销售公司第四次工会会员代表大会召开。大会选举产生了新一届工会委员会，党委常务副书记郑国玉同志当选第四届工会委员会主席，会议还选举产生了第四届工会委员会副主席、经费审查委员和第三届女职工委员会主任、委员。

2019年1月23日 青海销售公司决定：免去马彦芝的中国石油青海销售公司企管法规处副处长职务。【青石销人字〔2019〕17号】

2019年1月24日 青海销售公司召开2019年工作会议。总经理张海云作题为《践行"八字方针" 聚力"三个重塑"稳中求进勇于担当开创公司高质量发展新局面》的行政工作报告；党委书记郑国玉作题为《聚焦主体责任 重塑党建新格局为推进公司高质量发展提供坚强政治保障》的党委工作报告。

2019年3月9日 青海销售公司决定：芦玉德兼任青海省石油总公司新兴贸易公司董事长，马永梅任青海省石油总公司新兴贸易公司代理总经理（副处级），马玉新任青海省石油总公司新兴贸易公司总会计师，李明周任青海省石油总公司新兴贸易公司副总经理，免去王映虹的青海省石油总公司新兴贸易公司副总经理职务，免去任建玲的青海省石油总公司新兴贸易公司副总会计师职务。【青石有限人字〔2019〕3号】

2019年3月9日 青海销售公司决定：马长陆任中国石油青海销售公司专职巡视员兼审计监察处副处长（正处级），免去马长陆的中国石油青海海东销售分公司副总经理职务；武允明任中国石油青海西宁销售分公司总会计师，免去武允明的中国石油青海海东销售分公司总会计师职务；免去马玉新的中国石油青海西宁销售分公司总会计师职务；免去马永梅的中国石油青海西宁销售分公司副总经理职务；免去李明周的中国石油青海销售公司后勤管

理中心副总经理职务。【青石销人字〔2019〕52号】

2019年3月9日　青海销售公司党委决定：魏臻文任中国石油青海海东销售分公司党委书记，免去魏臻文的中国石油青海海东销售分公司党委副书记职务；王映虹任中国石油青海海东销售分公司党委委员、常务副书记、纪委书记、工会主席（正处级）；武允明任中国石油青海西宁销售分公司党委委员，免去武允明的中国石油青海海东销售分公司党委委员职务；免去马长陆的中国石油青海海东销售分公司党委书记、委员，纪委书记职务；免去马玉新的中国石油青海西宁销售分公司党委委员职务；免去马永梅的中国石油青海西宁销售分公司党委委员职务。【青石销党委字〔2019〕18号】

2019年3月11日　青海销售公司决定：芦玉德兼任青海省石油总公司新兴贸易公司党委委员、书记，马永梅任青海省石油总公司新兴贸易公司党委委员、副书记，马玉新任青海省石油总公司新兴贸易公司党委委员，李明周任青海省石油总公司新兴贸易公司党委委员，免去奥西成的青海省石油总公司新兴贸易公司党委书记、委员职务，免去王映虹的青海省石油总公司新兴贸易公司党委常务副书记、委员，纪委书记职务。【青石销党委字〔2019〕19号】

2019年3月11日　青海销售公司决定：任建玲任青海省石油总公司新兴贸易公司副总会计师。【青石销人字〔2019〕53号】

2019年3月12日　调运处（仓储分公司）设5个部门，分别为：资源调运部、油库管理部、办公室、调度指挥中心、兰州驻厂办。原调运处所属部门全部撤销，相关职责并入调运处（仓储分公司）所属部门。机关定员26人，其中3人属调运处编制，23人属仓储分公司编制。职能：调运处（仓储分公司）职责。调运处（仓储分公司）负责优化本部门职责、岗位设置和岗位职责报人事处备案。调运处（仓储分公司）负责制定小额配送车管理、考核办法，细化小额配送岗位职责，为公司建立直批新格局提供保证。【青石销人字〔2019〕57号】

2019年4月2日　青海销售公司决定：所属各二级单位成立党委工作部（组织人事部），将原有分散到各部门的党建、组织、人事、群团、纪检工作整合到党委工作部（组织人事部）统一负责，原行政后勤纪检监察部相应减职责减人员。工作职责在各单位党委的领导下，负责抓好党员队伍和干部队伍建设。负责本单位党建工作研究、落实，对党员教育、管理、监督，开展组织生活，党员关系转接、党费缴纳等，监督党员切实履行义务。督促指导各党支部思想建设、组织建设和作风建设，落实好"三会一课"、组织生活、主题党日、党员评议等，指导党支部换届选举工作。负责本单位党委管理的干部选拔、使用、教育、管理等工作。负责意识形态、新闻宣传工作。负责群、团、工等工作的安排、落实。负责本单位人员的薪酬、社会统筹、福利、职称和人事档案、绩效考核管理工作。负责本单位员工培训工作。负责本单位党风廉政建设、纪检监察等工作。负责领导交办的其他工作。【青石销人字〔2019〕72号】

2019年5月9日　青海销售公司党委决定：王继中任中国石油青海西宁销售分公司工会主席，王映虹任中国石油青海海东销售分公司工会主席，赵维斌任中国石油青海海北销售分公司工会主席，王海涛任中国石油青海海南销售分公司工会主席，李洋任中国石油青海海西销售分公司工会主席，孙科技任中国石油青海格尔木销售分公司工会主席，海寿山任中国石油青海黄南销售分公司工会主席，赵诚任中国石油青海果洛销售分公司工会主席。王创业任中国石油青海玉树销售分公司工会主席，余宁任中国石油青海销售公司非油品分公司工会主席，田荣胜任中国石油青海销售公司仓储分公司工会主席，王涛任中国石油青海销售公司机关工会主席，张爱民任中国石油青海销售公司机关工会副主席。【青石销党委字〔2019〕37号】

2019年5月　青海石油新兴贸易公司更名为青海中油新兴能源公司。

2019年5月13日　青海销售公司党委决定：成立中共中国石油青海销售公司委员会党校。【青石销党委字〔2019〕33号】

2019年5月13日　经与中国石化集团中原油田勘探局有限公司友好协商，决定联合办学，成立中共中国石油青海销售公司委员会党校中原油田分校。【青石销党委字〔2019〕34号】

2019年5月14日　规范公司机关及附属机构设置，机关设置12个职能处室，机构规格为正处级，分别为：办公室（党委办公室）、人事处（党委组织部）、财务处、营销处、调运处、加油站管理处（加油卡管理中心）、质量安全环保处、投资建设管理处、科技信息处、企管法规处、党群工作处（党委宣传部、企业文化处）、审计监察处（纪委办公室、巡察办公室）；设置附属机构4个，分别为财务稽查中心、维护稳定办公室（老干办）、质量监督检验中心、培训中心（职业技能鉴定站）；设临时机构1个：安居工程建设项目部。非油品经营公司负责全省非油品、润滑油、煤油、化工产品、化肥销售等相关业务，是公司非油品业务的归口管理部门，负责组织实施、指导监督所属分公司开展非油品工作，实行"处室＋公司"运行模式。【青石销人字〔2019〕111号】

2019年5月29日　青海销售公司决定免去：李萍的中国石油青海销售公司安居工程建设项目部成员（副处级）职务，黄勇祥的中国石油青海销售公司仓储分公司德令哈油库副主任职务。【青石销人字〔2019〕129号】

2019年6月18日　青海销售公司决定：孙永贤任中国石油青海销售公司投资建设管理处资深高级主管，免去孙永贤的中国石油青海果洛销售分公司安全副总监职务。【青石销人字〔2019〕157号】

2019年6月18日　青海销售公司决定：高凌峰兼任中国石油青海销售汽车运输分公司经理，王慧琼兼任中国石油青海销售公司战略发展委员会办公室主任，免去刘建平的中国石油青海销售公司总经理助理职务，免去李虎林的中国石油青海销售汽车运输分公司经理职务。【青石销人字〔2019〕158号】

2019年6月21日　青海销售公司决定：聘任刘建平为中国石油青海销售公司技术专家。【青石销人字〔2019〕159号】

2019年7月2日　中共中国石油青海销售公司委员会党校正式揭牌成立。

2019年7月18日　青海销售公司决定：熊建忠任中国石油青海销售公司后勤管理中心调研员（副处级），免去熊建忠的中国石油青海海东销售分公司副总经理、安全总监职务。【青石销人字〔2019〕185号】

2019年7月18日　青海销售公司党委决定：免去熊建忠的中国石油青海海东销售分公司党委委员职务。【青石销党委字〔2019〕55号】

2019 年 7 月 23 日 青海销售公司决定：高强任中国石油青海销售公司总经理助理，向军任中国石油青海销售公司总经理助理。【青石销人字〔2019〕186 号】

2019 年 8 月 8 日 青海销售公司决定：魏臻文任中国石油青海销售公司审计监察处（纪委办公室、巡察办公室）负责人，免去魏臻文的中国石油青海海东销售分公司总经理职务；恒庆贤任中国石油青海海东销售分公司总经理，免去恒庆贤的中国石油青海销售公司营销处处长职务。黄粮任中国石油青海销售公司营销处负责人（副处级）；免去黄粮的中国石油青海销售公司营销处副处长职务；王小勤任中国石油青海销售公司加油站管理处（加油卡管理中心）副处长，免去王小勤的中国石油青海黄南销售分公司副总经理、安全总监职务；刘丽丽任中国石油青海黄南销售分公司调研员（副处级），免去刘丽丽的中国石油青海黄南销售分公司总会计师职务；巴永峰兼任中国石油青海格尔木销售分公司安全总监。【青石销人字〔2019〕219 号】

2019 年 8 月 8 日 青海销售公司党委决定：恒庆贤任中国石油青海海东销售分公司党委委员、书记，免去魏臻文的中国石油青海海东销售分公司党委书记、委员职务，免去王小勤的中国石油青海黄南销售分公司党委委员职务。【青石销党委字〔2019〕56 号】

2019 年 8 月 23 日 青海销售公司决定：调整青海销售公司领导班子成员和总经理助理工作分工。党委书记、总经理张海云主持党委、行政全面工作；分管办公室（党委办公室）、人事处（党委组织部）、后勤管理中心；联系单位：西宁分公司。党委常务副书记、工会主席郑国玉负责宣传思想文化、意识形态、工会群团、维护稳定工作，协助负责党委日常工作、薪酬工作；分管党群工作处（党委宣传部、企业文化处）、维护稳定办公室（老干办），协助分管人事处（党委组织部）；联系单位：海北分公司。党委委员、副总经理朱长青负责市场营销、加油站管理、"油卡非润"一体化、科技规划和信息化工作；分管营销处、加油站管理处（加油卡管理中心）、非油品经营公司、科技信息处；联系单位：格尔木分公司、非油品经营公司。党委委员、副总经理王昊负责投资规划、工程建设、安居项目管理工作及合资公司管理；分管投资建设管理处、安居工程建设项目部；联系单位：海西分公司、海南分公司、青海中油交通能源有限公司。党委委员、副总经理、安全总监芦玉德负责安全环保、油品数质量、资源调运、仓储管理、承运商管理和集体企业发展工作；分管调运处、质量安全环保处；联系单位：果洛分公司、仓储分公司、新兴能源公司。党委委员、总会计师杜萍负责财务资金、合规管理、法律事务、内控体系和清欠工作；分管财务处（结算中心）、企管法规处；联系单位：玉树分公司。党委委员、纪委书记王金德主持纪委工作，负责纪检监察、巡察、审计工作；分管审计监察处（纪委办公室、巡察办公室）；联系单位：海东分公司、黄南分公司。总经理助理胡鹏协助党委书记、总经理和分管领导做好办公室、后勤管理和投资建设工作，主持投资建设管理处工作。总经理助理、总法律顾问任永红协助党委书记、总经理和分管领导做好法律、内控体系、合规管理、招投标和物资采购工作，主持企管法规处工作。总经理助理高强协助党委书记、总经理和分管领导做好营销各项工作，主持加油站管理处（加油卡管理中心）工作。总经理助理向军协助党委书记、总经理和分管投资建设领导协调加油站网点建设工作，主持西宁分公司工作。【青石销党委字〔2019〕59 号】

2019 年 8 月 26 日　青海销售公司决定：国义任中国石油青海西宁销售分公司副总经理，免去国义的中国石油青海销售公司加油站管理处处长助理职务；孙秀花任中国石油青海玉树销售分公司副总经理，免去孙秀花的中国石油青海海东销售分公司总经理助理职务；陈永祥任中国石油青海玉树销售分公司副总经理；李茂林任中国石油青海果洛销售分公司副总经理，免去李茂林的中国石油青海果洛销售分公司总经理助理职务；牛志刚任中国石油青海果洛销售分公司副总经理；郭彦丽任中国石油青海黄南销售分公司总会计师，免去郭彦丽的中国石油青海西宁销售分公司总经理助理职务。【青石销人字〔2019〕227 号】

2019 年 8 月 26 日　青海销售公司党委决定：国义任中国石油青海西宁销售分公司党委委员，孙秀花任中国石油青海玉树销售分公司党委委员，陈永祥任中国石油青海玉树销售分公司党委委员，李茂林任中国石油青海果洛销售分公司党委委员，牛志刚任中国石油青海果洛销售分公司党委委员，郭彦丽任中国石油青海黄南销售分公司党委委员。【青石销党委字〔2019〕60 号】

2019 年 9 月 3 日 青海销售公司党委决定：杨增哲任中国石油青海海西销售分公司纪委书记，免去李洋的中国石油青海海西销售分公司纪委书记职务。【青石销党委字〔2019〕63 号】

2019 年 9 月 27 日 调整党委成员党建责任分工。党委书记张海云履行公司党的建设、党风廉政建设和反腐败第一责任，全面负责公司党的建设、党风廉政建设和反腐败工作，推进群工团工作、意识形态工作，抓好维稳防恐、保密工作和新闻危机管控及检查督导联系点单位党建工作。党委常务副书记郑国玉履行公司党的建设、党风廉政建设和反腐败重要责任，配合党委书记抓好公司党的建设、党风廉政建设和反腐败工作，推进群工团工作、意识形态工作，负责与书记共同抓好维稳防恐、保密工作和新闻危机管控，负责检查督导联系点单位党建工作。党委委员朱长青、王昊、芦玉德、杜萍履行公司党的建设、党风廉政建设和反腐败工作的"一岗双责"，负责检查督导联系单位和分管处室党的建设、党风廉政建设、反腐败工作和维稳防恐、保密工作、新闻危机防范，负责检查督导联系点单位党建工作。党委委员、纪委书记王金德履行公司党的建设、党风廉政建设和反腐败工作的"一岗双责"，认真履行全面从严治党监督责任，负责检查督导联系单位和分管处室党的建设、党风廉政建设、反腐败工作和维稳防恐、保密工作、新闻危机防范，负责检查督导联系点单位党建工作。【青石销党委字〔2019〕67 号】

2019 年 11 月 1 日 青海销售公司决定：免去李建武的中国石油青海销售公司维护稳定办公室副主任职务。【青石销人字〔2019〕277 号】

2019 年 11 月 29 日 审计监察处（纪委办公室）更名为纪委办公室（审计处），巡察办公室与纪委办公室（审计处）合署办公，纪委办公室（审计处）现阶段继续履行企业内部违规调查处理职能。【青石销人字〔2019〕287 号】

2019 年 12 月 16 日 青海销售公司党委决定：孙秀花任中国石油青海玉树销售分公司工会主席，李茂林任中国石油青海果洛销售分公司工会主席，免去王创业的中国石油青海玉树销售分公司工会主席职务，免去赵诚的中国

石油青海果洛销售分公司工会主席职务。【青石销党委字〔2019〕80号】

二〇二〇年

2020年1月19日　青海销售公司召开2020年工作会议。总经理张海云作题为《坚定"八三"战略　突出零售创新以新担当新作为推进公司高质量发展》的行政工作报告；党委书记郑国玉作题为《加强党的领导聚力"八三"战略　以党建工作新成效推动公司高质量发展》的党委工作报告。

2020年1月19日　青海销售公司决定：聘任雷宏德为中国石油青海销售公司管理专家；海寿山为中国石油青海销售公司营销专家。【青石销人字〔2020〕8号】

2020年3月16日　青海销售公司决定：李洋同志任新兴能源公司党委委员，王继中同志任中国石油青海黄南销售分公司党委委员，免去李洋同志的中国石油青海海西销售分公司党委委员、常务副书记、工会主席职务，免去王继中同志的中国石油青海西宁销售分公司党委委员、工会主席职务，免去王飞同志的中国石油青海果洛销售分公司党委委员职务。【青石销党委字〔2020〕23号】

2020年3月16日　青海销售公司决定：王继中任中国石油青海黄南销售分公司副总经理、安全总监；王飞任中国石油青海销售公司科技信息处副处长；免去李洋的中国石油青海海西销售分公司副总经理职务，另有任用；免去王继中的中国石油青海西宁销售分公司副总经理、安全总监职务；免去王飞的中国石油青海果洛销售分公司副总经理、安全总监职务。【青石销人字〔2020〕47号】

2020年3月23日　青海销售公司调整技术专家工作分工。刘建平协助分管党建、群团、稳定工作的领导做好新闻宣传、意识形态、工会群团、维护稳定工作。王水权协助分管资源调运工作的领导做好资源调运、仓储管理、承运商管理工作。刘西仑协助公司领导做好安居工程建设工作。茹青宁协助分管安全数质量工作的领导做好安全数质量及管理督导工作。恒庆贤协助公司领导协调网建工作和大客户营销，负责海东分公司日常工作。【青石

销人字〔2020〕52号】

2020年3月24日 青海销售公司决定：聘任恒庆贤为中国石油青海销售公司技术专家。【青石销人字〔2020〕53号】

2020年3月24日 青海销售公司调整机关处室、附属机构科室设置。办公室（党委办公室）：设置文秘科、机要档案科、综合管理科。人事处（党委组织部）：设置干部管理科、党建组织科、员工管理科、薪酬管理科。财务处：设置稽核稽查科、资金管理科、预算分析科、成本税收科、资产管理科、综合管理科。营销处：设置市场营销科、统计分析科、客户管理科、价格管理科。加油站管理处（加油卡管理中心）：设置加油卡管理中心、设备管理科、零售管理科、现场管理科。投资建设管理处：设置造价管理中心、计划管理科、网络开发科、施工管理科、设计管理科。质量安全环保处（含质检中心）：设置质量计量管理科、安全环保管理科、体系管理科、检验检定科、标准化信息科、综合业务科。科技信息处：设置运维管理科、系统建设科。党群工作处（党委宣传部、企业文化处）：设置机关组织科、群团工作科、宣传科（记者站）、新媒体工作科。企管法规处：设置法律事务科、内控管理科、物采中心（招投标办公室）。纪委办公室（审计处）：设置监督执纪科、审计科、巡察科。维护稳定办公室：设置离退休党建科、综合科。后勤管理中心（安居工程项目部）：设置后勤服务科、车辆管理科、综合事务科。【青石销人字〔2020〕54号】

2020年3月30日 青海销售公司决定：将安居工程建设项目部职能划转至后勤管理中心统一管理、合署办公。后勤管理中心名称调整为后勤管理中心（安居工程建设项目部）。公司技术专家、安居工程项目部副主任刘西仑继续负责安居工程收尾工作。【青石销人字〔2020〕60号】

2020年3月31日 青海销售公司党委决定：孙科技同志任中国石油青海海西销售分公司党委委员、常务副书记、纪委书记、工会主席；王小勤同志任新兴能源公司党委委员、常务副书记；马桂莲同志任新兴能源公司纪委书记；秦路同志任中国石油青海海东销售分公司党委委员；免去孙科技同志的中国石油青海格尔木销售分公司党委委员、副书记、纪委书记、工会主席职务。【青石销党委字〔2020〕27号】

2020年3月31日 青海销售公司决定：黄粮任营销处处长；孙科技任

中国石油青海海西销售分公司副总经理；秦路任中国石油青海海东销售分公司副总经理。免去：黄粮的营销处负责人职务；孙科技的中国石油青海格尔木销售分公司副总经理职务。【青石销人字〔2020〕61号】

2020年4月1日 青海销售公司党委决定：免去杨增哲同志的中国石油青海海西销售分公司纪委书记职务。【青石销党委字〔2020〕30号】

2020年4月21日 青海销售公司党委决定：山长胜任中国石油青海格尔木销售分公司党委委员、书记；刘鹏书任中国石油青海海西销售分公司党委委员、书记；王海鹏任中国石油青海销售公司仓储分公司（调运处）党委委员、书记；刘璟任中国石油青海销售公司后勤管理中心（安居工程建设项目部、维护稳定办公室、老干办）党委委员、书记、纪委书记、工会主席；包忠军任中国石油青海玉树销售分公司党委委员、副书记；李建军任中国石油青海销售公司后勤管理中心（安居工程建设项目部、维护稳定办公室、老干办）党委委员、副书记。免去：周拉的中国石油青海格尔木销售分公司党委委员、书记职务；杨增哲的中国石油青海海西销售分公司党委委员、书记职务；杨华胜的中国石油青海玉树销售分公司党委委员、书记职务；高凌峰的中国石油青海销售公司仓储分公司（调运处）党委委员、书记职务；刘璟的中国石油青海销售公司维护稳定办公室（老干办）党总支书记职务。【青石销党委字〔2020〕35号】

2020年4月21日 青海销售公司党委决定：成立中共中国石油青海销售公司后勤管理中心（安居工程建设项目部、维护稳定办公室、老干办）委员会、纪律检查委员会。负责后勤管理中心（安居工程建设项目部、维护稳定办公室、老干办）业务和党建工作的领导、党员管理、管党治党和党风廉政建设等工作。撤销维护稳定办公室（老干办）党总支，原维护稳定办公室（老干办）党总支所属支部、党员由后勤管理中心（安居工程建设项目部、维护稳定办公室、老干办）统一管理。【青石销党委字〔2020〕36号】

2020年4月21日 完善后勤管理中心（安居工程建设项目部）与维护稳定办公室（老干办）职能，设置后勤管理中心（安居工程建设项目部、维护稳定办公室、老干办）。原后勤管理中心（安居工程建设项目部）、维护稳定办公室（老干办）职能并入后勤管理中心（安居工程建设项目部、维护稳

定办公室、老干办）管理。【青石销人字〔2020〕85 号】

2020 年 4 月 21 日　青海销售公司决定：山长胜任中国石油青海格尔木销售分公司总经理；刘鹏书任中国石油青海海西销售分公司总经理；王海鹏任中国石油青海销售公司调运处（仓储分公司）处长、总经理，汽车运输分公司经理；杨华胜任中国石油青海销售公司办公室（党委办公室）主任；高凌峰任中国石油青海销售公司质量安全环保处（质检中心）处长；周拉任中国石油青海销售公司战略发展委员会咨询专家、投资建设管理处副处长（二级正职）；包忠军任中国石油青海玉树销售分公司负责人；李建军任中国石油青海销售公司后勤管理中心（安居工程建设项目部、维护稳定办公室、老干办）负责人；刘璟任中国石油青海销售公司后勤管理中心（安居工程建设项目部、维护稳定办公室、老干办）副主任。免去：刘璟的中国石油青海销售公司维护稳定办公室（老干办）主任职务；周拉的中国石油青海格尔木销售分公司总经理职务；杨增哲的中国石油青海海西销售分公司总经理职务，另有任用；杨华胜的中国石油青海玉树销售分公司总经理职务；高凌峰的中国石油青海销售公司调运处（仓储分公司）处长、总经理，汽车运输分公司经理职务；刘鹏书的中国石油青海销售公司办公室（党委办公室）主任职务；王海鹏的中国石油青海销售公司质量安全环保处（质检中心）处长职务；包忠军的中国石油青海销售公司投资建设管理处副处长职务；李建军的中国石油青海销售公司后勤管理中心副总经理职务。【青石销人字〔2020〕86 号】

2020 年 5 月 6 日　集团公司财务部函复：同意由杨增哲任中国石油青海销售公司财务处处长。【财务函〔2020〕31 号】

2020 年 5 月 6 日　青海销售公司决定：付荣任中国石油青海销售公司企管法规处处长；程志荣任中国石油青海销售公司人事处负责人（二级副职）。免去：任永红兼任的中国石油青海销售公司企管法规处处长职务；付荣的中国石油青海销售公司人事处处长职务；程志荣的中国石油青海销售公司办公室副主任职务。【青石销人字〔2020〕93 号】

2020 年 5 月 6 日　青海销售公司党委决定：程志荣同志任中国石油青海公司党委组织部负责人（二级副职）。免去：付荣同志的中国石油青海销售

公司党委组织部部长职务。程志荣同志的中国石油青海销售公司党委办公室副主任职务。【青石销党委字〔2020〕40号】

2020年5月6日 青海销售公司决定：杨增哲任中国石油青海销售公司财务处处长，免去山长胜的中国石油青海销售公司财务处处长职务。【青石销人字〔2020〕97号】

2020年5月8日 青海销售公司党委调整公司总经理助理、总法律顾问任永红同志工作分工：协助党委书记、总经理张海云，党委委员、副总经理、安全总监芦玉德同志做好集体企业改制及中油新兴能源公司上市工作；协助党委委员、总会计师杜萍同志管理企管法规工作，做好法律、内控体系、合规管理、招投标和物资采购等工作。【青石销党委字〔2020〕41号】

2020年5月9日 青海销售公司决定：免去白立新的曹家堡油库副主任、安全总监职务，转岗。【青石销人字〔2020〕98号】

2020年5月9日 青海销售公司党委决定：免去白立新同志的曹家堡党总支常务副书记职务，转岗。【青石销党委字〔2020〕39号】

2020年5月16日 青海销售公司党委决定：李承隆任中国石油青海销售公司投资建设管理处副处长，免去李承隆的中国石油青海销售公司投资建设管理处资深高级主管兼造价管理中心主任职务。【青石销人字〔2020〕111号】

2020年5月26日 青海销售公司决定：陶凤顺任中国石油青海销售公司调运处（仓储分公司）曹家堡油库副主任，免去陶凤顺的中国石油青海销售公司调运处（仓储分公司）多巴油库副主任职务。【青石销人字〔2020〕116号】

2020年6月5日 经纪检监察组组长办公会议研究：魏臻文同志任青海销售公司纪委书记、纪委办公室主任。【中油纪监函〔2020〕42号】

2020年6月15日 成立股权管理办公室，与企管法规处合署办公。【青石销人字〔2020〕136号】

2020年6月15日 青海销售公司决定：张存任中国石油青海销售公司股权管理办公室主任；付荣兼任中国石油青海销售公司股权管理办公室副主任；齐延伟兼任中国石油青海黄南销售分公司安全总监；牛志刚任中国石油

青海销售公司投资建设管理处副处长。免去：王继中的中国石油青海黄南销售分公司副总经理、安全总监职务，另有任用；张松的中国石油青海销售公司投资建设管理处副处长职务，另有任用；孙秀花的中国石油青海玉树销售分公司副总经理职务，另有任用；牛志刚的中国石油青海果洛销售分公司副总经理职务。【青石销人字〔2020〕137 号】

2020 年 6 月 15 日 青海销售公司党委决定：王继中同志任中国石油青海黄南销售分公司党委副书记、纪委书记、工会主席；孙秀花同志任中国石油青海玉树销售分公司党委副书记、纪委书记；免去牛志刚同志的中国石油青海果洛销售分公司党委委员职务。【青石销党委字〔2020〕52 号】

2020 年 6 月 16 日 青海销售公司决定：免去海寿山的中国石油青海黄南销售分公司副总经理职务。【青石销人字〔2020〕138 号】

2020 年 6 月 16 日 青海销售公司党委决定：免去海寿山同志的中国石油青海黄南销售分公司党委委员、副书记、纪委书记、工会主席职务。【青石销党委字〔2020〕53 号】

2020 年 6 月 23 日 青海销售公司党委决定：马长陆同志任中国石油青海销售公司巡察办公室主任兼纪委办公室（审计处）副处长（正处级）。免去：薛萍同志的中国石油青海销售公司巡察办公室主任（正处级）兼审计监察处（纪委办公室）副处长职务；马长陆同志的中国石油青海销售公司专职巡视员兼审计监察处副处长职务（正处级）。【青石销党委字〔2020〕56 号】

2020 年 6 月 23 日 青海销售公司决定：聘任张存为中国石油青海销售公司技术专家，协助公司党委委员、总会计师杜萍做好股权管理工作，协助公司总经理助理胡鹏做好合资公司管理工作。【青石销人字〔2020〕144 号】

2020 年 6 月 23 日 青海销售公司决定：聘任薛萍为中国石油青海销售公司管理专家，协助青海中油新兴能源公司主要领导开展专项工作。【青石销人字〔2020〕145 号】

2020 年 6 月 23 日 对人事处（党委组织部）附属机构进行更名，将"中国石油青海销售职业技能鉴定站"更名为"中国石油青海销售技能人才评价中心"。隶属人事处（党委组织部），业务上接受中国石油集团公司职业技能鉴定指导中心、中国石油销售公司职业技能鉴定中心、青海省职业技能鉴定指导中心的指导和监督。【青石销人字〔2020〕147 号】

2020 年 6 月 23 日 青海销售公司党委决定：魏臻文同志任中国石油青海销售公司纪委副书记（享受公司总经理助理待遇）、纪委办公室（审计处）主任，免去魏臻文同志的中国石油青海销售公司审计监察处（纪委办公室、巡察办公室）负责人职务。【青石销党委字〔2020〕57 号】

2020 年 7 月 1 日 青海销售公司决定：周拉同志任青海中油新兴能源公司党委委员、常务副书记，免去王小勤同志的青海中油新兴能源公司党委委员、常务副书记职务。【青石销党委字〔2020〕59 号】

2020 年 7 月 1 日 青海销售公司决定：王小勤任中国石油青海销售公司加油站管理处（加油卡管理中心）副处长（二级正职）。免去：周拉的中国石油青海销售公司战略发展委员会咨询专家、投资建设管理处副处长（二级正职）职务，另有任用；尹桂莉的中国石油青海销售公司财务处副处长职务；李承隆的中国石油青海销售公司投资建设管理处副处长职务。【青石销人字〔2020〕153 号】

2020 年 7 月 9 日 青海销售公司党委决定：王国庆同志任中国石油青海格尔木销售分公司党委委员、副书记、纪委书记、工会主席；聂军同志任中国石油青海果洛销售分公司党委委员、副书记、纪委书记、工会主席；张静同志任中国石油青海西宁销售分公司党委委员；李茹同志任中国石油青海格尔木销售分公司党委委员；陈统业同志任中国石油青海果洛销售分公司党委委员；免去李茂林同志的中国石油青海果洛销售分公司工会主席职务。【青石销党委字〔2020〕62 号】

2020 年 7 月 9 日 青海销售公司决定：张静任中国石油青海西宁销售分公司副总经理、安全总监；李茹任中国石油青海格尔木销售分公司副总经理；陈统业任中国石油青海果洛销售分公司副总经理、安全总监；汪燕任中国石油青海销售公司质量安全环保处副处长。免去：张静的中国石油青海西宁销售分公司总经理助理职务；王国庆的中国石油青海格尔木销售分公司总经理助理职务；李茹的中国石油青海格尔木销售分公司总经理助理职务；汪燕的中国石油青海销售公司质量安全环保处资深高级主管职务；陈统业的中国石油青海销售公司企管法规处物采中心（招投标办公室）主任职务。【青石销人字〔2020〕159 号】

2020年7月21日 青海销售公司决定：王涛任中国石油青海销售公司党群工作处（企业文化处）处长、扶贫办公室主任。免去：刘建平的中国石油青海销售公司党群工作处（企业文化处）处长职务；王涛的中国石油青海销售公司党群工作处（企业文化处）副处长职务；孙玲玲的中国石油青海销售公司质量监督检验中心主任职务，另有任用。【青石销人字〔2020〕174号】

2020年7月21日 青海销售公司决定：王涛同志任中国石油青海销售公司党委宣传部部长，免去刘建平同志的中国石油青海销售公司党委宣传部部长职务。【青石销党委字〔2020〕66号】

2020年7月21日 成立扶贫工作办公室，与党群工作处（党委宣传部、企业文化处）合署办公。【青石销人字〔2020〕178号】

2020年7月30日 青海销售公司决定：聘任孙玲玲为中国石油青海销售公司营销专家，协助青海昆信质量检测技术有限公司主要领导开展专项工作。【青石销人字〔2020〕192号】

2020年8月19日 青海销售公司决定：余宁任中国石油青海销售公司非油品分公司安全总监；巴永峰任中国石油青海销售公司非油品分公司副总经理，免去巴永峰的中国石油青海格尔木销售分公司副总经理、安全总监职务；李茹任中国石油青海格尔木销售分公司安全总监；秦路任中国石油青海海东销售分公司安全总监；梁永亮任中国石油青海玉树销售分公司安全总监；李建军任中国石油青海销售公司后勤管理中心（安居工程建设项目部、维护稳定办公室、老干办）安全总监；刘艳春任中国石油青海销售公司后勤管理中心（安居工程建设项目部、维护稳定办公室、老干办）安全副总监。免去：刘璟的中国石油青海销售公司后勤管理中心（安居工程建设项目部、维护稳定办公室、老干办）副主任职务。【青石销人字〔2020〕208号】

2020年8月19日 青海销售公司决定：刘西仑不再担任公司技术专家，免去刘西仑的安居工程建设项目部副主任职务，办理转岗。【青石销人字〔2020〕209号】

2020年8月19日 青海销售公司党委决定：杨华胜同志兼任中国石油青海销售公司后勤管理中心（安居工程建设项目部、维护稳定办公室、老干办）党委委员、书记、纪委书记、工会主席；巴永峰同志任中国石油青海销售公司非油品分公司党委委员，免去巴永峰同志的中国石油青海格尔木销售分公司党委委员职务。【青石销党委字〔2020〕71号】

2020年8月19日 青海销售公司党委决定：免去刘璟同志的后勤管理中心（安居工程建设项目部、维护稳定办公室、老干办）党委书记、委员、纪委书记、工会主席职务，退出领导岗位。协助后勤管理中心（安居工程建设项目部、维护稳定办公室、老干办）主要领导开展退休人员社会化管理专项工作，工作至2021年8月。【青石销党委字〔2020〕72号】

2020年8月28日 青海销售公司批复：同意党委委员、副总经理邱军剑兼任青海中油润德能源有限公司执行董事、总经理；综合办公室主任李江龙同志兼任青海中油润德能源有限公司副经理；财务部科员韩云同志担任青海中油润德能源有限公司财务总监；同意党委委员、副总经理国义兼任青海中油天迈产业运营有限公司执行董事、总经理；业务运作部副主任沈俊红同志兼任青海中油天迈产业运营有限公司副经理；财务部科员高燕青同志担任青海中油天迈产业运营有限公司财务总监；同意党委委员、副总经理张静兼任青海拓关能源有限公司执行董事、总经理；张文炜同志调整为青海拓关能源有限公司副经理。【青石销人字〔2020〕216号】

2020年10月14日 青海销售公司决定：同意玉树分公司党委委员、副总经理陈永祥兼任玉树中油互惠能源有限公司董事、总经理、法人代表，建议宋斌同志任青海中油贝正实业有限公司副总经理。【青石销人字〔2020〕231号】

2020年10月22日 青海销售公司党委决定：薛萍同志任青海中油新兴能源公司党委委员。【青石销党委字〔2020〕76号】

2020年11月9日 经研究并商得中共青海省委同意，集团公司党组决定：免去王昊同志的青海销售公司党委委员职务。【中油党组任〔2020〕76号】

2020年11月9日 经研究并商得中共青海省委同意，股份公司决定：免去王昊的青海销售公司副总经理职务。【石油任〔2020〕45号】

2020 年 11 月 25 日 青海销售公司党委决定：免去田荣胜同志的中国石油青海销售公司仓储分公司党委常务副书记、纪委书记、工会主席职务。【青石销党委字〔2020〕78 号】

2020 年 11 月 25 日 青海销售公司决定：免去田荣胜的调运处（仓储分公司）副处长、副总经理职务，办理转岗。【青石销人字〔2020〕262 号】

2020 年 12 月 7 日 青海销售公司党委决定：程志荣任中国石油青海销售公司人事处处长。【青石销人字〔2020〕271 号】

2020 年 12 月 7 日 青海销售公司决定：程志荣同志任中国石油青海销售公司党委组织部部长，原有职务自然免除。【青石销党委字〔2020〕81 号】

2020 年 12 月 8 日 青海销售公司党委决定：雷宏德同志任青海中油新兴能源公司党委委员，免去雷宏德同志的中国石油青海海南销售分公司党委书记、委员职务；裴海宏同志任中国石油青海海南销售分公司党委委员、书记，免去裴海宏同志的中国石油青海果洛销售分公司党委书记、委员职务；孙科技同志任中国石油青海果洛销售分公司党委委员、负责人，免去孙科技同志的中国石油青海海西销售分公司党委常务副书记、委员、纪委书记、工会主席职务；免去司海岩同志的中国石油青海销售公司非油品分公司党委委员职务。【青石销党委字〔2020〕80 号】

2020 年 12 月 8 日 青海销售公司决定：裴海宏任中国石油青海海南销售分公司总经理，免去裴海宏的中国石油青海果洛销售分公司总经理职务；孙科技任中国石油青海果洛销售分公司负责人（二级正），免去孙科技的中国石油青海海西销售分公司副总经理职务；司海岩任中国石油青海销售公司加油站管理处（加油卡管理中心）副处长，免去司海岩的中国石油青海销售公司非油品分公司副总经理职务；免去雷宏德的中国石油青海海南销售分公司总经理职务。【青石销人字〔2020〕270 号】

2020 年 12 月 28 日 青海销售公司决定：免去何有新青海海东分公司副总经理职务，办理转岗。【青石销人字〔2020〕278 号】

2020 年 12 月 28 日 青海销售公司决定：青海销售公司党委决定：免去何有新中国石油青海海东销售分公司党委委员。【青石销党委字〔2020〕

83号】

　　2020年12月29日　青海销售公司决定：高强兼任中国石油青海销售公司营销处处长。黄粮任中国石油青海西宁销售分公司总经理。免去黄粮的中国石油青海销售公司营销处处长职务。免去向军的中国石油青海西宁销售分公司总经理职务。【青石销人字〔2021〕1号】

　　2020年12月29日　青海销售公司党委决定：芦玉德同志不再兼任青海中油新兴能源公司党委书记、委员职务。向军同志任青海中油新兴能源公司党委委员、书记。免去向军同志的中国石油青海西宁销售分公司党委书记、委员职务。黄粮同志任中国石油青海西宁销售分公司党委委员、副书记。【青石销党委字〔2021〕1号】

　　2020年12月31日　青海销售公司决定：齐延伟同志兼任青海中油瀚海能源有限公司董事、总经理，郭彦丽同志兼任青海中油瀚海能源有限公司财务总监。【青石销人字〔2020〕287号】

<h1 style="text-align:center">二〇二一年</h1>

　　2021年1月7日　青海销售公司党委决定：肖文洁同志任中国石油青海西宁销售分公司党委委员、书记、纪委书记、工会主席，裴海宏同志任中国石油青海海南销售分公司党委副书记，免去裴海宏同志的中国石油青海海南销售分公司党委书记职务；余宁同志任中国石油青海海南销售分公司党委委员、书记、纪委书记、工会主席，免去余宁同志的中国石油青海销售公司非油品分公司党委书记、委员、纪委书记、工会主席职务；李虎林同志任中国石油青海销售公司非油品分公司党委书记，免去李虎林同志的中国石油青海销售公司非油品分公司党委副书记职务；王海涛同志任中国石油青海海西销售分公司党委委员、副书记、纪委书记、工会主席，免去王海涛同志的中国石油青海海南销售分公司党委副书记、委员、纪委书记、工会主席职务；冯庚同志任中国石油青海销售公司非油品分公司党委委员，免去冯庚同志的中国石油青海西宁销售分公司党委委员、仓储分公司党委委员、多巴油库党总支书记职务；岳彦同志任中国石油青海销售公司仓储分公司党委委员、纪委书记；席国栋同志任中国石油青海西宁销售分公司党委委员，免去席国栋同

志的中国石油青海海西销售分公司党委委员、仓储分公司德令哈油库党总支书记职务；免去吴锐同志的中国石油青海西宁销售分公司党委委员、常务副书记、纪委书记、工会主席职务，另有任用；免去张青晓同志的中国石油青海销售公司仓储分公司格尔木油库党总支书记职务。【青石销党委字〔2021〕3号】

2021年1月7日　青海销售公司决定：胡鹏兼任中国石油青海销售公司科技信息处处长；肖文洁任中国石油青海西宁销售分公司副总经理，免去肖文洁的中国石油青海销售公司科技信息处处长职务；余宁任中国石油青海海南销售分公司副总经理，免去余宁的中国石油青海销售公司非油品分公司副总经理、安全总监职务；冯庚任中国石油青海销售公司非油品分公司常务副总经理（二级正）、安全总监，免去冯庚的中国石油青海销售公司仓储分公司副总经理、多巴油库主任职务；王海涛任中国石油青海海西销售分公司副总经理，免去王海涛的中国石油青海海南销售分公司副总经理职务；席国栋任中国石油青海销售公司仓储分公司多巴油库主任，免去席国栋的中国石油青海销售公司仓储分公司德令哈油库主任职务；免去吴锐的中国石油青海西宁销售分公司副总经理职务；免去岳彦的中国石油青海销售公司仓储分公司多巴油库副主任职务。【青石销人字〔2021〕3号】

2021年1月8日　青海销售公司决定：方宁任中国石油青海销售公司仓储分公司德令哈油库负责人（助理级）。【青石销人字〔2021〕5号】

2021年1月14日　青海销售公司党委决定：包忠军同志任中国石油青海玉树销售分公司党委书记，免去包忠军同志的中国石油青海玉树销售分公司党委副书记职务；王海鹏同志任中国石油青海销售公司仓储分公司党委副书记，免去王海鹏同志的中国石油青海销售公司仓储分公司党委书记职务；吴锐同志任中国石油青海销售公司仓储分公司党委委员、书记、工会主席；李增伟同志任青海中油新兴能源公司党委委员，免去李增伟同志的中国石油青海销售公司非油品分公司党委委员职务；任建玲同志任中国石油青海海东销售分公司党委委员；蒋海明同志任中国石油青海海北销售分公司党委委员；王创业同志任中国石油青海玉树销售分公司党委委员；免去马玉新同志的青海中油新兴能源公司党委委员职务。【青石销党委字〔2021〕7号】

2021年1月14日　青海销售公司决定：包忠军任中国石油青海玉树销

售分公司总经理，免去包忠军的中国石油青海玉树销售分公司负责人职务；李建军任后勤管理中心（安居工程建设项目部、维护稳定办公室、老干办）主任，免去李建军的后勤管理中心（安居工程建设项目部、维护稳定办公室、老干办）负责人职务；张松任中国石油青海销售公司二级正职，继续担任青海中油交通能源有限公司总经理职务；吴锐任中国石油青海销售公司仓储分公司副总经理，免去吴锐的中国石油青海西宁销售分公司副总经理职务；马玉新任中国石油青海销售公司财务处副处长；任建玲任中国石油青海海东销售分公司总会计师，免去任建玲的中国石油青海海东销售分公司副总会计师职务；蒋海明任中国石油青海海北销售分公司总会计师，免去蒋海明的中国石油青海海北销售分公司副总会计师职务；王创业任中国石油青海玉树销售分公司总会计师，免去王创业的中国石油青海玉树销售分公司副总会计师职务；免去李增伟的中国石油青海销售公司非油品分公司总会计师职务，另有任用。【青石销人字〔2021〕10 号】

2021 年 1 月 20 日　青海销售公司召开 2021 年工作会议。总经理张海云作题为《坚定"八三"战略　聚力"改革提质"稳中求进推动公司高质量发展》的行政工作报告；党委书记郑国玉作题为《党建引领保落实　改革提质增效益　为奋发进取推动公司高质量发展提供坚强保证》的党委工作报告。

2021 年 2 月 5 日　青海销售公司决定，成立党委班子成员党建"三联"责任联系点。党委书记、总经理张海云联系海东分公司互助党支部、后勤管理中心第一党支部。党委常务副书记、工会主席郑国玉联系海北分公司门源党支部、海南分公司共和党支部、省公司机关第二党支部。党委委员、副总经理朱长青联系黄南分公司机关党支部、非油品经营公司第二党支部。党委委员、副总经理、安全总监芦玉德联系仓储分公司曹家堡油库党支部、果洛分公司第一党支部、青海中油新兴能源公司第一党支部。党委委员、总会计师杜萍联系格尔木分公司机关党支部、海西分公司乌兰党支部。党委委员、纪委书记王金德联系西宁分公司加油站联合党支部、玉树分公司第一党支部。【青石销党委字〔2021〕10 号】

2021 年 2 月 24 日　青海省隆达石化有限责任公司注销。【（西格尔木）登记内销字〔2021〕第 000068 号】

2021 年 3 月 1 日 依据《中国石油青海销售公司大部制改革工作方案》，非油分公司（非油品经营部）内设部门 3 个，即：党委工作部（综合办公室）、业务运营部、商品管理部。不再设置财务管理部门，由公司财务部统一管理。【青石销人字〔2021〕52 号】

2021 年 3 月 2 日 青海销售公司决定：茹青宁不再担任公司技术专家，办理转岗。【青石销人字〔2021〕54 号】

2021 年 3 月 9 日 青海销售公司党委决定：杨华胜同志任中共中国石油天然气股份有限公司青海销售公司综合管理服务中心委员会委员、书记，李建军同志任中共中国石油天然气股份有限公司青海销售公司综合管理服务中心委员会委员、副书记，李虎林同志任中共中国石油天然气股份有限公司青海销售公司非油分公司委员会委员、书记，冯庚同志任中共中国石油天然气股份有限公司青海销售公司非油分公司委员会委员，巴永峰同志任中共中国石油天然气股份有限公司青海销售公司非油分公司委员会委员。吴锐同志任中共中国石油天然气股份有限公司青海销售公司储运分公司委员会委员、书记、工会主席，王海鹏同志任中共中国石油天然气股份有限公司青海销售公司储运分公司委员会委员、副书记，岳彦同志任中共中国石油天然气股份有限公司青海销售公司储运分公司委员会委员、纪委书记，姚永珍同志任中共中国石油天然气股份有限公司青海销售公司储运分公司委员会委员，席国栋同志任中共中国石油天然气股份有限公司青海销售公司储运分公司委员会委员，张青晓同志任中共中国石油天然气股份有限公司青海销售公司储运分公司委员会委员。【青石销党委字〔2021〕26 号】

2021 年 3 月 9 日 青海销售公司决定：胡鹏兼任发展计划部（设备信息部）主任，高强兼任市场营销部主任，魏臻文兼任审计部主任，杨增哲任财务部主任，程志荣任人力资源部主任，高凌峰任质量安全环保部主任，付荣任企管法规部主任，王涛任党群工作部（企业文化部）主任，王慧琼任发展计划部（设备信息部）副主任（二级正），马长陆任审计部副主任（二级正），王飞任发展计划部（设备信息部）副主任，牛志刚任发展计划部（设备信息部）副主任，司海岩任市场营销部副主任，马玉新任财务部副主任。汪燕任质量安全环保部副主任，张爱民任党群工作部（企业文化部、扶贫办公室）副主任，李虎林任非油分公司（非油品经营部）总经理，冯庚任非油分公司（非油品经营部）常务副总经理，巴永峰任非油分公司（非油品经营部）副总经理，李建军任综合管理服务中心主任，熊建忠任综合管理服务中心调研员，王海鹏任储运分公司（仓储调运部）总经理。吴锐任储运分公司（仓储调运部）副总经理，姚永珍任储运分公司（仓储调运部）副总经理，孙福双任储运分公司（仓储调运部）副总经理、曹家堡油库主任。席国栋任储运分公司（仓储调运部）副总经理、多巴油库主任，张青晓任储运分公司（仓储调运部）副总经理、格尔木油库主任，杨登才任储运分公司（仓储调运部）多巴油库副主任（二级副），陶凤顺任储运分公司（仓储调运部）曹家堡油库副主任（二级副），方宁任储运分公司（仓储调运部）德令哈油库负责人（三级正＋），王发军任储运分公司（仓储调运部）曹家堡油库副主任、安全副总监（三级正＋），张广太任储运分公司（仓储调运部）多巴油库副主任、安全副总监（三级正＋），张文政任储运分公司（仓储调运部）格尔木油库副主任、安全副总监（三级正＋），钱格年加任储运分公司（仓储调运部）格尔木油库副主任（三级正＋），石振华任储运分公司（仓储调运部）德令哈油库副主任（三级正＋），黄江华任非油分公司（非油品经营部）总经理助理（三级正＋）。【青石销人字〔2021〕62号】

2021年3月10日　根据集团公司"去行政化"和销售公司大部制改革要求，青海销售公司职能部门进行调整优化，公司设置9个职能部门，即：办公室（党委办公室）、市场营销部、发展计划部（设备信息部）、财务部、人力资源部（党委组织部）、质量安全环保部、企管法规部（股权管理办公室）、党群工作部（党委宣传部、企业文化部、扶贫办公室）、纪委办公室（审计部、巡察办公室）。青海销售公司部分二级单位机构设置进一步规范，调运处（仓储分公司）更名为储运分公司（仓储调运部）；非油品经营分公司更名为非油分公司（非油品经营部）；后勤管理中心（安居工程建设项目部、维护稳定办公室、老干办）更名为综合管理服务中心。【青石销人字〔2021〕60号】

2021年3月10日　根据青海销售公司大部制改革工作方案，对部分二级单位党委机构设置进一步规范，中共中国石油天然气股份有限公司青海销售公司仓储分公司委员会更名为中共中国石油天然气股份有限公司青海销售公司储运分公司委员会；中共中国石油天然气股份有限公司青海销售公司非油品经营分公司委员会更名为中共中国石油天然气股份有限公司青海销售公司非油分公司委员会；中共中国石油天然气股份有限公司青海销售公司后勤管理中心委员会更名为中共中国石油青海销售公司综合管理服务中心委员会。【青石销党委字〔2021〕25号】

2021年3月12日　陈统业同志任青海中油新兴能源公司党委委员；免去陈统业同志的中国石油青海果洛销售分公司党委委员职务；李明周同志任中国石油青海销售公司综合管理服务中心党委委员，免去李明周同志的青海中油新兴能源公司党委委员职务。【青石销党委字〔2021〕28号】

2021年3月12日　青海销售公司决定：李明周任中国石油青海销售公司综合管理服务中心副主任；刘丽丽任中国石油青海黄南销售分公司副总经理，免去刘丽丽的中国石油青海黄南销售分公司调研员职务；李茂林任中国石油青海果洛销售分公司安全总监；免去陈统业的中国石油青海果洛销售分公司副总经理、安全总监职务，另有任用。【青石销人字〔2021〕70号】

2021年3月28日　经研究并商得中共青海省委同意，集团公司党组决定：胡鹏同志任青海销售公司党委委员。【中油党组任〔2021〕48号】

2021年3月28日　经研究并商得中共青海省委同意，股份公司决定：胡鹏任青海销售公司副总经理。【石油任〔2021〕34号】

2021年4月7日　青海销售公司决定：胡鹏不再担任中国石油青海销售公司总经理助理、发展计划部（设备信息部）主任职务；向军任中国石油青海销售公司安全副总监；包忠军任中国石油青海销售公司发展计划部（设备信息部）主任，免去包忠军的中国石油青海玉树销售分公司总经理职务；张松任中国石油青海玉树销售分公司总经理；李洋任中国石油青海玉树销售分公司常务副总经理（二级正）、安全总监；王春江任中国石油青海销售公司财务部副主任（二级正）；梁永亮任中国石油青海海东销售分公司副总经理，免去梁永亮的中国石油青海玉树销售分公司副总经理、安全总监职务。【青石销人字〔2021〕92号】

2021年4月7日　青海销售公司党委决定：张松同志任中国石油青海玉树销售分公司党委委员、书记，免去包忠军同志的中国石油青海玉树销售分公司党委书记、委员职务；李洋同志任中国石油青海玉树销售分公司党委委员，免去李洋同志的青海中油新兴能源公司党委委员职务；梁永亮同志任中国石油青海海东销售分公司党委委员，免去梁永亮同志的中国石油青海玉树销售分公司党委委员职务。【青石销党委字〔2021〕32号】

2021年4月21日　青海销售公司决定，调整领导班子成员分工。党委书记、总经理张海云主持党委、行政全面工作，负责党的建设、巡察、领导班子和干部队伍建设工作；分管办公室（党委办公室）、人力资源部（党委组织部）、综合管理服务中心；联系单位：海东分公司。党委常务副书记、工会主席郑国玉负责宣传思想文化、意识形态、工会群团、维护稳定、老干部工作。协助负责党的建设日常工作、薪酬工作，主持工会工作；分管党群工作部（党委宣传部、企业文化部、扶贫办公室），协助分管人力资源部（党委组织部）；联系单位：海南分公司、海北分公司。党委委员、副总经理朱长青负责非油业务、集体企业改革发展工作；分管非油分公司（非油品经营部）、青海中油新兴能源公司；联系单位：黄南分公司。党委委员、副总经理、安全总监芦玉德负责安全环保、油品数质量、资源调运、仓储管理工作；分管质量安全环保部、储运分公司（仓储调运部），协助分管综合管理服务中心；联系单位：果洛分公司。党委委员、总会计师杜萍负责财务资金、合规管理、法律事务、内部控制、清欠工作，分管财务部、企管法规部（股权办公室）；联系单位：格尔木分公司、海西分公司。党委委员、纪委书记王金德主持纪委工作，负责纪检、审计工作，协助负责巡察工作；分管纪委办公室（审计部、巡察办公室）；联系单位：西宁分公司、玉树分公司。党委委员、副总经理胡鹏负责市场营销、投资规划、工程建设、信息化、合资公司管理工作；分管市场营销部、发展计划部（设备信息部）；联系单位：各合资公司。【青石销党委字〔2021〕35号】

2021年4月22日　青海销售公司党委决定：向军、马永梅、周拉、雷宏德、薛萍、李志毅、李增伟、马桂莲、陈统业等9名同志为中共青海中油新兴能源有限责任公司委员会委员，向军同志任党委书记，马永梅任党委副书记，周拉任党委常务副书记，马桂莲任纪委书记。【青石销党委字〔2021〕36号】

2021年4月22日　青海销售公司决定：同意推荐武允明兼任青海中油

润德能源有限公司、青海中油天迈产业运营有限公司、青海拓关能源有限公司财务总监，同意免去邱军剑兼任青海中油润德能源有限公司执行董事、总经理职务，同意推荐汪李忠兼任青海中油润德能源有限公司执行董事、总经理，同意青海拓关能源有限公司副总经理张文炜保留三级副职级和待遇，同意推荐卜君任青海中油天迈产业运营有限公司副总经理，保留一般管理人员待遇。【青石销人字〔2021〕104 号】

2021 年 4 月 27 日　青海销售公司决定：综合管理服务中心内设 3 个职能部门，分别为党委工作部（综合办公室）、后勤服务部、车辆管理部。调整后，你公司管理岗编制 15 人，其中三级正职数 3 人，三级副职数 2 人。其他操作服务岗位编制 17 人。【青石销人字〔2021〕121 号】

2021 年 4 月 27 日　青海销售公司决定：黄南分公司由"五部一室"调整为"四部"，分别为：党委工作部（综合办公室）、业务经营部、财务部、投资质量安全部。调整后，你公司机关管理人员编制 15 人（含领导人员），其中三级正职数 4 人，三级副职数 1 人。【青石销人字〔2021〕126 号】

2021 年 4 月 27 日　青海销售公司决定：非油品分公司（非油品经营部）为公司直属单位，公司机关内设部门 3 个，党委工作部（综合办公室）、业务运营部、商品管理部。调整后，你公司机关定员上限 15 人（含领导人员）其中三级正职数 3 人、三级副职数 2 人，其他操作服务岗编制 27 人。【青石销人字〔2021〕122 号】

2021 年 4 月 27 日　青海销售公司决定：玉树分公司由"五部一室"调整为"四部"，分别为：党委工作部（综合办公室）、业务经营部、财务部、投资质量安全部。调整后，你公司机关管理人员编制 15 人（含领导人员），其中三级正职数 4 人，三级副职数 1 人。【青石销人字〔2021〕125 号】

2021 年 4 月 27 日　青海销售公司决定：海北分公司由"五部一室"调整为"四部"，分别为：党委工作部（综合办公室）、业务经营部、财务部、投资质量安全部。公司刚察、祁连、门源 3 个片区，作为分公司派出机构，加挂"中国石油青海海北销售分公司×××县公司"名称，不再承担市场营销、加油站管理职能，主要负责网络开发与维护、品牌形象打造、企地关系协调、安全属地管理。调整后，你公司机关管理人员编制 15 人（含公司领导）其中三级正职数 4 人、三级副职数 2 人。每个片区管理人员编制 2

人，片区编制共 6 人，其中三级正职数 3 人。【青石销人字〔2021〕128 号】

2021 年 4 月 27 日　青海销售公司决定：果洛分公司由"五部一室"调整为"四部"，分别为：党委工作部（综合办公室）、业务经营部、财务部、投资质量安全部。公司增设达日、玛多 2 个片区，作为分公司派出机构，加挂"中国石油青海果洛销售分公司×××县公司"名称，不再承担市场营销、加油站管理职能，主要负责网络开发与维护、品牌形象打造、企地关系协调、安全属地管理。调整后，你公司机关管理人员编制 15 人（含公司领导）其中三级正职数 4 人，三级副职数 1 人。每个片区管理人员编制 2 人，片区编制共 4 人，其中三级正职数 2 人。【青石销人字〔2021〕124 号】

2021 年 4 月 27 日　青海销售公司决定：西宁分公司由"五部一室"调整为"四部"，分别为：党委工作部（综合办公室）、业务经营部、财务部、投资质量安全部。公司设置大通、湟源、湟中 3 个片区，作为分公司派出机构，加挂"中国石油青海西宁销售分公司×××县公司"名称，不再承担市场营销、加油站管理职能，主要负责网络开发与维护、品牌形象打造、企地关系协调、安全属地管理。调整后，你公司机关管理人员编制 35 人（含领导人员）其中三级正职数 4 人，三级副职数 3 人。片区管理人员编制 6 人，其中三级正职数 3 人。【青石销人字〔2021〕123 号】

2021 年 4 月 27 日　青海销售公司决定：格尔木分公司由"五部一室"调整为"四部"，分别为：党委工作部（综合办公室）、业务经营部、财务部、投资质量安全部。公司西城、东城、察尔汗 3 个片区，作为分公司派出机构，加挂"中国石油青海格尔木销售分公司×××县公司"名称，不再承担市场营销、加油站管理职能，主要负责网络开发与维护、品牌形象打造、企地关系协调、安全属地管理。调整后，你公司机关管理人员编制 25 人（含公司领导）其中三级正职数 4 人，三级副职数 3 人。每个片区管理人员编制 2 人，片区编制共 6 人，其中三级正职数 3 人。【青石销人字〔2021〕129 号】

2021 年 4 月 27 日　青海销售公司决定：海南分公司由"五部一室"调整为"四部"，分别为：党委工作部（综合办公室）、业务经营部、财务部、投资质量安全部。公司贵南、兴海、贵德、同德 4 个片区，作为分公司派出机构，加挂"中国石油青海海南销售分公司×××县公司"名称，不再承担市场营销、加油站管理职能，主要负责网络开发与维护、品牌形象打造、企地关系协调、安全属地管理。调整后，你公司机关管理人员编制 20 人（含领导人员），其中三级正职数 4 人、三级副职数 2 人。每个片区管理人员编制 2 人，片区编制共 8 人，其中三级正职数 4 人。【青石销人字〔2021〕127 号】

2021 年 4 月 27 日 青海销售公司决定：海东分公司由"五部一室"调整为"四部"，分别为：党委工作部（综合办公室）、业务经营部、财务部、投资质量安全部。公司设置乐都、互助、民和、化隆、循化 5 个片区，作为分公司派出机构，加挂"中国石油青海海东销售分公司×××县公司"名称，不再承担市场营销、加油站管理职能，主要负责网络开发与维护、品牌形象打造、企地关系协调、安全属地管理。调整后，你公司机关管理人员编制 25 人（含领导人员），其中三级正职数 4 人，三级副职数 3 人。每个片区管理人员编制 2 人，片区编制共 10 人，其中三级正职数 5 人。【青石销人字〔2021〕131 号】

2021 年 4 月 27 日 青海销售公司决定：海西分公司由"五部一室"调整为"四部"，分别为：党委工作部（综合办公室）、业务经营部、财务部、投资质量安全部。公司乌兰、都兰、柴旦、天峻、茫崖 5 个片区，作为分公司派出机构，加挂"中国石油青海海西销售分公司×××县公司"名称，不再承担市场营销、加油站管理职能，主要负责网络开发与维护、品牌形象打造、企地关系协调、安全属地管理。调整后，你公司机关管理人员编制 25 人（含公司领导）其中三级正职数 4 人、三级副职数 2 人。每个片区管理人员编制 2 人，片区编制共 10 人，其中三级正职数 5 人。【青石销人字〔2021〕130 号】

2021 年 5 月 10 日 青海销售公司决定：同意仓储分公司为公司直属单位，负责油库的日常管理。负责一次、二次资源调运管理，实现计划、运输、配送、信息的一体化运作，加快库存上移、主动配送，坚持地付、管道、铁路和库、车、罐一体化运作，减少管理环节，降低运营成本。同意仓储分公司机关内设部门 3 个，分别为党委工作部（综合办公室）、生产调运部、质量安全工程部。同意曹家堡油库、多巴油库、格尔木油库、德令哈油库为储运分公司（仓储调运部）三级机构序列，油库内部不再单独设置部门，组织人事、仓储业务、安全设备等相关职能由储运分公司（仓储调运部）统一管理。调整后，储运分公司机关定员上限 22 人（含领导人员），其中三级正职数 3 人、三级副职数 2 人。所属油库主任、副主任岗位为管理岗，每个油库分别再设置 4 个管理岗位，即：2 个高级主管（三级正）岗位、2 个主管（三级副）岗位。油库其他岗位为操作岗位。四座油库共计定编 144 人。【青石销人字〔2021〕132 号】

2021 年 5 月 17 日 青海销售公司党委决定：陈统业任青海中油景盛建设工程有限责任公司法定代表人，李明周不再担任青海中油景盛建设工程有限责任公司法定代表人。【青石销党委字〔2021〕41 号】

2021 年 5 月 17 日 青海销售公司决定：继续聘任刘建平为青海昆弘文化传媒有限公司执行董事、总经理，聘任期 2 年，相关待遇按照《关于青海中油新兴能源公司及股权企业聘任转岗干部及相关待遇的指导意见》执行。【青石销党委字〔2021〕43 号】

2021 年 5 月 17 日 青海销售公司决定：总会计师职务变更为财务总监，不再另行任命。【青石销党委字〔2021〕42 号】

2021 年 5 月 17 日 青海销售公司决定：聘任任永红为中国石油青海销售公司技术专家，不再担任中国石油青海销售公司总经理助理、总法律顾问职务。【青石销人字〔2021〕146 号】

2021 年 5 月 17 日 青海销售公司决定：刘建平不再担任中国石油青海销售公司工会副主席、技术专家，办理转岗手续。【青石销人字〔2021〕147 号】

2021 年 6 月 4 日 青海销售公司决定：注销青海石油汽车运输公司。【（青市监）登记内销字〔2021〕第 000030 号】

2021 年 6 月 8 日 青海销售公司党委决定：增补刘立岩同志为青海中油新兴能源有限责任公司党委委员。【青石销党委字〔2021〕48 号】

2021 年 6 月 8 日 青海销售公司党委决定：继续聘任雷宏德为青海兴能成品油销售有限公司执行董事、总经理，聘任期 2 年，相关待遇按照《关于青海中油新兴能源公司及股权企业聘任转岗干部及相关待遇的指导意见》执

行。【青石销党委字〔2021〕49号】

2021年6月8日 青海销售公司党委决定：恒庆贤同志兼任中国石油青海销售公司党委办公室主任兼综合管理服务中心党委委员、书记、纪委书记、工会主席，免去恒庆贤同志的中国石油青海海东销售分公司党委书记、委员职务；刘鹏书同志兼任中国石油青海销售公司非油分公司（非油品经营部）党委委员、书记，免去刘鹏书同志的中国石油青海海西销售分公司党委书记、委员职务；杨华胜同志任中国石油青海海东销售分公司党委委员、书记，免去杨华胜同志的中国石油青海销售公司党委办公室主任，综合管理服务中心党委书记、委员、纪委书记、工会主席职务；李虎林同志任中国石油青海海西销售分公司党委委员、书记，免去李虎林同志的中国石油青海销售公司非油分公司（非油品经营部）党委书记、委员职务；程志荣同志兼任中国石油青海销售公司机关党委委员、副书记；马长陆同志兼任中国石油青海销售公司非油分公司（非油品经营部）党委委员、纪委书记；梁永亮同志任中国石油青海海东销售分公司党委副书记、纪委书记、工会主席；孙秀花同志任青海中油新兴能源有限责任公司党委委员，免去孙秀花同志的中国石油青海玉树销售分公司党委委员、副书记、纪委书记、工会主席职务；免去周拉同志的青海中油新兴能源有限责任公司党委委员、常务副书记职务；免去马永梅同志的青海中油新兴能源有限责任公司党委委员、副书记职务；免去薛萍同志的青海中油新兴能源有限责任公司党委委员职务。【青石销党委字〔2021〕50号】

2021年6月8日 青海销售公司党委决定：王涛同志任中国石油青海销售公司工会副主席，执行新聘任技术专家待遇；免去王涛同志的中国石油青海销售公司党委宣传部部长职务。【青石销党委字〔2021〕47号】

2021年6月8日 青海销售公司党委决定：孙科技同志任中国石油青海果洛销售分公司党委委员、书记，免去孙科技同志的中国石油青海果洛销售分公司党委负责人职务；王映虹同志任中国石油青海黄南销售分公司党委委员、书记，免去王映虹同志的中国石油青海海东销售分公司党委常务副书记、委员、纪委书记、工会主席职务；张爱民同志任中国石油青海销售公司党委宣传部负责人；张贵东同志任中国石油青海海西销售分公司党委委员；刘艳春同志任中国石油青海果洛销售分公司党委委员；方宁同志任中国石油青海销售公司储运分公司党委委员，中国石油青海海西销售分公司党委委员；免去齐延伟同志的中国石油青海黄南销售分公司党委书记职务；免去冯庚同志的中国石油青海销售公司非油分公司（非油品经营部）党委委员职务；免去邱军剑同志的中国石油青海西宁销售分公司党委委员职务。【青石销党委字〔2021〕46号】

2021年6月8日 青海销售公司决定：孙科技任中国石油青海果洛销售分公司总经理，免去孙科技的中国石油青海果洛销售分公司负责人职务；邱军剑任中国石油青海销售公司二级正职，继续担任青海智骅中油能源有限公司总经理，免去邱军剑的中国石油青海西宁销售分公司副总经理职务；张爱民任中国石油青海销售公司党群工作部（企业文化部）负责人；张贵东任中国石油青海海西销售分公司副总经理，免去张贵东的中国石油青海海西销售分公司总经理助理职务；刘艳春任中国石油青海果洛销售分公司副总经理、安全总监，免去刘艳春的中国石油青海果洛销售分公司总经理助理职务；方宁任中国石油青海销售公司储运分公司副总经理、德令哈油库主任，免去方宁的中国石油青海销售公司储运分公司德令哈油库负责人职务；巴永峰任中国石油青海销售公司非油分公司（非油品经营部）安全总监；免去王涛的中国石油青海销售公司党群工作部（企业文化部）主任职务；免去冯庚的中国石油青海销售公司非油分公司（非油品经营部）常务副总经理、安全总监职务，另有任用；免去李茂林的中国石油青海果洛销售分公司安全总监职务。【青石销人字〔2021〕184号】

2021年6月8日 青海销售公司决定：付荣任中国石油青海销售公司总法律顾问，执行新聘任技术专家待遇。【青石销人字〔2021〕185号】

2021年6月8日 青海销售公司决定：恒庆贤任中国石油青海销售公司总经理助理。刘鹏书任中国石油青海销售公司总经理助理。【青石销人字〔2021〕186号】

2021年6月8日 青海销售公司决定：恒庆贤兼任中国石油青海销售公司办公室主任，免去恒庆贤的中国石油青海海东销售分公司总经理职务；刘鹏书兼任中国石油青海销售公司非油分公司（非油品经营部）总经理，免去刘鹏书的中国石油青海海西销售分公司总经理职务；杨华胜任中国石油青海海东销售分公司总经理，免去杨华胜的中国石油青海销售公司办公室主任职务；李虎林任中国石油青海海西销售分公司总经理；免去李虎林的中国石油青海销售公司非油分公司（非油品经营部）总经理职务；马永梅任中国石油青海销售公司市场营销部副主任（二级正）；免去张文政的中国石油青海销售公司储运分公司格尔木油库副主任、安全副总监职务。【青石销人字〔2021〕187 号】

2021 年 6 月 8 日　青海销售公司决定：聘任孙秀花为中国石油青海销售公司营销专家；不再聘任恒庆贤为中国石油青海销售公司技术专家；不再聘任薛萍为中国石油青海销售公司管理专家；不再聘任雷宏德为中国石油青海销售公司管理专家；不再聘任海寿山为中国石油青海销售公司营销专家；刘璟不再协助开展退休人员社会化管理专项工作，相关待遇按转岗标准执行。【青石销人字〔2021〕188 号】

2021 年 6 月 11 日　青海销售公司党委研究决定，调整恒庆贤等协助领导工作分工。总经理助理、办公室（党委办公室）主任、综合管理服务中心党委书记、纪委书记、工会主席恒庆贤协助总经理做好网建工作，负责办公室（党委办公室）、综合管理服务中心工作。总经理助理、非油分公司（非油品经营部）党委书记、总经理刘鹏书协助总经理做好非油业务经营管理工作，负责非油分公司（非油品经营部）工作。技术专家任永红协助分管领导做好企业管理专项工作。工会副主席、扶贫办公室主任、机关党委书记王涛协助工会主席做好公司工会、扶贫工作，负责机关党委工作。总法律顾问、企管法规部主任、股权办公室副主任付荣协助分管领导做好法律事务工作，负责企管法规部工作。【青石销党委字〔2021〕51 号】

2021 年 6 月 28 日　青海销售公司决定：推荐李增伟为青海中油新兴能源有限责任公司总经理人选，李增伟不再担任青海中油新兴能源有限责任公司财务总监职务；推荐王创业为青海中油新兴能源有限责任公司财务总监。【青海销售函〔2021〕28 号】

2021 年 6 月 28 日　青海销售公司党委决定：李增伟同志任青海中油新兴能源有限责任公司党委副书记；王创业同志任青海中油新兴能源有限责任公司党委委员，免去王创业同志的中国石油青海玉树销售分公司党委委员职务。【青石销党委字〔2021〕55 号】

2021 年 6 月 28 日　经研究并商得中共青海省委同意，集团公司党组决定：宋健强任青海销售公司党委委员、书记；郑国玉任青海销售公司党委副书记，免去其青海销售公司党委常务副书记、工会主席职务；米玛顿珠任青海销售公司党委委员、副书记、工会主席；免去张海云的青海销售公司党委书记、委员职务。【中油党组任〔2021〕170号】

2021年6月28日　经研究并商得中共青海省委同意，股份公司决定：宋健强任青海销售公司执行董事；郑国玉任青海销售公司总经理；免去张海云的青海销售公司总经理职务，另有任用。股份公司决定：对所属企业领导班子成员实行任期制和契约化管理，青海销售公司领导班子成员任期期限自2020年3月25日至2023年3月24日；任期期满后，经考核重新履行聘任程序并签订岗位聘任协议和任期经营业绩责任书，未能聘任的自然免职；期间达到退休年龄的，任期终止。【石油任〔2021〕131号】

2021年6月28日　经研究并商得中共青海省委同意，集团公司决定：宋健强任青海石油有限责任公司执行董事、总经理；免去张海云的青海石油有限责任公司执行董事、总经理职务。【中油任〔2021〕63号】

2021年6月29日　青海销售公司决定：免去王创业的中国石油青海玉树销售分公司总会计师职务。【青石销人字〔2021〕215号】

2021年7月9日　青海销售公司决定：不再聘任王水权同志为公司技术专家，相关待遇按转岗标准执行。【青石销人字〔2021〕235号】

2021年8月19日　青海销售公司决定：免去齐延伟的中国石油青海黄南分公司总经理、安全总监职务，办理转岗。【青石销人字〔2021〕286号】

2021年8月20日　青海销售公司决定，调整领导班子成员分工。执行董事、党委书记宋健强负责公司全面工作，主持公司党委工作；负责公司发展战略，决策权限范围内的"三重一大"和重要经营管理事项，防范企业重大风险，以及股份公司授权的其他事项；负责党的建设，领导班子、干部队伍、人才队伍建设，人事劳资工作；负责思想政治、企业文化、宣传、维护稳定和共青团工作；负责巡察、审计工作；分管办公室（党委办公室）、人力资源部（党委组织部）、党群工作部（党委宣传部、企业文化部、扶贫办公室）、审计部、巡察办公室、综合管理服务中心；联系单位：海西分公司、海南分公司。总经理、党委副书记郑国玉负责公司日常经营管理，落实党委会或执行董事办公会有关决议，以及执行董事授权范围内的其他事项；负责公司成品油和天然气经营销售、加油（气）站管理、成品油市场整顿和新能源工作；分管市场营销部；联系单位：海东分公司。党委副书记、工会主席米玛顿珠主持工会工作，协助负责党的建设日常工作，思想政治、企业文化、宣传、维护稳定和共青团工作；协助分管党群工作部（党委宣传部、企业文化部、扶贫办公室）；联系单位：海北分公司、玉树分公司。党委委员、副总经理朱长青负责非油业务、集体企业改革发展工作；分管非油分公司（非油品经营部）、青海中油新兴能源有限责任公司；联系单位：黄南分公司。党委委员、副总经理、安全总监芦玉德负责安全环保、油品数质量、仓储和资源调运工作；分管质量安全环保部、储运分公司（仓储调运部），协助分管综合管理服务中心；联系单位：果洛分公司。党委委员、总会计师杜萍负责财务管理、合规管理、法律事务、内部控制、清欠工作、招投标管理、物资采购工作；分管财务部、企管法规部（股权办公室）；联系单位：格尔木分公司。党委委员、纪委书记王金德主持纪委工作；负责纪检工作，协助负责巡察、审计工作；分管纪委办公室，协助分管巡察办公室、审计部；联系单位：西宁分公司。党委委员、副总经理胡鹏负责投资规划、工程建设、信息化和合资公司管理工作，协助负责成品油和天然气经营销售、加油（气）站管理、成品油市场整顿和新能源工作；分管发展计划部（设备信息部），协助分管市场营销部；联系单位：各合资公司。【青石销党委字〔2021〕67号】

2021年8月19日 青海销售公司党委决定：免去齐延伟同志的中国石油青海黄南销售公司党委委员职务。【青石销党委字〔2021〕70号】

2021年8月20日 青海销售公司党委决定：调整党委班子成员党建责任联系点、党委班子成员党建"三联"责任联系点。执行董事、党委书记宋健强：海西分公司德令哈党支部、海南分公司贵德党支部。总经理、党委副书记郑国玉：海东分公司互助党支部。党委副书记、工会主席米玛顿珠：海北分公司门源党支部、玉树分公司第一党支部。党委委员、副总经理朱长青：黄南分公司机关党支部。党委委员、副总经理、安全总监芦玉德：果洛分公司第一党支部。党委委员、总会计师杜萍：格尔木分公司机关党支部。

党委委员、纪委书记王金德：西宁分公司加油站联合党支部。党委委员、副总经理胡鹏：青海中油平盛能源有限公司党支部。【青石销党委字〔2021〕71号】

2021年9月23日　根据股份公司《关于成品油销售企业大部制改革方案有关事项的批复》：公司本部设办公室（党委办公室）、市场营销部、人力资源部（党委组织部、技能人才评价中心）、财务部、质量健康安全环保部、发展计划部（设备信息部）、企管法规部、党群工作部（企业文化部、党委宣传部）、纪委办公室（审计部、党委巡察办公室）9个部门，人员编制83人（含公司领导、助理副总师）。直属机构设非油分公司（非油品经营部）、储运分公司（仓储调运部），内设部门6个，人员编制30人。二级单位设西宁、海东、海西、果洛、玉树、格尔木、黄南、海南、海北9个地市公司和综合管理服务中心。二级单位内设部门39个，本部人员编制控制在214人以内（含公司领导）。【油人资〔2021〕8号】

2021年12月14日　青海销售公司党委决定：孙永贤任青海中油景盛建设工程有限公司执行董事，陈统业不再担任该公司执行董事，季强不再担任该公司副总经理；季强任青海中油青兴燃气销售有限公司监事，李洪泰任副总经理，马玉新不再担任该公司监事，拜延民不再担任该公司副总经理；拜延民任青海中油云瀚信息技术有限公司董事，马永梅不再担任该公司董事，王飞不再担任该公司副总经理；谢玲任青海兴能成品油销售有限公司董事，马玉新不再担任该公司董事。【青石销党委字〔2021〕119号】

二〇二二年

2022年1月5日　青海销售公司决定：国义任中国石油青海海南销售分公司总经理，免去国义的中国石油青海西宁销售分公司副总经理职务；王映虹任中国石油青海黄南销售分公司总经理；李洋任中国石油青海海北销售分公司常务副总经理，免去李洋的中国石油青海玉树销售分公司常务副总经理、安全总监职务；巴永峰任中国石油青海销售非油分公司常务副总经理，免去巴永峰的中国石油青海销售非油分公司副总经理职务；王宁任中国石油青海销售储运分公司（仓储调运部）曹家堡油库副主任（二级副）；免去王宁的中国石油青海海北销售分公司副总经理职务；陈明任中国石油青海格尔木销售分公司副总经理；孟翠芬任中国石油青海格尔木销售分公司总会计师，免去孟翠芬的中国石油青海销售公司财务部资深高级主管职务；聂军任中国石油青海玉树销售分公司副总经理；叶伟任中国石油青海玉树销售分公司总会计师；刘玉彬任中国石油青海果洛销售分公司副总经理，免去刘玉彬的中国石油青海果洛销售分公司总经理助理职务；史进任中国石油青海果洛销售分公司总会计师，免去史进的中国石油青海果洛销售分公司副总会计师职务；免去裴海宏的中国石油青海海南销售分公司总经理职务，另有任用；免去文琴的中国石油青海格尔木销售分公司总会计师职务，办理转岗。【青石销人字〔2022〕13号】

2022年1月5日 青海销售公司党委决定：国义同志任中国石油青海海南销售分公司党委委员、副书记，免去国义同志的中国石油青海西宁销售分公司党委委员职务；李洋同志任中国石油青海海北销售分公司党委委员，免去李洋同志的中国石油青海玉树销售分公司党委委员职务；陈明同志任中国石油青海格尔木销售分公司党委委员；聂军同志任中国石油青海玉树销售分公司党委委员、副书记、纪委书记、工会主席，免去聂军同志的中国石油青海果洛销售分公司党委副书记、委员、纪委书记、工会主席职务；叶伟同志任中国石油青海玉树销售分公司党委委员；刘玉彬同志任中国石油青海果洛销售分公司党委委员、副书记、纪委书记、工会主席；史进同志任中国石油青海果洛销售分公司党委委员；免去裴海宏同志的中国石油青海海南销售分公司党委副书记、委员职务；免去文琴同志的中国石油青海格尔木销售分公司党委委员职务；免去王宁的中国石油青海海北销售分公司党委委员职务。【青石销党委字〔2022〕18号】

2022年1月17日 青海销售公司决定：聘任裴海宏为中国石油青海销售公司管理专家，从事加油站现场监管专项工作；聘任张龙为中国石油青海销售公司营销专家，从事海东分公司油卡非润专项工作，不再担任中国石油青海海东销售分公司总经理助理。【青石销人字〔2022〕12号】

2022年1月10日 青海销售公司召开2022年工作会议。总经理宋健强作题为《政治建设统领全局 党建经营深度融合 为公司高质量发展提供坚强的政治保障和组织保障》的行政工作报告；党委书记郑国玉作题为《坚定八三战略 聚力质量效益 勠力同心推动公司高质量发展迈上新台阶》的生产经营工作报告。

2022 年 2 月 14 日 青海销售公司决定：王海鹏任中国石油青海销售储运分公司（仓储调运部）曹家堡油库主任；吴锐任中国石油青海销售储运分公司（仓储调运部）多巴油库主任；孙福双任中国石油青海销售储运分公司（仓储调运部）曹家堡油库常务副主任（二级副），免去孙福双的中国石油青海销售储运分公司（仓储调运部）曹家堡油库主任职务；席国栋任中国石油青海销售储运分公司（仓储调运部）多巴油库常务副主任（二级副），免去席国栋的中国石油青海销售储运分公司（仓储调运部）多巴油库主任职务。【青石销人字〔2022〕32 号】

2022 年 3 月 9 日 青海销售公司决定：尹桂莉任中国石油青海销售公司财务部副主任；李承隆任中国石油青海西宁销售分公司副总经理；王继中任中国石油青海海北销售分公司副总经理；赵维斌任中国石油青海黄南销售分公司副总经理；免去赵维斌的中国石油青海海北销售分公司副总经理职务；免去王春江的中国石油青海销售公司财务部副主任职务，另有任用。【青石销人字〔2022〕57 号】

2022 年 3 月 9 日 青海销售公司党委决定：王继中同志任中国石油青海海北销售分公司党委委员、副书记、纪委书记、工会主席，免去王继中的中国石油青海黄南销售分公司党委副书记、委员、纪委书记、工会主席职务；赵维斌同志任中国石油青海黄南销售分公司党委委员、副书记、纪委书记、工会主席，免去赵维斌同志的中国石油青海海北销售分公司党委副书记、委员、纪委书记、工会主席职务；李承隆同志任中国石油青海西宁销售分公司党委委员。【青石销党委字〔2022〕23 号】

2022 年 3 月 9 日 青海销售公司决定：宋娜任中国石油青海销售储运分公司多巴油库副主任（三级正＋），免去宋娜的中国石油青海海南销售分公司总经理助理职务。【青石销人字〔2022〕58 号】

2022年3月24日　集团公司党组决定：付天民同志任青海销售公司党委委员、纪委书记，免去王金德同志的青海销售公司党委委员、纪委书记职务。【中油党组任〔2022〕49号】

2022年4月1日　集团公司人力资源部决定：委派杜萍为青海石油有限责任公司监事，张武林不再担任青海石油有限责任公司监事职务。【人资函〔2022〕10号】

2022年5月7日　青海销售公司党委决定，调整付天民同志工作分工：党委委员、纪委书记付天民负责纪检工作，协助负责巡察、审计工作。分管纪委办公室，协助分管巡察办公室、审计部。联系单位：西宁分公司。【青石销党委字〔2022〕45号】

2022年5月19日　青海销售公司党委批复决定：同意对青海中油天迈产业运营有限公司进行减资。【企管〔2022〕8号】

2022年5月19日　青海销售公司党委批复决定：同意清算注销青海中油润德能源有限公司。【企管〔2022〕9号】

2022年6月8日　青海销售公司与青海润德商贸有限公司组建的合资公司青海中油润德能源有限公司注销。【青（甘河）登字〔2022〕第000057号】

2022年6月13日　青海销售公司企管法规部批复：同意清算注销青海中油瀚海能源有限公司。【企管〔2022〕10号】

2022年6月19日　青海销售公司决定："质量安全环保部"更名为"质量健康安全环保部"，同步履行安全环保监督中心职责。【青石销人字〔2022〕204号】

2022年6月28日　青海销售公司决定：李承隆任中国石油青海西宁销售分公司安全总监；免去张静的中国石油青海西宁销售分公司安全总监职务；王国庆任中国石油青海格尔木销售分公司安全总监；免去李茹的中国石油青海格尔木销售分公司安全总监职务；聂军任中国石油青海玉树销售分公司安全总监；赵维斌任中国石油青海黄南销售分公司安全总监；熊建忠任中

国石油青海销售公司综合管理服务中心副主任、安全总监，免去熊建忠的中国石油青海销售公司综合管理服务中心调研员职务；任建玲任中国石油青海海北销售分公司总会计师，免去任建玲的中国石油青海海东销售分公司总会计师职务；蒋海明任中国石油青海海东销售分公司总会计师，免去蒋海明的中国石油青海海北销售分公司总会计师职务；免去李建军的中国石油青海销售公司综合管理服务中心安全总监职务。【青石销人字〔2022〕212号】

2022年6月28日 青海销售公司批复：同意推荐沈峻宏为青海中油天迈产业运营有限公司执行董事、总经理人选（三级正），不再推荐国义任青海中油天迈产业运营有限公司执行董事、总经理。【青石销人字〔2022〕213号】

2022年6月28日 青海销售公司党委决定：任建玲同志任中国石油青海海北销售分公司党委委员，免去任建玲同志的中国石油青海海东销售分公司党委委员职务；蒋海明同志任中国石油青海海东销售分公司党委委员，免去蒋海明同志的中国石油青海海北销售分公司党委委员职务；熊建忠同志任中国石油青海销售公司综合管理服务中心党委委员；免去孙秀花同志的青海中油新兴能源有限公司党委委员职务。【青石销党委字〔2022〕54号】

2022年6月28日 青海销售公司决定：孙秀花不再担任中国石油青海销售公司营销专家，青海中油晴锐人力资源开发有限公司董事、总经理，办理转岗手续。【青石销人字〔2022〕215号】

2022年7月29日 青海销售公司批复：同意推荐任建玲为中国石油海北能源发展有限公司财务总监人选，不再推荐蒋海明任中国石油海北能源发展有限公司财务总监。【青石销人字〔2022〕248号】

2022年8月9日 青海销售公司决定：张爱民任中国石油青海销售公司党群工作部（企业文化部）主任，免去张爱民的中国石油青海销售公司党群工作部（企业文化部）负责人职务；黄江华任中国石油青海销售公司非油分公司（非油品经营部）副总经理，试用期1年，免去黄江华的中国石油青海销售公司非油分公司（非油品经营部）总经理助理职务。【青石销人字〔2022〕270号】

2022 年 8 月 9 日　青海销售公司党委决定：张爱民同志任中国石油青海销售公司党委宣传部部长，免去张爱民同志的中国石油青海销售公司党委宣传部负责人职务；黄江华同志任中国石油青海销售公司非油分公司（非油品经营部）党委委员。【青石销党委字〔2022〕65 号】

2022 年 9 月 14 日　集团公司决定：免去朱长青同志的青海销售公司党委委员职务。股份公司决定：免去朱长青的青海销售公司副总经理职务。【中油党组任〔2022〕260 号】【石油任〔2022〕180 号】

2022 年 9 月 29 日　青海销售公司企管法规部批复：同意对青海中油沱沱河燃气有限公司进行清算注销。【青石销企管〔2022〕328 号】

2022 年 9 月 29 日　青海销售公司企管法规部批复：同意对青海中油丽凯能源有限公司进行清算注销。【青石销企管〔2022〕329 号】

2022 年 11 月 22 日　青海销售公司党委决定：因工作调动，现调整青海销售公司执行董事、党委书记宋健强担任青海销售公司新闻工作机构负责人，原青海销售公司党委书记、总经理张海云不再担任；调整青海销售公司副总经理胡鹏担任公司新闻发言人，原青海销售公司工会副主席、党群工作部（党委宣传部、企业文化部）主任刘建平不再担任。【青石销党委字〔2021〕115 号】

2022 年 12 月 20 日　青海销售公司决定：黄江华任中国石油青海销售公司非油分公司安全总监，免去巴永峰的中国石油青海销售公司非油分公司安全总监职务。【青石销人字〔2022〕394 号】

2022 年 12 月 23 日　青海销售公司批复：同意推荐叶伟为青海中油贝正实业有限公司财务总监人选，不再推荐王创业为青海中油贝正实业有限公司财务总监。【青石销人字〔2022〕391 号】

2022 年 12 月 23 日　青海销售公司批复：同意推荐叶伟为青海中油辛元能源有限公司财务总监人选，不再推荐王创业为青海中油辛元能源有限公司财务总监。【青石销人字〔2022〕392 号】

2022 年 12 月 23 日　青海销售公司批复：同意推荐樊生寿为青海中油天

迈产业运营有限公司副总经理人选（三级副），不再推荐卜君为青海中油天迈产业运营有限公司副总经理。【青石销人字〔2022〕393 号】

2022 年 12 月 27 日 青海销售公司决定：免去张广太的中国石油青海销售公司储运分公司多巴油库副主任、安全副总监（三级正＋）职务。【青石销人字〔2022〕396 号】

二〇二三年

2023 年 1 月 6 日 青海销售公司召开 2023 年工作会议。总经理宋健强作题为《政治建设统领全局 党建经营深度融合 全力谱写青海销售公司高质量发展新篇章》的行政工作报告；党委书记郑国玉作题为《锚定一流目标 聚力提质增效踔厉奋发推动公司高质量发展》的生产经营工作报告。

2023 年 2 月 23 日 青海销售公司决定：裴海宏不再担任中国石油青海销售公司管理专家，办理转岗手续。【青石销人字〔2023〕34 号】

2023 年 3 月 15 日 股份公司决定：聘任钟光金为青海销售分公司总会计师，聘期至 2026 年 6 月 8 日；免去杜萍的青海销售分公司总会计师职务，另有任用。【石油股份任〔2023〕12 号】

2023 年 3 月 23 日 集团公司党组决定：钟光金任青海销售公司党委委员，免去米玛顿珠的青海销售公司党委副书记、委员、工会主席职务，免去杜萍的青海销售公司党委委员职务。【中国石油党组任〔2023〕28 号】

2023 年 5 月 7 日 青海销售公司领导班子分工调整。宋健强（执行董事、党委书记）：负责公司全面工作，主持公司党委工作；负责公司发展战略，决策权限范围内的"三重一大"和重要经营管理事项，防范企业重大风险，以及股份公司授权的其他事项；负责党的建设、领导班子、干部队伍、人才队伍建设，人事劳资工作；负责思想政治、企业文化、宣传、维护稳定和共青团工作；负责巡察、审计工作；分管办公室（党委办公室）、人力资源部（党委组织部）、党群工作部（党委宣传部、企业文化部、扶贫办公室）、审计部、巡察办公室、综合管理服务中心；联系单位：海西分公司、海南分公司、海北分公司。郑国玉（总经理、党委副书记）：负责公司日常经营管理，落实党委会或执行董事办公会有关决议，以及执行董事授权范围内的其他事项；负责公司成品油和天然气经营销售、加油（气）站管理、成品油市场整顿和新能源工作；分管市场营销部；联系单位：海东分公司。芦玉德（党委委员、副总经理、安全总监）：负责安全环保、油品数质量、仓储、资源调运和工会工作；分管质量健康安全环保部、储运分公司（仓储调运部），协助分管党群工作部、综合管理服务中心；联系单位：玉树分公司、果洛分公司。胡鹏（党委委员、副总经理）：负责投资规划、工程建设、信息化、非油业务和股权企业运行管理工作，协助负责成品油和天然气经营销售、加油（气）站管理、成品油市场整顿和新能源工作；分管发展计划部（设备信息部）、非油分公司（非油品经营部），协助分管市场营销部；联系单位：黄南分公司、各合资公司。付天民（党委委员、纪委书记）：主持纪委工作，负责纪检工作，协助负责巡察、审计工作；分管纪委办公室，协助分管巡察办公室、审计部；联系单位：西宁分公司。钟光金（党委委员、总会计师）：负责财务管理、合规管理、法律事务、内部控制、清欠工作、招投标管理、物资采购和股权管理工作；分管财务部、企管法规部（股权办公室）；联系单位：格尔木分公司、青海中油新兴能源有限责任公司。【青石销党委字〔2023〕20号】

2023年5月12日　青海销售公司党委决定：免去熊建忠同志的综合管理服务中心党委委员职务，办理转岗手续。【青石销党委字〔2023〕21号】

2023年5月12日　青海销售公司决定：任永红不再担任中国石油青海销售公司技术专家，办理转岗手续；熊建忠不再担任中国石油青海销售公司综合管理服务中心副主任、安全总监，办理转岗手续。【青石销人字〔2023〕127号】

2023年7月22日　股份公司决定：胡鹏任青海销售公司总经理，免去郑国玉青海销售公司总经理职务。【石油股份任〔2023〕67号】

2023年7月22日　集团公司党组决定：胡鹏任青海销售公司党委副书记；佘伟军任青海销售公司党委委员、纪委书记；免去郑国玉青海销售公

司党委副书记、委员职务；免去付天民青海销售公司党委委员、纪委书记职务，另有任用。【中国石油党组任〔2023〕147号】

2023年7月31日　青海销售公司决定：给予方宁撤职处分（撤至三级正职），本处分决定自2023年7月17日起生效。〔2019年8月任青海销售德令哈油库副主任，2021年1月任青海销售仓储分公司德令哈油库负责人（助理级）、党支部书记，2021年6月至今任青海销售储运分公司（仓储调运部）党委委员、副总经理、德令哈油库主任、党支部书记、海西分公司党委委员（二级副）。2009年10月，方宁在任青海销售公司多巴油库综合科副科长兼安全员期间，因多巴油库高空坠落亡人事故，受到中国石油天然气股份有限公司青海销售公司严重警告处分。〕【青石销人字〔2023〕185号】

2023年8月1日　青海销售公司党委决定：给予方宁撤销党内一切职务处分，本处分决定自2023年7月17日起生效。【青石销党委字〔2023〕34号】

2023年9月6日　集团公司人力资源部批复：钟光金任青海石油有限责任公司监事，免去杜萍青海石油有限责任公司监事职务。【集团人资函〔2023〕37号】

2023年9月13日　青海销售公司决定：邱军剑任中国石油青海黄南销售分公司总经理、安全总监；余宁任中国石油青海黄南销售分公司副总经理，免去余宁的中国石油青海海南销售分公司副总经理职务；冯庚任中国石油青海销售储运分公司副总经理（二级正）、德令哈油库主任；马玉新任中国石油青海黄南销售分公司总会计师，免去马玉新的中国石油青海销售公司财务部副主任职务；李茂林任中国石油青海黄南销售分公司副总经理，免去李茂林的中国石油青海果洛销售分公司副总经理职务；赵维斌任中国石油青海海南销售分公司副总经理，免去赵维斌的中国石油青海黄南销售分公司副总经理、安全总监职务；郭彦丽任中国石油青海海南销售分公司总会计师，免去郭彦丽的中国石油青海黄南销售分公司总会计师职务；刘丽丽任中国石油青海海北销售分公司总会计师，免去刘丽丽的中国石油青海黄南销售分公司副总经理职务；免去王映虹的中国石油青海黄南销售分公司总经理职务，另有任用；免去刘艳春的中国石油青海果洛销售分公司副总经理、安全总监职务，另有任用；免去方宁的中国石油青海销售储运分公司副总经理、德令哈油库主任职务。【青石销人字〔2023〕222 号】

2023 年 9 月 13 日 青海销售公司党委决定：余宁同志任中国石油青海黄南销售分公司党委委员、书记、纪委书记、工会主席，免去余宁同志的中国石油青海海南销售分公司党委书记、委员、纪委书记、工会主席职务；邱军剑同志任中国石油青海黄南销售分公司党委委员、副书记；冯庚同志任中国石油青海销售储运分公司党委委员、海西分公司党委委员；马玉新同志任中国石油青海黄南销售分公司党委委员；李茂林同志任中国石油青海黄南销售分公司党委委员，免去李茂林同志的中国石油青海果洛销售分公司党委委员职务；赵维斌同志任中国石油青海海南销售分公司党委委员、副书记、纪委书记、工会主席，免去赵维斌同志的中国石油青海黄南销售分公司党委副书记、委员、纪委书记、工会主席职务；郭彦丽同志任中国石油青海海南销售分公司党委委员，免去郭彦丽同志的中国石油青海黄南销售分公司党委委员职务；刘丽丽同志任中国石油青海海北销售分公司党委委员，免去刘丽丽同志的中国石油青海黄南销售分公司党委委员职务；刘艳春同志任青海中油新兴能源有限责任公司党委委员，免去刘艳春同志的中国石油青海果洛销售分公司党委委员职务；免去王映虹同志的中国石油青海黄南销售分公司党委书记、委员职务；免去王海霞同志的中国石油青海海南销售分公司党委委员职务；免去任建玲同志的中国石油青海海北销售分公司党委委员职务；免去方宁同志的中国石油青海销售储运分公司党委委员、海西分公司党委委员职务。【青石销党委字〔2023〕46 号】

2023 年 9 月 15 日 青海销售公司决定：王海霞不再担任中国石油青海海南销售分公司总会计师，办理转岗手续；任建玲不再担任中国石油青海海北销售分公司总会计师，办理转岗手续。【青石销人字〔2023〕223 号】

2023 年 10 月 23 日 青海销售公司批复：同意推荐刘丽丽为中国石油海北能源发展有限公司财务总监人选，不再推荐任建玲任中国石油海北能源发展有限公司财务总监。【青石销人字〔2023〕258 号】

2023 年 10 月 7 日 集团公司党组决定：李勇同志任青海销售公司党委

委员。【中国石油党组任〔2023〕228号】

2023年10月23日　聘任李勇为青海销售公司副总经理，聘请至2026年6月7日。【石油股份任〔2023〕167号】

2023年11月2日　青海销售公司党委决定：免去马桂莲同志青海中油新兴能源有限责任公司纪委书记、党委委员职务，办理转岗。【青石销党委字〔2023〕52号】

2023年11月17日　青海销售公司企管法规部批复：同意将青海中油沱沱河燃气有限公司处置方式从清算注销变更为我方减资退出。【青石销企管〔2023〕266号】

2023年11月28日　青海销售公司企管法规部决定：同意清算注销青海中油辛元能源有限公司，请按照公司法及青海中油辛元能源有限公司章程规定开展财务审计及清算工作，妥善解决涉及的员工安置、债权债务、资产处置等事宜，积极与对方股东沟通协调推进清算注销，有效防范和控制潜在风险。财务审计清算及相关问题处理结果经股东会决议后，按照工商登记管理部门规定及时办理工商注销手续。【青石销企管〔2023〕271号】

2023年12月11日　青海销售公司决定：免去王继中同志的中国石油青海海北销售分公司党委副书记、委员、纪委书记、工会主席职务，办理转岗手续。【青石销党委字〔2023〕58号】

2023年12月13日　青海销售公司决定：王慧琼不再担任中国石油青海销售公司发展计划部（设备信息部）副主任、战略发展委员会办公室主任，办理转岗手续；王春江按程序完成职务调整后办理转岗手续；王继中不再担任中国石油青海海北销售分公司副总经理，办理转岗手续。【青石销人字〔2023〕282号】

2023年12月13日　青海销售公司调整领导班子分工。宋健强（执行董事、党委书记）：负责公司全面工作，主持公司党委工作；负责公司发展战略，决策权限范围内的"三重一大"和重要经营管理事项，防范企业重大风险，以及股份公司授权的其他事项；负责党的建设，领导班子、干部队伍、人才队伍建设，人事劳资工作；负责思想政治、企业文化、宣传、维护稳定和共青团工作；负责巡察、审计工作；分管办公室（党委办公室）、人力资源部（党委组织部）、党群工作部（党委宣传部、企业文化部、扶贫办公室）、审计部、巡察办公室、综合管理服务中心；联系单位：海东分公司、海南分公司。胡鹏（总经理、党委副书记）：负责公司日常经营管理，落实党委会或执行董事办公会有关决议，以及执行董事授权范围内的其他事项。负责公司成品油和天然气经营销售、加油（气）站管理、新能源、成品油市场整顿、非油业务和股权管理工作；分管市场营销部、非油分公司（非油品经营部）、股权办公室；联系单位：西宁分公司、各股权企业。芦玉德（党委委员、副总经理、安全总监）：负责安全环保、油品数质量、仓储、资源调运、安保防恐和工会工作，协助负责维护稳定工作；分管质量健康安全环保部、储运分公司（仓储调运部），协助分管党群工作部、综合管理服务中心；联系单位：海北分公司。钟光金（党委委员、总会计师）：负责财务管理、合规管理、法律事务、内部控制、清欠、招投标管理和物资采购工作；分管财务部、企管法规部；联系单位：黄南分公司、青海中油新兴能源有限责任公司。佘伟军（党委委员、纪委书记）：主持纪委工作，负责纪检工作，协助负责巡察、审计工作；分管纪委办公室，协助分管巡察办公室、审计部；联系单位：果洛分公司、玉树分公司。李勇（党委委员、副总经理）：负责公司投资规划、工程建设、科技管理和信息化工作，协助负责成品油和天然气经营销售、加油（气）站管理、新能源、成品油市场整顿工作；分管发展计划部（设备信息部），协助分管市场营销部；联系单位：格尔木分公司、海西分公司。【青石销党委字〔2023〕59号】

第二节 组织人事重要文件目录

序号	发文日期	文件名称	文件编号
1	2016.12.29	关于印发《关于组织人事部门对领导人员进行提醒、函询和诫勉的暂行办法》	人事〔2016〕448号
2	2016.12.22	中国石油青海销售公司领导干部选拔任用工作规范	青石销人字〔2016〕294号
3	2017.8.2	关于进一步完善市场化用工经营管理人员薪酬待遇的通知	青石销人字〔2017〕245号
4	2017.9.18	中国石油青海销售公司经营管理人员谈话制度暂行办法	青石销人字〔2017〕303号
5	2018.9.4	中国石油青海销售公司关于进一步激励广大干部新时代新担当新作为的实施意见	青石销党委字〔2018〕75号
6	2019.5.14	中国石油青海销售公司领导人员管理办法	青石销党委字〔2019〕39号
7	2019.5.14	关于加强和改进优秀年轻干部培养选拔工作的实施意见	青石销党委字〔2019〕40号
8	2020.7.16	中国石油青海销售公司党委发展党员管理实施细则	青石销党委字〔2020〕64号
9	2021.5.17	中国石油青海销售公司机关一般管理人员管理办法	青石销人字〔2021〕141号
10	2021.8.11	关于印发《中国石油青海销售公司党费收缴 使用和管理办法》的通知	青石销党委字〔2021〕65号
11	2021.9.16	关于印发《中国石油青海销售公司党委基层党建"三基本"建设与"三基"工作有机融合实施细则》的通知	青石销党委字〔2021〕87号
12	2021.10.20	关于印发《中国石油青海销售公司党委人才强企工程行动实施方案》的通知	青石销党委字〔2021〕95号
13	2021.10.27	关于印发《中共中国石油青海销售公司委员会落实全面从严治党主体责任清单》的通知	青石销党委字〔2021〕100号
14	2021.11.16	关于印发《中国石油青海销售公司地市公司分级分类管理实施办法（试行）》的通知	青石销人字〔2021〕346号
15	2021.12.14	关于印发《中国石油青海销售公司所属二级单位领导班子成员任期制实施细则（试行）》的通知	青石销人字〔2021〕363号
16	2022.2.24	关于印发《中国石油青海销售公司内部培训师管理暂行办法》的通知	青石销人字〔2022〕47号
17	2022.8.19	关于印发《中国石油青海销售公司领导人配偶、子女及其配偶经商办企业管理规则》的通知	青石销党委字〔2022〕66号

续表

序号	发文日期	文件名称	文件编号
18	2022.9.21	关于印发《中国石油青海销售公司机关部门及岗位职责清单》的通知	青石销人字〔2022〕321号
19	2022.12.2	关于印发《中国石油青海销售公司党委所属二级单位党委委员履行党建工作"一岗双责"实施细则》的通知	青石销党委字〔2022〕79号
20	2023.5.23	关于转发《中国石油天然气集团有限公司员工违规行为处理决定执行工作细则》的通知	青石销人字〔2023〕139号
21	2023.8.14	关于印发《中国石油青海销售公司内部招聘和社会招聘管理办法》的通知	青石销人字〔2023〕194号
22	2023.11.8	关于印发《中国石油青海销售公司高技能人才管理办法》的通知	青石销人字〔2023〕260号
23	2023.11.22	关于印发《中国石油青海销售公司专家管理工作实施方案》的通知	青石销人字〔2023〕268号
24	2023.12.8	关于转发中共中国石油天然气集团有限公司党组组织部《关于印发〈组织人事部门执行党纪、政务处分（处分）决定工作规定〉的通知》的通知	青石销党委字〔2023〕57号

后　记

　　组织编纂《中国石油青海销售组织史资料》是青海销售公司根据中央、集团公司要求和企业实际，在青海销售公司所属单位范围内全面开展的一项基础性工作，是组织人事部门的一项日常性业务工作，是一项需要持之以恒的政治任务。

　　《中国石油青海销售组织史资料　第二卷（2016—2023）》与2016年12月出版的《中国石油青海销售组织史资料（1953.8—2015.12）》一脉相承。2016年12月《中国石油青海销售组织史资料（1953.8—2015.12）》出版后，为推进组织史资料编纂工作常态化，青海销售公司在全面启动企业卷组织史资料编纂工作的同时，将组织史年度征编列入各级组织人事部门和编纂办公室日常性业务工作。续编《中国石油青海销售组织史资料　第二卷（2016—2023）》是青海销售公司组织人事和基础管理建设工作的一件大事，是一项政策性、业务性、技术性、规范性很强的工作，涉编内容浩繁巨大，任务艰辛繁重，体例要求严格规范，文字内容要求精准无误，对参与编纂人员能力素质和责任心提出了极高要求。在续编过程中，根据中共中央关于加强党的建设、全面从严治党等一系列新部署新要求，结合青海销售公司实际，在广泛征求意见的基础上，编纂办公室对组织史篇章结构、文字叙述、机构名录等编写体例和收录内容进行了多次修改和全面规范。全体编纂人员在时间紧、任务重的情况下，怀着对历史、对组织、对后人负责的高度责任心和对石油事业的浓厚感情，严格依据集团公司《〈中国石油组织史资料〉编纂技术规范》，立足精准、精编、精品的要求，按照实事求是的原则和"广征、核准、精编、严审、及时"的工作方针，以档案文件的真实记录和历史史实为依据，对有争议、有分歧的问题，不厌其烦、不辞辛苦，深入调查分析，反复核对、认真修改，去伪存真、去粗取精，力求核实无误。经过全体编纂人员加班加点、任劳任怨、一丝不苟的辛勤付出，全面完成编纂任务。组织史编纂工作始终得到青海销售公司领导的高度重视和指导，并在人力物力上给予了大力支持。

本书编纂领导小组由宋健强担任组长，成员有胡鹏、芦玉德、钟光金、佘伟军、李勇、刘澎；编纂办公室由程志荣担任主任，成员有李春、李栋、杜娟、温馨；参编成员有孙军红、张志国、贾国晨、马永红、张玮、路霞、李帅、樊有霞、徐峰、赵弋、李岚、赵令军、曹红、贲长梅、贡莹莹、何磊、李艳、李建英、宋学娟、李晓娜、徐非、刘雅娟、张媛媛、荣惠、王茜。值此《中国石油青海销售组织史资料 第二卷（2016—2023）》出版之际，谨向在图书编纂出版工作中给予支持和帮助的所有单位和人员表示衷心的感谢。

由于编者水平有限，虽经一再努力，书中内容难免有错漏之处，恳请读者批评指正。按照集团公司规定，青海销售公司今后每年都要对组织史资料进行征集，并每五年续编出版一卷。届时，错漏之处一并修正。

《中国石油青海销售组织史资料 第二卷 （2016—2023）》
编纂办公室
2024 年 12 月

出版说明

为充分发挥组织史"资政、存史、育人、交流"的作用，2012 年 3 月，中国石油天然气集团公司（以下简称集团公司）全面启动《中国石油组织史资料》的编纂工作，并明确由集团公司人事部负责具体牵头组织。《中国石油组织史资料》系列图书分总部卷、企业卷、基层卷三个层次进行编纂出版。首次编纂出版以本单位成立时间作为编纂上限，以本单位编纂时统一规定的截止时间为编纂下限。

《中国石油组织史资料》总部卷由集团公司人力资源部负责组织编纂，石油工业出版社负责具体承办。总部卷（1949—2013）卷本分第一卷、第二卷、第三卷和附卷一、附卷二共五卷九册，于 2014 年 12 月出版。2021 年，集团公司决定对《中国石油组织史资料（1949—2013）》进行补充与勘误，并在此基础上将编纂时间下限延至 2020 年 12 月。《中国石油组织史资料（1949—2020）》卷本分第一卷、第二卷、第三卷、第四卷和附卷一、附卷二共六卷十二册，于 2021 年 6 月正式付梓。此后，总部卷每 5 年续编出版一卷。

《中国石油组织史资料》企业卷系列图书，由各企事业单位人事部门负责牵头组织编纂，报集团公司人力资源部编纂办公室规范性审查后，由石油工业出版社统一出版。企业卷规范性审查由集团公司人力资源部编纂办公室冀宇飞、于维海、麻永超负责组织，图书出版统筹由石油工业出版社组织史编辑部李廷璐负责，由鲁恒、孙卓凡、李昕航、孟海军、胡静具体负责。企业卷首次续编一般按"2014—2015"和"2014—2018"两种方案编纂出版，此后每 5 年续编出版一卷。

《中国石油组织史资料》基层卷由各企事业单位人事（史志）部门负责组织下属单位与企业卷同步编纂，并报集团公司人力资源部编纂办公室备案，由石油工业出版社组织史编辑部负责提供具体出版和技术支持。

企业卷统一出版代码：

CNPC-YT——油气田企业　　　　　CNPC-LH——炼化企业

CNPC-XS——成品油销售企业　　　CNPC-GD——天然气与管道企业

CNPC-HW——海外企业　　　　　　CNPC-GC——工程技术企业

CNPC-JS——工程建设企业　　　　CNPC-ZB——装备制造企业

CNPC-KY——科研单位　　　　　　CNPC-QT——金融经营服务等企业

编纂《中国石油组织史资料》系列图书是集团公司组织人事和基础管理建设工作的大事，是一项政策性、业务性、技术性、规范性很强的业务工作，是一项艰巨浩繁的系统工程。该系列图书以企业的组织沿革为线索，收录了编纂时限内各级党政组织的成立、更名、发展、撤并以及领导干部变动情况等内容，为企业"资政、存史、育人、交流"提供了可信的依据。这套系统、完整的中国石油组织史资料，既丰富了石油企业的历史资料，又增添了国家的工业企业史资料，不仅为组织人事、史志研究、档案管理等部门从事有关业务提供了诸多便利，而且为体制改革和机构调整提供了历史借鉴。在此，谨向对该套图书出版工作给予支持和帮助的所有单位和人员表示衷心的感谢！

由于掌握资料和编纂者水平有限，丛书难免存有错漏，恳请读者批评指正。对总部卷的意见建议请联系集团公司人力资源部编纂办公室或石油工业出版社组织史编辑部；对各单位企业卷、基层卷的意见建议请联系各单位编纂组或组织史资料编辑部。对书中错漏之处我们将统一在下一卷续编时一并修改完善。

中国石油组织史资料编纂办公室联系方式

联系单位：中国石油天然气集团有限公司人力资源部综合处

通信地址：北京市东直门北大街 9 号石油大厦 C1103，100007

联系电话：010-59984340　59984721，传真：010-62095679

电子邮箱：rsbzhc@cnpc.com.cn

中国石油组织史编辑部联系方式

联系单位：石油工业出版社人力资源出版中心

通信地址：北京市朝阳区安华西里三区 18 号楼 201，100011

联系电话：010-64523611　62067197

电子邮箱：cnpczzs@cnpc.com.cn

《中国石油组织史资料》系列图书目录

编号	书名	编号	书名
CNPC-XS25	江苏销售组织史资料	CNPC-XS32	湖南销售组织史资料
CNPC-XS26	浙江销售组织史资料	CNPC-XS33	广西销售组织史资料
CNPC-XS27	安徽销售组织史资料	CNPC-XS34	海南销售组织史资料
CNPC-XS28	福建销售组织史资料	CNPC-XS35	润滑油公司组织史资料
CNPC-XS29	江西销售组织史资料	CNPC-XS36	燃料油公司组织史资料
CNPC-XS30	山东销售组织史资料	CNPC-XS37	大连海运组织史资料
CNPC-XS31	河南销售组织史资料		
天然气管道企业（13）			
CNPC-GD01	北京油气调控中心组织史资料	CNPC-GD08	京唐液化天然气公司组织史资料
CNPC-GD02	管道建设项目经理部组织史资料	CNPC-GD09	大连液化天然气公司组织史资料
CNPC-GD03	管道公司组织史资料	CNPC-GD10	江苏液化天然气公司组织史资料
CNPC-GD04	西气东输管道公司组织史资料	CNPC-GD11	华北天然气销售公司组织史资料
CNPC-GD05	北京天然气管道公司组织史资料	CNPC-GD12	昆仑燃气公司组织史资料
CNPC-GD06	西部管道公司组织史资料	CNPC-GD13	昆仑能源公司组织史资料
CNPC-GD07	西南管道公司组织史资料		
工程技术企业（7）			
CNPC-GC01	西部钻探公司组织史资料	CNPC-GC05	东方物探公司组织史资料
CNPC-GC02	长城钻探公司组织史资料	CNPC-GC06	测井公司组织史资料
CNPC-GC03	渤海钻探公司组织史资料	CNPC-GC07	海洋工程公司组织史资料
CNPC-GC04	川庆钻探公司组织史资料		
工程建设企业（8）			
CNPC-JS01	管道局组织史资料	CNPC-JS05	中国昆仑工程公司组织史资料
CNPC-JS02	工程建设公司组织史资料	CNPC-JS06	东北炼化工程公司组织史资料
CNPC-JS03	工程设计公司组织史资料	CNPC-JS07	第一建设公司组织史资料
CNPC-JS04	中国寰球工程公司组织史资料	CNPC-JS08	第七建设公司组织史资料
装备制造和科研企业（12）			
CNPC-ZB01	技术开发公司组织史资料	CNPC-KY02	规划总院组织史资料
CNPC-ZB02	宝鸡石油机械公司组织史资料	CNPC-KY03	石油化工研究院组织史资料
CNPC-ZB03	宝鸡石油钢管公司组织史资料	CNPC-KY04	经济技术研究院组织史资料
CNPC-ZB04	济柴动力总厂组织史资料	CNPC-KY05	钻井工程技术研究院组织史资料
CNPC-ZB05	渤海石油装备公司组织史资料	CNPC-KY06	安全环保技术研究院组织史资料
CNPC-KY01	勘探开发研究院组织史资料	CNPC-KY07	石油管工程技术研究院组织史资料
金融经营服务及其他企业（14）			
CNPC-QT01	北京石油管理干部学院组织史资料	CNPC-QT08	运输公司组织史资料
CNPC-QT02	石油工业出版社组织史资料	CNPC-QT09	中国华油集团公司组织史资料
CNPC-QT03	中国石油报社组织史资料	CNPC-QT10	华油北京服务总公司组织史资料
CNPC-QT04	审计服务中心组织史资料	CNPC-QT11	昆仑信托中油资产组织史资料
CNPC-QT05	广州培训中心组织史资料	CNPC-QT12	中油财务公司组织史资料
CNPC-QT06	国际事业公司组织史资料	CNPC-QT13	昆仑银行组织史资料
CNPC-QT07	物资公司组织史资料	CNPC-QT14	昆仑金融租赁公司组织史资料

企业卷			
编号	书名	编号	书名
油气田企业（16）			
CNPC-YT01	大庆油田组织史资料	CNPC-YT09	青海油田组织史资料
CNPC-YT02	辽河油田组织史资料	CNPC-YT10	华北油田组织史资料
CNPC-YT03	长庆油田组织史资料	CNPC-YT11	吐哈油田组织史资料
CNPC-YT04	塔里木油田组织史资料	CNPC-YT12	冀东油田组织史资料
CNPC-YT05	新疆油田组织史资料	CNPC-YT13	玉门油田组织史资料
CNPC-YT06	西南油气田组织史资料	CNPC-YT14	浙江油田组织史资料
CNPC-YT07	吉林油田组织史资料	CNPC-YT15	煤层气公司组织史资料
CNPC-YT08	大港油田组织史资料	CNPC-YT16	南方石油勘探开发公司组织史资料
炼油化工单位和海外企业（32）			
CNPC-LH01	大庆石化组织史资料	CNPC-LH17	华北石化组织史资料
CNPC-LH02	吉林石化组织史资料	CNPC-LH18	呼和浩特石化组织史资料
CNPC-LH03	抚顺石化组织史资料	CNPC-LH19	辽河石化组织史资料
CNPC-LH04	辽阳石化组织史资料	CNPC-LH20	长庆石化组织史资料
CNPC-LH05	兰州石化组织史资料	CNPC-LH21	克拉玛依石化组织史资料
CNPC-LH06	独山子石化组织史资料	CNPC-LH22	庆阳石化组织史资料
CNPC-LH07	乌鲁木齐石化组织史资料	CNPC-LH23	前郭石化组织史资料
CNPC-LH08	宁夏石化组织史资料	CNPC-LH24	东北化工销售组织史资料
CNPC-LH09	大连石化组织史资料	CNPC-LH25	西北化工销售组织史资料
CNPC-LH10	锦州石化组织史资料	CNPC-LH26	华东化工销售组织史资料
CNPC-LH11	锦西石化组织史资料	CNPC-LH27	华北化工销售组织史资料
CNPC-LH12	大庆炼化组织史资料	CNPC-LH28	华南化工销售组织史资料
CNPC-LH13	哈尔滨石化组织史资料	CNPC-LH29	西南化工销售组织史资料
CNPC-LH14	广西石化组织史资料	CNPC-LH30	大连西太组织史资料
CNPC-LH15	四川石化组织史资料	CNPC-LH31	广东石化组织史资料
CNPC-LH16	大港石化组织史资料	CNPC-HW01	中国石油海外业务卷
成品油销售企业（37）			
CNPC-XS01	东北销售组织史资料	CNPC-XS13	河北销售组织史资料
CNPC-XS02	西北销售组织史资料	CNPC-XS14	山西销售组织史资料
CNPC-XS03	华北销售暨北京销售组织史资料	CNPC-XS15	内蒙古销售组织史资料
CNPC-XS04	上海销售组织史资料	CNPC-XS16	陕西销售组织史资料
CNPC-XS05	湖北销售组织史资料	CNPC-XS17	甘肃销售组织史资料
CNPC-XS06	广东销售组织史资料	CNPC-XS18	青海销售组织史资料
CNPC-XS07	云南销售组织史资料	CNPC-XS19	宁夏销售组织史资料
CNPC-XS08	辽宁销售组织史资料	CNPC-XS20	新疆销售组织史资料
CNPC-XS09	吉林销售组织史资料	CNPC-XS21	重庆销售组织史资料
CNPC-XS10	黑龙江销售组织史资料	CNPC-XS22	四川销售组织史资料
CNPC-XS11	大连销售组织史资料	CNPC-XS23	贵州销售组织史资料
CNPC-XS12	天津销售组织史资料	CNPC-XS24	西藏销售组织史资料